中国印染行业绿色发展报告

ZHONGGUO YINRAN HANGYE
LüSE FAZHAN BAOGAO

中国印染行业协会
中国纺织工业联合会社会责任办公室
国家先进印染技术创新中心
绍兴市柯桥区印染产业集聚升级服务中心

联合编著

中国纺织出版社有限公司

内 容 提 要

本书由主题报告篇、专题报告篇和技术报告篇组成，内容包括印染行业工艺技术及装备，化学品、污染物治理，能源管理等，系统反映了印染行业绿色发展现状与绿色关键技术的发展情况，为行业绿色发展提供了重要参考。

本书可作为印染行业经营管理者的工具书，也可供相关部门机构和上下游企业阅读参考。

图书在版编目（CIP）数据

中国印染行业绿色发展报告/中国印染行业协会等联合编著. --北京：中国纺织出版社有限公司，2022.11

ISBN 978-7-5180-9926-9

Ⅰ. ①中… Ⅱ. ①中… Ⅲ. ①印染工业—绿色经济—经济发展—研究报告—中国 Ⅳ. ①F426.81

中国版本图书馆 CIP 数据核字（2022）第 189886 号

责任编辑：范雨昕　　责任校对：王蕙莹　　责任印制：王艳丽

中国纺织出版社有限公司出版发行
地址：北京市朝阳区百子湾东里 A407 号楼　邮政编码：100124
销售电话：010—67004422　传真：010—87155801
http://www.c-textilep.com
中国纺织出版社天猫旗舰店
官方微博 http://weibo.com/2119887771
三河市宏盛印务有限公司印刷　　各地新华书店经销
2022 年 11 月第 1 版第 1 次印刷
开本：710×1000　1/16　印张：24.5
字数：450 千字　定价：380.00 元
京朝工商广字第 8172 号

《中国印染行业绿色发展报告》

序

绿色发展代表着科技革命和产业变革的方向，体现着人类对美好生活的追求与向往。从全球看，以绿色、低碳、循环为特征的新经济形态加速形成。作为全球化的民生产业，从原料供给、设计生产到产品消费，中国纺织服装行业始终与世界经济发展潮流深度关联，与人类文明演进深度关联，是全球生态文明建设与可持续发展的重要参与者、贡献者和推进者。

印染是纺织产业链中提质增效、创造价值的关键环节。由于传统印染工艺具有高耗能、高污染的特点，行业在节能节水、绿色减排等环保领域受到社会的广泛关注，是纺织行业实现绿色低碳循环发展的核心所在。近年来，从原材料、前处理、染色印花到后整理，印染行业持续推广绿色先进适用技术和工艺的应用，深入推进清洁生产和印染园区绿色化改造。水资源、能源利用效率明显提升，单位产品资源消耗和污染物排放稳步下降。绿色发展卓有成效，彰显了行业的价值使命与时代担当。

世界经济正处在绿色转型的关键窗口。环境要素的刚性制约持续强化，围绕绿色发展的市场规则与政策体系在全球竞合博弈中加速形成，可持续发展的价值理念与产业创新在消费升级中不断发展。摆脱对原有技术架构的路径依赖，构筑新的行业生产函数，以技术创新推动印染行业绿色发展，关系着产业价值高点、定义着产业安全底线、决定着产业未来空间。

方向决定未来，道路决定成败。根据产业发展规律与技术创新规律，从印染产业绿色发展的“全景图”中理出“路线图”与着力点，对于新时期推动产业高质量发展具有重要价值。

《中国印染行业绿色发展报告》正是这样的有益探索，报告由中国印染行业协会、中国纺织工业联合会社会责任办公室、国家先进印染技术创新中心和绍兴市柯桥区印染产业集聚升级服务中心联合研究编著，是一部以印染行业绿色发展为专题的出版物。该书收录了印染行业绿色发展主题报告一篇、专题报告六篇和技术报告十八篇，点线面结合，系统梳理分析了印染行业绿色发展现状与绿色关键技术发展情况，为“十四五”及今后一段时期行业破解绿色发展约束、构建低碳可持续发展路径提供了有益参考。

知之真切笃实处即是行，行之明觉精察处即是知。希望业内广大企业界和学术界人士能一读此书，相信一定有助于大家更好地把握绿色发展的未来。

中国纺织工业联合会会长

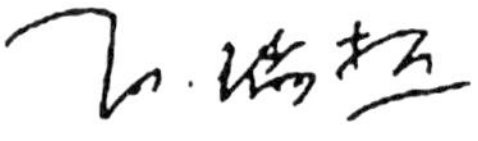

2022 年 10 月

前　言

党的十八大以来,党中央把生态文明建设作为关系中华民族永续发展的根本大计,坚持绿水青山就是金山银山的理念,开展了一系列根本性、开创性、长远性的工作,美丽中国建设迈出重要步伐,推动我国生态环境保护发生历史性、转折性、全局性变化。

印染行业是纺织工业"科技、时尚、绿色"发展的重要组成部分。多年以来,印染行业深入贯彻国家各项环境管理政策和标准规范,大力推广节能减排先进清洁生产技术和污染治理技术,绿色发展扎实推进。2010～2020 年,印染行业单位产品综合能耗下降 30%以上,单位产品水耗下降 40%以上,水重复利用率由 15%提高到 40%,COD_{Cr}直接和间接排放浓度由 180mg/L、500mg/L 分别降低至 80mg/L、200mg/L,行业清洁生产和环境保护水平大幅提升。

毋庸讳言,印染行业是典型的纺织品化学加工和湿热加工行业,化学品用量和用水耗能比较大。长期以来,印染行业高度重视绿色发展工作。自 2006 年开始,行业已连续召开了 16 届节能环保年会,交流推广了 15 批共计 424 项节能减排先进适用技术,涵盖工艺技术及装备、化学品和末端治理等方面,不断提升行业的绿色发展水平。同时,我们也要清醒地认识到,随着社会经济和人民生活水平的提高,人们对健康和环境安全也提出了更高的要求。面对新形势、新任务、新要求,印染行业绿色发展之路依然任重而道远。

为了更好地推动行业绿色发展工作,中国印染行业协会、中国纺织工业联合会社会责任办公室、国家先进印染技术创新中心、绍兴市柯桥区印染产业集聚升级服务中心四家单位联合编著了《中国印染行业绿色发展报告》。本书汇总了印染行业工艺技术及装备,化学品、污染物治理,能源管理等方面绿色发展的最新进展,旨在总结近年来印染行业绿色发展所取得的成绩,发现短板与不足,分析研判未来行业绿色发展的潜力与趋势。同时引导广大印染企业进一步加快转型升级的步伐,共同推动印染行业实现更高质量的发展。

本书在编著过程中，得到了印染行业众多专家学者的热心指导与帮助，在此一并表示感谢。

由于编写时间仓促，且编者水平所限，书中难免存在疏漏及不足之处，敬请广大读者批评指正。

本书编委会

2022 年 9 月

目　　录

主题报告篇

专题报告篇

技术报告篇

主题报告篇

专题报告篇

技术报告篇

中国印染行业绿色发展报告

ZHONGGUO YINRAN HANGYE LÜSE FAZHAN BAOGAO

中国印染行业绿色发展报告

中国印染行业协会

党中央在十八届五中全会创造性地提出五大新发展理念，其中一项便是“绿色发展”理念，这是对可持续发展的一次继承与超越。之后，中国国民经济和社会发展第十三个五年规划和第十四个五年规划都将“绿色发展”作为主要发展目标。印染行业紧跟国家政策步伐，将“绿色发展”作为行业发展的重要指导思想和发展目标，多年来深入推进绿色发展并取得明显成效。

1. 印染行业基本情况

印染行业是纺织品深加工、精加工和提高附加值的关键行业，在纺织工业产业链中发挥重要的承上启下作用，是纺织工业绿色发展水平的重要体现。经过几十年的发展，纺织工业已经形成了纤维原材料、纺纱、织造、印染、服装、家纺、产业用、纺织机械等完整的纺织产业链。印染行业作为纺织产业链中提升产品品质、丰富产品功能，推进绿色发展、展现责任导向，实现美学价值、创造市场价值的关键环节，是纺织工业科技、时尚、绿色产业定位的重要体现。印染行业的发展为服装、家纺和产业用纺织品等下游产业提供重要的技术支撑，为满足人民对纺织产品新需求、引领绿色时尚新潮流提供重要保障。

新世纪以来，中国印染布产量经历了快速发展到平稳发展的过程。“十五”和“十一五”期间，印染布产量由2000年的158.71亿米增长到2010年的峰值601.65亿米。“十二五”期间，国家加大力度淘汰落后产能，印染布产量开始持续下降，由601.65亿米下降到509.53亿米，下降了92.19亿米。“十三五”期间，印染布产量进入了相对平稳阶段，与此同时，印染行业加快改造升级步伐，大力推行绿色转型发展，行业规模、效益保持在合理区间。2015~2019年，规模以上企业印染布产量由509.53亿米增长至537.63亿米，印染八大类产品出口数量由206.59亿米增长至268.23亿米，出口金额由243.10亿美元增长至274.17亿美元。2020年，规模以上企业印染布产量525.03亿米，主营业务收入（棉印染精加工、毛染整精加工、麻染整精加工、丝印染精加工、化纤织物染整精加工、针织或钩针编织物印染精加工）2795.65亿元，实现利润总额133.96亿元。

经过长期发展，中国印染企业主要集中在东部沿海水源丰富和经济发达地区，包括长江流域、珠江流域、淮河流域、东南诸河，海河流域、辽河流域也有一定分布。从省份看，中国印染产能主要集中在浙江、江苏、山东、广东和福建五大省份。2011～2020年，五大省规模以上企业印染布产量占比由92.35%上升到94.98%，行业企业的集中度不断提高。从各个省份分析，2011～2020年，浙江省规模以上企业印染布产量占比由61.12%下降到57.78%，福建省规模以上企业印染布产量占比由7.11%上升到11.27%，江苏省规模以上企业印染布产量占比由8.38%上升到13.46%，广东省规模以上企业印染布产量占比由9.25%下降到6.25%，山东省规模以上企业印染布产量占比变化不大，保持在6%左右，见表1。

表1　2011～2021年印染行业规模以上企业印染布产量分布情况

年份	浙江		福建		江苏		广东		山东		全国	五大省产量占比（%）
	产量（亿米）	占比（%）	产量（亿米）	占比（%）	产量（亿米）	占比（%）	产量（亿米）	占比（%）	产量（亿米）	占比（%）	产量（亿米）	
2011	362.46	61.12	42.18	7.11	49.69	8.38	54.85	9.25	38.93	6.56	593.03	92.43
2012	334.88	59.16	59.45	10.50	49.94	8.82	46.55	8.22	38.46	6.79	566.02	93.51
2013	325.08	59.94	48.94	9.02	50.12	9.24	47.68	8.79	35.79	6.60	542.36	93.59
2014	324.02	60.37	47.27	8.81	63.6	11.85	42.46	7.91	30.08	5.60	536.74	94.54
2015	317.63	62.34	38.22	7.5	64.47	12.65	40.23	7.9	27.51	5.40	509.53	95.79
2016	322.09	60.35	47.67	8.93	67.04	12.56	37.99	7.12	29.98	5.62	533.7	94.58
2017	313.26	59.72	49.36	9.41	66.94	12.76	39.56	7.54	28.67	5.46	524.59	94.89
2018	289.22	58.94	56.24	11.46	62.13	12.66	34.55	7.04	27.21	5.55	490.69	95.65
2019	305.36	56.8	56.19	10.45	81.41	15.14	34.18	6.36	34.32	6.38	537.63	95.13
2020	303.38	57.78	59.17	11.27	70.69	13.46	32.84	6.25	32.61	6.21	525.03	94.98

数据来源：国家统计局

建设印染工业园区、促进印染产业集约发展，是优化生产力布局，构建现代产业体系，纵深推进传统产业改造提升的重要载体，也是贯新发展理念，推进制造强国战略实施，促进产业集聚区规范发展和提质增效的重要举措。21世纪以来，浙江、江苏、福建、山东、广东等地区涌现出一批具有代表性的印染产业园区，如浙江绍兴滨海工业园区、萧山印染工业园区，江苏盐城纺织染整产业园，福建石狮市大堡工业集控区、山东滨州工业园区、广东潮南印染产业园等园区，在集中供热、供水以及统一治污等方面取得很好效果，起到了行业示范作用。根据中国印染行业协会调研，目前印染行业企业入园率达到60%左右。印染重点省份主要园区名录见附件2。

2. 印染行业绿色发展情况

从中国印染行业绿色发展的历程看，进入新时期，国家出台了一系列印染相关产业政策，推动了印染行业的绿色发展，印染行业主要产业政策见附件1。在产业政策的引领下，印染行业在先进工艺技术与装备、污染物治理及资源综合利用、生态环保化学品、数字化与信息化方面取得了许多突破性进展，大批节能减排先进适用技术在行业中逐步得到推广应用，并取得明显节能减排效果。

2.1 工艺技术进步明显

21世纪以来，印染行业前处理环节工艺技术主要围绕高效、高速、低温、短流程、减少化学品的用量等方面发展。生物酶前处理、棉织物低温漂白、冷轧堆前处理、针织物连续平幅前处理、化纤机织物连续平幅前处理等技术得到研发和大幅推广。如过氧化氢酶已实现产业化并被广泛应用于氧漂后的除氧，具有很好的节能减排效果。棉织物低温漂白已经在纱线或针织物漂白中得到推广应用，主要采用高效双氧水催化/活性剂和低温精练剂实现低温漂白，漂白活化剂或仿酶催化剂用量少、在较低温度下也能实现高效催化。冷轧堆前处理技术已经在一些企业得到应用，通过优化轧余率、打卷速度、织物张力、带液率等工艺参数，保证了织物处理的一致性和重现性，并且达到节能效果。针织物连续平幅前处理对工艺控制要求虽然高于间歇式前处理，但具有节水节能效果，针织物平幅丝光、平幅练漂、平幅水洗连续加工技术已经在行业内得到很好的推广。化纤机织物连续平幅前处理已经在一些优秀企业推广应用，通过采用高效稳定的退浆助剂体系和精确的碱浓度在线监控系统，采取连续化加工替代传统间歇式方式，具有生产效率高、节水、节能、减少污染物排放的效果。

近十年来，印染行业染色环节更加关注提高染料利用率、减少水耗和能耗、降低污染物排放以及提高染色的一次准确率等。小浴比间歇式染色、冷轧堆染色、低盐低碱活性染料染色、筒子纱全自动成套染色等工艺技术不断成熟，应用面进一步扩大。此外，活性染料无盐染色、涤纶织物少水连续轧染、分散染料碱性染色等一批先进适用技术取得实质性进展，实现产业化应用。如活性染料无盐连续轧染已经成功应用在纤维、纱线和织物，实现了产业化应用及推广，与常规轧染工艺相比，不添加无机盐促染，降低COD排放，“十四五”将继续对间歇式无盐染色进行研发。涤纶织物少水连续轧染目前已经在绒类织物和梭织类的箱包布、衬布、口袋布、里子布、工装布等低端产品中实现产业化应用，该技术除色牢度要求非常高的织物需水洗外，一般不需要水洗处理，从而达到节水节能的效果，“十四五”将继续研发与高温浸染类似风格的涤纶针织物少水连续染色工艺技术。分散染料碱性染色节省染色时间，可减少污水排放，目前已研发筛选出部分耐碱性分散染料，并探索出涤纶织物碱性染色工艺。此外，二氧化碳超临界染色、张力敏感织物全流程平幅轧染、活性染料非水介质染色等前沿技术装备取得突破性进展，“十四五”将继续加强研发和产业化验证。

印染行业印花环节的低尿素活性染料印花、高牢度涂料印花等技术取得研发突破和推广。低尿素活性染料印花减少印花生产中的尿素用量，明显降低印花废水中的氨氮浓度，目前行业已经筛选和研发出适用于低尿素印花工艺的活性染料和尿素替代剂，未来将推进两相法印花研究工作。高牢度涂料印花与染料印花相比，可大幅节水、降低能耗，国内一些院校联合企业已经开展了纳米涂料表面结构和性能调控的关键技术研发，开发了高稳定性和高黏附性纳米涂料，“十四五”将进一步研究改善纳米涂料染色印花产品的手感、牢度。

多年来，我国的印染行业后整理工艺技术朝着多功能化、生态化趋势发展，已取得了长足的进步，阻燃整理、抗菌整理、拒水拒油（防污）整理、无甲醛免烫整理、无氟防水整理、水基（性）聚氨酯涂层整理、机械柔软整理等推广率不断提高，多功能性复合整理技术不断成熟。一些整理技术在发展的同时，也减少了对环境的污染，如无氟防水整理避免了 PFOS、PFOA 等含氟整理剂造成的环境问题，水基（性）聚氨酯涂层整理生产的涂层织物避免了有机溶剂挥发污染环境等问题。

印染行业绿色发展典型技术特点及应用效果见附件 3。

2.2 装备水平显著提高

随着环境要素的刚性制约不断强化，环保压力持续加大，以及《产业结构调整指导目录》的实施，印染行业加快技术改造，逐步淘汰能耗水耗高、稳定性差的落后装备，节能、节水、减排的装备应用增多。

经过多年的发展，高效轧、洗、烘、蒸等通用单元机及联合生产线等前处理设备得到开发和使用，显著提升了前处理的效率。高效节能环保型退煮漂设备、退浆机、丝光机、连续轧染设备、冷堆前处理设备、针织物连续平幅前处理设备、绳状连续水洗设备、化纤机织物连续平幅前处理设备等节能减排设备的应用面也不断扩大。如焙烘工艺是印染行业耗能较高的工艺，节能焙烘设备在行业得到一定的推广应用，通过合理设计烘房结构、新型保温门板及隔热结构的设计、通过进出布口及烘房排气等结构的改进设计等达到节能效果。绳状连续水洗设备主要利用大水量冲击的循环使用生产用水，达到节水节能的效果，适用于人棉、针织物、化纤、混纺等织物的水洗工艺，目前已经大批量使用了，正在不断扩大应用的范围。

当前，印染行业染色设备的使用，间歇式染色机超过了连续式装备，各种间歇式染色机（包括溢流喷射染色机、气流染色机、气液染色机等）发展迅速，是节能减排的主要染色设备，在印染行业的推广率不断提高。目前，气液、气流染色机的浴比可低于1:3，液流喷射染色机的浴比可低于1:4.5，小低浴比低能耗气液染色机和溢流喷射染色机已成为织物间歇式染色设备的主力军，主要用于针织物和化纤织物的染色和水洗。得益于数控技术的不断优化，很多企业间歇式染色机配备在线工艺参数监控，降低了染化料与水、电、汽的消耗，染色质量和一次成功率也在不断提高。

印花环节，印染行业更加关注节水、减排、多品种、个性化订单需求，“十三五”期间，数码喷墨印花机、数码+网印联合机、双面数码印花机等在印染行业得到快速研发和推广。数码喷墨印花喷印速度和精度明显提高，Single Pass 机型的印花速度达到圆网印花机的速度，扫描式数码喷墨印花机的印花速度与平网印花机相当，数码喷墨印花机喷印精度超过1200dpi。相比传统印花，数码喷墨印花具有诸多优点，如无须制版（网）、颜色丰富、层次好、可小批量生产、节水少污染等，数码喷墨印花符合我国目前对印染行业环保、可持续发展的要求，未来推广前景大。

整理环节，定形机是印染行业后整理的重要设备，目前可适应各种纤维的机织物、针织物的定形整理，并且配备废气清洁装置，很多印染企业同时配备热能回收系统。定形机助剂喷雾给液设备、气流式柔软整理机、多功能缩绒柔软整理机、液氨整理机等先进后整理装备在行业使用面逐步提高。如定形机助剂喷雾给液设备是“十三五”时期涌现出的新设备，该设备比经过二辊轧车出来后布料带液量降低50%左右，降低了后段拉幅定形机烘干面料所需要的热能，缩短定形所需时间，提升定形机的效率，目前已经在广东印染企业普遍应用。

2.3 生态环保化学品应用比例不断扩大

印染加工过程中，由于染料、助剂等化学品的大量施加和排放，在不同加工工序中需经历干湿交替处理，使得印染行业成为纺织产业链中资源消耗和污染物排放的主要环节之一。目前，印染行业越来越关注产品的生态安全问题，逐渐减少使用有毒有害染化料助剂，从源头削减或避免污染物的产生。

随着世界各国有关化学品安全管控的立法以及国内生态环保要求趋严，适应低温、短流程工艺的高效环保退浆剂、精练剂、双氧水稳定剂、低温氧漂高效催化剂、低温除油剂、染料印花用环保型合成增稠剂、新型环保高效整理剂等化学助剂得到开发和使用，减少了化学品用量、降低能耗、减少污染物排放。积极研发推广和应用无甲醛整理剂、尿素替代剂以及烷基酚聚氧乙烯醚（APEO）、全氟辛烷磺酰基化合物（PFOS）与全氟辛酸（PFOA）替代剂，避免有害化学物质的使用。“十二五”和“十三五”期间，活性染料、分散染料、染色助剂的开发及应用取得了较大发展，上游染料行业成功研发出液态分散染料、耐碱性分散染料，高性能、高固色率活性染料，低盐染色活性染料，低温染色活性染料，高色牢度天然染料等，并在印染行业得到推广应用。如液态分散染料是近年较热的染料，可以用于具备染液自动输送系统的涤纶织物的染色，提高染料上染率和固色率，液态分散染料用于印花时，降低了印花糊料的用量。

2.4 污染物治理及资源综合利用水平获得提升

为减轻对环境的污染，印染行业加快了污染物治理及资源综合利用的改造进程，印染行业整体污染物治理水平和资源利用效率得到进一步提升。印染废水分质处理分质回用技术在行业内得到普遍使用，对退浆废水、碱减量废水、化纤织物精练含油废水、活性染料高盐废水进行分质预处理，预处理后进入混合废水进行生化处理；对丝光废水进行淡碱回收处理后回用于生产工艺或进入混合废水进行生化处理；对感光制网工艺和毛染整含铬废水单独处理并在车间排放口达标排放。印染行业废水深度处理主要采用曝气生物滤池、膜分离、臭氧氧化和芬顿氧化等高级氧化处理技术。膜处理及回用技术已经成为主要的废水深度处理回用途径，废水回用率不断提高。目前印染行业废气治理普遍采用冷却 + 水喷淋 + 高压静电装备，大部分具备自动清洗、主动防火、自动灭火等功能。

蒸汽冷凝水回用、冷却水回用、中水回用、逐格逆流漂洗、碱减量 PTA 回收、丝光淡碱回用等资源综合利用技术在印染行业得到普遍应用。在双碳目标背景下，蒸汽热能梯级利用、印染设备隔热保温、印染高温废水余热回收技术和定形机尾气余热回收等技术推广率逐步提高。

“十四五”将继续重点研发印染高盐废水处理技术、印染高氨氮废水处理技术、低成本高效印染废水深度处理与回用技术、高效废气治理技术，进一步提升行业污染物治理能力。

2.5 数字化、信息化转型深入推进

作为高质量发展的新引擎，数字化、信息化发展与绿色发展存在深刻的内在关系。未来发展既要绿色化，也要数字化、信息化，更要促进相互融合。近年来，随着5G、云计算、物联网、大数据、人工智能等新技术的兴起，数字化、信息化成为推动制造业发展质量变革、效率变革、动力变革的重要力量。印染行业属于技术密集型产业，由于材料品种繁多、成品服用需求不同，涉及很多不同的生产工艺技术，印染行业逐渐涌现出的一批数字化、信息化技术装备，一方面能够提高印染企业生产效率、降低人工成本、保证产品质量、提高企业效益；另一方面能够细化管理颗粒度，实现能源、人力、设备等各要素的集约化、精细化管理，提升行业的节能减排水平。

2.5.1 装备数字化、信息化

“十二五”和“十三五”期间，印染行业单台（线）印染装备的智能化程度

不断提高，水、电、汽、温度、湿度、张力、速度、密度、长度、门幅、含潮率、浓度、pH 值、液位、布面质量、花型精度等实时在线检测和控制系统在行业获得较好的推广和应用。测色配色仪、自动滴液机、染化料自动称量配送系统、印花自动调浆系统、定形机在线监控系统等得到成熟应用，提高了生产效率和工艺准确性，减少了人为不确定因素，提高了产品质量和企业效益。覆盖印染全流程的数字化信息化系统以及 AGV 小车等智能物流系统在部分骨干企业得以实施。

初步形成数字化车间、数字化工厂应用示范，大幅度减少用工数，提高生产效率和印染产品品质，降低资源消耗。如华纺股份有限公司的印染全流程数字化工厂，湖北嘉麟杰纺织品有限公司的数字化间歇式染色车间，山东康平纳集团有限公司的筒子纱数字化自动染色车间等，在行业起到了标杆示范作用。

2.5.2　管理数字化、信息化

“十二五”以来，印染行业将数字化、信息化技术融入企业管理中，从人工管理的模式升级为大数据管理，能够进一步加强内部成本管控、强化资源能源集约管理、推动企业生产方式优化和流程再造，实现降本增效的精益生产。在印染各环节引进数字化、信息化的装备，结合生产全流程在线监控系统和 ERP、MES 等智能管理系统，形成更加先进、高端、智能的现代化管理体系，为行业绿色转型升级、提质增效提供支撑。

同时，随着国家环保政策日益深化，一些优秀企业采用印染废水处理全流程在线监测系统和印染废气设施优化控制系统，将传统废水和废气治理工艺与数字化、信息技术相结合，提升废水、废气治理和环境管理效率。部分企业通过使用能耗管理系统，对能源消耗情况（“水电汽气”各分类能耗数据）实施监测，提高企业能源分析、预测和平衡调度能力，并对能耗异常情况进行报警，实现企业能源管理数字化和精细化。

从 2007 年起，中国印染行业协会连续发布十五批共 424 项技术进入《中国印染行业节能减排先进技术推荐目录》，详见附件 4。推荐目录涵盖节水、节能、降耗、减排等多个方面，涉及工艺、印染装备、助剂和末端治理等多个领域，这些技术得到广泛的认可和推广，在企业中取得了明显的节能减排效果。

3. 印染行业绿色发展成效

多年来，中国印染行业认真落实国家各项决策部署，积极践行绿色发展理念，一批绿色化技术得到推广应用，能耗水耗不断降低，污染物排放持续减少，行业绿色发展成效显著。

3.1 用水质效显著提升

“十一五”期间，印染行业单位产品水耗由4吨/百米下降到2.5吨/百米，下降37.5%；水重复利用率由7%提高到15%，提高8个百分点。“十二五”期间，印染行业单位产品水耗由2.5吨/百米下降到1.8吨/百米，下降28%；水重复利用率由15%提高到30%，提高15个百分点。“十三五”期间，印染行业节水工作取得新进展，机织物单位产品水耗由1.8吨/百米下降到1.5吨/百米，下降幅度为17%；针织物单位产品水耗由110吨水/吨下降到95吨水/吨，下降幅度为14%；印染行业水重复利用率由30%提高到40%，提高10个百分点。

3.2 能耗水平持续降低

根据国家统计局数据，2005～2019年纺织工业能源消耗总量由7739.32万吨标煤增加至10719万吨标煤，占全国工业行业比重由2.96%下降至2.20%，下降了0.76个百分点，见表2。能源结构方面，煤炭消耗量在2015年达到峰值后逐年下降，2019年较2015年下降40.87%，天然气消耗量逐年增加。根据印染行业规模以上企业印染布产量和单位产品综合能耗估算，2015～2019年印染行业能源消耗量占纺织工业能源消耗总量的比例为17%～21%。

表2 2005～2019年纺织工业能源消耗总量

年份	2005	2006	2007	2008	2009	2010	2011	2012
纺织工业能源消耗总量（万吨标准煤）	7739.32	8235.32	8814.76	8570.30	8705.01	8696.53	8955.05	9175.01
其中：纺织业能源消耗总量（万吨标准煤）	5281.32	6108.59	6528.30	6396.38	6251.01	6204.53	6269.05	6357.01
纺织服装、服饰业能源消耗总量（万吨标准煤）	669.00	661.68	711.44	725.34	813.00	848.00	867.00	978.00
化学纤维制造业能源消耗总量（万吨标准煤）	1789.00	1465.05	1575.02	1448.58	1641.00	1644.00	1819.00	1840.00
全国能源消耗总量（万吨标准煤）	261369.00	286467.00	311442.00	320611.00	336126.00	360648.00	387043.00	402138.00
纺织工业能源消耗总量占全国比重（%）	2.96	2.87	2.83	2.67	2.59	2.41	2.31	2.28

续表

年份	2013	2014	2015	2016	2017	2018	2019	
纺织工业能源消耗总量（万吨标准煤）	10245.72	9733.20	9970.66	10316.14	10573.00	10567.00	10719.00	
其中：纺织业能源消耗总量（万吨标准煤）	7365.72	6960.20	7135.66	7295.14	7487.00	7372.00	7398.00	
纺织服装、服饰业能源消耗总量（万吨标准煤）	971.00	938.00	923.00	946.00	882.00	866.00	905.00	
化学纤维制造业能源消耗总量（万吨标准煤）	1909.00	1835.00	1912.00	2075.00	2204.00	2329.00	2416.00	
全国能源消耗总量（万吨标准煤）	416913.00	428333.99	434112.78	441491.81	455826.92	471925.15	487488.00	
纺织工业能源消耗总量占全国比重（%）	2.46	2.27	2.30	2.34	2.32	2.24	2.20	

数据来源：国家统计局

“十一五”期间，印染行业单位产品综合能耗由59千克标煤/百米下降到50千克标煤/百米，下降15%。“十二五”期间，印染行业单位产品综合能耗由50千克标煤/百米下降到41千克标煤/百米，下降18%。“十三五”期间，印染行业单位产品综合能耗下降近15%，其中，机织物单位产品能耗由41千克标煤/百米下降到35千克标煤/百米，针织物单位产品能耗由1.4吨标煤/吨下降到1.2吨标煤/吨。

3.3 水污染物排放明显下降、废水治理能力进一步提升

“十二五”以来生态环境部将纺织印染行业纳入环境重点监控行业之一，并将COD_{Cr}和氨氮列为约束性指标，加大纺织印染行业环境治理的力度。印染行业通过推动淘汰落后设备和生产工艺、升级生产装备及废水处理设施、推广清洁生产技术、加强污染物治理等手段和措施，废水排放量、化学需氧量排放量、氨氮排放量及总氮排放量等指标都有不同程度的下降。根据中国生态环境统计年报数

据和调研，2011～2020年印染行业占纺织工业（C17纺织业，C18纺织服装、服饰业，C28化学纤维制造业）废水排放量比例由65%左右下降到55%左右，占纺织业废水排放量比例由80%左右下降到70%左右。由于2015年之后中国生态环境统计年报数据只公布纺织业相关污染物数据，没有纺织服装、服饰业和化学纤维制造业数据，本报告只分析纺织业情况。

2011～2020年，纺织业化学需氧量排放量由29.20万吨下降到6.06万吨，下降79.25%，氨氮排放量由2.02万吨下降到0.17万吨，下降91.58%。2020年，纺织业化学需氧量排放量、氨氮排放量排量、总氮排放量和总磷排放量分别占全国工业源重点调查企业化学需氧量排放量、氨氮排放量、总氮排放量和总磷排放量的14.0%、9.3%、12.8%和9.0%。2011～2020年纺织业废水中主要污染物排放情况见表3。

表3　2011～2020年纺织业废水中主要污染物排放情况

年份	废水排放总量（亿吨）	化学需氧量排放量（万吨）	氨氮排放量（万吨）	总氮排放量（万吨）	总磷排放量（万吨）
2011	24.08	29.20	2.02	—	—
2012	23.70	27.70	1.90	—	—
2013	21.50	25.40	1.80	—	—
2014	19.60	23.90	1.70	—	—
2015	18.40	20.60	1.50	—	—
2016	—	10.93	—	1.85	—
2017	—	10.99	0.34	1.85	—
2018	—	10.33	0.32	1.59	—
2019	—	9.34	0.27	1.45	—
2020	—	6.06	0.17	1.11	0.19

数据来源：中国生态环境统计年报，“—”为未公布数据

2011～2015年，纺织业废水治理设施逐渐减少，但废水处理能力提高，治理设施由9239套下降到5547套，下降39.96%，处理能力从1078万吨/天增加到1216万吨/天，增加12.80%。2016～2020年，纺织业废水治理设施进一步减少，由4697套下降到4362套，下降7.1%。2011～2020年纺织业废水治理设施和处理能力情况见表4。

表 4　2011～2020 年纺织业废水治理设施和处理能力情况

年份	2011	2012	2013	2014	2015	2016	2017	2018	2019	2020
废水治理设施数（套）	9239	6438	6091	5830	5547	4697	4784	4629	4360	4362
废水治理设施处理能力（万吨/天）	1078	1245	1162	1208	1216	—	—	—	—	—
本年运行费用（亿元）	54.8	45.32	45.18	46.15	47.32	—	—	—	—	—

资料来源：中国生态环境统计年报

3.4　碳排放量下降

中国碳排放中能源消耗排放占比大，减少能源消耗和改变能源结构是碳减排的主要内容。根据国家统计局公布的纺织工业（C17 纺织业，C18 纺织服装、服饰业，C28 化学纤维制造业）能源消耗情况，计算得出纺织工业能源消耗产生的二氧化碳排放量和各类能源消耗产生的二氧化碳排放量占比情况见表 5 和表 6。

表 5　纺织工业能源消耗产生的二氧化碳排放量

年份	能源消耗直接排放合计（亿吨 CO_2）	电力消耗隐含排放（亿吨 CO_2）	合计（亿吨 CO_2）
2005	0.92	1.01	1.93
2006	0.89	1.23	2.12
2007	0.92	1.35	2.27
2008	0.81	1.34	2.15
2009	0.86	1.37	2.23
2010	0.87	1.53	2.40
2011	0.80	1.65	2.45
2012	0.76	1.75	2.51
2013	0.94	1.85	2.79
2014	0.84	1.86	2.70
2015	1.30	1.89	3.19
2016	1.28	1.95	3.23
2017	1.10	2.06	3.16
2018	0.62	2.14	2.76
2019	0.61	2.16	2.77

数据来源：根据国家统计局纺织工业能源消耗情况计算得出

表 6　2005～2019 年纺织工业各类能源消耗产生的二氧化碳排放量占比

年份	煤炭占比（%）	天然气占比（%）	电力占比（%）	其他能源占比（%）
2005	43.41	0.11	52.34	4.14
2006	38.05	0.10	57.94	3.91
2007	36.67	0.11	59.49	3.73
2008	33.72	0.22	62.37	3.69
2009	35.61	0.18	61.49	2.72
2010	33.76	0.22	63.61	2.41
2011	30.51	0.26	67.37	1.86
2012	28.59	0.45	69.69	1.27
2013	32.14	0.54	66.37	0.95
2014	29.38	0.76	69.00	0.86
2015	39.36	0.75	59.19	0.70
2016	37.06	1.82	60.35	0.77
2017	31.09	3.01	65.08	0.82
2018	17.56	4.27	77.57	0.60
2019	16.06	5.44	77.94	0.56

纺织工业能源消耗产生的二氧化碳排放量由 2005 年的 1.93 亿吨增加至 2016 年的 3.23 亿吨，2016 年后二氧化碳排放总量逐年递减，2019 年较 2016 年下降 14.24%。2005～2019 年，纺织工业能源消耗产生的二氧化碳排放量中，电力产生的隐含二氧化碳排放量占比逐年上升，2019 年占比达 77.94%；煤炭产生的直接二氧化碳排放量占比由 2005 年的 43.41% 下降至 2019 年的 16.06%；天然气产生的直接二氧化碳排放量占比由 2005 年的 0.11% 上升到 2019 年的 5.44%；其他能源产生的直接二氧化碳排放量占比小，2013 年以来占比不足 1%。根据 2014 年中国温室气体排放情况，2014 年纺织工业能源消耗的碳排放量约占全国温室气体排放总量（不包括 LULUCF）的 2.19%。印染行业碳排放情况和纺织工业类似，主要包括化石燃料燃烧和化学品反应产生的直接碳排放，电力和热力产生的间接碳排放，其中间接碳排放是印染行业的主要碳排放源。

3.5　废气与污染物排放量不断下降

由于 2015 年之后生态环境部不再公布具体行业的废气排放量指标，本报告只统计到 2015 年。根据中国生态环境统计年报数据，2011～2015 年，纺织业废气排放量由 4342 亿立方米减少到 2782 亿立方米，二氧化硫排放量由 27.23 万吨减少到 22.70 万吨，氮氧化物排放量由 7.67 万吨减少到 6.90 万吨，烟（粉）尘排放量由10.14万吨减少到8.10万吨，废气治理设施运行费用由9.3亿元增加到10.48亿元，见表7。

表7　纺织工业废气污染物排放及治理设施情况

年份	废气排放量（亿立方米）	废气治理设施数（套）	废气治理设施处理能力（万立方米/时）	废气治理设施本年运行费用（万元）	二氧化硫排放量（万吨）	氮氧化物排放量（万吨）	烟尘排放量（万吨）
2011	4342	8856	12234	93243	27.23	7.67	10.14
2012	3164	8881	12262	92153	26.98	7.68	9.21
2013	2875	8754	12965	96373	25.49	7.26	8.99
2014	2864	8495	12060	95173	23.47	6.97	8.35
2015	2782	8454	12130	104835	22.70	6.90	8.10

数据来源：《中国环境统计年报》

2013年9月，国务院印发《大气污染防治行动计划》，对多个行业进行工业废气重点治理，纺织印染行业是其中之一。印染行业产生废气环节主要有前处理工艺中的烧毛与预定形，印花工艺中的干燥和固色过程，后整理工艺中的起毛、热定形、涂层，厂内污水站废气。

3.6　产品生态安全性提高

染料和助剂关系到纺织产品的生态安全性，自国家强制标准《国家纺织产品基本安全技术规范》（GB 18401—2003）［修订后为（GB 18401—2010）］和《染料产品中23种有害芳香胺的限量及测定》（GB 19601—2004）［修订后为（GB 19601—2013）］颁布实施以来，中国染料行业和印染行业已经不再生产和使用可分解出致癌芳香胺的偶氮染料。《生态纺织品技术要求》（GB/T 18885—2020）也明确列出了禁用的可分解芳香胺染料、致癌染料、致敏染料及其他染料名单。据统计，在2003年之前，对中国出口纺织品服装的禁用偶氮染料检测，不合格率一直在15%以上，但到2013年以后，该项目检测的总体不合格率下降到1.5%以下，目前可以稳定在0.8%以下，处于国际领先水平。除染料之外，印染行业积极选用各种生态环保型助剂，逐步替代有害物质，如无磷洗涤剂、尿素替代剂、无氟整理剂、无甲醛整理剂等。

印染行业加快对生产过程中物耗和能耗大、污染严重、使用过程和使用后危害生态环境的产品进行全生命周期的绿色设计，促进行业绿色可持续发展。从2017年起，工业和信息化部组织申报绿色设计产品，近200种纺织印染产品入选绿色设计产品，这些绿色设计产品对化学品管控和纺织品安全要求严格，各项指标与国际接轨，均严于目前行业已出台的标准或法规。

4. 印染行业绿色发展方向

当前，实现低碳转型的绿色发展正在成为各国经济发展的主流，全球产品从设计、研发到生产、流通等各环节都朝着绿色方向转变，绿色发展正成为构筑产业发展持续竞争力与未来话语权的重要支点。在碳达峰、碳中和目标下，我国也正在加快构建绿色低碳循环发展经济体系，对绿色转型进行了全面部署。我国国民经济“十四五”规划和2035年远景目标纲要设专章对“推动绿色发展，促进人与自然和谐共生”作出具体部署和安排，党中央、国务院相继制定并发布碳达峰、碳中和工作顶层设计文件，印发2030年前碳达峰行动方案，把碳达峰、碳中和纳入经济社会发展全局，明确了各地区、各领域、各行业的目标任务。

由此可见，“十四五”及今后一段时期，印染行业实现绿色低碳循环发展和全面绿色转型将成为大势所趋和硬性约束。印染行业将牢牢把握绿色低碳转型发展趋势，积极构建绿色低碳循环发展的产业体系，稳妥有序推动产业向绿色低碳循环转型发展。

4.1 降低污染物与碳排放水平是行业绿色发展的着力点与落脚点

节能减污降碳具有高度协同性，印染行业将广泛采取节能降碳、减污降碳、园区集聚化发展等措施，实现生产过程中大气、水等多种污染物以及温室气体的大幅减排，显著提升环境治理绩效，不断降低污染物排放和碳排放水平。

4.1.1 节能降碳

印染行业能源包含一次能源和二次能源，一次能源有煤、天然气和太阳能，二次能源有电、蒸汽和液化气。目前，煤、天然气、电、蒸汽是印染行业主要的能源类型，太阳能、液化气占比较小，蒸汽是印染行业用量最大的能源，煤的用量呈不断下降的趋势。“十四五”时期，印染行业采用能源结构调整、产品绿色设计、工艺技术节能、设备节能、管理节能等方式，减少能源在贮存、转换、输送和使用过程的消耗，持续提高能源利用效率。

（1）能源结构调整。锅炉煤炭清洁高效利用不断加强，企业或园区实施煤改气（汽）进程有效推进，企业利用太阳能、风能等可再生能源作为补充能源的应用范围逐渐扩大，部分企业或园区将建设分布式能源中心。

（2）产品绿色设计。产品绿色设计理念在印染行业内获得更加广泛的认可，在原材料、研发、制造、产品、销售等全流程树立绿色设计理念，形成一大批产品绿色设计示范企业，开发具有无害化、节能、环保、低耗等特征的绿色纺织品。

（3）工艺节能。通过调整工艺参数、筛选染料助剂、优化工艺流程、改动部分设备装置等方法，减少生产工艺的能源消耗。例如，涤棉混纺织物染色通常采用活性/分散两浴法染色工艺，优化为活性/分散一浴法染色工艺可以缩短染色流程、降低能耗；织物水洗烘干时，先经低轧余率轧车或真空抽吸装置，减少织物含水量后再烘干；除了每个单独工艺的节能之外，针对所有工艺流程进行布局优化，通过流程再造达到节能效果。

（4）设备节能。设备对能耗的影响体现在设备功率、生产效率以及与设备对应的工艺等方面。印染行业持续推进淘汰落后设备，选用高效节能的先进印染设备。将电动机更换为节能电动机，根据电动机负载特性，不同应用场景选用不同类型的电动机。选用热转换效率高的换热器、设备和节能型疏水阀。采用绿色照明，减少照明用电。

（5）管理节能。重点用能设备保温保养更加完善，机台能效及余热利用水平不断提高。高温废水热能高效利用、蒸汽热能梯级利用、定形机尾气余热回收利用、印染设备隔热保温等提高能源利用效率的技术将在行业内广泛推广与应用。自动化、信息化、数字化管理更加普及，通过信息化管理，即时采集和监控能耗数据，自动监控工艺温度。精益生产管理进一步推进，用能、用水计量更加精确，杜绝跑冒滴漏现象。

4.1.2 减污降碳

与发达国家基本解决环境污染问题后转入强化碳排放控制阶段不同，当前我国生态文明建设同时面临实现生态环境根本好转和碳达峰、碳中和两大战略任务，协同推进减污降碳已成为我国新发展阶段经济社会发展全面绿色转型的必然选择。基于环境污染物和碳排放高度同根同源的特征，遵循减污降碳内在规律，印染行业将从源头减排、过程控制、末端治理、综合利用等全流程绿色发展，推动减污降碳协同增效。

（1）水污染物。废水治理能力将显著提升，高级氧化和膜分离等废水深度处理及回用技术将获得广泛推广，高盐印染废水处理技术、高氨氮印染废水处理技术、低成本高效印染废水深度处理与回用技术将会进一步突破。大批先进适用的节水工艺、技术和装备获得推广，印染企业用水效率不断提升，企业用水形成系统集成优化，实现串联用水、分质用水、一水多用、梯级利用和再生利用。污水资源化利用程度更高，循环水、再生水等非常规水资源开发力度加大。

（2）大气污染物。印染行业持续加强印花、热定形、涂层、复合、废水处理等工序的废气治理，废气高效收集处理及余热回用技术成为印染企业末端治理技术研发的主要方向。印染企业采用高效适用的定形机、涂层废气处理装置，应用高效适用的废气净化处理系统，原辅料称料间安装气体收集和处理系统，强化车间和称料间无组织废气的收集与处理工作。VOCs 等大气污染物治理采用源头替代措施，数码印花用油墨、涂料等符合标准的低挥发性有机污染物（VOCs）含量产品使用率不断提高。

4.1.3 园区集聚化

产业集聚是现代经济发展的必然趋势，是现代经济布局中的主要特征。发展印染工业园区，既是加快传统印染产业转型升级的有力抓手，也是印染行业高质量发展的重要支撑。“十四五”时期，印染行业将紧跟国家工业园区集中管理的发展方向，加快布局调整，通过合理规划印染园区建设土地，继续引导印染企业向规范的工业园区和产业集聚区集聚，园区企业逐步向用地集约化、原料无害化、生产清洁化、废物资源化、能源低碳化的方向发展。印染园区根据自身主导产业和污染物、碳排放水平，探索推进减污降碳协同增效，优化园区空间布局，推广使用新能源，促进园区能源系统优化和梯级利用、水资源集约节约高效循环利用、废物综合利用。产业集聚效应将进一步显现，集约低碳型发展方式初步形成，促进印染产业与生态环境的协调发展。

4.2 技术创新与科技进步是行业绿色发展的突破点和关键点

新一轮科技革命和产业变革与我国加快转变经济发展方式形成历史性交汇，在科技自立自强成为决定我国生存和发展基础能力的背景下，加快建立市场导向的绿色技术创新体系、增强绿色竞争力已刻不容缓。

技术创新是行业绿色发展的主要推动力和重要抓手，“十四五”及今后一段时期，印染行业将继续坚持绿色发展和创新突破，聚焦产业链各环节，加快原创先进工艺和技术的研发，突破一批绿色低碳、资源循环高效利用的关键产业化技术，加大节能减排工艺和技术的推广力度，增加绿色科技成果的持续供给，为行业破解绿色发展约束、构建低碳可持续发展路径提供坚实支撑。

4.2.1 原料无害化

绿色原材料的推广应用是源头实现减污降碳的重要方法。下一步，印染行业将加强高效环保型染料和印染助剂的研发及应用，生物可降解纤维材料、生物基化学纤维等材料的应用范围逐渐扩大，有毒有害、高污染原料将逐步被无毒无害、低毒低害、低污染原材料所替代。

4.2.2 生产清洁化

加大绿色制造技术、工艺和装备的研发、推广和应用是印染行业清洁生产的关键。今后，印染行业将加强针织物连续平幅前处理、化纤机织物连续平幅前处理、冷轧堆染色、活性染料少盐无盐染色、涤纶织物少水连续轧染、液态分散染料印染、数码喷墨印花等相对成熟的生态印染技术的推广应用，推进少水无水印染、低碳节能印染技术的研发突破。同时围绕重点污染物减排开展清洁生产技术改造，降低污染物排放和碳排放强度。

4.2.3 管理数字化

印染生产过程涉及纺织原料、染化料助剂、工艺装备、资源能源及排放监测等众多管理环节，工艺流程长、技术要求高、设备型号多，由此决定了印染企业管理的复杂性。新时期，数字化与信息化将对印染行业转型升级发挥越来越重要的作用，印染行业将充分运用新科技手段加强“两化”融合，提高企业管理水平。新一代信息技术将在印染行业设计研发、生产制造、现场管理、仓储物流、运营决策等各环节实现广泛运用，资源能源数字化、智能化管控系统将获得大力推广，印染 ERP 系统、MES 系统、SFC 系统的应用深度和广度得到进一步扩展，完成对工艺参数、能源消耗和过程质量的全方位管理。

4.3 科学精准的政策与标准是行业绿色发展的助力点和支撑点

“十四五”及今后一段时期，我国资源环境约束日益加剧，在“双碳”目标导向下，国家和地方将进一步完善印染行业环境管理政策与标准规范，相关污染物指标将适度趋严。但政策标准会坚持精准科学、依法治污，政策的延续性和可预期性将增强，标准规范制定会遵循客观规律，协调适度发展，因地制宜、科学施策，充分考虑行业当前发展水平与短期和长远发展相协调，细分行业、不同区域、不同污染物指标会更加具有针对性、科学性、有效性。

4.3.1 节能低碳标准

节能低碳标准将充分发挥约束与引领作用，引导印染行业企业实施低耗能、低耗水项目建设与改造。印染行业重点产品能耗限额标准、产品设备能效标准等节能低碳标准将不断建立与健全，行业节水标准、取水定额标准逐渐完善，助力企业用能、用水效率对标达标。印染行业、企业、产品等碳排放核查核算标准也将逐步制定与发布。通过能耗限额、取水定额、行业规范条件等标准法规，进一步推动印染行业实现绿色低碳转型升级。

4.3.2 生态环境标准

印染行业生态环境标准体系将更加完善，污染防治标准持续优化，不断筑牢污染排放控制底线。在坚持精准科学、依法治污、协调发展的原则上，印染行业污染物排放、监管及防治标准将不断健全。行业气体排放管控更加严格，适时制定污染物与温室气体排放协同控制可行技术指南、监测技术指南。在国家制定污染物排放控制底线的基础上，各地区根据印染行业实际发展水平与特点，因地制宜、科学施策，制定出台更加符合本地区印染行业的政策与标准，实现不同区域的协调发展。

4.3.3 绿色生产与消费标准

筑牢绿色生产标准基础，印染行业清洁生产标准更加健全，印染行业资源循环利用、产品绿色设计、绿色包装和绿色供应链、产业废弃物综合利用等标准将不断完善。绿色消费标准引领作用逐渐强化，印染行业将着力提高绿色产品设计与开发能力，积极开发高附加值、低能耗印染产品，建立健全印染行业绿色产品分类和评价标准，规范绿色产品标识。

4.4 协调与平衡发展是行业绿色发展的内在要求与必然选择

发展不平衡不充分的短板和薄弱环节，正是高质量发展的巨大潜力所在。今后，印染行业将重点解决发展不平衡不充分的问题，推动行业实现全方位的绿色发展。

4.4.1 与产业链上下游协调发展

印染行业与纺织服装上下游产业链的协调发展和协同开发至关重要，行业将继续发挥产业链中间关键环节优势，与纤维材料、染化料、生产装备、下游终端产品等产业链各环节，共同赋能行业的绿色发展。通过产业链协同创新，加强产品和市场的联动，推动印染产品向价值链中高端迈进。锻造产业链供应链长板，推动全产业链优化升级，提升整个纺织产业链供应链的绿色发展水平。

4.4.2 不同区域间平衡发展

近年来，印染行业坚定不移贯彻落实党中央、国务院决策部署，积极践行绿色发展理念，能耗水耗不断降低，一批清洁生产技术得到研发和推广应用。在行业取得较快发展的同时，也存在节能减排技术在不同区域、不同规模、不同类型的印染企业的创新和推广力度不平衡、不充分，部分印染企业绿色发展水平不能满足新时代生态文明建设要求等问题。今后，印染行业将继续加大节能减排技术的推广力度，大幅提高节能减排技术在行业内的应用比例，推动中小企业绿色发展水平显著提升，解决不同区域、不同规模、不同类型印染企业发展不平衡不充分的问题。

附件1

印染行业主要产业政策

一、印染行业用水、取水标准

1.《工业用水定额：棉印染》

为深入推进节约用水工作，水利部联合工业和信息化部于2020年12月30日印发了《工业用水定额：棉印染》。棉印染行业用水定额见表1－1。

表1－1　工业用水定额：棉印染

产品名称		单位	先进值	通用值
棉机织印染产品	棉及棉混纺机织物	m^3/100m	1.6	1.8
	化纤机织物	m^3/100m	0.9	1.1
棉针织印染产品	棉及棉混纺纱线、针织物	m^3/t	80	100
	化纤纱、针织物	m^3/t	65	72

2.《取水定额　第4部分：纺织染整产品》（GB/T 18916.4—2012）

取水量核定是国家实施取水许可制度、实行计划用水管理和开展水资源论证的基础。取水定额标准是核定取水量的重要依据，是国家考核行业和企业水资源利用效率、评价企业节水水平的主要指标之一，也是落实最严格水资源管理制度的重要手段。《取水定额　第4部分：纺织染整产品》（GB/T 18916.4—2012）明确了纺织印染产品取水量范围、取水量供给范围以及取水量的计量，规定了取水定额的计算方法，划分了定额指标等级，并对定额管理做出了要求。GB/T 18916.4—2012规定的新建和现有纺织染整企业单位产品取水量定额指标见表1－2。

表1－2　纺织染整企业单位产品取水量定额指标

产品名称	单位	单位纺织染整产品取水量
棉、麻、化纤及混纺机织物	m^3/100m	2.0
棉、麻、化纤及混纺针织物及纱线	m^3/t	100.0
真丝绸机织物	m^3/100m	3.0
精梳毛织物	m^3/100m	18.0

注　1. 棉、麻、化纤及混纺机织物基准染整产品为标准品，将标准品折合系数为1，标准品的百米坯布重量为（10.0～14.0kg）/100m，布幅宽度为152cm及以下。

2. 真丝绸机织物基准染整产品为标准品，将标准品折合系数为1，标准品的百米坯布重量为（6.0～8.0kg）/100m，布幅宽度为114cm及以下。

3. 精梳毛织物基准染整产品为标准品，将标准品折合系数为1，标准品的百米坯布重量为（20.0～30.0kg）/100m，布幅宽度为150cm。

4. 当产品不同时，可根据织物的长度、幅宽、厚度等，按照FZ/T 01002—2010中附录B进行换算。

二、印染行业排放标准

1. 国家废水排放标准

《纺织染整工业水污染物排放标准》(GB 4287—2012)

为贯彻《中华人民共和国环境保护法》《中华人民共和国水污染防治法》《中华人民共和国海洋环境保护法》《国务院关于加强环境保护重点工作的意见》等法律、法规和《国务院关于编制全国主体功能区规划的意见》，保护环境、防治污染，促进纺织染整工业生产工艺和污染治理技术的进步，原环境保护部于2012年10月19日发布了《纺织染整工业水污染物排放标准》(GB 4287—2012)。GB 4287—2012规定的新建和现有纺织染整企业水污染物排放浓度限值及单位产品基准排水量见表2－1，水污染物特别排放限值见表2－2。

表2－1　纺织染整企业水污染物排放浓度限值及单位产品基准排水量　　单位：mg/L（pH值，色度除外）

序号	污染物项目	限值		污染物排放监控位置
		直接排放	间接排放	
1	pH值	6～9	6～9	企业废水总排放口
2	化学需氧量(COD_{Cr})	80	200	
3	五日生化需氧量	20	50	
4	悬浮物	50	100	
5	色度	50	80	
6	氨氮	10 15①	20 30①	
7	总氮	15 25①	30 50①	
8	总磷	0.5	1.5	
9	二氧化氯	0.5	0.5	
10	可吸附有机卤素(AOX)	12	12	
11	硫化物	0.5	0.5	
12	苯胺类	不得检出	不得检出	
13	六价铬	不得检出		车间或生产设施废水排放口

续表

序号	污染物项目	限值		污染物排放监控位置
		直接排放	间接排放	
单位产品基准排水量（m^3/t标准品）②	棉、麻、化纤及混纺机织物	140		排水量计量位置与污染物排放监控位置相同
	真丝绸机织物（含练白）	300		
	纱线、针织物	85		
	精梳毛织物	500		
	粗梳毛织物	575		

①蜡染行业执行该限值。

②当产品不同时，可按 FZ/T 01002—2010 进行换算。

表 2－2　水污染物特别排放限值　　单位：mg/L（pH 值，色度除外）

序号	污染物项目	限值		污染物排放监控位置
		直接排放	间接排放	
1	pH 值	6～9	6～9	企业废水总排放口
2	化学需氧量（COD_{Cr}）	60	80	
3	五日生化需氧量	25	20	
4	悬浮物	20	50	
5	色度	30	50	
6	氨氮	8	10	
7	总氮	12	15	
8	总磷	0.5	0.5	
9	二氧化氯	0.5	0.5	
10	可吸附有机卤素（AOX）	8	8	
11	硫化物	不得检出	不得检出	
12	苯胺类	不得检出	不得检出	
13	六价铬	不得检出		车间或生产设施废水排放口

续表

序号	污染物项目	限值		污染物排放监控位置
		直接排放	间接排放	
单位产品基准排水量（m^3/t标准品）①	棉、麻、化纤及混纺机织物	140		排水量计量位置与污染物排放监控位置相同
	真丝绸机织物（含练白）	300		
	纱线、针织物	85		
	精梳毛织物	500		
	粗梳毛织物	575		

①当产品不同时，可按 FZ/T 01002—2010 进行换算。

该标准在执行过程中出现了一些困难和问题，包括间接排放 COD_{Cr} 限值 200mg/L 问题、三个不得检出问题等。针对该标准执行中存在的困难和问题，2015 年 3 月 31 日和 2015 年 6 月 17 日原环境保护部分别印发了“关于发布国家污染物排放标准《纺织染整工业水污染物排放标准》（GB 4287—2012）修改单的公告（2015 年第 19 号）”和“关于调整《纺织染整工业水污染排放标准》（GB 4287—2012）部分指标执行要求的公告（2015 年第 41 号）”。

2015 年第 19 号公告主要内容：表 1 ~ 表 3 中废水进入城镇污水处理厂或经由城镇污水管线排放的间接排放限值，应达到直接排放限值。工业园区、开发区、工业聚集地等园区的企业向能够对纺织染整废水进行专门收集和集中预处理（不与其他废水混合）的园区污水处理厂排放，其间接排放限值 COD_{Cr} 调整为 500mg/L、BOD_5 调整为 150mg/L，同时，集中预处理的出水应达到 COD_{Cr} 为 200mg/L、BOD_5 为 50mg/L 的排放限值。增设了总锑的排放控制要求，直接排放与间接排放限值均为 0. 1mg/L。

2015 年第 41 号公告主要内容：暂缓执行表 2 和表 3 的苯胺类、六价铬排放控制要求，暂缓期内苯胺类、六价铬执行表 1 相关要求。暂缓实施 GB 4287—2012 修改单中“废水进入城镇污水处理厂或经由城镇污水管线排放，应达到直接排放限值”。

2. 地方废水排放标准

（1）江苏省地方标准《纺织染整工业废水中锑污染物排放标准》（DB 32/3432—2018）。

为贯彻《中华人民共和国环境保护法》和《中华人民共和国水污染防治法》，加强江苏省水污染防治，严格控制纺织染整工业废水中锑污染物的排放，原江苏省环境保护厅于 2018 年 7 月 25 日发布了《纺织染整工业废水中锑污染物排放标准》（DB 32/3432—2018）。DB 32/3432—2018 规定的新建和现有纺织染整企业总锑排放限值和总锑特别排放限值见表 2－3 和表 2－4。

表 2－3　纺织染整企业废水中总锑排放限值

地区	排放限值（mg/L）		污染物排放监测位置
	直接排放	间接排放	
一般地区	0.10	0.10	企业废水总排口
太湖地区	0.08	0.10[a]/0.08[b]	

[a]适用于园区（包括工业园区、开发区、工业聚集地等）企业向能够对纺织染整废水进行专门收集和集中预处理（不与其他废水混合）的园区污水处理厂排放的情形，集中预处理的出水应满足直接排放所要求的排放限值。

[b]适用于废水进入城镇污水处理厂或经由城镇污水管线排放以及其他的间接排放情形。

表 2－4　纺织染整企业废水中总锑特别排放限值

排放限值（mg/L）		污染物排放监测位置
直接排放	间接排放	
0.05	0.10[a]/0.05[b]	企业废水总排口

[a]适用于园区（包括工业园区、开发区、工业聚集地等）企业向能够对纺织染整废水进行专门收集和集中预处理（不与其他废水混合）的园区污水处理厂排放的情形，集中预处理的出水应满足直接排放所要求的排放限值。

[b]适用于废水进入城镇污水处理厂或经由城镇污水管线排放以及其他的间接排放情形。

（2）江苏省地方标准《太湖地区城镇污水处理厂及重点工业行业主要水污染物排放限值》（DB 32/1072—2018）。

为有效控制太湖水体富营养化，提升环境质量，维护生态平衡，保障人体健康，促进沿湖地区社会经济和环境的协调发展，根据《中华人民共和国环境保护法》《中华人民共和国水污染防治法》《中华人民共和国标准化法》和《江苏省太湖水污染防治条例》有关规定，针对太湖地区城镇污水处理厂及重点工业行业排放的水污染物，原江苏省环境保护厅于 2018 年 5 月 18 日发布了《太湖地区城镇污水处理厂及重点工业行业主要水污染物排放限值》（DB 32/1072—2018）。DB 32/1072—2018 规定的太湖地区新建和现有纺织染整工业水污染物排放限值见表 2－5。

表 2－5　太湖地区纺织染整工业水污染物排放限值　　单位：mg/L

项目	化学需氧量	氨氮	总氮	总磷
太湖流域一级、二级保护区内	40	3（5）	10（12）	0.3
太湖地区其他区域内	60	5	12	0.5

注　括号外数值为水温＞12℃时的控制指标，括号内数值为水温≤12℃时控制指标。

（3）新疆维吾尔自治区地方标准《印染废水排放标准（试行）》（DB 65/4293—2020）。

新疆维吾尔自治区生态环境厅于2020年4月22日发布了《印染废水排放标准（试行）》（DB 65/4293—2020）。DB 65/4293—2020规定的新建和现有企业在2026年1月1日前执行表2-6规定的水污染物排放浓度限值，2026年1月1日后执行表2-7规定的水污染物排放浓度限值。

表2-6　水污染物排放浓度限值及单位产品基准排水量（近期）　单位：mg/L（pH值，色度除外）

序号	污染物项目	限值		污染物排放监控位置
		直接排放	间接排放[a]	
1	pH值	6~9	6~9	企业废水总排放口
2	化学需氧量（COD_{Cr}）	50	200	
3	五日生化需氧量（BOD_5）	10	50	
4	悬浮物	10	100	
5	色度（稀释倍数）	30	80	
6	氨氮	5 8[b]	20	
7	总氮	15	30	
8	总磷	0.5	1.5	
9	二氧化氯	0.5	0.5	
10	可吸附有机卤素（AOX）	1.0	12	
11	硫化物	0.5	0.5	
12	苯胺类	1.0	1.0	
13	总锑	0.1	0.1	
14	全盐量	4800	4300[c] 3800[d]	车间或生产设施废水排放口和总排口
15	六价铬	0.05	0.5	
单位产品基准排水量[e]	棉、麻、化纤及混纺机织物	$1.3m^3/100m$		排水量计量位置与污染物排放监控位置相同
	真丝绸机织物（含练白）	$1.8m^3/100m$		

续表

序号	污染物项目	限值		污染物排放监控位置
		直接排放	间接排放[a]	
单位产品基准排水量[e]	纱线、针织物及纤维染色	$72m^3/t$		排水量计量位置与污染物排放监控位置相同
	精梳毛织物	$12m^3/100m$		
	粗梳毛织物	$13.8m^3/100m$		
	毛针织绒线、手编绒线	$93.6m^3/t$		

[a]间接排放协议限值的执行条件：1）在纺织工业园废水处理厂出水排入中水库或综合利用的情形下，对于除全盐量、六价铬之外的污染物项目，印染企业或生产设施向纺织工业园废水处理厂排水可执行双方协议限值；2）在纺织工业园废水处理厂出水排入城镇污水处理厂、其他类工业废水处理厂的情形下，印染企业或生产设施向纺织工业园废水处理厂排水仅执行间接排放中全盐量、六价铬污染物项目及相应限值，其余污染物项目执行双方协议限值；3）印染企业或生产设施与纺织工业园废水处理厂协议限值应报当地生态环境主管部门备案并纳入排污许可管理。

[b]水温≤12℃时执行该限值。

[c]在如下两种情形下，执行该限值：1）在印染企业或生产设施向城镇污水处理厂、其他类工业废水处理厂排水的情形下，执行该限值；2）在纺织工业园废水处理厂出水排入中水库或综合利用的情形下，印染企业或生产设施向纺织工业园废水处理厂排水执行该限值。

[d]在纺织工业园废水处理厂出水排入城镇污水处理厂、其他类工业废水处理厂的情形下，印染企业或生产设施向纺织工业园废水处理厂排水执行该限值。

[e]单位产品基准排水量按标准品计量，当产品不同时可按 FZ/T 01002 及相关标准进行换算。

表 2-7　水污染物排放浓度限值及单位产品基准排水量（远期） 单位：mg/L（pH 值，色度除外）

序号	污染物项目	限值		污染物排放监控位置
		直接排放	间接排放[a]	
1	pH 值	6～9	6～9	企业废水总排放口
2	化学需氧量（COD_{Cr}）	50	200	
3	五日生化需氧量（BOD_5）	10	50	
4	悬浮物	10	100	
5	色度（稀释倍数）	30	80	
6	氨氮	5 8[b]	20	
7	总氮	15	30	

续表

序号	污染物项目	限值		污染物排放监控位置
		直接排放	间接排放[a]	
8	总磷	0.5	1.5	企业废水总排放口
9	二氧化氯	0.5	0.5	
10	可吸附有机卤素（AOX）	1.0	12	
11	硫化物	0.5	0.5	
12	苯胺类	1.0	1.0	
13	总锑	0.1	0.1	
14	全盐量	3500	3000[c] 2500[d]	车间或生产设施废水排放口和总排口
15	六价铬	0.05	0.5	
单位产品基准排水量[e]	棉、麻、化纤及混纺机织物	$0.9m^3/100m$		排水量计量位置与污染物排放监控位置相同
	真丝绸机织物（含练白）	$1.3m^3/100m$		
	纱线、针织物及纤维染色	$50.4m^3/t$		
	精梳毛织物	$8.4m^3/100m$		
	粗梳毛织物	$9.7m^3/100m$		
	毛针织绒线、手编绒线	$65.5m^3/t$		

[a]间接排放协议限值的执行条件：1）在纺织工业园废水处理厂出水排入中水库或综合利用的情形下，对于除全盐量、六价铬之外的污染物项目，印染企业或生产设施向纺织工业园废水处理厂排水可执行双方协议限值；2）在纺织工业园废水处理厂出水排入城镇污水处理厂、其他类工业废水处理厂的情形下，印染企业或生产设施向纺织工业园废水处理厂排水仅执行间接排放中全盐量、六价铬污染物项目及相应限值，其余污染物项目执行双方协议限值；3）印染企业或生产设施与纺织工业园废水处理厂协议限值应报当地生态环境主管部门备案并纳入排污许可管理。

[b]水温≤12℃时执行该限值。

[c]在如下两种情形下，执行该限值：1）在印染企业或生产设施向城镇污水处理厂、其他类工业废水处理厂排水的情形下，执行该限值；2）在纺织工业园废水处理厂出水排入中水库或综合利用的情形下，印染企业或生产设施向纺织工业园废水处理厂排水执行该限值。

[d]在纺织工业园废水处理厂出水排入城镇污水处理厂、其他类工业废水处理厂的情形下，印染企业或生产设施向纺织工业园废水处理厂排水执行该限值。

[e]单位产品基准排水量按标准品计量，当产品不同时可按 FZ/T 01002 及相关标准进行换算。

3. 地方废气排放标准

浙江省地方标准《纺织染整工业大气污染物排放标准》(DB 33/962—2015)

为贯彻《中华人民共和国环境保护法》《中华人民共和国大气污染防治法》《浙江省大气污染防治条例》等法律和法规，加强浙江省纺织染整工业大气污染物的排放控制，促进行业生产工艺和污染治理技术的进步，防治污染，保障人体健康，改善环境质量，结合浙江省纺织染整工业实际情况和特殊性，原浙江省环境保护厅于2015年3月31日发布了《纺织染整工业大气污染物排放标准》(DB 33/962—2015)。DB 33/962—2015规定的新建和现有纺织染整企业大气污染物排放限值和大气污染物无组织排放限值见表2-8与表2-9。

表2-8 大气污染物排放限值 单位：mg/m^3

序号	污染物项目	适用范围	排放限值		污染物排放监控位置
			排放限值	特别排放限值	
1	颗粒物	所有企业	15	10	车间或生产设施排气筒
2	染整油烟		15	10	
3	VOCs		40 (80)③	30 (60)	
4	臭气浓度①		300	200	
5	甲醛		2.0	1.0	
6	苯		1.0	1.0	
7	苯系物②		5 (20)	2 (10)	
8	氯乙烯	涂层整理企业或生产设施	5	2.0	车间或生产设施排气筒
9	二甲基甲酰胺		20	10	
10	甲醇		40	20	

①臭气浓度为无量纲。

②苯系物是指除苯以外的其他单环芳烃中的甲苯、二甲苯、苯乙烯等合计，若企业涉及其他苯系物原辅料应进行监测并计算在内。

③括号内排放限值适用于涂层整理企业或生产设施。

表2-9 大气污染物无组织排放限值 单位：mg/m^3

序号	污染物项目	浓度限值	限值含义	无组织排放监控位置
1	臭气浓度①	20	监控点环境空气中所监测污染物项目的最高允许浓度	执行HJ/T 55的规定，监控点设在周界外10m范围内浓度最高点
2	甲醛	0.20		
3	苯	0.20		
4	苯系物②	1.0 (2.0)③		
5	氯乙烯	0.4		

续表

序号	污染物项目	浓度限值	限值含义	无组织排放监控位置
6	二甲基甲酰胺	0.4	监控点环境空气中所监测污染物项目的最高允许浓度	执行 HJ/T 55 的规定，监控点设在周界外 10m 范围内浓度最高点
7	甲醇	8		

①臭气浓度为无量纲。

②苯系物是指除苯以外的其他单环芳烃中的甲苯、二甲苯、苯乙烯等合计，若企业涉及其他苯系物原辅料应进行监测并计算在内。

③括号内排放限值适用于涂层整理企业或生产设施。

三、印染行业污染物核算、监测指南

1.《污染源源强核算技术指南　纺织印染工业》（HJ 990—2018）

为贯彻《中华人民共和国环境保护法》《中华人民共和国环境影响评价法》《中华人民共和国大气污染防治法》《中华人民共和国水污染防治法》《中华人民共和国环境噪声污染防治法》《中华人民共和国固体废物污染环境防治法》等法律法规，完善固定污染源源强核算方法体系，指导和规范纺织印染工业污染源源强核算工作，生态环境部于 2018 年 12 月 25 日发布了《污染源源强核算技术指南　纺织印染工业》（HJ 990—2018）。纺织印染工业污染源源强核算方法包括物料衡算法、类比法、实测法和产污系数法等，核算方法选取次序见表 3－1。

表 3－1　源强核算方法选取次序表

环境要素	污染源	核算因子	核算方法及选取优先次序	
			新（改、扩）建污染源	现有污染源[a]
废水	车间或生产设施废水排放口	六价铬（纺织染整[b]）	类比法	实测法[c]
	综合废水	废水量、锑（纺织染整[d]）	1. 物料衡算法 2. 类比法 3. 产污系数法	1. 实测法 2. 物料衡算法
		废水量、COD、BOD_5、SS、氨氮、总氮、总磷、二氧化氯（纺织染整[e]）、可吸附有机卤素（AOX）（纺织染整[f]、麻纺）、硫化物（纺织染整）、苯胺类（纺织染整）、动植物油（毛纺、缫丝）	1. 类比法 2. 产污系数法	实测法

续表

环境要素	污染源	核算因子	核算方法及选取优先次序	
			新（改、扩）建污染源	现有污染源[a]
废气	各废气排放源[e]	甲苯、二甲苯等	1. 物料衡算法 2. 类比法 3. 产污系数法	1. 实测法[c] 2. 物料衡算法
		颗粒物、非甲烷总烃、硫化氢、氨等	1. 类比法 2. 产污系数法	实测法[c]
噪声	生产车间、污水处理设施等	主要噪声源的噪声级	类比法	实测法[c]
工业固体废物	生产车间、废气处理设施、污水处理设施	定型废油、废次布料、染料包装袋、废胶片、废导热油、污水处理污泥等	1. 类比法 2. 产污系数法	实测法

[a]现有工程污染源未按照相关管理要求进行手工监测、安装污染物自动监测设备或者自动监测设备不符合规定的，环境影响评价管理过程中，应依法整改到位后按照本表中方法核算；排污许可管理过程中，按照排污许可相关规定进行核算。

[b]使用含铬染化料的染色车间、使用含铬助剂制网车间废水应核算六价铬。

[c]现有工程污染源源强核算时，对于同一企业有多个同类型污染源时，其他污染源可类比本企业同类型污染源实测污染源数据核算源强。

[d]以涤纶为主要原料的纺织印染企业废水应核算锑。

[e]生产工艺或废水处理含氯漂工艺的纺织印染企业废水应核算二氧化氯和 AOX。

[f]涉及相关污染物的排放源需核算对应的排放量。

2.《排污单位自行监测技术指南　纺织印染工业》（HJ 879—2017）

为落实《中华人民共和国环境保护法》《中华人民共和国水污染防治法》《中华人民共和国大气污染防治法》，指导和规范纺织印染工业排污单位自行监测工作，原环境保护部于 2017 年 12 月 21 日发布了《排污单位自行监测技术指南　纺织印染工业》（HJ 879—2017）。印染行业排污单位相关要求见表 3－2 至表 3－6。

表3-2　印染行业排污单位废水排放监测点位、监测指标及最低监测频次

监测点位	监测指标	监测频次	
		直接排放	间接排放
废水总排放口	流量、pH值、化学需氧量、氨氮	自动监测	
	悬浮物、色度	日	周
	五日生化需氧量、总磷[a]、总氮[a]	周	月
	苯胺类、硫化物	月	季度
	二氧化氯[b]、可吸附有机卤素（AOX）[b]	季度	半年
	总锑[c]	季度	
车间或生产设施废水排放口	六价铬[d]	月	
雨水排放口	化学需氧量、悬浮物	日[e]	
注：表中所列监测指标，设区的市级及以上环保主管部门明确要求安装自动监测设备的，须采取自动监测。			

[a] 总氮/总磷实施总量控制区域，总氮/总磷最低监测频次按日执行。

[b] 适用于含氯漂工艺的排污单位。监测结果超标的，应增加监测频次。

[c] 适用于原料含涤纶的排污单位。水环境质量中总锑超标的流域或沿海地区，总锑最低监测频次按月执行。

[d] 适用于使用含铬染料及助剂、有感光制网工艺进行染色印花的排污单位。

[e] 排放期间按日监测。

表3-3　纺织印染工业排污单位有组织废气排放监测点位、监测指标及最低监测频次

污染源	监测点位	监测指标	监测频次
印花设施	印花设施排气筒或车间废气处理设施排放口	非甲烷总烃	季度
		甲苯、二甲苯	半年
定型设施	定型设施排气筒或车间废气处理设施排放口	颗粒物	半年
		非甲烷总烃	季度
涂层设施	涂层设施排气筒或车间废气处理设施排放口	非甲烷总烃	季度
		甲苯、二甲苯	半年

注　1. 排气筒废气监测要同步监测烟气参数。

2. 监测结果超标的，应增加相应指标的监测频次。

3. 根据环境影响评价文件及其批复，以及原料、工艺等确定是否监测其他有机废气污染物。

4. 印花设施指蒸化、静电植绒、数码印花、转移印花等产生废气重点工段的设施。

表3-4　印染行业排污单位无组织废气排放监测点位、监测指标及最低监测频次

监测点位	监测指标	监测频次
厂界	颗粒物、臭气浓度[a]、氨[b]、硫化氢[b]、非甲烷总烃	半年
注：若周边有敏感点，应适当增加监测频次。		

[a]根据环境影响评价文件及其批复，以及原料、工艺等确定是否监测其他臭气污染物。

[b]有废水处理设施的排污单位监测该污染物指标。

表3-5　厂界环境噪声监测布点应关注的主要噪声源

噪声源	主要设备
生产车间	洗毛设施、麻脱胶设施、缫丝设施、织造设施、印染生产设施、水洗设施等
废水处理设施	废水处理的风机、水泵、曝气设备，污泥脱水设备等

表3-6　周边环境质量影响监测指标及最低监测频次

目标环境	监测指标	监测频次
地表水	pH值、悬浮物、高锰酸盐指数、五日生化需氧量、氨氮、总磷、总氮、总锑[a]、总铬[b]、苯胺类[c]等	季度
海水	pH值、高锰酸盐指数、五日生化需氧量、溶解氧、活性磷酸盐、无机氮、总锑[a]、总铬[b]、苯胺类[c]等	半年
土壤	pH值、铬等	年[b]

[a]适用于原料含涤纶的排污单位，以及接收此类排污单位废水的集中处理设施。

[b]适用于使用含铬染料及助剂、有感光制网工艺进行染色印花的排污单位，以及接收此类排污单位废水的集中处理设施。

[c]适用于印染行业排污单位，以及接收此类排污单位废水的集中处理设施。

四、印染行业环保名录

1.《固定污染源排污许可分类管理名录（2019年版）》

为实施排污许可分类管理，根据《中华人民共和国环境保护法》等有关法律法规和《国务院办公厅关于印发控制污染物排放许可制实施方案的通知》的相关规定，生态环境部制定了《固定污染源排污许可分类管理名录（2019年版）》。印染部分见表4-1。

表4-1 固定污染源排污许可分类管理名录（2019年版）（印染相关）

序号	行业类别	重点管理	简化管理	登记管理
十二、纺织业17				
25	棉纺织及印染精加工171，毛纺织及染整精加工172，麻纺织及染整精加工173，丝绢纺织及印染精加工174，化纤织造及印染精加工175	有前处理、染色、印花、洗毛、麻脱胶、缫丝或者喷水织造工序的	仅含整理工序的	其他
十三、纺织服装、服饰业18				
27	机织服装制造181，服饰制造183	有水洗工序、湿法印花、染色工艺的	—	其他

2.《建设项目环境影响评价分类管理名录（2021年版）》

为了实施建设项目环境影响评价分类管理，根据《中华人民共和国环境影响评价法》的有关规定，生态环境部制定了《建设项目环境影响评价分类管理名录（2021年版）》。印染部分见表4-2。

表4-2 建设项目环境影响评价分类管理名录（2021年版）（印染相关）

环评类别		报告书	报告表	登记表
十四、纺织业17				
28	棉纺织及印染精加工171*；毛纺织及染整精加工172*；麻纺织及染整精加工173*；丝绢纺织及印染精加工174*；化纤织造及印染精加工175*；针织或钩针编织物及其制品制造176*；家用纺织制成品制造177*；产业用纺织制成品制造178*	有洗毛、脱胶、缫丝工艺的；染整工艺有前处理、染色、印花（喷墨印花和数码印花的除外）工序的；有使用有机溶剂的涂层工艺的	有喷墨印花或数码印花工艺的；后整理工序涉及有机溶剂的；有喷水织造工艺的；有水刺无纺布织造工艺的	—
十五、纺织服装、服饰业18				
29	机织服装制造181*；针织或钩针编织服装制造182*；服饰制造183*	有染色、印花（喷墨印花和数码印花的除外）工序的	有喷墨印花或数码印花工艺的；有洗水、砂洗工艺的	—

3.《环境保护综合名录（2021 年版）》

为深入贯彻习近平生态文明思想，落实党的十九大和十九届二中、三中、四中、五中全会精神，深入打好污染防治攻坚战，坚决遏制“两高”项目盲目发展，引导企业绿色转型，推动行业高质量发展，生态环境部在《环境保护综合名录（2017 年版）》基础上，修订形成了《环境保护综合名录（2021 年版）》。印染部分见表 4－3。

表 4－3　环境保护综合名录（2021 年版）（印染部分）

特征	产品		行业	
	产品名称	产品代码	行业名称	行业代码
GHW	禁用的直接染料染色织物	17010602	棉印染精加工	1713
GHW	禁用的冰染色基（C. I. 冰染色基 11）染色织物	17010602		
GHW	禁用的冰染色基（C. I. 冰染色基 48）染色织物	17010602		
GHW	禁用的冰染色基（C. I. 冰染色基 112）染色织物	17010602		
GHW	禁用的冰染色基（C. I. 冰染色基 113）染色织物	17010602		
GHW	涤纶仿真丝绸	1701060303	化纤织物染整精加工	1752
GHW	仿真处理的染色的聚酯变形长丝机织物	1704040102		
GHW	仿真处理的印花的聚酯变形长丝机织物	1704040102		

4.《国家危险废物名录（2021 年版）》

根据《中华人民共和国固体废物污染环境防治法》的有关规定，生态环境部制定了《国家危险废物名录（2021 年版）》。印染部分见表 4－4。

表 4－4　国家危险废物名录（2021 年版）（印染部分）

废物类别	行业来源	废物代码	危险废物	危险特性
HW08 废矿物油与含矿物油废物	非特定行业	900－249－08	其他生产、销售、使用过程中产生的废矿物油及沾染矿物油的废弃包装物	T，I

续表

废物类别	行业来源	废物代码	危险废物	危险特性
HW12 染料、涂料废物	非特定行业	900－255－12	使用各种颜料进行着色过程中产生的废颜料	T
		900－256－12	使用酸、碱或有机溶剂清洗容器设备过程中剥离下的废油漆、废染料、废涂料	T，I，C
		900－299－12	生产、销售及使用过程中产生的失效、变质不合格、淘汰、伪劣的油墨、染料、颜料、油漆（不包括水性漆）	T
HW34 废酸	非特定行业	900－349－34	生产、销售及使用过程中产生的失效、变质不合格、淘汰、伪劣的强酸性擦洗粉、清洁剂污迹去除剂以及其他强酸性废酸液和酸渣	C，T
HW35 废碱	非特定行业	900－350－35	使用氢氧化钠进行煮炼过程中产生的废碱液	C
		900－351－35	使用氢氧化钠进行丝光处理过程中产生的废碱液	C
		900－399－35	生产、销售及使用过程中产生的失效、变质不合格、淘汰、伪劣的强碱性擦洗粉、清洁剂污迹去除剂以及其他强碱性废碱液、固态碱和碱渣	C，T

五、印染行业技术指南和目录

1.《国家重点节能低碳技术推广目录（2017 年本，节能部分）》

为贯彻落实《中华人民共和国节约能源法》《国务院关于加快发展节能环保产业的意见》（国发〔2013〕30 号）《国务院关于印发“十三五”节能减排综合工作方案的通知》（国发〔2016〕74 号）要求，加快节能技术进步，引导用能单位采用先进适用的节能新技术、新装备、新工艺，促进能源资源节约集约利用，促进绿色发展，国家发展改革委组织编制了《国家重点节能低碳技术推广目录（2017 年本，节能部分）》。印染部分见表 5－1。

表 5 - 1　国家重点节能低碳技术推广目录（2017 年本，节能部分）（印染部分）

技术名称	适用范围	主要技术内容	典型项目					目前推广比例（%）	未来 5 年节能减碳潜力			
			适用的技术条件	建设规模	投资额（万元）	节能量（tce/a）	二氧化碳减排量（tCO_2/a）		该技术在行业内的推广潜力（%）	预计总投入（万元）	预计节能能力（$\times10^4$ tce/a）	预计二氧化碳减排能力（$\times10^4$ tCO_2/a）
高温高压气流染色技术	纺织行业各类纤维染整企业	依据空气动力学，将特殊喷嘴产生的水雾状染液进行气液混	针织物和机织物的染色	300 台高温气流染色机	45000	21634	57114	1	10	300000	14	37
超低浴比高温高压纱线（拉链）染色技术	纺织行业适用于各类纤维的纱线、拉链、织带染色	采叶轮泵结构技术，短流程冲击式脉流染色技术，可调流调压纱架装置，小浴比智能环保染色工艺，实现超低浴比（全过程 1:3）高效染色，节水节电、减少废水排放	纱线拉链、织带染色机节能改造	34 台超低浴比高温高压纱线染色机节能改造项目	1700	15367	38465	<2	6	90000	81	214
高温低浴比 O 型染色机节能技术	纺织行业染整设备	采用卧式主缸体结构设计，通过智能控制系统、自增压功能染色机动力系统、超低浴比染液循环系统、染色机除毛过滤系统等技术，有效解决循环动力系统的气蚀问题，提高染液循环利用效率，同时使浴比降低至 1:3.8，达到节电、节水、节蒸汽及染料和助剂的目的，综合节能减排效果显著	企业具备相应染布辅助设施	8 台高温低浴比 O 型染色机	450	2641	6901	<1	5	70000	42	110

续表

技术名称	适用范围	主要技术内容	典型项目					目前推广比例（%）	未来5年节能减碳潜力			
			适用的技术条件	建设规模	投资额（万元）	节能量（tce/a）	二氧化碳减排量（tCO_2/a）		该技术在行业内的推广潜力（%）	预计总投入（万元）	预计节能能力（$\times 10^4$ tce/a）	预计二氧化碳减排能力（$\times 10^4$ tCO_2/a）
基于智能化控制的蒸汽高效利用技术	纺织行业染整加工生产企业	采用高精度电磁流量计、压力变送器、温度综合检测和比例阀控制等技术，实现了蒸汽压力由人工模糊控制到定量智能控制的转换。确保工艺稳定，控制蒸汽压力在合理范围内波动，提高蒸汽使用效率，节省了印染蒸汽用量，有效降低工艺能耗	棉、涤棉连续平幅印染加工生产线	印染布产量5000×10^4 m/a	350	1972	5200	<1	20	200000	110	290
智能全模式染色机高效节能染整装备技术	纺织行业染整设备	采用离心泵和轴流泵的二级叶轮泵染色动力系统和全模式喷嘴，以及喷嘴与提布系统内置于主缸的超低张力织物运行技术，使主泵在气流雾化染色模式高扬程低流量，气液分流、溢流染色模式低扬程高流量，保持高效率运行，并提升主泵汽蚀余量，有效降低染色机的浴比，实现超低浴比气流雾化模式（1:2.8）染色、超低浴比气液分流模式（1:3.25）染色、超低浴比溢流模式（1:3.5）染色，达到降低耗电量、耗蒸汽量和耗水量的目的	适用于染色机新建或替代，企业具备水、电、蒸汽、污水处理等配套设备	56台智能全模式染色机	3050	12550	33140	<1	6	90000	37	99

2.《国家鼓励的工业节水工艺、技术和装备目录（2021 年）》

为加快推广应用先进适用节水工艺、技术和装备，提升工业用水效率，工业和信息化部、水利部编制了《国家鼓励的工业节水工艺、技术和装备目录（2021 年）》。印染部分见表 5－2。

表 5－2　国家鼓励的工业节水工艺、技术和装备目录（2021 年）（印染部分）

名称	技术简介及应用效果	适用范围	所处阶段
筒子纱智能染色工艺	该技术创新浸堆染色工艺，升级染色机多参数在线监测与决策、染料助剂实时输送精度与效率，染缸、自动脱水和自动烘干单元的信息交互能力与安全互锁，实现染色系统工艺装备自优化、安全、可控、可靠；采用 RFID 技术，升级装卸纱机器人、AGV、智能天车及立体仓库等，实现智能化配置和调度，物流链信息可视化、可追溯；升级开发能耗数据采集终端和管理系统，实现全生产过程能耗监测、预测、节能优化；建立基于云平台的远程服务系统，强化远程诊断和服务能力；升级中央控制系统、MES、ERP 系统，实现从原纱到色纱成品全流程的数字化和智能化生产	适用于浸堆染色	推广应用
基于双级特种膜粘胶纤维酸性废水回收再利用技术	该技术利用沉淀池系统＋多介质滤器＋超滤系统对废水进行预过滤处理，然后通过特种酸性反渗透膜＋普通反渗透膜双级反渗透进行进一步的处理，实现酸性废水的回收再利用	适用于纺织染整行业酸性废水处理利用	研发
纱线循环水染色短流程超低排放技	该技术是一种染色设备多条管道进水、多条管道排水的新模式，可在 1:(2.5～3) 的超低浴比中染色且保证质量稳定，工艺耗水量 4.5～10 吨，较传统 1:8 浴比工艺，节水 60%～70%，降低化学品用量 70% 左右。染色设备在多种条件下使用，在多种工艺中能够有效快速的提高使用效率，减少污水处理成本负担与排放总量	适用于纺织染整行业纱线染色	产业化示范
MBR＋反渗透印染废水回用技术	该技术采用膜生物反应器（MBR）及反渗透（RO）组合技术处理印染废水，回用率可达到 60% 左右。MBR 系统采用了第四代中空纤维膜—砼式复合膜，具有强度高、通量大、抗污染性强、寿命长等特点	适用于印染废水深度处理及回用	推广应用

续表

名称	技术简介及应用效果	适用范围	所处阶段
印染废水膜处理回用技术	该技术采用超滤和反渗透双膜法，有效降低废水中有机物浓度，去除微米级、亚微米级颗粒；同时，高抗污染反渗透系统利用浓水内循环、膜管两侧分时进水、大流量错流冲洗膜侧污染物等方式，大幅度降低了反渗透膜表面污染程度。保证系统长期高效稳定运行，实现印染、电镀废水处理回用	适用于印染、电镀废水处理回用	推广应用
分散染料无水连续染色装置	该技术通过循环喷淋均匀给液、针板送布、红外线预烘、封闭式高温固色等流程，开发出适用于分散染料无水连续染色技术的设备，使染料的上染率大幅提升，实现纺织品的无水连续清洁染色生产，显著降低了新水用量	适用于针织印染行业涤纶织物的染色	推广应用
高温高压气流染色技术	该技术依据空气动力学原理，由高压风机产生的气流经特殊喷嘴后形成高速气流，牵引被染织物进行循环运动。同时染液以雾状喷向织物，使得染液与织物在很短时间内充分接触，以达到匀染的目的	适用于印染企业各种绳状织物，特别是高档织物的染色加工	推广应用
超低浴比高温高压纱线染色机	该装置采用离心泵和轴流泵的三级叶轮泵和短流程冲击式脉流染色技术，实现低浴比高效率染色。冲击式脉流染色可在超低浴比下进行，浴比1:3，在同等条件下，每公斤纱染色工艺水耗量减少80%以上，染纱工艺周期时间由原来8～14h缩短到5.5～8h，达到1千克纱锭染色需要3千克水（1:3）的超低浴比	适用于棉、化纤及混纺纱线染色	推广应用
针织物高效绳状连续染色/印花后水洗技术	该技术利用喷射管内织物运行速度与水流速的速度差，实现水在织物表面的高效、快速交换。织物在流道中经多次撞击和揉搓的机械作用后，得到了充分的浸泡、软化及回缩，达到洗涤效果要求。印花后绳状织物连续通过不同温度的水洗槽，与传统拉缸水洗相比，水洗效率得到较大的提高；与溢流机中染色后水洗相比，染色后织物不需要在溢流染机中间歇式重复多次的升温与降温；可实现减少蒸汽消耗30%，节水30%	适用于针织物染色或印花后圆筒、开幅针织物绳状水洗生产工艺	推广应用

续表

名称	技术简介及应用效果	适用范围	所处阶段
涤棉针织物前处理染色高效短流程新工艺	该工艺特点是在涤纶高温染色过程的同时对棉组分进行精练，并且压缩了还原清洗过程，在弱碱性条件下完成棉的练漂和涤纶的染色，同时将涤纶的还原清洗过程与棉皂洗过程合并，减少了5～8道水洗过程，加工1吨布大约节水20m^3以上	适用于涤棉针织物前处理和染色加工	推广应用
新型生物酶织物前处理技术	该技术采用新型生物酶织物前处理技术替代传统化学工艺，即由淀粉酶、果胶酶、纤维素酶、木质素降解酶等多元复合酶经复配新型生物酶制剂，添加有机物催化剂。利用催化剂对生物酶的催化作用，提高生物酶前处理反应速率	适用于针织前处理工艺	推广应用
活性染料染色残液三相旋流连续脱色与再生盐水循环技术	该技术采用基于可逆反应的极性有机物化学分离装置，在染色残浴的处理过程中，形成水+盐和复合分离药剂两个体系的闭环循环，在三相旋流混合分离装置中相互作用，连续将染色残浴的水解染料提取出来，使高含盐度的残浴循环使用，分离出来的水解染料浓缩液经强化生化处理后，进入常规污水处理系统，提高用水效率	适用于棉纺织活性染料染色	产业化示范
印染生产精确耗水在线测控装置	该技术采用高精度传感器和流量计和线性调节及智能控制装置组成水流量精确控制系统，同时采用流量反馈的方式实现恒流量控制，尤其在水压变化、车速变化、品种更换或停车时，流量能自动跟随变化，保证洗净度的稳定性，有效实现水洗用水的精确定量控制，保证工艺的一致性和稳定性，节水率可达到20%～30%，同时还可减少蒸汽消耗	适用于印染前处理工艺、染色水洗和印花水洗等工序	推广应用
毛团及散纤维小浴比染色技术	该技术使用新型染机通过改进填装方式、改变水的循环方式等措施，使浴比由采用传统工艺设备1:10以上降低至1:4～1:6的水平，可实现吨纤维节水40%～50%。通过热回收和染缸新型保温系统，节约蒸汽35%左右	适用于毛团及散纤维染色	推广应用

续表

名称	技术简介及应用效果	适用范围	所处阶段
针织物平幅开幅连续湿处理生产线	该技术以开幅平幅方式完成针织物的前处理、冷轧堆染色和印花后的水洗，设备设计上采用汽蒸箱气蒸、网带喷淋水洗和振荡喷淋水洗实现节水、高效前处理和水洗。相比传统溢流机前处理吨布耗水 30～50m^3，该技术仅为 15～25m^3，可实现节水 50%	适用于针织物平幅连续化前处理，冷堆染色及印花后水洗等工序	推广应用
智能高速环保退煮漂联合机	该装置采用回形穿布路线设计，全封闭结构，积木式组合，配备全自动在线测配液系统和高给液装置，增加了织物容布量，提高了退浆、煮练、漂白效果和水洗效率。蒸汽、给水根据工艺要求采用自动控制，降低了用水量	适用于棉、化纤及混纺机织物的退浆、煮练和漂白工序	推广应用
高效振荡水洗箱装置	该装置通过辊筒转动将水洗机的静态水通过网孔辊冲击织物表面，变死水泡洗为活水冲洗，使需要多次泡洗的织物仅需一次冲洗即可达到工艺要求，同时 U 型槽结构可以减少箱内水体的污染，加强洗涤用水的使用效率，S 型流通槽可以增加箱体水的使用次数，对提高用水效率起到较好效果	适用于纺织印染行业印染水洗	推广应用
羊绒纤维原位矿化、深度节水减排染色新技术	该技术由微悬浮体染色和原位矿化两部分组成。通过微悬浮体染色技术使毛用活性染料分子在染浴中形成粒径微小的助剂－染料缔合颗粒，增强染料对纤维的吸附性能，提高活性染料对羊绒纤维的上染百分率和固色百分率。染色结束之后，将被染纤维上的废弃染料通过充分分离进入染色残浴，有机污染物在液相中进行“原位矿化”加工，催化分解为二氧化碳和水，染浴与纤维得到充分净化。原位矿化结束后的残浴可多次重复用于后续的染色加工，实现深度节水	适用于羊绒纤维染色	推广应用

3.《印染行业绿色发展技术指南（2019 版）》

工业和信息化部于 2019 年 10 月 24 日印发了《印染行业绿色发展技术指南（2019 版）》。主要内容见表 5－3。

表 5－3　《印染行业绿色发展技术指南（2019 版）》的主要内容

序号	技术名称	适用范围	技术特点	应用效果
1	生物酶前处理	棉及其混纺织物的前处理	淀粉酶退浆可高效分解淀粉，淀粉酶已实现产业化并被广泛应用于淀粉浆料，或者以淀粉浆料为主、PVA 含量较低的混合浆料的退浆。实际应用中混合浆料较多，一般采用淀粉酶与碱氧处理相结合的方法，实现退煮漂一步法前处理	淀粉酶退浆处理可显著改善前处理废水的可生化性能，降低化学品用量，减少 COD 排放，综合成本降低 15%～20%。产业链上游织造企业较多使用非淀粉浆料制约了该技术的应用推广
2	生物酶防毡缩	羊毛防毡缩处理。既可用于染前毛条前处理工序，也可用于染后织物后整理工序	利用蛋白酶、脂肪酶等生物酶对羊毛表面鳞片进行处理，改变羊毛鳞片层结构，实现羊毛无氯防毡缩处理	避免了氯化防毡缩处理技术带来的环境污染问题，且可在不影响羊毛制品染色性和可纺性的基础上，增强羊毛制品的抗起球性，减少对羊毛纤维的损伤，提高防缩处理加工的均匀性。为提高处理效果，可配合使用生物酶活化剂
3	棉及其混纺织物低温前处理	棉针织物、机织物和筒子纱的前处理	采用高效双氧水催化/活性剂和低温精练剂，能在低于传统双氧水高温退浆、漂白的温度下除去棉纤维表面杂质，实现 40～75℃低温煮练和漂白	避免织物氧漂破洞，改善织物手感，提高棉织物品质。相比传统双氧水高温前处理，在保证染色效果的前提下，可大幅降低能耗，降低化学品用量，节水 10%左右，减少 COD 排放
4	针织物连续平幅前处理	适合较大批量的棉及其混纺针织物的连续平幅前处理	使用扩幅盘使针织物两边展开防止卷边，通过控制织物张力、碱液浓度、带液率等工艺参数，采用平幅均匀轧碱工艺，结合高效水洗，实现连续高效针织物平幅前处理	可提高生产效率，降低劳动强度，避免机械擦伤和绳状加工产生的折皱印，有效控制织物缩水率，减少织物表面毛羽。较常规针织物前处理节水、节能 50%左右。该技术对工艺控制要求高于间歇式前处理

续表

序号	技术名称	适用范围	技术特点	应用效果
5	冷轧堆前处理	棉及棉型织物、粘胶织物的前处理，涤纶、锦纶等高密化纤织物的前处理	织物浸轧低温前处理工作液，打卷后在室温下匀速转动堆置一段时间，退卷后进行水洗处理。该技术优化了轧余率、打卷速度、织物张力、带液率等工艺参数，保证织物处理的一致性和重现性	工艺适应性强，织物强度损失小。相比传统连续高温前处理工艺，棉及棉型织物综合节能30%左右；化纤织物节能20%～30%
6	化纤机织物连续平幅前处理	开幅状态的化纤及其混纺机织物的前处理	选用高效稳定的退浆助剂体系和精确的碱浓度在线监控系统，采取连续化加工替代传统间歇式方式	可避免织物机械擦伤，避免织物上的折皱印。生产效率高，碱液用量少，可减少污染物排放，降低污水处理难度。相比传统间歇式前处理工艺，可节水、节能30%左右。工艺控制比间歇式加工要求高，对浆料重、密度高的织物处理效果不佳，难以去除锈斑等疵点
7	无氟防水整理	各类织物的防水整理	采用不含氟碳树脂的防水剂处理织物，无氟防水剂赋予织物的表面张力介于水和油之间，防水整理效果优异但无防油效果。使用时应注意色变、手感等影响	具有良好的防水性和耐洗性，对织物的色光和手感无不良影响。不易在生物体内沉积，容易降解，避免了PFOS、PFOA等含氟整理剂造成的环境问题
8	水基（性）聚氨酯涂层整理	各类织物的涂层整理	水性聚氨酯分子链中含有亲水性基团，与水有很强的亲和性。以水代替传统有机溶剂作为分散介质，形成水溶性聚氨酯	生产的涂层织物无毒，气味小，避免有机溶剂挥发污染环境。具有良好的耐磨、耐化学品和耐低温性，防水透湿性好，有良好的弹性和手感

续表

序号	技术名称	适用范围	技术特点	应用效果
9	机械柔软整理	各类织物的柔软整理	不使用化学处理剂，仅通过气流对织物进行拍打、搓揉等机械方式的处理	织物不易产生折痕，整理效果均匀性好，可增加织物的柔软度、蓬松感、尺寸稳定性及立体视觉效果，生产重现性好。可减少化学品和水的使用，减少污染物排放及化学品在织物中的残留。效果持久性不如化学柔软整理
10	泡沫整理	用于印染后整理中柔软、树脂、涂层和特种整理等	将整理液转化成泡沫，然后将泡沫施加、扩散到织物表面并渗透进织物内部。需精确控制织物带液量并确保织物左中右带液量相同	相比浸轧工艺，织物带液率由60% –80%下降到20% ~40%，用水量降低50%左右，染化料和助剂用量降低30%左右，在烘燥环节可节能40%左右。对整理均匀性要求高，渗透性较差
11	中压蒸汽定型	各类织物的定型加工	用中压（2.5 ~3.0MPa）蒸汽替代导热油，利用蒸汽的热量对织物进行定型。通过控制蒸汽压力和流量的方式，实现定型温度的精确控制	中压蒸汽一般由热电联产集中供应，有利于节能减排。相比导热油定型机，企业无须自备导热油锅炉，可根据定型机开机率按需使用热能，同时中压蒸汽可实现能源梯级利用。中压蒸汽定型机综合使用成本低、安全性高，有较好的环境效益和社会效益。中压蒸汽定型对蒸汽压力稳定性要求较高
12	气液染色机	棉、涤纶等织物的染色	采用气液分离技术，结合气流染色和溢流喷射染色的优点，尤其适用于敏感色的染色	气液染色机比气流染色机能耗低，比溢流、喷射染色机浴比小，适应面料品种较多，可柔性化生产，提高了织物的匀染性，敏感色的染色效果较好

续表

序号	技术名称	适用范围	技术特点	应用效果
13	无导布轮喷射染色机	各类化纤及混纺机织物的浸染工艺	染色机装有染液匀染装置、布槽变载调节装置等，织物循环运转采用液体喷射带动，无须主动导布轮带动织物	可减少织物折印和布面擦伤，染色重现性高，织物表面质量好
14	大容量低张力卷染机	对张力和平整度要求高的各类机织物	通过优化加热管道设计，采用双刮刀技术使染液在织物表面分布及受热均匀。整机控制系统具有自动换向、道满自停等功能。在比普通卷染机增加30%容布量的情况下不影响织物布面效果	可减少布面皱印，提高织物染色成功率。通过增加单缸投坯量，降低染色助剂和水资源的消耗，降低污水处理难度，减少污染排放。双刮刀模式加工超薄产品时有潜在擦伤风险，适用于弹性织物的生产
15	筒子纱数字化自动染色	棉、化纤、麻、毛等纤维的筒子纱染色	采用数字化及自动化技术实现基于中央控制系统的筒子纱染色自动化生产，实现染色任务统筹规划、工艺参数实时检测及在线反馈、任务信息在线查询及追溯、生产流程在线监控	与传统筒子纱染色技术相比，生产效率提高10%～15%，平均吨纱节水25%以上，节约染料5%以上，用工量减少70%左右。适用于新厂建设，老厂改造难度大，一次性投资大
16	无盐连续轧染	棉机织物轧染工艺	通过筛选染料及使用新型活性染料固色碱剂，将染液施加方式由传统的染料和碱剂分开施加，优化为染料和碱剂同时施加，将常规的轧烘轧蒸工艺缩短为轧蒸工艺	与常规轧染工艺相比，不添加无机盐促染，降低COD排放，可节能30%左右，兼具冷堆染色和轧烘轧蒸染色的颜色效果
17	低尿素活性染料印花	棉织物、再生纤维素织物和真丝织物的活性染料印花	在染料商品化过程中，通过添加电解质、分散剂、助溶剂等，提高染料的溶解性；在现有活性染料中筛选出适用于低尿素或者无尿素印花工艺的活性染料；在印花色浆中加入尿素代用剂替代部分尿素；在蒸化过程中提高布面含湿量	减少印花生产中的尿素用量，明显降低印花废水中的氨氮浓度，减轻了污水处理负担

续表

序号	技术名称	适用范围	技术特点	应用效果
18	分散染料碱性染色	涤纶织物的退染一浴工艺以及涤棉织物的一浴法工艺	耐碱性（pH 7 ~ 13）分散染料里含有对碱不敏感的基团，主要是单偶氮结构上联结耐碱基团，可在碱性浴中对涤纶织物染色	染色成本比酸性条件染色降低约 15%，节省染色时间，减少污水排放。并可避免因前处理或碱减量后水洗不充分，经酸性条件染色后出现染色重现性差、色光不准等问题
19	液态分散染料印染	具备染液自动输送系统的涤纶织物的染色和印花	液态分散染料中添加的分散剂量远少于粉末状染料，且易制备成纳米级颗粒，染料更易向纤维内扩散和固着，残留在纤维表面的染料少	液态分散染料的分散性较好，化料简单，计量准确，使用方便，可提高染料上染和固色率。在少水洗条件下，仍具备颜色鲜艳度好、牢度高等优点。液态分散染料用于印花时，降低了印花糊料的用量
20	数码喷墨印花	各类织物印花	无须分色、描稿、制版，电脑设计好的花型图案可通过喷头将专用墨水直接喷印到织物上形成印花织物。除涂料墨水外，织物在图案喷印前需上浆处理，喷印后需固色、水洗等	工艺简单流程短，印花精度高，能满足多品种、个性化订单需求，喷头、墨水等综合使用成本高
21	高牢度涂料印花	各类织物的涂料印花	通过使用新型黏合剂，在满足手感要求的情况下获得优异的印花牢度，解决了织物手感与印花牢度无法兼顾的问题。色浆调制方便，可用于金粉银粉印花等特殊的印花方法	与染料印花相比，可大幅节水、降低能耗。耐摩擦色牢度、手感略差于染料印花

续表

序号	技术名称	适用范围	技术特点	应用效果
22	分色印花	各类织物的印花	分色印花不受平网、圆网印花颜色和套数限制，采用固定几种基础色，利用色彩叠加混合原理，实现宽色域、高精度的平网、圆网印花，印制出丰富多彩的印花织物	分色印花比传统筛网印花色彩表现力强、清晰度高；比数码喷墨印花生产效率高，生产成本低，不受喷头、墨水等因素制约，印花效果接近数码喷墨印花。分色印花在较低成本的前提下实现了高色牢度、自然色彩过渡和宽色域的印花效果，实现色浆标准化重复利用，提高色浆利用率，有一定节能减排效果。对分色制版要求较高
23	定型机废气高效收集处理及余热回用	用于定型机废气处理及余热回收利用	通过均匀高效过滤、喷淋、高压静电处理、自动清洗、消雾、热回收等系统实现废气处理和热量回用	灰尘、油烟去除率高，实现达标排放。将定型机180℃热风尾气降至60℃以下，回收的热能可生产热风或热水，节约能源，降低生产成本
24	膜处理及回用技术	印染废水深度处理和回用，去除废水中的色度、COD、BOD和盐度（电导率）等污染物	膜对不同物质具有透过性差异，膜处理技术实际上是对废水进行分离的技术。用于印染废水处理的膜分离技术主要有微滤（MF）、超滤（UF）、纳滤（NF）和反渗透（RO）。MF和UF常作为NF和RO的预处理，UF能分离大分子有机物、胶体、悬浮固体，NF能实现脱盐和浓缩，RO能去除可溶性金属盐、有机物、胶粒并截留所有离子	膜处理技术不仅能去除水中残余的有机物，降低色度，还能脱除无机盐类。但膜处理技术成本较高且膜组件易被污染而缩短其使用寿命
25	热泵法热能利用	印染高温废水降温和余热回用	通过热泵机组、换热器、水泵以及控制系统实现热量回收和利用	可回收工艺废水中70%左右的余热，机组排出的冷量可用于废水降温、设备降温和车间环境降温等。系统杂质过滤精度高、自动化程度高，可防止新水和废水的硬度及化学药剂对热泵机组造成结垢和腐蚀破坏，减少换热系统清洗频率

续表

序号	技术名称	适用范围	技术特点	应用效果
26	磁悬浮风机	各类印染废水的曝气处理	将磁悬浮技术应用在鼓风机上，通过采用磁悬浮轴承技术、高速大功率永磁同步电机技术、高效率流体技术、智能控制技术等，降低废水处理能耗	相比传统的罗茨风机可节能25%左右，相比多级离心鼓风机可节能20%左右。可降低设备运行噪声，改善工作环境。购买成本高于传统风机
27	染化料自动称量、配制和输送系统	印染企业染化料自动称量、化料和输送	该系统主要由称料、化料、输送三部分构成，根据生产工艺配方按需配制生产所需染化料，根据生产指令将配制好的染料、助剂自动输送到各生产机台，实现印染生产化学品物流、信息流的统一调度和管理	小样配方和大生产配方的匹配性更高，工艺稳定重现性好；准确统计生产中染料助剂消耗量，减少用工并降低劳动强度，改善作业环境。产品的一等品率提高1%～2%，返工率降低3%～5%，人工成本降低20%～30%。前期投入较大，对职工素质要求较高
28	印花自动调浆系统	印花生产中印花色浆的自动调配	通过化料分配系统、母液储存系统、有自动上粉装置的糊料准备系统、全自动称粉化料系统等，对印花订单、工艺配方、配浆量等信息进行集中管理，准确控制色浆工艺配方的关键参数	可提高印花调浆配方的准确性和工艺配方的重现性，减少人为不确定因素，易于工艺处方管理，提高生产效率，改善作业环境，降低劳动强度，实现印花调浆中的残浆回用，减少色浆浪费。前期投入较大，对职工素质要求较高
29	工艺参数在线采集和控制系统	印染生产主要工艺参数的采集和控制	对印染设备的工艺参数传感器进行实时数据采集，将采集数据与工艺参数进行比对分析，精确在线检测和控制关键工艺参数，确保工艺参数在设定范围内	能自动控制pH值、双氧水浓度、织物密度、轧余率、纬斜等工艺参数，减少人为调整工艺参数时的失误，提高工艺重现性和产品合格率，提升生产自动化水平，节能减排效果较为明显。对系统维护和管理人员的素质要求较高

续表

序号	技术名称	适用范围	技术特点	应用效果
30	印染 ERP 系统	对印染企业生产经营各种数据进行收集、汇总、分析	印染 ERP 系统包括生产计划、供应链管理、能源管理、成本分析、绩效考核等内容，用信息化技术整合印染企业各部门数据，经过系统科学的分析，形成决策支持信息	实时了解跟踪接单、生产订单、坯布仓储、成品发货等情况，可对印染生产中的水、电、汽、染化料、人工等情况进行分析汇总，及时进行成本核算与控制。通过实施 ERP 管理，提高生产效率、降低生产管理成本，优化工艺和稳定产品质量，提升企业信息化管理水平。需要有印染专业和信息化专业的人员共同配合才能用好 ERP 系统
31	活性染料非水介质染色	对棉等纤维素纤维的染色	以非水介质代替水作为染色介质对棉纤维等纤维素纤维进行活性染料染色。选用对活性染料具有较高溶解度的极性非水介质，能使纤维增塑、溶胀，实现纤维对染料的吸附、固色，达到无盐少水染色或无水染色的目的。目前主要研究方向包括：活性染料混合溶剂染色、使用极性溶剂取代部分水进行染色、采用极性与非极性溶剂混合染色	活性染料在非水介质中的稳定性更好，避免了染料的无效水解，染料利用率更高。染色过程无须使用大量无机盐来促进纤维对染料的吸附，降低染色废水的处理难度。减少染色和染色后水洗用水，节能减排效果显著
32	超临界二氧化碳染色	聚酯纤维染色	超临界 CO_2 的染色原理以传统水介质染色原理为基础，染色过程大致可分为吸附、扩散和固着三个阶段。超临界状态下的 CO_2 分子是非极性的，对非极性或极性较弱、分子质量小的染料具有很好的溶解性能。在超临界状态下 CO_2 使纤维迅速溶胀，促使染料易于上染纤维。超临界 CO_2 对纤维有很强的增塑作用，可以降低纤维的玻璃化温度，增加纤维分子链的活动性和自由体积扩散，因此能在较低温度下进行染色且能大幅减少染色时间	无须用水，无废水产生。染色后无须烘干，缩短工艺流程，节省能源。上染速度快，匀染和透染性能好，染色重现性好。CO_2 稳定性好，易得且可重复使用，减少污染。可对某些高性能纤维进行染色

续表

序号	技术名称	适用范围	技术特点	应用效果
33	张力敏感织物全流程平幅轧染	针织物、弹力织物等张力敏感织物连续平幅染色	通过防褶皱平幅前处理设备、平幅染色预烘设备和大直径多辊汽蒸固色设备等，控制张力敏感织物在平幅运行中的形变与张力，构建张力敏感织物低温平幅前处理→浸轧染色→后整理→定型的连续化生产过程	能有效降低单位产品能耗、水耗，提高生产效率，减少用工，减少擦伤、折痕等疵点产生，提高产品品质
34	涤纶织物少水连续式染色	绒类织物，包括超柔、法兰绒、珊瑚绒、纯涤干发巾等；梭织类的广告布、窗帘、沙发布、箱包布、衬布、口袋布、里子布、工装布等	基于分散染料热熔染色原理，通过分散染料超细化加工，提高分散染料向纤维无定形区的扩散和固着。由于大部分分散染料通过升华进入纤维无定形区，而残留在纤维表面的染料非常少；除色牢度要求非常高的织物需水洗外，一般不需要水洗处理，从而达到节水的目的	染色环节由于无须水洗或少水洗，比传统印染节水 80% 以上，节约运行成本 15%
35	含盐染色废水循环利用	纤维素纤维制品活性染料间歇式染色废水的循环利用	利用酸性条件下可阳离子化的油性萃取剂与活性染料染色废水中的阴离子染料发生作用，对染色废水中的染料进行萃取，分离出染色废水中的水解染料。萃取后的含盐无色染色废水可循环用于其他染色过程，分离出来的水解染料通过脱水制成淤泥或固体后进行无害化处理。通过反萃取可使萃取剂重复使用	活性染料染色废水中的染料去除率可达 95% 以上，脱色后的含盐染色废水可用于中深色织物染色。可低成本、高效率循环利用活性染料染色废水，实现盐的重复使用，大幅减少印染生产中盐的用量，减少含盐废水的排放

续表

序号	技术名称	适用范围	技术特点	应用效果
36	数码喷墨印花喷头	用于数码喷墨印花机	数码喷墨印花喷头主要有压电式和发泡式两种类型。压电式喷头利用压电陶瓷，借助压电晶体施加电压使其产生形变，挤压墨水产生高压而将墨水喷出，在织物表面形成墨滴；发泡式喷头是通过喷头上的热电阻元件，在极短时间内发热，在墨水喷出区将墨水加热形成气泡，气泡膨胀产生的压力压迫一定量的墨水克服表面张力快速从喷嘴喷出，形成墨滴	压电式喷头更容易控制墨点的形状和大小，喷印分辨率高，容易实现高精度喷印效果，颜色重现性好，对墨水的适用性强。发泡式喷头一般采用墨盒与喷嘴一体化结构，电子驱动简单易实现，但难以改变和控制墨滴大小，因在高温高压工况下工作，喷嘴容易腐蚀

4.《纺织工业污染防治可行技术指南》（HJ 1177—2021）

为贯彻《中华人民共和国环境保护法》《中华人民共和国水污染防治法》《中华人民共和国大气污染防治法》《中华人民共和国固体废物污染环境防治法》《中华人民共和国环境噪声污染防治法》等法律，防治环境污染，改善环境质量，推动纺织工业污染防治技术进步，生态环境部于 2021 年 5 月 12 日发布了《纺织工业污染防治可行技术指南》（HJ 1177—2021）。纺织印染行业废水、废气、固废污染防治技术见表 5 - 4 至表 5 - 6。

表 5-4 染整废水污染防治可行技术

单位：mg/L，色度除外

序号	适用范围	污染预防技术	污染治理技术	污染物排放浓度水平								可达目标
				COD_{Cr}	BOD_5	SS	氨氮	总氮	总磷	苯胺类	色度/倍	
1	棉、麻及混纺机织物染整	生物酶前处理/冷轧堆前处理；小浴比间歇式染色/活性染料冷轧堆染色/涂料染色/数码直喷染色；泡沫整理技术/液氨整理	①格栅/筛网-调节池+②混凝-沉淀/气浮+③水解酸化-好氧生物	350～450	80～120	50～90	10～15	15～25	1.0～1.5	0.5～1.0	50～80	间接排放
2			①分质预处理+②格栅/筛网-调节池+③混凝-沉淀/气浮+④水解酸化-好氧生物	120～200	30～50	50～90	10～15	15～25	1.0～1.5	0.5～1.0	50～80	间接排放
3			①分质预处理+②格栅/筛网-调节池-③混凝-沉淀/气浮+④水解酸化-好氧生物+⑤混凝-沉淀/气浮+⑥深度处理	50～80	12～20	20～30	5～6	8～15	0.2～0.5	0.5～1.0	30～50	直接排放
4			①分质预处理+②格栅/筛网-调节池-③混凝-沉淀/气浮+④水解酸化-好氧生物+⑤混凝-沉淀/气浮+⑥臭氧氧化或芬顿氧化+曝气生物滤池	40～60	10～15	10～20	4～8	6～15	0.2～0.5	0.5～1.0	20～30	特别排放

续表

序号	适用范围	污染预防技术	污染治理技术	污染物排放浓度水平								可达目标
				COD_{Cr}	BOD_5	SS	氨氮	总氮	总磷	苯胺类	色度/倍	
5	丝、毛机织物染整、化纤机织物染整	冷轧堆前处理技术；小浴比间歇式染色技术/数码直喷染色；泡沫整理技术	①格栅/筛网－调节池＋②混凝－沉淀/气浮＋③水解酸化－好氧生物	300～450	80～120	50～90	10～15	15～30	1.0～1.5	0.5～1.0	50～80	间接排放
6			①分质预处理＋②格栅/筛网－调节池＋③混凝沉淀或气浮＋④水解酸化－好氧生物＋⑤混凝－沉淀/气浮	120～150	30～50	50～90	10～15	15～30	1.0～1.5	0.5～1.0	50～80	间接排放
7			①分质预处理＋②格栅/筛网－调节池＋③混凝沉淀或气浮＋④水解酸化－好氧生物＋⑤混凝－沉淀/气浮＋⑥深度处理	40～80	12～20	20－30	5～6	8～15	0.2～0.5	0.5～1.0	30～50	直接排放
8			①分质预处理＋②格栅/筛网－调节池＋③混凝沉淀或气浮＋④水解酸化－好氧生物＋⑤混凝－沉淀/气浮＋⑥臭氧氧化或芬顿氧化＋曝气生物滤池	30～60	10～15	10～20	4～8	6～15	0.2～0.5	0.5～1.0	20～30	特别排放

续表

序号	适用范围	污染预防技术	污染治理技术	污染物排放浓度水平								可达目标
				COD_{Cr}	BOD_5	SS	氨氮	总氮	总磷	苯胺类	色度/倍	
9	针织物、纱线、散纤维染整	小浴比间歇式染色技术	①格栅/筛网－调节池＋②混凝－沉淀或气浮＋③水解酸化－好氧生物	300～450	80～120	50～90	10～15	15～30	1.0～1.5	0.5～1.0	50～80	间接排放
10			①格栅/筛网－调节池＋②混凝－沉淀或气浮＋③水解酸化－好氧生物＋④混凝－沉淀	120～150	30～45	50～90	10～15	15～30	1.0～1.5	0.5～1.0	50～80	间接排放
11			①格栅/筛网－调节池＋②混凝－沉淀/气浮＋③水解酸化－好氧生物＋④深度处理	40～80	12～15	20～30	5～6	8～15	0.2～0.5	0.5～1.0	30～50	直接排放
12			①格栅/筛网－调节池＋②混凝－沉淀/气浮＋③水解酸化－好氧生物＋④臭氧氧化或芬顿氧化＋曝气生物滤池	30～60	10～15	10～20	4～8	6～12	0.2～0.5	0.5～1.0	20～30	特别排放

表 5-5　印染行业废气污染防治可行技术

序号	使用工序	主要污染项目	污染治理技术	污染物排放浓度（标态）/（mg/m^3）
1	烧毛、磨毛、拉毛	颗粒物	过滤除尘	颗粒物：5～10
2	印花、植绒、复合、层压	颗粒物、VOCs	喷淋洗涤+吸附	颗粒物：5～10；非甲烷总烃：12～36
			静电处理+吸附	颗粒物：5～10；非甲烷总烃：12～36
3	热定形	染整油烟	（多级）喷淋洗涤	染整油烟：10～20
			冷却+静电处理	染整油烟：10～15
			喷淋洗涤+静电处理	染整油烟：6～10
4	涂层	VOCs	喷淋吸收+吸附	非甲烷总烃：40～60
5	废水处理系统	氨气、硫化氢、臭气浓度	喷淋吸收	氨气：0.1～0.2；硫化氢：0.01～0.02；臭气浓度：10～20（量纲一）
			生物处理	氨气：0.1～0.15；硫化氢：0.01～0.015 臭气浓度：10～20（量纲一）

表 5-6　固体废物污染防治可行技术

类别	固体废物	可行技术
一般工业固体废物	纺织边角料等	收集后资源化利用
	废茎秆、泥沙、废油脂、纤维粉尘等	交由相关单位进行无害化处置，如填埋、焚烧等委托有资质的单位处理
危险废物	染料和涂料废物、废酸、废碱、废矿物油和含矿物油废物、废有机溶剂与含有机溶剂废物、沾染染料和有机溶剂等危险废物的废弃包装物、容器、烟气及 VOCs 处理废活性炭等以及被鉴定为危险废物的固体废物	

六、印染行业清洁生产体系和技术推行方案

1.《印染行业清洁生产评价指标体系（试行）》

为了贯彻落实《中华人民共和国清洁生产促进法》，指导和推动印染企业依法实施清洁生产，提高资源利用率，减少和避免污染物的产生，保护和改善环境，国家发展改革委员会发布了印染行业清洁生产评价指标体系（试行）。印染企业定量评价指标项目、权重及基准值见表6－1，定性评价指标项目及权重见表6－2。

表6－1　印染企业定量评价指标项目、权重及基准值

一级指标	权重分值	二级指标	单位	权重分值	评价基准值[①]
能源指标	25	单位产品综合能耗	kgce/t	5	4846.5
		水浴比	t/t	4	7
		万元产值能耗	kgce	4	0.8
		单位产品耗水量	t/t	3	269
		单位产品耗电量	t/t	3	1795
		单位产品耗汽量	t/t	3	17.95
		单位产品耗煤量	t/t	3	2.24
资源能耗	25	印花浆料消耗	kg/t	3	2
		烧碱消耗	kg/t	4	2324.5
		染料消耗	kg/t	4	35.9
		助剂消耗	kg/t	4	323.1
		双氧水消耗	kg/t	3	31.41
		油类消耗	kg/t	2	40.39
		企业工业用水重复利用率	%	5	40
生产技术指标	10	上染率	%	3	70
		设备作业率	%	3	85
		综合成品率	%	4	95
综合利用指标	25	余热利用率	%	5	50
		染料回收利用率	%	5	50
		烧碱回收率	%	5	50
		废水回用率	%	5	20
		工业用水利用率	%	5	95
污染物指标	15	外排废水量	m^3/t	3	179.5
		COD 排放量	kg/t	3	215.4
		SO_2 排放量	kg/t	3	2.47
		烟粉尘排放量	kg/t	3	3.86
		噪声	dB（A）	3	≤60

①评价基准值的单位与其相应指标的单位相同。

注　各个指标的数值是按织物平均1t布5000m计算，然后乘以标准品校正系数。按平均校正系数1.795计算。

表6－2　印染企业定性评价指标项目及权重

<table>
<tr><th>一级指标</th><th>指标分值</th><th>二级指标</th><th>指标分值</th><th>备注</th></tr>
<tr><td rowspan="13">（1）执行国家重点鼓励发展技术（含印染清洁生产技术）的符合性</td><td rowspan="13">70</td><td>酶法退浆工艺</td><td>5</td><td rowspan="19">定性评价指标无评价基准值，其考核按对该指标的执行情况给分
对一级指标“（1）”所属二级指标，凡采用的按其指标分值给分，未采用的不给分
对一级指标“（2）”所属二级指标，凡已建立环境管理体系并通过认证的给4分，只建立环境体系但尚未通过认证的给2分；凡已进行清洁生产审核并实施无/低费方案的给6分，实施中/高费方案的给4分
对一级指标“（3）”所属各二级指标，如能按要求执行的，则按其指标分值给分；对建设项目环保“三同时”、建设项目环境影响评价、老污染源限期治理指标未能按要求完成的则不给分；对污染物排放总量控制要求，凡水污染物和气污染物均有超总量要求的则不给分；凡仅有水污染物或气污染物超总量要求的，则给2分</td></tr>
<tr><td>棉布前处理冷轧堆一步法工艺</td><td>4</td></tr>
<tr><td>涂料染色、印花工艺</td><td>7</td></tr>
<tr><td>转移印花新工艺</td><td>7</td></tr>
<tr><td>高效环保活性染料应用</td><td>7</td></tr>
<tr><td>超滤法回收染料</td><td>5</td></tr>
<tr><td>丝光淡碱回收技术</td><td>4</td></tr>
<tr><td>数字化喷射印花新工艺</td><td>6</td></tr>
<tr><td>逆流清洗、回用及小浴比设备</td><td>5</td></tr>
<tr><td>无毒无害的原副材料</td><td>5</td></tr>
<tr><td>原辅助剂的回收利用</td><td>5</td></tr>
<tr><td>综合利用或消纳社会废物</td><td>5</td></tr>
<tr><td>全厂性污水处理（二次）及回用</td><td>5</td></tr>
<tr><td rowspan="2">（2）环境管理体系建立及清洁生产审核</td><td rowspan="2">10</td><td>建立环境管理体系并通过认证</td><td>4</td></tr>
<tr><td>开展清洁生产审核</td><td>6</td></tr>
<tr><td rowspan="4">（3）贯彻执行环境保护法规的复合性</td><td rowspan="4">20</td><td>建设项目环保“三同时”执行情况</td><td>5</td></tr>
<tr><td>建设项目环境影响评价制度执行情况</td><td>5</td></tr>
<tr><td>老污染源限期治理项目完成情况</td><td>5</td></tr>
<tr><td>污染物排放总量控制情况</td><td>5</td></tr>
</table>

注　如果一个企业涉及多个产品时，其他产品要在其他相关行业达到指标要求，否则不能参评。
国家鼓励发展技术随着科学技术的进步也会有所变化，有关新技术说明可参考当年行业协会所发文件为主。

2.《水污染防治重点行业清洁生产技术推行方案》

为贯彻落实《中国制造2025》（国发〔2015〕28号）和《水污染防治行动计划》（国发〔2015〕17号），推进造纸、印染等11个重点行业实施清洁生产技术改造，降低工业新增水用量，提高水重复利用率，减少水污染物产生，严格控制并削减行业水污染物排放总量，推动全面达标排放，促进水环境质量持续改善，工业和信息化部、原环境保护部组织编制了《水污染防治重点行业清洁生产技术推行方案》。印染部分见表6－3。

表 6－3　《水污染防治重点行业清洁生产技术推行方案》（印染部分）

技术名称	适用范围	技术主要内容	解决的主要问题	应用前景分析
印染前处理环保助剂工艺	棉及棉混纺织物印染前处理	印染前处理环保助剂工艺是生物技术和化工技术的有机结合，可以有效替代传统精练漂白工艺中使用的多种化学助剂（烧碱、双氧水、精练剂、螯合剂等），可快速降解织物上的油脂、蜡脂及杂质，去除棉籽和木质素，还原出棉纤维的本白，使织物的煮、练、漂在同一设备、同一处理液中完成，满足织物前处理要求。技术指标：（1）水洗温度由90℃降为60℃，单缸节约蒸汽0.45t；（2）可有效替代烧碱、精练剂等的使用，双氧水浓度由50g/L下降到10g/L；（3）可降低COD浓度30%～50%；（4）可节约用水15%～20%；（5）百米布综合成本降低5元	（1）不含烷基酚聚氧乙烯醚类化合物（APEO）等有害物质；（2）可替代传统精练漂白工艺中使用的多种助剂，一般织物使用时不必添加烧碱、双氧水及其他化学助剂，特殊织物使用少量的双氧水；（3）可降低企业水、电、蒸汽及污水处理等成本	目前该技术年加工印染布不足12亿米，预计到2020年，可形成48亿米印染布产能，可减少废水产生量1800万吨，减少COD产生量1.08万吨。按年产16000万米印染织物生产线，项目一次性投资约640万元
高温高压气流染色技术	适用于印染企业各种松式绳状织物的染色及前后处理，特别适合于一些高档织物的加工	依据空气动力学原理，由高压风机产生的气流经特殊喷嘴后形成高速气流，牵引被染织物进行循环运动。同时染液以雾状喷向织物，使得染液与织物在很短时间内充分接触，以达到匀染的目的。技术指标：（1）浴比：化纤织物≤1:2，棉、毛等织物≤1:4；（2）最高工作温度：140℃；（3）最高工作压力：0.4MPa	（1）提高产品一次染色成功率；（2）与传统技术比，可省水、蒸汽50%，节省染料10%～15%，节省助剂60%，减少污染排放	目前气流染色机推广比例不足10%，预计到2020年，推广比例可达到20%，年可减少废水产生量3800万吨，减少COD产生量3.04万吨。按年产8000吨针织印染布计，项目投资约2000万元

续表

技术名称	适用范围	技术主要内容	解决的主要问题	应用前景分析
高温气液染色技术	需满足以松式绳状形式的织物染色、前处理及后处理等工艺条件	以循环气流牵引织物循环，组合式染液喷嘴进行染液与被染织物交换，完成染料对织物的上染过程。在织物单次循环过程中，织物首先与喷嘴染液进行交换，然后经提布辊进入气流喷嘴，受到气流的渗透压作用，进一步提高织物上染液分布的均匀性。织物离开导布管时，气流在自由射流的扩展作用下，可消除织物的绳状折痕。技术指标：（1）高档针织物浴比：1:(2.5～3)；（2）最高工作温度：130℃；（3）最高工作压力：0.3MPa	（1）风机耗电与气流染色相比，可节约50%以上；（2）提高产品一次染色成功率；（3）与传统设备相比，可节水50%，减少染料和助剂消耗和污染物产生，实现印染过程的清洁化	该技术刚开始产业化推广，到2020年，推广比例达10%～15%，年可减少废水产生量4000万吨，减少COD产生量3.2万吨。按年产9000吨针织印染布计，项目投资约1800万元
无水液氨丝光整理技术	适用于牛仔布丝光整理	纤维织物在液氨作用下产生轻微膨胀，使织物表面产生绸缎的效果。氨处理不会降低纤维强度，比氢氧根更容易渗入织物内部，使得氨处理变得更加均匀、规则、有效和同质。技术指标：（1）以氨替代碱作为丝光液；（2）用高温高压除氨代替酸中和水洗除氨，大幅减少了水的消耗和污染物的产生；（3）传统丝光整理会产生大量废碱无法回收利用，处理成本高，而液氨工艺大幅降低了污染物产生及处理成本；（4）与传统碱丝光工艺比，每100米牛仔布减少用水95%以上，减少COD排放90%以上，降低综合成本15元左右	（1）解决了丝光整理废碱处理问题；（2）整个系统处于密闭状态，氨的回收率达95%以上，并可以循环使用	目前该技术仅在高档牛仔布中应用，普及率不足5%，预计到2020年，推广比例达到20%。年可减少废水产生量390万吨，减少COD产生量4000吨。按1300万米牛仔布年产能，需要整体生产设备、氨回收循环设备等投资约2000万元

续表

技术名称	适用范围	技术主要内容	解决的主要问题	应用前景分析
数码印花技术	适用于家纺、服装、地毯等织物的图案处理工艺	该技术是将数字化图案经编辑处理后，由纺织品数码印花系统将专用染料直接喷印到各种织物和织品，并通过互联网在线实现纺织品远程协同设计和定制服务。它具有短流程、反应快、弹性灵活、按需定量生产、精度高、色彩丰富等特点，具有较高的产品附加值。技术指标：（1）无须分色、描稿、制片、制网和配色调浆过程，印刷流程简单；（2）图案花样修改极为方便，可实现个性化和定制生产，满足小批量生产和快速反应的需要；（3）图案不受颜色数目和网版套准误差的影响，图案色彩逼真，层次丰富，印刷精度高；（4）按需喷墨，染料几乎没有浪费，生产过程无废水，能耗、噪声低，利于环保	（1）数码印花喷印过程不用水，不用调制色浆，无废染液；（2）工艺流程短，反应快，可实现按需定量生产；（3）低污染、低碳排放，高附加值	目前普及率约5%，预计到2020年，数码印花产品产量超过10亿米，推广比例达到30%。年可减少废水产生量400万吨，减少COD产生量2000吨。目前国产数码印花机的投资额100万~300万元/台

七、印染行业规范条件

为进一步规范印染行业管理，加快行业结构调整和转型升级，工业和信息化部对《印染行业准入条件（2010 年修订版）》（工消费〔2010〕第 93 号公告）和《印染企业准入公告管理暂行办法》（工信部消费〔2012〕40 号）进行了修订，形成《印染行业规范条件（2017 版）》。主要内容见表 7 – 1。

表 7 – 1　《印染行业规范条件（2017 版）》的主要内容

企业布局	印染企业建设地点应当符合国家产业规划和产业政策，符合本地区主体功能区规划、城乡规划、土地利用总体规划和生态环境规划要求。七大重点流域干流沿岸，要严格控制印染项目环境风险，合理布局生产装置
	在国务院、国家有关部门和省（自治区、直辖市）级人民政府规定的风景名胜区、自然保护区、饮用水保护区和主要河流两岸边界外规定范围内不得新建印染项目。已在上述区域内投产运营的印染生产企业要根据区域规划和保护生态环境的需要，依法通过关闭、搬迁、转产等方式退出
	缺水或水质较差地区原则上不得新建印染项目。水源相对充足地区新建印染项目，地方政府相关部门要科学规划，合理布局，在工业园区内集中建设，实行集中供热和污染物的集中处理。环境质量不达标区域的建设项目，要在环境质量限期达标规划的基础上，实施水污染物区域削减方案。工业园区外企业要逐步搬迁入园
工艺与装备	印染企业要采用技术先进、节能环保的设备，主要工艺参数实现在线检测和自动控制。新建或改扩建印染生产线总体水平要达到或接近国际先进水平。鼓励采用染化料自动配液输送系统。禁止使用国家明确规定的淘汰类落后生产工艺和设备，禁止使用达不到节能环保要求的二手设备。棉、化纤及混纺机织物印染项目设计建设要执行《印染工厂设计规范》（GB 50426）
	连续式水洗装置要密封性好，并配有逆流、高效漂洗及热能回收装置。间歇式染色设备浴比应满足 1:8 以下工艺要求。热定形、涂层等工序挥发性有机物（VOCs）废气应收集处理，鼓励采用溶剂回收和余热回收装置
质量与管理	印染企业要开发生产低消耗、低污染绿色产品，鼓励采用新技术、新工艺、新设备、新材料开发具有知识产权、高附加值的纺织产品。产品质量要符合国家或行业标准要求，产品合格率达到 95% 以上
	印染企业应实行三级用能、用水计量管理，设置专门机构或人员对能源、取水、排污情况进行监督，并建立管理考核制度和数据统计系统
	印染企业要健全企业管理制度，鼓励企业进行质量、环境以及职业健康等管理体系认证，支持企业采用信息化管理手段提高企业管理效率和水平。企业要加强生产现场管理，车间要求干净整洁

续表

质量与管理	印染企业要规范化学品存储和使用，危险化学品应严格遵循《危险化学品安全管理条例》要求，加强对从业人员化学品使用的岗位技能培训。企业应建立化学品绿色供应链管控体系，避免使用对消费者、环境等有害的化学物质		
资源消耗	分类	综合能耗	新鲜水取水量
	棉、麻、化纤及混纺机织物	≤30 公斤标煤/百米	≤1.6 吨水/百米
	纱线、针织物	≤1.1 吨标煤/吨	≤90 吨水/吨
	纱线、针织物	≤36 公斤标煤/百米	≤2.2 吨水/百米
	精梳毛织物	≤150 公斤标煤/百米	≤15 吨水/百米
环境保护与资源综合利用	印染企业环保设施要按照《纺织工业企业环保设计规范》（GB 50425）的要求进行设计和建设，执行环保设施与主体工程同时设计、同时施工、同时投产的“三同时”制度。印染废水应自行处理或接入集中废水处理设施，并加强废水处理及运行中的水质分析和监控，废水排放实行在线监控，实现稳定达标排放。采用高效节能的固体废弃物处理工艺，实现固体废弃物资源化和无害化处置。依法办理排污许可证，并严格按证排放污染物		
	印染企业要按照环境友好和资源综合利用的原则，选择采用可生物降解（或易回收）浆料的坯布。使用生态环保型、高上染率染料和高性能助剂。完善冷却水、冷凝水及余热回收装置。丝光工艺配备淡碱回收装置。企业水重复利用率达到 40% 以上		
	印染企业要采用清洁生产技术，提高资源利用效率，从生产的源头控制污染物产生量。印染企业要依法定期实施清洁生产审核，按照有关规定开展能源审计，不断提高企业清洁生产水平		
安全生产与社会责任	印染企业要按照《纺织工业企业安全管理规范》（AQ7002）和《纺织工业企业职业安全卫生设计规范》（GB 50477）要求，建设安全生产设施，并按照国家有关规定和要求，确保安全设施与主体工程同时设计、同时施工、同时投入生产和使用		
	鼓励印染企业按照《纺织企业社会责任管理体系》（CSC9000－T）的要求，履行社会责任。鼓励企业开展化学品和环境信息公开。企业在生产运营过程中严格按照《纺织工业企业安全管理规范》要求，规范安全生产工作		

自 2017 年 10 月 1 日起实施，印染行业规范条件加快了印染行业结构调整和转型升级，推进印染行业绿色发展，提高节能减排和清洁生产水平。2018～2021 年，工业和信息化部组织印染企业规范公告申报工作，已经公告四批共 54 家企业符合《印染行业规范条件（2017 版）》企业名单见表 7－2。

表7-2 符合《印染行业规范条件（2017版）》企业名单（第一、二、三、四批）

序号	企业名称	所在地
1	浙江盛发纺织印染有限公司	浙江省
2	嘉兴市嘉盛印染有限公司	浙江省
3	嘉兴市天伦纳米染整有限公司	浙江省
4	新天地纺织印染（嘉兴）有限公司	浙江省
5	台华高新染整（嘉兴）有限公司	浙江省
6	浙江嘉名染整有限公司	浙江省
7	浙江迎丰科技股份有限公司	浙江省
8	浙江宝纺印染有限公司	浙江省
9	浙江三元纺织有限公司	浙江省
10	浙江富润印染有限公司	浙江省
11	浙江同辉纺织股份有限公司	浙江省
12	浙江乐高实业股份有限公司	浙江省
13	宏达高科控股股份有限公司	浙江省
14	杭州航民达美染整有限公司	浙江省
15	杭州航民美时达印染有限公司	浙江省
16	浙江屹男印染有限公司	浙江省
17	浙江灏宇科技有限公司	浙江省
18	嘉兴新桥丝绸染整有限公司	浙江省
19	绵阳佳禧印染有限责任公司	浙江省
20	四川意龙科纺集团有限公司	四川省
21	绵阳佳联印染有限责任公司	四川省
22	遂宁市新绿洲印染有限公司	四川省
23	南充嘉美印染有限公司	四川省
24	山西彩佳印染有限公司	山西省
25	山东如意数码科技印染有限公司	山东省
26	山东如意毛纺服装集团股份有限公司	山东省
27	华纺股份有限公司	山东省
28	山东滨州亚光毛巾有限公司	山东省
29	鲁丰织染有限公司	山东省
30	愉悦家纺有限公司	山东省
31	山东圣豪家纺有限公司	山东省

续表

序号	企业名称	所在地
32	高青如意纺织有限公司	山东省
33	盛虹集团有限公司	江苏省
34	吴江市平望漂染厂有限公司	江苏省
35	苏州新民印染有限公司	江苏省
36	常州旭荣针织印染有限公司	江苏省
37	东莞德永佳纺织制衣有限公司	广东省
38	广东溢达纺织有限公司	广东省
39	英德市极丰染织有限公司	广东省
40	广州市东海鹏染整织造有限公司	广东省
41	中山国泰染整有限公司	广东省
42	广东前进牛仔布有限公司	广东省
43	广东德润纺织有限公司	广东省
44	福建省宏港纺织科技有限公司	福建省
45	晋江市维盛织造漂染有限公司	福建省
46	福建省向兴纺织科技有限公司	福建省
47	福建东龙针纺有限公司	福建省
48	福建福田纺织印染科技有限公司	福建省
49	福建省新宏港纺织科技有限公司	福建省
50	通亿（泉州）轻工有限公司	福建省
51	泉州市六源印染织造有限公司	福建省
52	芜湖富春染织股份有限公司	安徽省
53	青岛凤凰东翔印染有限公司	青岛市
54	上海嘉麟杰纺织品股份有限公司	上海市

八、排污许可制度

为贯彻落实《中华人民共和国环境保护法》《中华人民共和国水污染防治法》《中华人民共和国大气污染防治法》等法律法规和《国务院办公厅关于印发控制污染物排放许可制实施方案的通知》（国办发〔2016〕81 号），完善排污许可技术支撑体系，指导和规范纺织印染工业排污许可证申请与核发工作，原环境保护部于 2017 年 9 月 29 日发布了《排污许可证申请与核发技术规范　纺织印染工业》（HJ 861—2017）；2021 年 3 月 1 日起国务院发布的《排污许可管理条例》

正式施行，加强排污许可管理，规范企业事业单位和其他生产经营者排污行为，控制污染物排放，保护和改善生态环境。HJ 861—2017 规定的印染行业排污单位废水类别、污染物项目及污染治理设施一览表见表 8－1，排污单位废气产污环节名称、污染物项目、排放形式及污染治理设施（措施）一览表见表 8－2，纳入许可管理的废水排放口及污染物项目见表 8－3，纳入排污许可管理的废气产生环节、排放口及污染物项目见表 8－4，排污单位废水外排口监测指标及最低监测频次见表 8－5，排污单位废气排放口监测指标及最低监测频次见表 8－6，排污单位无组织废气排放监测点位、监测指标及最低监测频次见表 8－7。

表 8－1　印染行业排污单位废水类别、污染物项目及污染治理设施一览表

产污环节	污染物项目	污染治理设施名称及工艺
退浆、煮练、精练、漂白、丝光、碱减量、染色、印花、漂洗、定型整理	化学需氧量、悬浮物、五日生化需氧量、氨氮、总氮、总磷、pH 值、六价铬、色度、可吸附有机卤素、苯胺类、硫化物、二氧化氯、总锑	一级处理设施：捞毛机、格栅、中和调节、气浮、混凝、沉淀及其他；二级处理设施：水解酸化、厌氧生物法、好氧生物法；深度处理设施：活性炭吸附、曝气生物滤池、高级氧化、臭氧、芬顿氧化、滤池/滤布、离子交换、树脂过滤、膜分离、人工湿地及其他

表 8－2　印染行业排污单位废气产污环节名称、污染物项目、排放形式及污染治理设施（措施）一览表

废气产污环节名称	污染物项目	排放形式	污染治理设施（措施）名称及工艺
烧毛、磨毛、拉毛	颗粒物	无组织	废气产生点配备有效的废气捕集装置（如局部密闭罩、整体密闭罩、大容积密闭罩、车间密闭等）并配备滤尘系统、其他
印花[a]	甲苯、二甲苯、非甲烷总烃	有组织	喷淋洗涤、吸附、生物净化、吸附—冷凝回收、吸附—催化燃烧
定型	颗粒物、非甲烷总烃	有组织	喷淋洗涤、吸附、喷淋洗涤—静电
涂层整理	甲苯、二甲苯、非甲烷总烃	有组织	喷淋洗涤、吸附、吸附—冷凝回收、吸附—催化燃烧、蓄热式燃烧、蓄热式催化燃烧

[a] 指蒸化、静电植绒、数码印花、转移印花等产生废气的重点工段。

表8-3 纳入许可管理的废水排放口及污染物项目

废水排放口	污染物项目
车间或生产设施废水排放口	六价铬[a]
纺织印染工业排污单位废水总排放口	pH值
	色度
	悬浮物
	化学需氧量
	五日生化需氧量
	氨氮
	总氮
	总磷
	动植物油[b]
	可吸附有机卤素[c]
	苯胺类[d]
	硫化物[e]
	二氧化氯[f]
	总锑[g]

[a] 仅适用于使用含铬染料或助剂、含有感光制网工艺的排污单位。

[b] 仅适用于含缫丝、毛纺生产单元的排污单位。

[c] 仅适用于麻纺、印染生产单元中含氯漂工艺的排污单位。

[d~f] 仅适用于含印染生产单元的排污单位。

[g] 仅适用于含涤纶化纤碱减量工艺的排污单位。

表8-4 纳入排污许可管理的废气产生环节、排放口及污染物项目

废气有组织排放			
废气产生环节	废气有组织排放口	排放口类型	污染物项目
锅炉	锅炉烟囱	主要排放口	颗粒物、二氧化硫、氮氧化物、烟气黑度（林格曼黑度，级）、汞及其化合物[a]
印花设施[b]	排气筒	一般排放口	甲苯、二甲苯、非甲烷总烃
定型设施			颗粒物、非甲烷总烃
涂层设施			甲苯、二甲苯、非甲烷总烃
废气无组织排放			
印染单元	厂界	颗粒物、非甲烷总烃	
废水处理设施		臭气浓度、氨、硫化氢	

[a] 适用于燃煤锅炉。

[b] 指蒸化、静电植绒、数码印花、转移印花等产生废气的重点工段。

表 8-5 印染行业排污单位废水外排口监测指标及最低监测频次

监测点位	监测指标	监测频次	
		直接排放	间接排放
废水总排放口	流量、pH 值、化学需氧量、氨氮	自动监测	自动监测
	悬浮物、色度	日	周
	五日生化需氧量、总氮[a]、总磷[a]	周	月
	苯胺类、硫化物	月	季度
	二氧化氯[b]、可吸附有机卤素（AOX）[b]	年	年
	总锑[c]	季度	半年
车间或生产设施排放口	六价铬[d]	月	

注 雨水排口污染物（化学需氧量）在排放期间按日监测。

[a]水环境质量中总氮（无机氮）/总磷（活性磷酸盐）超标的流域或沿海地区，或总氮/总磷实施总量控制区域，总氮/总磷最低监测频次按日执行。

[b]适用于含氯漂工艺的排污单位。监测结果超标的，应增加监测频次。

[c]适用于以含涤纶为原料的排污单位。水环境质量中总锑超标的流域或沿海地区，总锑最低监测频次按月执行。

[d]适用于使用含铬染料及助剂、有感光制网工艺进行印染加工的排污单位。

表 8-6 印染行业排污单位废气排放口监测指标及最低监测频次

污染源	监测点位	监测指标	监测频次
印花设施	印花机排气筒或车间废气处理设施排放口	非甲烷总烃	季度
		甲苯、二甲苯	半年
定型设施	定型机排气筒或车间废气处理设施排放口	颗粒物	半年
		非甲烷总烃	季度
涂层设施	涂层机排气筒或车间废气处理设施排放口	非甲烷总烃	季度
		甲苯、二甲苯	半年

注 1. 监测的印花设施指蒸化、静电植绒、数码印花、转移印花等产生废气的重点工段。

2. 排气筒废气监测要同步监测烟气参数。

3. 监测结果超标的，应增加相应指标的监测频次。

表 8-7 印染行业排污单位无组织废气排放监测点位、监测指标及最低监测频次

排污单位	监测点位	监测指标	监测频次
印染工业排污单位	厂界	颗粒物、非甲烷总烃、臭气浓度[a]、氨[a]、硫化氢[a]	半年

注 若周边有敏感点，应适当增加监测频次。

[a]含有污水处理设施的排污单位监测该污染物项目。

九、淘汰落后产能

2010 年国务院正式发布《关于进一步加强淘汰落后产能工作的通知》（国发〔2010〕7 号）。要求印染行业在 2011 年底前，淘汰 74 型染整生产线、使用年限超过 15 年的前处理设备、浴比大于 1:10 的间歇式染色设备，淘汰落后型号的印花机、热熔染色机、热风布铗拉幅机、定形机，淘汰高能耗、高水耗的落后生产工艺设备。2010 ~ 2015 年，印染行业在淘汰落后产能方面取得实质性进展，合计淘汰落后产能 158.34 亿米，详见表 9 - 1。从 2016 年开始工业和信息化部不再公布淘汰落后产能数据。从实施淘汰落后产能以来，印染行业完全淘汰未经改造的 74 型染整设备、蒸汽加热敞开无密闭的印染平洗槽、使用直流电动机驱动的印染生产线、印染用铸铁结构的蒸箱和水洗设备、铸铁墙板无底蒸化机、汽蒸预热区短的 L 型退煮漂履带汽蒸箱。

表 9 - 1　淘汰落后产能情况

年份	目标（亿米）	实际（亿米）	完成率（%）
2010	31.3	41.89	134
2011	19.9	18.67	94
2012	28.0	32.58	116
2013	23.6	32.2	136
2014	10.84	20.9	193
2015	—	12.1	—

数据来源：工业和信息化部

十、绿色制造

2016 年起，工业和信息化部组织开展了绿色制造名单推荐工作，该工作目的是促进行业绿色高质量发展，为行业树立绿色制造先进典型，推动行业绿色转型。2016 ~ 2021 年共有 39 家印染企业进入绿色工厂名单，企业名单见表 10 - 1。

表 10 - 1　2016 ~ 2021 年印染绿色工厂名单

序号	企业名称
1	山东南山纺织服饰有限公司
2	常州旭荣针织印染有限公司
3	亚东（常州）科技有限公司
4	浙江美欣达纺织印染科技有限公司

续表

序号	企业名称
5	孚日集团股份有限公司
6	广东溢达纺织有限公司
7	黑牡丹纺织有限公司
8	浙江迎丰科技股份有限公司
9	嵊州盛泰色织科技有限公司
10	杭州万事利丝绸数码印花有限公司
11	安徽华茂纺织股份有限公司
12	福建省宏港纺织科技有限公司
13	互太（番禺）纺织印染有限公司
14	佛山市顺德彩辉纺织有限公司
15	青岛即发集团股份有限公司
16	上海嘉麟杰纺织品股份有限公司
17	江苏红柳床单有限公司
18	江苏联发纺织股份有限公司
19	浙江三元纺织有限公司
20	福建凤竹纺织科技股份有限公司
21	鲁泰纺织股份有限公司
22	山东如意科技集团有限公司
23	东莞德永佳纺织制衣有限公司
24	江苏东渡纺织集团有限公司
25	盛虹集团有限公司
26	浙江富润印染有限公司
27	东隆家纺股份有限公司
28	阿斯福特纺织（漳州）有限公司
29	福建浔兴拉链科技股份有限公司
30	山东魏桥纺织股份有限公司
31	广东前进牛仔布有限公司
32	中山国泰染整有限公司
33	韶关市北纺智造科技有限公司

续表

序号	企业名称
34	浙江富润纺织有限公司
35	福建省向兴纺织科技有限公司
36	福建宇邦纺织科技有限公司
37	华纺股份有限公司
38	通亿（泉州）轻工有限公司
39	浙江台华新材料股份有限公司

十一、水效领跑者

2017年起，工业和信息化部会同水利部、国家发展和改革委员会、市场监管总局组织开展重点用水企业水效领跑者遴选工作，该工作目的是加快推进重点用水企业节水技术进步，推动企业开展节水改造和对标达标，全面提升企业用水效率，为行业树立节水示范标杆。纺织染整行业2017年4家企业获得“水效领跑者”、3家企业为“入围企业”，2020年4家企业获得“水效领跑者”，企业名单见表11－1。

表11－1　纺织染整重点用水企业水效领跑者与入围企业名单

年份	企业名称	备注
2017	鲁泰纺织股份有限公司	水效领跑者
	山东南山纺织服饰有限公司	水效领跑者
	愉悦家纺有限公司	水效领跑者
	互太（番禺）纺织印染有限公司	水效领跑者
	广东溢达纺织有限公司	入围企业
	孚日集团股份有限公司	入围企业
	华纺股份有限公司	入围企业
2020	浙江盛发纺织印染有限公司	水效领跑者
	湖州纳尼亚实业有限公司	水效领跑者
	鲁泰纺织股份有限公司	水效领跑者
	广东溢达纺织有限公司	水效领跑者

十二、碳排放政策

2011年，为加快实施重点企业直接报送温室气体排放数据制度，国家颁布了《工业其他行业企业温室气体排放核算方法与报告指南（试行）》《温室气体排放核算与报告要求　第12部分：纺织服装企业》。地方层面，颁布了与纺织行业相关的温室气体排放标准，如《上海市纺织、造纸行业温室气体排放核算与报告方法（试行）》（SH/MRV－006—2012）、广东省地方标准《纺织企业温室气体排放量化方法》（DB44T 1381—2014）。行业协会陆续发布了纺织行业温室气体排放团体标准，包括：《纺织企业温室气体减排评定技术规范》（T_ CNTAC_ 13—2018）《纺织企业温室气体排放核算通用技术要求》（T_ CNTAC_ 12—2018）《温室气体排放核算与报告要求羊绒制品生产企业》（T_ CNTAC 32—2019）《纺织产品温室气体排放核算通用技术要求》（T_ CNTAC 11—2018），这些标准为纺织印染行业开展碳排放核算提供了依据。目前，部分纺织印染企业经相关部门要求，已经进行温室气体排放核算，并形成排放报告提交到国家相关部门。

2021年，浙江省、江苏省分别印发实施《浙江省建设项目碳排放评价编制指南（试行）》和《江苏省重点行业建设项目碳排放环境影响评价技术指南（试行）》，要求印染等重点行业需编制环境影响报告书的建设项目，在开展环评工作时同步开展碳评工作，鼓励现有重点行业项目积极开展现状碳评工作，摸清碳排放现状，主动提出碳排放总量控制及减排要求。《浙江省建设项目碳排放评价编制指南（试行）》规定的印染行业单位工业增加值碳排放参考值为3.46吨二氧化碳/万元，适用的印染行业项目类别见表12－1。

表12－1　适用印染行业项目类别

行业	行业分类及代码	项目类别
印染	171 棉印染精加工	有洗毛、脱胶、缫丝工艺的；染整工艺有前处理、染色、印花（喷墨印花和数码印花的除外）工序的；有使用有机溶剂的涂层工艺的
	172 毛印染精加工	
	173 麻印染精加工	
	174 丝印染精加工	
	175 化纤织造及印染精加工	
	176 针织或钩针编织物及其制品	
	177 家用纺织制成品制造	
	178 产业用纺织制成品制造	

附件 2

印染行业重点省份主要园区名录

省（自治区、直辖市）	市/县/乡镇	基地/园区名称
浙江省	绍兴市柯桥区	绍兴滨海工业园区
	绍兴市袍江经济技术开发区	绍兴袍江经济技术开发区
	绍兴市诸暨市	诸暨城西工业新城（浙江省诸暨经济开发区张四里园区）
	诸暨市安华镇蔡家畈村	诸暨华东袜业园
	诸暨市枫桥镇	枫桥衬衫工业园区
	义乌市城区	义乌经济技术开发区
	义乌市佛堂镇	义乌市义南工业园区
	杭州市萧山区第一、第二农垦场辖区	萧山印染工业园区
	温州市苍南县	龙港新城印染园区
	瑞安市南滨街道	瑞安市南滨街道高新技术产业园区印染园区
	嘉兴市秀洲区（洪合镇）	洪合镇工业园区染色集聚区
	桐乡市濮院镇	桐乡市濮院镇毛衫城工业园区
江苏省	盐城市射阳县临海镇境	盐城市纺织染整产业园
	苏州市吴江高新区（盛泽镇）	吴江纺织循环经济产业园
	苏州市（常熟市）	常熟市梅李镇通港工业园、常熟市虞山镇大义工业园区
	常州高新区	常州高新区纺织印染工业园
	常州市武进区湖塘镇	常州市武进区湖塘印染工业园区
	南通市崇川区观音山镇	南通市观音山纺织印染工业园区
	南通市通州区先锋镇	先锋印染工业园区
	南通市通州湾江海联动开发示范区	通州湾现代纺织产业园
	南通市海安区	南通市海安区经济开发区
	常州市武进区	江苏省常州市武进区湖塘镇纺织工业园
	常州市新北区	常州市新北区西夏墅镇纺织工业园
	连云港	连云港纺织产业园

续表

省（自治区、直辖市）	市/县/乡镇	基地/园区名称
广东省	广州市增城区新塘镇西洲村及南浦村	新塘环保工业园
	佛山市三水区大塘镇	三水大塘工业园
	佛山市顺德区	佛山市顺德区杏坛镇工业园
	南海区西樵镇	广东西樵纺织产业基地
	东莞市沙田镇	沙田镇环保专业基地印染部分
	东莞市虎门镇	虎门镇环保专业基地（电镀、印染类）
	东莞市大朗镇	大朗镇环保专业基地（洗水、印花类）
	东莞市常平镇	常平镇环保专业基地（洗水、印染类）
	东莞市麻涌镇	麻涌镇环保专业基地（电镀、印染类）
	揭阳市普宁市	普宁市印染环保综合处理中心
	汕头市潮阳区	潮阳区纺织印染环保综合处理中心
	汕头市潮南区	潮南区纺织印染环保综合处理中心
	汕头市濠江区	汕头市濠江区河浦大道纺织工业园
	惠州市博罗县	博罗县园洲镇九潭工业区
福建省	泉州市（石狮市祥芝镇）	大堡工业集控区
	泉州市（石狮市鸿山镇）	伍堡工业集控区
	泉州市（石狮市锦尚镇）	锦尚工业集控区
	泉州市（晋江市深沪镇）	晋江深沪东海垵开发区
	泉州市（晋江市）	晋江经济开发区安东园
	福州市（长乐市金峰镇）	长乐市金峰工业区
山东省	滨州市滨城区	滨州工业园区
	淄博市周村区	周村经济开发区
	潍坊市（昌邑市）	昌邑纺织印染基地（昌邑市纺织工业园、柳疃工业园、饮马镇、下营镇、北孟镇）
	威海市（乳山市）	威海纺织染整工业园
	青岛市（胶州市胶东镇）	青岛市纺织染整工业园
	青岛市（平度市）	青岛平度经济开发区（纺织印染产业园）

续表

省（自治区、直辖市）	市/县/乡镇	基地/园区名称
湖北省	荆州市	荆州开发区印染工业园
	汉川市	汉川市马口工业园
河北省	石家庄市（晋州市）	石家庄市晋州市朝阳经济开发区（纺织工业园）
河南省	新乡市	新乡市纺织工业园
吉林省	辽源市	辽源经济开发区东北袜业纺织工业园
安徽省	芜湖市繁昌县	芜湖市繁昌县孙村镇国际服装工业园
四川省	绵阳市	绵阳市三台县潼川镇南寺坝工业集中区
广西壮族自治区	梧州市	梧州市天纺纺织产业园
	玉林市	广西博白新生态纺织产业园
	贵港市平南县	平南纺织服装产业园

附件 3

印染行业绿色发展典型技术特点及应用效果

技术名称	技术特点	应用效果	
生物酶前处理	采用过氧化氢酶除氧，能在温度低于70℃和pH 4～11 的范围内进行氧漂后的除氧，并且保证了除氧质量。目前，过氧化氢酶已实现产业化，具有很好的节能减排效果	过氧化氢酶除氧后不需要额外的清洗过程，而且染色可以在除氧步骤完成后同浴进行，节约了用水和时间，简化了生产工艺。而且其分解双氧水的过程不需要高温，所以不需要蒸汽加热，从而节约能源，减少二氧化碳的排放	节能、节水、减排
棉及其混纺织物低温前处理	采用高效双氧水催化/活性剂和低温精练剂，能在低于传统双氧水高温退浆、漂白的温度下除去棉纤维表面杂质，实现 40～75℃低温煮练和漂白。适用于棉针织物、机织物和筒子纱的前处理	避免织物氧漂破洞，改善织物手感，提高棉织物品质。相比传统双氧水高温前处理，在保证染色效果的前提下，可大幅降低能耗，降低化学品用量，节水 10% 左右，减少 COD 排放	节能、节水、减排
针织物连续平幅前处理	使用扩幅盘使针织物两边展开防止卷边，通过控制织物张力、碱液浓度、带液率等工艺参数，采用平幅均匀轧碱工艺，结合高效水洗，实现连续高效针织物平幅前处理。适合较大批量的棉及其混纺针织物的连续平幅前处理	可提高生产效率，降低劳动强度，避免机械擦伤和绳状加工产生的折皱印，有效控制织物缩水率，减少织物表面毛羽。较常规针织物前处理节水、节能 50% 左右。该技术对工艺控制要求高于间歇式前处理	节水、节能
冷轧堆前处理	织物浸轧低温前处理工作液，打卷后在室温下匀速转动堆置一段时间，退卷后进行水洗处理。该技术优化了轧余率、打卷速度、织物张力、带液率等工艺参数，保证织物处理的一致性和重现性。适用于棉及棉型织物、粘胶织物的前处理，涤纶、锦纶等高密化纤织物的前处理	工艺适应性强，织物强度损失小。相比传统连续高温前处理工艺，棉及棉型织物综合节能 30% 左右；化纤织物节能 20%～30%	节能

续表

技术名称	技术特点	应用效果	
化纤机织物连续平幅前处理	选用高效稳定的退浆助剂体系和精确的碱浓度在线监控系统，采取连续化加工替代传统间歇式方式。适用于开幅状态的化纤及其混纺机织物的前处理	可避免织物机械擦伤，避免织物上的折皱印。生产效率高，碱液用量少，可减少污染物排放，降低污水处理难度。相比传统间歇式前处理工艺，可节水、节能30%左右。工艺控制比间歇式加工要求高，对浆料重、密度高的织物处理效果不佳，难以去除锈斑等疵点	节能、节水
小浴比低能耗间歇式染色机	小浴比低能耗的溢流染色、气流染色、气液染色，无导布轮喷射染色、大容量低张力卷染等	浴比1:8，节能低耗	节水、节能
筒子纱数字化自动染色	采用数字化及自动化技术实现基于中央控制系统的筒子纱染色自动化生产，实现染色任务统筹规划、工艺参数实时检测及在线反馈、任务信息在线查询及追溯、生产流程在线监控。适用于棉、化纤、麻、毛等纤维的筒子纱染色	与传统筒子纱染色技术相比，生产效率提高10%～15%，平均吨纱节水25%以上，节约染料5%以上，用工量减少70%左右。适用于新厂建设，老厂改造难度大，一次性投资大	节水、节染料、节人工
无盐连续轧染	通过筛选染料及使用新型活性染料固色碱剂，将染液施加方式由传统的染料和碱剂分开施加，优化为染料和碱剂同时施加，将常规的轧烘轧蒸工艺缩短为轧蒸工艺。适用于棉机织物轧染工艺	与常规轧染工艺相比，不添加无机盐促染，降低COD排放，可节能30%左右，兼具冷堆染色和轧烘轧蒸染色的颜色效果	减少化学品用量、减排、节能
分散染料碱性染色	耐碱性（pH值为7～13）分散染料里含有对碱不敏感的基团，主要是单偶氮结构上联结耐碱基团，可在碱性浴中对涤纶织物染色。适用于涤纶织物的退染一浴工艺以及涤棉织物的一浴法工艺	染色成本比酸性条件染色降低约15%，节省染色时间，减少污水排放。并可避免因前处理或碱减量后水洗不充分，经酸性条件染色后出现染色重现性差、色光不准等问题	减排
多纤维组分织物一浴法染色	采用和筛选染料和助剂，实现多纤维组分织物一浴法染色。目前，涤棉、锦棉、腈棉等织物的一浴法染色已经比较成熟	与两浴法工艺相比，缩短了工序，节省了水、电、汽、的使用，降低了污水的排放	节水、节能、减排

续表

技术名称	技术特点	应用效果	
液态分散染料印染	液态分散染料中添加的分散剂量远少于粉末状染料，且制备成纳米级颗粒，染料更易向纤维内扩散和固着，残留在纤维表面的染料少。适用于具备染液自动输送系统的涤纶织物的染色和印花	液态分散染料的分散性较好，化料简单，计量准确，使用方便，可提高染料上染和固色率。在少水洗条件下，仍具备颜色鲜艳度好、牢度高等优点。液态分散染料用于印花时，降低了印花糊料的用量	节水、减排
低尿素活性染料印花	在染料商品化过程中，通过添加电解质、分散剂、助溶剂等，提高染料的溶解性；在现有活性染料中筛选出适用于低尿素或者无尿素印花工艺的活性染料；在印花色浆中加入尿素代用剂替代部分尿素；在蒸化过程中提高布面含湿量。适用于棉织物、再生纤维素织物和真丝织物的活性染料印花	减少印花生产中的尿素用量，明显降低印花废水中的氨氮浓度，减轻了污水处理负担	减排
数码喷墨印花	无须分色、描稿、制版，电脑设计好的花型图案可通过喷头将专用墨水直接喷印到织物上形成印花织物。除数码涂料喷墨印花和数码转移印花外，织物在图案喷印前需上浆处理，喷印后需固色、水洗等	工艺简单流程短，印花精度高，能满足多品种、个性化订单需求，喷头、墨水等综合使用成本高	节水
分色印花	分色印花不受平网、圆网印花颜色和套数限制，采用固定几种基础色，利用色彩叠加混合原理，实现宽色域、高精度的平网、圆网印花，印制出丰富多彩的印花织物	分色印花比传统筛网印花色彩表现力强、清晰度高；比数码喷墨印花生产效率高，生产成本低，不受喷头、墨水等因素制约，印花效果接近数码喷墨印花。分色印花在较低成本的前提下实现了高色牢度、自然色彩过渡和宽色域的印花效果，实现色浆标准化重复利用，提高色浆利用率，有一定节能减排效果。对分色制版要求较高	节能、减排

续表

技术名称	技术特点	应用效果	
无氟防水整理	采用不含氟碳树脂的防水剂处理织物，无氟防水剂赋予织物的表面张力介于水和油之间，防水整理效果优异但无防油效果。使用时应注意色变、手感等影响。适用于各类织物的防水整理	具有良好的防水性和耐洗性，对织物的色光和手感无不良影响。不易在生物体内沉积，容易降解，避免了PFOS、PFOA等含氟整理剂造成的环境问题	减少氟污染
水基（性）聚氨酯涂层整理	水性聚氨酯分子链中含有亲水性基团，与水有很强的亲和性。以水代替传统有机溶剂作为分散介质，形成水溶性聚氨酯。适用于各类织物的涂层整理	生产的涂层织物无毒，气味小，避免有机溶剂挥发污染环境。具有良好的耐磨、耐化学品和耐低温性，防水透湿性好，有良好的弹性和手感	减少废气排放
机械柔软整理	不使用化学处理剂，仅通过气流对织物进行拍打、搓揉等机械方式的处理。适用于各类织物的柔软整理	织物不易产生折痕，整理效果均匀性好，可增加织物的柔软度、蓬松感、尺寸稳定性及立体视觉效果，生产重现性好。可减少化学品和水的使用，减少污染物排放及化学品在织物中的残留。效果持久性不如化学柔软整理	节水、减少化学品使用、减排
定形机废气高效收集处理及余热回用	通过均匀高效过滤、喷淋、高压静电处理、自动清洗、消雾、热回收等系统实现废气处理和热量回用	灰尘、油烟去除率高，实现达标排放。将定形机180℃热风尾气降至60℃以下，回收的热能可生产热风或热水，节约能源，降低生产成本	节能
印染高温废水余热回收	通过热泵机组、换热器、水泵以及控制系统实现热量回收和利用	回收的热能可以加热冷凝水用于生产工序，部分机组排出的冷量可用于废水降温、设备降温和车间环境降温等	节能

续表

技术名称	技术特点	应用效果	
膜处理及回用技术	膜对不同物质具有透过性差异，膜处理技术实际上是对废水进行分离的技术。用于印染废水处理的膜分离技术主要有微滤（MF）、超滤（UF）、纳滤（NF）和反渗透（RO）。MF和UF常作为NF和RO的预处理，UF能分离大分子有机物、胶体、悬浮固体，NF能实现脱盐和浓缩，RO能去除可溶性金属盐、有机物、胶粒并截留所有离子	膜处理技术不仅能去除水中残余的有机物，降低色度，还能脱除无机盐类。但膜处理技术成本较高且膜组件易被污染而缩短其使用寿命	减排
染化料自动称量、配制和输送系统	该系统主要由称料、化料、输送三部分构成，根据生产工艺配方按需配制生产所需染化料，根据生产指令将配制好的染料、助剂自动输送到各生产机台，实现印染生产化学品物流、信息流的统一调度和管理	小样配方和大生产配方的匹配性更高，工艺稳定重现性好；准确统计生产中染料助剂消耗量，减少用工并降低劳动强度，改善作业环境。产品的一等品率提高1%～2%，返工率降低3%～5%，人工成本降低20%～30%。前期投入较大，对职工素质要求较高	
印花自动调浆系统	通过化料分配系统、母液储存系统、有自动上粉装置的糊料准备系统、全自动称粉化料系统等，对印花订单、工艺配方、配浆量等信息进行集中管理，准确控制色浆工艺配方的关键参数	可提高印花调浆配方的准确性和工艺配方的重现性，减少人为不确定因素，易于工艺处方管理，提高生产效率，改善作业环境，降低劳动强度，实现印花调浆中的残浆回用，减少色浆浪费。前期投入较大，对职工素质要求较高	
工艺参数在线采集和控制系统	对印染设备的工艺参数传感器进行实时数据采集，将采集数据与工艺参数进行比对分析，精确在线检测和控制关键工艺参数，确保工艺参数在设定范围内	能自动控制pH值、双氧水浓度、织物密度、轧余率、纬斜等工艺参数，减少人为调整工艺参数时的失误，提高工艺重现性和产品合格率，提升生产自动化水平，节能减排效果较为明显。对系统维护和管理人员的素质要求较高	

续表

技术名称	技术特点	应用效果
印染 ERP 系统	印染 ERP 系统包括生产计划、供应链管理、能源管理、成本分析、绩效考核等内容，用信息化技术整合印染企业各部门数据，经过系统科学的分析，形成决策支持信息	实时了解跟踪接单、生产订单、坯布仓储、成品发货等情况，可对印染生产中的水、电、汽、染化料、人工等情况进行分析汇总，及时进行成本核算与控制。通过实施 ERP 管理，提高生产效率、降低生产管理成本，优化工艺和稳定产品质量，提升企业信息化管理水平。需要有印染专业和信息化专业的人员共同配合才能用好 ERP 系统

附件4

第一批中国印染行业节能减排先进技术推荐目录

序号	分类	技术名称	技术申报单位
1	2007-G-001	活性染料无盐轧蒸连续染色工艺	山西彩佳印染有限公司
2	2007-G-002	生物酶在亚麻、麻棉混纺及棉染整加工中的应用	深圳新龙亚麻纺织漂染有限公司
3	2007-G-003	蛋白质纤维微悬浮体节能环保染色技术	西安工程大学
4	2007-G-004	水洗面料连续涂料染色技术	常州东高染整有限公司
5	2007-H-001	棉印染废水回用工程	鲁泰纺织股份有限公司
6	2007-H-002	印染废水循环利用与零排放工程关键技术的研究与应用	浙江美欣达印染集团股份有限公司
7	2007-H-003	印染废水深度处理及回用关键技术	东华大学
8	2007-H-004	印染废水的膜法回用技术	浙江欧美环境有限公司
9	2007-H-005	印染工业园区污水集中处理高效组合工艺及稳定控制技术	无锡市环境保护有限责任公司
10	2007-H-006	CFM自动净化技术在印染废水深度治理回用中的应用	华纺股份有限公司
11	2007-H-007	新型高温针织废水节能回用技术	武汉方元环境科技股份有限公司
12	2007-H-008	印花镍网循环利用技术	合肥市东方美捷分子材料技术有限公司
13	2007-H-009	镍网感光胶膜脱除新技术	上海中大科技发展有限公司
14	2007-H-010	松香酸析脱色回用技术	济宁如意印染有限公司
15	2007-H-011	蜡染行业皂化松香回收利用技术	青岛凤凰印染有限公司
16	2007-H-012	热电厂烟气余热资源化处理印染污泥技术	浙江大学、杭州新源环境工程有限公司
17	2007-H-013	Autofoam泡沫整理技术	DTC科技（香港）有限公司

续表

序号	分类	技术名称	技术申报单位
18	2007-S-001	印染全自动调浆及前处理在线自动控制系统	杭州开源电脑技术有限公司
19	2007-S-002	浓碱浓度及pH值在线检测及控制系统	常州宏大电气有限公司
20	2007-S-003	染整前处理过程烧碱浓度自动测量系统	西安德高印染自动化工程有限公司
21	2007-S-004	ERE污水热能回收系统	江阴市立丰印染机械有限公司
22	2007-S-005	太阳能热水系统在印染中的应用	深圳市晴尔太阳能科技有限公司
23	2007-S-006	定型机废气热回收装置	立信门富士纺织机械（深圳）有限公司
24	2007-S-007	定型机节能和热能回用	香港基协有限公司
25	2007-S-008	定型机废气处理系统	绍兴永利环保科技有限公司
26	2007-S-009	CK-JBH型苯类有机废气回收技术及成套装置	福建高科环保研究院有限公司
27	2007-S-010	活性染料湿蒸法轧染机	香港基协有限公司
28	2007-S-011	新型节能自由半浮球式蒸汽疏水阀	杭州西湖阀门厂
29	2007-S-012	高效节能针织平幅水洗机	江阴福达染整联合机械有限公司
30	2007-S-013	针织物平幅染整新技术	贝宁格纺织机械有限公司
31	2007-S-014	气体动力气流染色机	特恩机械有限公司
32	2007-Z-001	活性染料新型染色碱SN	广东省佛山信诚化工有限公司
33	2007-Z-002	新型碱剂E的开发及应用	上海瑞鹰生物化学有限公司
34	2007-Z-003	高效短流程前处理清洁生产助剂及工艺	上海市纺织科学研究院
35	2007-Z-004	QR低温练漂剂及低温练漂工艺	上海祺瑞纺织化工有限公司

第二批中国印染行业节能减排先进技术推荐目录

编号	分类	技术名称	技术申报单位
1	2008-G-2-01	生物酶精炼技术在纺织印染前处理中的应用	诺维信（中国）投资有限公司

续表

编号	分类	技术名称	技术申报单位
2	2008－G－2－02	毛纺行业低温染色技术	北京中纺化工股份有限公司
3	2008－G－2－03	半缸染色节能工艺研究	鲁泰纺织股份有限公司
4	2008－G－2－04	棉针织物前处理节能工艺技术	常熟市精诚化工有限公司
5	2008－H－2－01	高效节能型膜分离技术及成套设备在污水处理与回用中的应用	天津膜天膜工程技术有限公司
6	2008－H－2－02	纺织印染废水膜法处理及回用技术	厦门绿创科技有限公司
7	2008－H－2－03	树脂吸附法深度处理及回用印染废水的新技术	江苏南大戈德环保科技有限公司
8	2008－H－2－04	纺织印染废水脱色处理回用技术	武汉科技学院
9	2008－H－2－05	印染工业园废水集中处理与管理模式	广东新大禹环境工程有限公司
10	2008－H－2－06	定型机废气余热回用净化装置	杭州百事盛印染设备厂
11	2008－H－2－07	印染污泥干燥焚烧循环增效系统	济宁如意印染有限公司
12	2008－H－2－08	印染产品用水计算办法及定额软件	上海纺织节能环保中心、上海印染行业协会
13	2008－S－2－01	VEGA 高速纺织品数码喷印系统	杭州宏华数码科技股份有限公司
14	2008－S－2－02	YF1098－180 型高效布铗松堆丝光机	山东源丰印染机械有限公司
15	2008－S－2－03	气胀式 LZTSG－130 型筒状针织丝光机的研制和运用	上海和晓印花有限公司
16	2008－S－2－04	M7202－系列型高温高压气流染色机	邵阳纺织机械有限责任公司
17	2008－S－2－05	微正压汽封高效节能纺织印染固色汽蒸箱	江苏江海机械有限公司
18	2008－S－2－06	ASMA612 型小浴比卷染机	江苏赛格纺织机械有限公司
19	2008－S－2－07	MSC－U 型含潮率在线检测系统	常州宏大电气有限公司

续表

编号	分类	技术名称	技术申报单位
20	2008－S－2－08	美湿卡 TM 烘燥回潮率、排湿率在线测控装置	郑州远见纺织印染数据设备有限公司
21	2008－S－2－09	自动化称料系统	石狮市鸿泰织造漂染有限公司
22	2008－S－2－10	YWRH 系列污水换热器	山东高密蓝天环保工程有限公司
23	2008－S－2－11	复合系列二氧化氯消毒剂发生器	深圳欧泰华环保技术有限公司
24	2008－S－2－12	PH 型连续扩容蒸发器	无锡市兴麟染整环保有限公司
25	2008－Z－2－01	高效、节能、节水的酸性洗净剂	上海泽星精细化工有限公司
26	2008－Z－2－02	久星导热油节能清洗、修复剂	上海久星化工有限公司

第三批中国印染行业节能减排先进技术推荐目录

序号	分类	项目名称	技术申报单位
1	2009－G－3－01	棉织物短流程前处理助剂和工艺	济宁如意印染有限公司、山东纺织科学研究院
2	2009－G－3－02	棉针织物的短流程生化染整新技术	上海市纺织科学研究院
3	2009－G－3－03	机织物“退染一浴法”新工艺	石狮市万峰盛漂染织造有限公司
4	2009－G－3－04	羊毛（羊绒）棉印染清洁生产工艺	福建众和股份有限公司
5	2009－G－3－05	“色媒体”无盐无碱染色新技术	广东德美精细化工股份有限公司
6	2009－G－3－06	纤维素纤维冷转移印花技术	上海长胜纺织制品有限公司、上海迪纺纺织科技有限公司
7	2009－G－3－07	纯棉及涤棉热转移印花新技术	北京华旭缔拓纺织科技有限公司、上海翩然数码印花有限公司
8	2009－G－3－08	牛仔布有机硅润湿剂高压喷射润湿预缩新技术	淄博兰雁集团有限责任公司
9	2009－H－3－01	工业静电式烟（油）雾净化－回收设备	佛山市科蓝环保设备有限公司

续表

序号	分类	项目名称	技术申报单位
10	2009-H-3-02	染色机用染色液加热装置	无锡市东诚印染机械有限公司
11	2009-H-3-03	一种有机热载体炉供热系统	浙江富润印染有限公司
12	2009-H-3-04	组合式定型机余热回收器	绍兴东方能源工程技术有限公司
13	2009-H-3-05	印染企业系统节能措施	绍兴百丽恒印染有限公司
14	2009-H-3-06	蜡染行业节水节汽示范工程	青岛凤凰印染有限公司
15	2009-H-3-07	经济实用的漂染废水处理及回用技术	肇庆市佳荣针织染整有限公司
16	2009-H-3-08	印染工业废水短流程双膜法浓水循环中水回用技术	厦门市威士邦膜科技有限公司、厦门绿邦膜技术有限公司
17	2009-H-3-09	多单元逆流水洗在丝光低张力净洗过程中的应用	广东佛山市顺德金纺集团有限公司
18	2009-H-3-10	活性染料一步法无盐染色印染废水深度处理及中水回用技术	常州市东霞纺织印染有限公司
19	2009-S-3-01	印染生产过程数字化系统	常州市宏大电气有限公司
20	2009-S-3-02	印染在线采集系统	杭州开源电脑技术有限公司
21	2009-S-3-03	纺织品常压等离子体产业化设备及其应用技术	绍兴中纺院江南分院有限公司
22	2009-S-3-04	高效节能、环保型数字化连续丝光机	江苏红旗印染机械有限公司
23	2009-S-3-05	JUMBOFLOW 高温染色机	立信染整机械有限公司
24	2009-S-3-06	INNOFLOW® EXL 匀流染色机	BRAZZOLI S. p. A. 意大利巴佐尼有限公司
25	2009-S-3-07	节能减排智能型试色机	厦门瑞比精密机械有限公司
26	2009-S-3-08	NOVA 溶剂干洗机	桑德森（上海）纺织机械有限公司
27	2009-S-3-09	低浴比高速成衣染色机	意大利通乃路有限公司
28	2009-S-3-10	印染企业管理、监控综合信息系统	华纺股份有限公司
29	2009-Z-3-01	不含 PFOA（低于检测极限）防水防油剂	旭硝子株式会社
30	2009-Z-3-02	阳离子涂料吸尽染色-EMACOLCT COLOR 和新型环保型黏合剂	山陽色素株式会社

第四批中国印染行业节能减排先进技术推荐目录

序号	分类	项目名称	技术申报单位
1	2010－G－04－01	精练酶 KDN－301 绿色节能前处理	上海康地恩生物科技有限公司
2	2010－G－04－02	棉织物连续式生化前处理技术	北京中纺化工股份有限公司
3	2010－G－04－03	少水节能新型冷轧堆染色技术	华纺股份有限公司
4	2010－G－04－04	高耐晒、高汗光色牢度新型活性染料及染色技术	丽源（湖北）科技有限公司
5	2010－G－04－05	适用于多数现有分散染料的涤纶碱性染色技术	杭州绿风科技有限公司、宜欣高新材料有限公司
6	2010－G－04－06	多种织物薄膜湿转移印花	常州涵源新印花有限公司
7	2010－H－04－01	定型机余热回收设备	杭州力强环保节能科技有限公司
8	2010－H－04－02	太阳能工业加热及余热利用	江苏新阪神太阳能有限公司
9	2010－H－04－03	污水热能回收系统	常州蓝博纺织机械有限公司
10	2010－H－04－04	分散式定型机废气净化装置	绍兴东方能源工程技术有限公司
11	2010－H－04－05	蜡染行业资源循环利用集成技术与装置	青岛凤凰印染有限公司
12	2010－S－04－01	针织物连续式前处理和平幅冷轧堆染色	德国欧宝泰克（ERBATECH）纺织机械有限公司
13	2010－S－04－02	美佳尼 ReNOIR 数码印花机	香港中大实业有限公司北京办事
14	2010－S－04－03	高效节能环保型连续染色机	江苏红旗印染机械有限公司
15	2010－S－04－04	ALLWIN 高温筒子纱染色机	立信染整机械有限公司
16	2010－S－04－05	泡沫整理机	上海誉辉化工有限公司
17	2010－S－04－06	WLP655－W 浸轧透芯高给液机	江苏新联印染机械有限公司
18	2010－S－04－07	针织物平幅水洗机	高乐纺织机械（深圳）有限公司
19	2010－S－04－08	火焰气动无级调幅燃烧器	扬州志成纺织机械有限公司
20	2010－S－04－09	压缩空气系统节能改造技术	北京爱社时代科技发展有限公司
21	2010－S－04－10	纺织印染设备的隔热保温技术	北京兴通力得科技有限公司
22	2010－X－04－01	基于 SOA 架构的印染企业节能减排管理系统软件	上海环思信息技术有限公司
23	2010－X－04－02	HD 型双氧水在线检测及控制系统	常州市宏大电气有限公司

续表

序号	分类	项目名称	技术申报单位
24	2010 - X - 04 - 03	微波测湿传感系统	常州蓝博纺织机械有限公司
25	2010 - Z - 04 - 01	练漂新型纺织助剂——卜公茶皂素	上海金堂轻纺新材料科技有限公司
26	2010 - Z - 04 - 02	练染一浴助剂 Sinmorle SP - 521	上海泽星精细化工有限公司
27	2010 - Z 04 - 03	DM1573 酸性皂洗剂	广东德美精细化工股份有限公司
28	2010 - Z - 04 - 04	染整同浴织物柔软剂	杭州传化精细化工有限公司
29	2010 - Z - 04 - 05	德固® RSA 高效节能低温皂洗剂	巴斯夫（中国）有限公司

第五批中国印染行业节能减排先进技术推荐目录

序号	分类	项目名称	申报企业
1	2011 - 05 - G - 01	纤维素纤维制品低温前处理工艺技术	浙江传化股份有限公司
2	2011 - 05 - G - 02	棉型织物低温漂白关键技术	东华大学、华纺股份有限公司、青岛康地恩生物科技有限公司
3	2011 - 05 - G - 03	棉型织物生物催化及受控氧化协同前处理新技术	东华大学、浙江稽山控股集团有限公司
4	2011 - 05 - G - 04	涤棉针织物前处理染色高效短流程工艺	广东德美精细化工股份有限公司
5	2011 - 05 - G - 05	纯棉中深色无前处理染色技术与产业化	鲁泰纺织股份有限公司
6	2011 - 05 - G - 06	高效自动控制少水节能气雾染色技术	福建众和股份有限公司
7	2011 - 05 - G - 07	巾被织物连续轧染及整理技术	孚日集团股份有限公司
8	2011 - 05 - G - 08	涤纶有浆织物退浆、染色（免还原清洗）一浴一步法	鞍山曼迪精细化工有限公司
9	2011 - 05 - G - 09	活性印染逐格逆流全沸洗工艺	浙江省湖州三友印染有限公司
10	2011 - 05 - H - 01	太阳能及余热回收综合利用项目	江苏而今新能源科技有限公司
11	2011 - 05 - H - 02	燃煤链条锅炉优化燃烧节能控制装置（蒸汽锅炉、导热油炉、热风炉）	靖江市利源自动化节能设备有限公司

续表

序号	分类	项目名称	申报企业
12	2011－05－H－03	ZOS系列氧化锆氧量分析仪－燃烧控制节能技术	上海雅锆科贸有限公司
13	2011－05－H－04	DT隔热保温节能涂料在印染行业中的应用	北京华泰兴源科技有限公司
14	2011－05－H－05	污水热能回收系统DT系列	常州蓝博节能设备有限公司
15	2011－05－H－06	污泥生物沥浸干化处理技术	北京中科国通环保工程技术有限公司
16	2011－05－H－07	复合矿物在印染废水处理及回用中的关键技术	吴江市伟强环保材料科技有限公司、江苏枫华纺织整理科技有限公司
17	2011－05－S－01	大口径圆筒电烧毛技术	常州市新经发纺织机械有限公司
18	2011－05－S－02	中支轧辊的高效轧车应用和节能	上海衡昌纺织机械设备厂
19	2011－05－S－03	JBDX1型短程式环保节能型拉幅定型生产线	绍兴县精宝机械有限公司
20	2011－05－S－04	筒子纱及短纤维微波干燥成套技术及装备	泰安康平纳机械有限公司、机械科学研究总院先进制造技术研究中心
21	2011－05－S－05	基于机器视觉技术的圆网印花机自动对花纠错系统	常州市宏大电气有限公司
22	2011－05－S－06	蓝光直接制网系统	杭州开源电脑技术有限公司
23	2011－05－Z－01	节能减排的新型环保型活性染料	台湾永光化学工业股份有限公司
24	2011－05－Z－02	“ReactoMe”锐美纺织品数码印花活性染料墨水	郑州鸿盛数码科技股份有限公司
25	2011－05－Z－03	欧诺兰高效环保新型酶制剂	上海雅运纺织助剂有限公司

第六批中国印染行业节能减排先进技术推荐目录

序号	分类	申报技术名称	申报企业
1	2012－06－G－01	棉织物低温连续快速练漂工艺	山西彩佳印染有限公司
2	2012－06－G－02	锦/棉、锦/粘混纺及交织织物的一浴一步法染色技术	上海雅运纺织化工股份有限公司

续表

序号	分类	申报技术名称	申报企业
3	2012－06－G－03	纯棉针织物低温（60℃）练漂新技术的研究及其产业化	广东德美精细化工股份有限公司
4	2012－06－G－04	特宽幅、超柔软、高牢度、产业化颜料印花技术	浙江亚太特宽幅印染有限公司
5	2012－06－G－05	低给液的泡沫后整理技术	上海誉辉化工有限公司
6	2012－06－G－06	替代海藻酸钠活性染料印花技术	辽宁恒星精细化工有限公司
7	2012－06－G－07	涤纶深色织物碱性续缸染色工艺的应用	浙江传化股份有限公司
8	2012－06－H－01	丝胶回收关键技术及其应用	苏州大学
9	2012－06－H－02	废旧松香溶剂法提纯再利用新技术	青岛凤凰印染有限公司
10	2012－06－H－03	定型机“油改汽”高效节能关键技术及产业化	绍兴县精宝机械有限公司
11	2012－06－H－04	MNIP变声速增压节能装置	北京上元恒通环保科技有限公司
12	2012－06－H－05	高效废热利用装置	江苏煌明能源科技有限公司
13	2012－06－H－06	高温高压液流染色机外壳复合体保温新工艺	福建省中伟节能减排有限公司
14	2012－06－H－07	针织印染企业节能减排集成技术及应用	常州旭荣针织印染有限公司
15	2012－06－H－08	染整工艺数字化集成优化控制系统	绿章（北京）新能源技术有限公司
16	2012－06－S－01	意大利MS导带式高速直喷印花机	意大利MS s. r. l公司、北京运源数码科技有限公司
17	2012－06－S－02	平板数码喷墨印花机	杭州开源电脑技术有限公司
18	2012－06－S－03	TEC系列高温溢流小浴比染色机	立信染整机械（深圳）有限公司
19	2012－06－S－04	高效节能、环保型数字化退煮漂联合机	江苏红旗印染机械有限公司
20	2012－06－S－05	散纤维、毛条超小浴比染色设备开发及应用	北京雪莲集团有限公司

续表

序号	分类	申报技术名称	申报企业
21	2012-06-S-06	筒子纱数字化自动染色生产线	泰安康平纳机械有限公司、机械科学研究总院先进制造技术研究中心
22	2012-06-Z-01	新型生物除氧酶	诺维信（中国）投资有限公司
23	2012-06-Z-02	多用途活性墨水 Eriofast XKS	亨斯迈纺织染化（中国）有限公司
24	2012-06-Z-03	纤维素纤维低温染色专用活性染料	上海安诺其纺织化工股份有限公司
25	2012-06-Z-04	含氟三嗪染料及低盐低碱染色技术	丽源（湖北）科技有限公司

第七批中国印染行业节能减排先进技术推荐目录

序号	分类	申报技术名称	申报企业
1	2013-07-G-01	新型纱线连续涂料染色技术和设备	张家港三得利染整科技有限公司
2	2013-07-G-02	棉及涤棉织物高效冷轧堆前处理助剂及工艺	北京中纺化工股份有限公司
3	2013-07-G-03	高保留共生物的棉针织物全流程60℃低温染整助剂及工艺	广东德美精细化工股份有限公司
4	2013-07-G-04	散毛染色设备改造及工艺	嘉兴欣龙染整有限公司
5	2013-07-G-05	天丝/羊毛/棉混纺高档面料染整新技术	华纺股份有限公司
6	2013-07-G-06	牛仔纱线特种浆料与免退浆染整技术	广州市唯佳安达新材料科技有限公司、华南理工大学
7	2013-07-H-01	印染废水处理与回用“蛛网”智能控制系统	厦门市威士邦膜科技有限公司
8	2013-07-H-02	污泥低温真空脱水干化成套技术	上海复洁环保科技有限公司
9	2013-07-H-03	规整铁炭微电解填料	江苏华杉环保科技有限公司
10	2013-07-H-04	WTB-J型定型机废气净化装置	福建省沃特宝环保科技有限公司
11	2013-07-S-01	JPV-2000型染缸集控系统	杭州开源电脑技术有限公司
12	2013-07-S-02	印染信息智能化动态管控系统	盛虹集团有限公司

续表

序号	分类	申报技术名称	申报企业
13	2013-07-S-03	ASH 型高温气液染色机	佛山市三技精密机械有限公司
14	2013-07-S-04	CM101-350 型多功能缩绒柔软整理装备	泰安康平纳机械有限公司
15	2013-07-S-05	WT 系列精确耗水智能测控系统	常州市宏大电气有限公司
16	2013-07-Z-01	Everzol LX/LF 系列“超高一次对色率”的棉用环保型活性染料	台湾永光化学工业股份有限公司
17	2013-07-Z-02	Printspe-PF 系列活性染料无尿素印花技术	亨斯迈纺织染化（中国）有限公司
18	2013-07-Z-03	涤棉织物分散/活性一浴两步法热熔染色专用分散染料	浙江龙盛集团股份有限公司
19	2013-07-Z-04	高效退浆酶 TF-162F 的应用技术	浙江传化股份有限公司
20	2013-07-Z-05	纺织用多组分中性纤维素酶	诺维信（中国）投资有限公司
21	2013-07-Z-06	STZB 系列低碳环保型涂料印花遮盖白浆	四川省纺织科学研究院
22	2013-07-Z-07	联创佳艺数码印花活性墨水	北京联创佳艺影像新材料技术有限公司
23	2013-07-Z-08	“HOTME”鸿美直喷分散染料墨水	郑州鸿盛数码科技股份有限公司

第八批中国印染行业节能减排先进技术推荐目录

序号	分类	申报技术名称	申报企业
1	2014-08-G-01	React EVO® 纤维素纤维低温短流程后处理创新工艺	三义精细化工（苏州）有限公司
2	2014-08-G-02	纯棉及涤/棉织物数码喷绘热转移印花技术	北京华旭缔拓纺织科技有限公司、上海鼎级数码印花有限公司
3	2014-08-G-03	牛仔混纺经纱涂料靛蓝套染技术	广州市唯佳安达新材料科技有限公司、华南理工大学
4	2014-08-H-01	能源精细化管理信息系统	上海胜易能源科技有限公司
5	2014-08-H-02	活性炭深度处理印染废水及再生技术	湖北君集水处理有限公司

续表

序号	分类	申报技术名称	申报企业
6	2014－08－H－03	新型树脂中水回用设备	浙江普泰环保科技有限公司
7	2014－08－H－04	电吸附除盐技术	爱思特水务科技有限公司
8	2014－08－H－05	磁悬浮离心式鼓风机技术	南京磁谷科技有限公司
9	2014－08－H－06	辫带式水处理填料实用技术	河北益康针棉织有限公司
10	2014－08－H－07	工业级长效型静电式油烟废气处理设备	台湾铕信工程有限公司
11	2014－08－H－08	生化微污泥印染废水处理技术	恒天立信环境工程（深圳）有限公司
12	2014－08－SH－01	新型 ASMA503 型系列拉幅定形机	江苏海大印染机械有限公司
13	2014－08－SH－02	超低浴比高温高压纱线染色机	广州番禺高勋染整设备制造有限公司
14	2014－08－SH－03	SYN 8 高温气流染色机	立信染整机械（深圳）有限公司
15	2014－08－SH－04	UFH－plus 型高温染色机	佛山市三技精密机械有限公司
16	2014－08－SH－05	S－DT1000 顺流染色机	宁波德科染整机械有限公司
17	2014－08－SH－06	针织平幅连续式除油水洗机	绍兴东升数码科技有限公司
18	2014－08－SH－07	NWG1000 型针织高效绳状连续水洗机	诺唯格机械制造江苏有限公司、秭归吉盛织染有限公司
19	2014－08－SH－08	爱普生微喷印花机及爱普生“活的色彩 DS”热转印墨水	爱普生（中国）有限公司
20	2014－08－SH－09	双面冷染直印机	日冠（福建）针纺织机械有限公司
21	2014－08－SH－10	齐玛科瑞丝工业数码纺织印花机	上海挚阳国际贸易有限公司
22	2014－08－SH－11	Kornit（康丽）涂料成衣数码印花机	Kornit Digital Asia Pacific Ltd. 北京运源数码科技有限公司
23	2014－08－SH－12	智能图像整花系统	常州市宏大电气有限公司
24	2014－08－Z－01	Everzol CS 敏感色系超高匀染性及染色再现性活性染料	台湾永光化学工业股份有限公司
25	2014－08－Z－02	液状溴靛蓝染料专用多功能助剂的开发及应用技术研究	北京中纺化工股份有限公司
26	2014－08－Z－03	纺织品无氟防水剂开发应用技术	广东德美精细化工股份有限公司

续表

序号	分类	申报技术名称	申报企业
27	2014－08－Z－04	皂洗酶TF－166B用于活性染料皂洗的节能减排工艺	浙江传化股份有限公司

第九批中国印染行业节能减排先进技术推荐目录

序号	分类编号	项目名称	申报单位
1	2015－09－G－01	特宽幅织物高精度清洁生产印花关键技术研发与产业化应用	愉悦家纺有限公司
2	2015－09－G－02	家纺宽幅高档面料湿蒸无盐染色工艺的研究与产业化开发	华纺股份有限公司
3	2015－09－G－03	高密化纤织物冷轧堆前处理关键技术及其产业化	盛虹集团有限公司
4	2015－09－G－04	涤/锦超细纤维毛巾、珊瑚绒开纤染色一浴法染整工艺	蓬莱嘉信染料化工股份有限公司
5	2015－09－G－05	棉纤维高温低碱免中和快速练漂技术	广东德美精细化工股份有限公司
6	2015－09－H－01	印染行业能耗管控信息系统	上海环思信息技术有限公司
7	2015－09－H－02	高温低NOX煤粉锅炉在印染行业中的应用技术	上海题桥纺织染纱有限公司
8	2015－09－H－03	微煤雾化清洁燃烧技术	亿利洁能科技有限公司
9	2015－09－H－04	中压高温蒸汽定型机关键技术	浙江精宝机械有限公司
10	2015－09－H－05	热回收装置在定形机上的应用	立信门富士纺织机械（中山）有限公司
11	2015－09－H－06	全自动智能清理定型机废气处理装置	江苏蓝博环保机械有限公司
12	2015－09－H－07	高效增氧曝气装置	常州市钜岳水务环保科技股份有限公司
13	2015－09－H－08	耐强碱超滤膜回收丝光淡碱	宜兴新乐祺纺织印染有限公司
14	2015－09－H－09	应用于印染废水深度处理的高性能抗污染超滤膜技术	北京赛诺膜技术有限公司
15	2015－09－H－10	MBR＋RO膜法印染废水资源化处理技术	天津膜天膜科技股份有限公司

续表

序号	分类编号	项目名称	申报单位
16	2015－09－SH－01	Coloris－Infiniti 工业级数码印花机	上海挚阳国际贸易有限公司
17	2015－09－SH－02	彩虹 7 系列高速导带数码印花机	杭州开源电脑技术有限公司
18	2015－09－SH－03	凡腾智能配液系统	杭州凡腾科技有限公司
19	2015－09－SH－04	多功能全松式针织物连续化练漂新技术与专用装备	山东康平纳染整装备工程技术研究中心有限公司
20	2015－09－SH－05	针织平幅去油、预缩精炼机	江阴福达染整联合机械有限公司
21	2015－09－SH－06	智能环保高速退煮漂联合机	江苏赛格纺织机械有限公司
22	2015－09－SH－07	织物破洞在线检测系统	常州市宏大电气有限公司
23	2015－09－SH－08	流亚科技自动化系统整合技术	流亚科技有限公司
24	2015－09－Z－01	京瓷喷头高速数码印花机专用超级活性墨水 NOVACRON XKS HD 和超级预处理剂 PREPAJET UNI	亨斯迈纺织染化（中国）有限公司
25	2015－09－Z－02	坯布涂料数码印花技术	杜邦中国集团有限公司上海分公司
26	2015－09－Z－03	化纤针织物低温除油剂 BRIGEN DH－88	东莞市恩科化工有限公司

第十批中国印染行业节能减排先进技术推荐目录

序号	编号	申报技术名称	申报企业
1	2016－10－G－01	锦棉一浴法染色工艺	浙江龙盛集团
2	2016－10－G－02	棉织物新型低碱短流程染色技术	上海新发明高新科技有限公司
3	2016－10－G－03	生态印花牛仔裤加工工艺技术	上海翩然数码印花有限公司
4	2016－10－G－04	泡沫整理技术的产业化应用	鲁丰织染有限公司
5	2016－10－G－05	纯棉免烫数码印花面料生产关键技术	鲁丰织染有限公司
6	2016－10－H－01	“A3O＋MBR”废水处理工艺	广东新大禹环境科技股份有限公司
7	2016－10－H－02	二氧化碳中和碱性废水技术	梅塞尔管理咨询（上海）有限公司
8	2016－10－H－03	印染废水液态膜脱色技术	广东顺德天新环保科技有限公司

续表

序号	编号	申报技术名称	申报企业
9	2016-10-H-04	KDL污水一体化深度处理系统	佛山市顺德彩辉纺织有限公司
10	2016-10-H-05	磁悬浮高速离心鼓风机	亿昇（天津）科技有限公司
11	2016-10-H-06	三点支座带排空气装置自由浮球式蒸汽疏水阀	TLV上海有限公司
12	2016-10-H-07	蜡染企业异味综合治理技术	青岛凤凰东翔印染有限公司
13	2016-10-H-08	定型废气深度治理技术	盛虹集团有限公司
14	2016-10-H-09	定型机自动过滤网技术	浙江远信印染机械有限公司
15	2016-10-H-10	智能化控制的蒸汽高效利用技术	常州市宏大电气有限公司
16	2016-10-H-11	微排放高效工业煤粉锅炉	杭州燃油锅炉有限公司
17	2016-10-H-12	气凝胶水性隔热保温材料	苏州同玄新材料有限公司
18	2016-10-S-01	高乐梭织布丝光机	立信染整机械（深圳）有限公司
19	2016-10-S-02	高乐梭织布退浆机	立信染整机械（深圳）有限公司
20	2016-10-S-03	AYD气溢染色机	东莞市求实机械有限公司
21	2016-10-S-04	M7206系列型高温气液染色机	邵阳纺织机械责任有限公司
22	2016-10-S-05	SME2108系列型低浴比高温液流染色机	邵阳纺织机械责任有限公司
23	2016-10-S-06	SME2701A系列型常温气液染色机	邵阳纺织机械责任有限公司
24	2016-10-S-07	印染企业智能生产管理控制系统	广州市东海鹏染整织造有限公司
25	2016-10-S-08	凡腾印染生产资源管理软件	杭州凡腾科技股份有限公司、开平市信迪染整厂有限公司、山东魏联印染有限公司
26	2016-10-Z-01	捷特丝纺织涂料墨水	郑州鸿盛数码科技股份有限公司

第十一批中国印染行业节能减排先进技术推荐目录

序号	编号	申报技术名称	申报企业
1	2017-11-Z-01	水性无溶剂高固含量发泡聚氨酯关键技术开发及应用	传化智联股份有限公司、杭州传化精细化工有限公司

续表

序号	编号	申报技术名称	申报企业
2	2017－11－G－01	活性染料低温短流程带蜡印花技术的开发与应用	山东如意数码科技印染有限公司
3	2017－11－G－02	易染超仿棉低温常压染色技术的研究与应用	鲁丰织染有限公司
4	2017－11－G－03	液体分散染料的微量印花技术	苏州大学
5	2017－11－G－04	活性染料无盐染色关键技术研发与产业化应用	青岛大学
6	2017－11－G－05	用于纬编针织物染色生产的平幅水洗技术	广州市东海鹏染整织造有限公司
7	2017－11－SH－01	DANIFLOW 高温高压绳状染色机	苏州丹氏机械设备有限公司
8	2017－11－SH－02	Q7F8 气液染色机	广州科光机械有限公司
9	2017－11－SH－03	ZNJD50－1000 高温高压溢流染色机	浙江中特智能装备股份有限公司
10	2017－11－SH－04	圆网印花机布面质量在线检测系统	常州市宏大电气有限公司
11	2017－11－SH－05	高乐除油水洗机	恒天立信工业有限公司
12	2017－11－SH－06	粉状助剂密相气力输送系统	浙江中创科联智能装备技术有限公司
13	2017－11－SH－07	染色机智能化控制系统	浙江中创科联智能装备技术有限公司
14	2017－11－H－01	KMA 热能回收及空气净化系统	广州晶冠机械有限公司
15	2017－11－H－02	直列式高效螺旋管换热器在印染污水余热回收中的应用	孚日集团股份有限公司
16	2017－11－H－03	智能化定型油烟废气净化装置	浙江富丽达染整有限公司
17	2017－11－H－04	印花镍网超高压强力喷淋脱膜技术	青岛凤凰东翔印染有限公司
18	2017－11－H－05	印染生产系统中温中压蒸汽替代导热油及余热回收利用	愉悦家纺有限公司
19	2017－11－H－06	FLC150 磁悬浮鼓风机	佛山格尼斯磁悬浮技术有限公司

续表

序号	编号	申报技术名称	申报企业
20	2017-11-H-07	印染污泥无燃料无害化制烧结砖工艺开发及示范	石狮市鸿辉环保建材有限公司
21	2017-11-H-08	新型树脂印染废水回用技术	江苏新凯盛企业发展有限公司、浙江华洋水务科技有限公司
22	2017-11-H-09	KISM全自动免维护烟气VOC净化系统	绿章（北京）工业技术有限公司
23	2017-11-H-10	MBBR/SF/O_3组合工艺处理印染废水技术	山东中科恒源环境工程有限公司
24	2017-11-H-11	一种印染废水“MCR+RO”中水回用技术	杭州开源环保工程有限公司
25	2017-11-H-12	后整理系统性节能减排技术开发与应用	浙江富润印染有限公司

第十二批中国印染行业节能减排先进技术推荐目录

序号	编号	申报技术名称	申报企业
1	2018-12-Z-01	免水洗分散染料	昆山凯洲环保科技有限公司
2	2018-12-Z-02	硅胶热熔胶复合膜技术	东莞市良展有机硅科技有限公司
3	2018-12-Z-03	“SILKMATE”丝美特酸性染料墨水	郑州鸿盛数码科技股份有限公司
4	2018-12-Z-04	超级环保黑在纤维素纤维染色方面的应用	佛山市晟世纺织科技有限公司
5	2018-12-Z-05	有机硅共聚及缔合双重改性丙烯酸酯乳液印花黏合剂	传化智联股份有限公司、杭州传化精细化工有限公司
6	2018-12-Z-06	新型无尿素雅格素活性印花染料	上海雅运纺织化工股份有限公司
7	2018-12-Z-07	紫荆花墨水	苏州聚福环保科技有限公司
8	2018-12-Z-08	绿色环保免煮淀粉接枝共聚浆料	湖北顶新环保生物质材料有限公司
9	2018-12-G-01	棉麻织物生物酶精练技术开发及产业化	河北宁纺集团有限责任公司
10	2018-12-G-02	活性染料低尿素印花关键技术	青岛凤凰东翔印染有限公司
11	2018-12-G-03	两浴CPB染色技术的研究与应用推广	鲁丰织染有限公司

续表

序号	编号	申报技术名称	申报企业
12	2018－12－G－04	精益工厂布局和一个流生产方式	绵阳佳联印染有限责任公司
13	2018－12－SH－01	SYQ 系列高温涌泉染色机	佛山市三技精密机械有限公司
14	2018－12－SH－02	TM186A 型针织平幅丝光机	广东三技克朗茨机械科技有限公司
15	2018－12－SH－03	HZ－217 型溢流环保染色机	无锡市惠泽通用机械有限公司
16	2018－12－SH－04	色织产业颜色数字化传输关键技术的研究与应用	鲁泰纺织股份有限公司
17	2018－12－SH－05	YOH 型高温低浴比溢流染色机	广州市番禺艺煌洗染设备制造有限公司
18	2018－12－SH－06	定型机助剂均匀施加系统	佛山市顺德区德博仕机械设备有限公司
19	2018－12－SH－07	贝宁格针织物活性染料冷轧堆无盐染色技术	苏州贝宁格寇司德机械有限公司
20	2018－12－SH－08	LMH212 型节水丝光机	江苏赛格纺织机械有限公司
21	2018－12－SH－09	针织连续煮漂机	立信染整机械（深圳）有限公司
22	2018－12－SH－10	针织物定型密度智能在线测控系统	常州市宏大电气有限公司
23	2018－12－SH－11	双幅烧毛机越位停车项目	临清三和纺织集团有限公司
24	2018－12－H－01	智能型定形机废气余热回收及处理系统	广州市天工开物科技有限公司
25	2018－12－H－02	印染废水余热资源利用与稳定减排	愉悦家纺有限公司
26	2018－12－H－03	工业用复叠式热功转换制热机组	威海双信节能环保设备有限公司
27	2018－12－H－04	活性炭吸附再生技术在废水处理中应用	青岛瑞发恩环保科技有限公司
28	2018－12－H－05	PowerTrap 冷凝水回收和 FV 闪蒸汽回收系统	TLV 上海有限公司［迪埃尔维（上海）流体商贸有限公司］
29	2018－12－H－06	印染废水处理智能在线监测与优化运行技术	广州中国科学院沈阳自动化研究所分所、互太（番禺）纺织印染有限公司
30	2018－12－H－07	生态型单组份圆网制版感光材料	上海中大洁润丝实验室科技有限公司

续表

序号	编号	申报技术名称	申报企业
31	2018－12－H－08	多酶复合除臭技术	嘉兴市九分钟生物科技有限公司
32	2018－12－H－09	天然气供热定型应用技术	盛虹集团有限公司
33	2018－12－H－10	多级高压静电废气处理设备	广东茂山环保有限公司

第十三批中国印染行业节能减排先进技术推荐目录

序号	编号	申报技术名称	申报企业
1	2019－13－Z－01	水性膨胀型高克重织物阻燃涂层树脂关键技术	传化智联股份有限公司、杭州传化精细化工有限公司
2	2019－13－Z－02	雅格素绿色环保型免皂洗活性染料	上海雅运纺织化工股份有限公司
3	2019－13－Z－03	免水洗或少水洗印花和染色用分散染料 WCD	浙江龙盛集团股份有限公司
4	2019－13－Z－04	生态型胶状体分散黑染料 3－COD 300%	浙江博澳染料工业有限公司
5	2019－13－G－01	纬编针织物节能减排染色流程	广州市东海鹏染整织造有限公司
6	2019－13－G－02	棉及其混纺织物的 KINDGER 酶漂环保前处理工艺	江苏新瑞贝科技股份有限公司
7	2019－13－G－03	棉及其混纺针织物染色低成本短工艺方案	石狮市瑞鹰纺织科技有限公司
8	2019－13－G－04	合成纤维织物一浴法印染废水循环染色新工艺	石狮市万峰盛漂染织造有限公司
9	2019－13－G－05	筒子纱智能染色工厂	泰安康平纳机械有限公司
10	2019－13－G－06	多活性基活性染料低盐低耗轧染技术	鲁丰织染有限公司
11	2019－13－SH－01	Q8/Q8T 智能化染色机	科光工业有限公司
12	2019－13－SH－02	SAF 气流溢流两用染色机	德意佳机械江苏有限公司
13	2019－13－SH－03	染料自动称料系统	杭州三拓科技有限公司
14	2019－13－SH－04	分散染料少水连续染色技术及设备	广东智创无水染坊科技有限公司

续表

序号	编号	申报技术名称	申报企业
15	2019－13－SH－05	TH－OQ 型高温喷气液染机	无锡同华染整机械有限公司
16	2019－13－SH－06	高效节能型热风烘燥机	扬州瑞金机械制造有限公司
17	2019－13－SH－07	活性染料母液智能配送系统	淄博祥源纺织有限公司、虹歌科技有限公司（台湾）
18	2019－13－SH－08	椭圆数码印花机	深圳市全印图文技术有限公司
19	2019－13－SH－09	同步双面数码印花技术	沈阳飞行船数码喷印设备有限公司
20	2019－13－SH－10	LMH050D 双层织物退煮漂联合机	烟台海联印染机械有限公司
21	2019－13－SH－11	针织平幅连续煮漂机	广东三技克朗茨机械科技有限公司
22	2019－13－SH－12	新型下抽风高效节能定形机	广东三技克朗茨机械科技有限公司
23	2019－13－H－01	智能电控疏水系统	常州市宏大电气有限公司
24	2019－13－H－02	印染智能化热能综合回收装置及系统	徐州荣盛纺织整理有限公司
25	2019－13－H－03	定型机废气环保节能脱白管理系统	无锡太阳山新能源科技有限公司
26	2019－13－H－04	印染环保设施优化控制与远程运维系统	广州中国科学院沈阳自动化研究所分所
27	2019－13－H－05	第六代 P 系列超低氮智慧蒸汽发生器	浙江南方锅炉有限公司
28	2019－13－H－06	印染企业热能分级回收利用系统	常熟市江南印染有限公司
29	2019－13－H－07	印染废水低成本处理与高效再生利用关键技术	盛虹集团有限公司

第十四批中国印染行业节能减排先进技术推荐目录

序号	编号	技术名称	技术持有单位
1	2020－14－Z－01	超微分散 NM 系列液态分散染料	上海安诺其集团股份有限公司
2	2020－14－Z－02	尿素替代剂 XD－N	佛山市晨辉化工发展有限公司
3	2020－14－Z－03	尤纳素易清洗羊毛用活性染料	上海雅运纺织化工股份有限公司
4	2020－14－Z－04	超高强度系列分散染料	浙江博澳新材料股份有限公司

续表

序号	编号	技术名称	技术持有单位
5	2020－14－Z－05	仿蜡印整理剂关键技术	杭州传化精细化工有限公司、浙江传化功能新材料有限公司、传化智联股份有限公司
6	2020－14－G－01	高效节能经纬双弹免烫面料生产关键技术	鲁丰织染有限公司
7	2020－14－G－02	纤维素纤维制品喷墨印花关键技术	山东黄河三角洲纺织科技研究院有限公司
8	2020－14－G－03	基于降低臭气的新型环保牛仔浆染纱硫化黑染色工艺技术	苏州中纺学面料产业研究院
9	2020－14－G－04	高质低耗仿蜡印印花关键技术	华纺股份有限公司
10	2020－14－G－05	纯棉深色系列染色后处理节水工艺技术	石狮市瑞鹰纺织科技有限公司
11	2020－14－G－06	膨体纱线筒子纱染色新技术	山东恒泰纺织有限公司
12	2020－14－G－07	涤纶/改性涤纶针织物异色花灰效果一步法染色工艺	互太（番禺）纺织印染有限公司
13	2020－14－SH－01	织物印花后高温低张力水洗机	江苏红旗印染机械有限公司
14	2020－14－SH－02	LMH424 型高效热风打底机	扬州市江都印染机械有限公司
15	2020－14－SH－03	MH688 型节能焙烘机	扬州市江都印染机械有限公司
16	2020－14－SH－04	平幅连续热熔轧染联合机	江苏赛格纺织机械有限公司
17	2020－14－SH－05	定型机在线中控系统	盛虹集团有限公司
18	2020－14－SH－06	TH－LA－C 低浴比节能染色机	无锡同华染整机械有限公司
19	2020－14－SH－07	LMH202SCE 型高效节能双层布铗拉幅丝光联合机	烟台海联印染机械有限公司
20	2020－14－SH－08	ZNJ 高温高压喷射溢流染色机	浙江中特智能装备股份有限公司
21	2020－14－SH－09	Hawk Vision 智能图像整纬机	常州市宏大电气有限公司
22	2020－14－SH－10	智能化自动化料系统	山东魏桥特宽幅印染有限公司、浙江恒天凡腾科技股份有限公司
23	2020－14－SH－11	高速高效节能绳状退煮漂联合机	无锡合众印染机械有限公司
24	2020－14－SH－12	AIRJETWIN 高温气流染色机	立信染整机械（深圳）有限公司
25	2020－14－SH－13	TECWIN 高温染色机	立信染整机械（深圳）有限公司
26	2020－14－SH－14	ST 系列低浴比节能水洗机	无锡赛腾机电科技有限公司

续表

序号	编号	技术名称	技术持有单位
27	2020－14－SH－15	布长精确计量与标识系统	中山市元目图像科技有限公司
28	2020－14－H－01	高效低能耗深井曝气废水处理技术	浙江金佰利环境科技有限公司
29	2020－14－H－02	印染废水臭氧—曝气生物滤池—纳滤工艺深度处理回用	华南理工大学环境与能源学院、广州市华绿环保科技有限公司
30	2020－14－H－03	丝光机淋吸碱系统改造方案	山西彩佳印染有限公司
31	2020－14－H－04	TDLAS 激光气体分析仪	北京航天易联科技发展有限公司
32	2020－14－H－05	中温中压蒸汽节能技术	绍兴梁正机械有限公司
33	2020－14－H－06	印染废水（HMF＋RO）深度处理回用技术	浙江津膜环境科技有限公司
34	2020－14－H－07	染色机热效率测定方法	广州弘禹环保科技有限公司

第十五批中国印染行业节能减排先进技术推荐目录

序号	编号	申报技术名称	申报企业
1	2021－15－Z－01	高效节水环保型凯乐素 SP－EC 系列活性染料	凯乐玛（上海）科技有限公司
2	2021－15－Z－02	低尿素低能耗型活性染料	江苏德美科化工有限公司
3	2021－15－Z－03	涤棉一浴雅格欣 CP 系列染料	上海雅运纺织化工股份有限公司
4	2021－15－Z－04	多元嵌段改性有机硅水性乳液关键技术	杭州传化精细化工有限公司、浙江传化功能新材料有限公司、传化智联股份有限公司
5	2021－15－G－01	高效节能仿蜡染印花布后整理技术	浙江宝纺印染有限公司
6	2021－15－G－02	丝光机淡碱浓度智能化控制技术	山西彩佳印染有限公司
7	2021－15－G－03	活性染料“潮固色”染色关键技术	华纺股份有限公司、东华大学、滨州华纺工程技术研究院有限公司
8	2021－15－G－04	新型无氟易去污高白度持久免烫面料关键技术	鲁丰织染有限公司
9	2021－15－G－05	溢流染色机节能改造技术	晋江市维盛织造漂染有限公司

续表

序号	编号	申报技术名称	申报企业
10	2021－15－SH－01	贝宁格 Dimensa 针织丝光及 Kasag 碱回收技术	苏州贝宁格寇司德机械有限公司
11	2021－15－SH－02	特宽幅直辊布铗丝光机	无锡合众印染机械有限公司
12	2021－15－SH－03	高效去碱高速丝光机	江苏红旗印染机械有限公司
13	2021－15－SH－04	“DANIEVO 英威”超低浴比匀流染色机	苏州丹氏机械科技有限公司
14	2021－15－SH－05	MFH 系列高温染色机	广东三技精密技术（广东）股份有限公司
15	2021－15－SH－06	ST 低浴比节能成衣染色机	无锡赛腾机电科技有限公司
16	2021－15－SH－07	HZ650 系列高温高压低浴比喷射染色机	无锡市惠泽通用机械有限公司
17	2021－15－SH－08	LMH623 数控高效节能轧染联合机	烟台海联印染机械有限公司
18	2021－15－SH－09	高效节能多功能绳状水洗机	江阴福达染整联合机械有限公司
19	2021－15－SH－10	可调向式四温控打色机	上海千立自动化设备有限公司
20	2021－15－SH－11	数码柯式镂空烫画工艺设备	中山市泰拓数码科技有限公司
21	2021－15－SH－12	针织物平幅丝光机	立信染整机械（广东）有限公司
22	2021－15－SH－13	印染工厂（车间）信息系统	福建省向兴科技有限公司
23	2021－15－SH－14	AHYBRID 多功能染色机	立信染整机械（广东）有限公司
24	2021－15－SH－15	HV－GM 智能克重在线检测仪	常州市宏大电气有限公司
25	2021－15－H－01	KMA 新型印染废气处理系统	客明环境技术（上海）有限公司
26	2021－15－H－02	印染废气余热回收及深度治理成套装备	苏州敬天爱人环境科技有限公司
27	2021－15－H－03	蜡染生产过程中新型热能回收技术	青岛凤凰东翔印染有限公司
28	2021－15－H－04	活性染料染棉残液中盐回用系统	新疆神邦环境工程有限公司
29	2021－15－H－05	印染废水处理全流程在线集控系统	盛虹集团有限公司
30	2021－15－H－06	印染行业 iTEX 能源管理系统	佛山技研智联科技有限公司
31	2021－15－H－07	高盐高浓度印染废水源头减量及处理技术	愉悦家纺有限公司

主题报告篇

专题报告篇

印染行业节能减排技术发展现状及趋势

印染行业生态安全化学品发展现状及展望

印染行业节能减排装备发展现状及展望

印染行业用能用水现状分析及减排建议

纺织印染行业碳排放现状分析及减排建议

印染行业废水排放情况及减排建议

技术报告篇

印染行业节能减排技术发展现状及趋势

王建明　王晓春

北京服装学院

印染行业作为纺织工业的重要组成部分，是保证纺织品服装内在品质、赋予纺织品服装色彩、图案和功能性的重要环节，是具有高创意感染力、高附加值特征的产业。印染行业的发展为服装、家纺和产业用纺织品等下游产业提供重要的技术支撑，为满足人民对纺织产品新需求、引领绿色时尚新潮流提供重要保障。“十三五”期间，在宏观经济环境不确定性明显增加的情况下，印染行业运行总体平稳，规模、效益保持在合理区间。2015～2019年，规模以上企业印染布产量年均增长1.4%，印染八大类产品出口数量年均增长6.8%，出口金额年均增长3.0%。2020年，印染行业规模以上企业营业收入2541.3亿元，实现利润总额126.7亿元。

“十三五”期间，行业深入贯彻国家各项环境管理政策和标准规范，大批节能减排先进适用技术得到推广应用，绿色发展扎实推进。2015～2020年，印染行业机织物单位产品水耗由1.8吨水/百米下降到1.5吨水/百米，下降幅度为17%；针织物单位产品水耗由110吨水/吨下降到95吨水/吨，下降幅度为14%；单位产品综合能耗下降近15%，其中，机织物单位产品能耗由41千克标煤/百米下降到35千克标煤/百米，针织物单位产品能耗由1.4吨标煤/吨下降到1.2吨标煤/吨；水重复利用率由30%提高到40%，提高10个百分点。

“十四五”时期，国家层面对生态文明建设提出更高要求，“3060”双碳目标的提出，要求印染行业采取更加积极务实的措施，通过技术创新和污染物管控，提高能源资源利用效率，减少污染物产生和排放，实现经济效益、生态效益与社会效益的协调发展。

1. 前处理

1.1　冷轧堆工艺

冷轧堆工艺设备简单，工艺流程短，无须进行汽蒸以及中间烘燥等加工流程，可以显著减少废水的排放量。冷轧堆工艺通过时间换能源的方法，在常温下通过一定时间的接触和反应，较传统高温工艺节约热能。据统计，相较于染色机内氧漂处理技术，冷轧堆前处理技术可实现20%～60%的水电汽节约。

但常规冷轧堆工艺所得半成品布往往毛效偏低、不足以满足后续加工的要求，可通过碱煮、碱短蒸进一步处理，确保毛效，以利于后续加工；同时通过研发冷轧堆工艺用高效精练剂，进一步提高冷轧堆处理效果。

1.2 生物酶前处理工艺

生物酶高效前处理工艺反应条件温和，可显著缩短工艺时间，减少蒸汽用量。据统计生物酶前处理技术之后，1 吨棉织品印染布料所减少的能耗超过15%，用水量减少40%以上。从其他能源消耗的角度来看，生物酶前处理工艺能够减少0.027 吨标准煤的使用，单位产品废水量减少10 吨以上，节能减排效果较好。

但酶处理工艺尚需解决一系列问题：

（1）目前实现生产实践、取得良好应用效果的酶制剂较少，主要集中于淀粉酶退浆、果胶酶去除果胶杂质；

（2）缺乏更高热稳定性和更广泛 pH 适应性的酶制剂，难以实现高效、短流程前处理工艺。

1.3 针织物连续平幅前处理

使用扩幅盘使针织物两边展开防止卷边，通过控制织物张力、碱液浓度、带液率等工艺参数，采用平幅均匀轧碱工艺，结合高效水洗，实现棉及其混纺针织物的平幅连续前处理。该工艺可提高生产效率，降低劳动强度，避免机械擦伤和绳状加工产生的折皱印，有效控制织物缩水率，减少织物表面毛羽，较常规针织物前处理节水、节能50%左右。

针织物连续平幅前处理技术对工艺控制要求高于间歇式前处理，涉及成套设备及工艺控制和配套助剂等。

1.4 化纤机织物连续平幅前处理

采用连续化加工替代传统间歇式加工对化纤及其混纺机织物进行平幅前处理。选用高效稳定的退浆助剂体系和精确的碱浓度在线监控系统确保平幅前处理的效果，平幅处理可避免织物机械擦伤，避免织物上的折皱印。生产效率高，碱液用量少，可减少污染物排放，降低污水处理难度。相比传统间歇式前处理工艺，可节水、节能30%左右。

化纤机织物工艺控制比间歇式加工要求高，对浆料重、密度高的织物处理效果不佳，难以去除锈斑等疵点。

2. 染色

2.1 活性染料低碱无盐染色

传统活性染色工艺需要加入大量电解质盐和固色碱，染色废水 COD 值可达

4×10^4mg/L，开发新型活性染料、新型交联剂和盐、碱替代物，提高活性染料上染率，取代传统无机盐和碱。与常规工艺相比，不添加无机盐促染，降低 COD 排放，可节能 30% 左右。

研究报告显示：某些产品或工艺染色效果可与传统的碱、盐染色相媲美，但性价比没有传统的无机盐染色高，阻碍了低碱无盐染色在生产上的推广应用，需要进一步降低新型活性染料、新型交联剂和盐、碱替代物的成本。

2.2 涂料染色

涂料对纤维没有选择性，适用于任何纤维制成的纺织品，尤其适用于多组分纤维的染色。染色工艺流程短，高温焙烘即是成品，节水、降耗。

但涂料轧染的难点在于染色时黏合剂易黏轧辊和导辊，染深色时摩擦牢度和手感不理想，限制了其应用。阳离子改性技术的完善推动了涂料染色的发展，涂料连续轧染中纤维先浸轧改性剂后浸轧染液，可获得较好的效果，但需要注意阳离子改性的均匀性。同时涂料染色对涂料在水相中细化和分散稳定的技术方法要求较高，使得目前产品价格较高，需要进一步降低成本。

2.3 低浴比染色

采用低浴比染色可以显著降低水耗和能耗，减少染色助剂的消耗量和污水排放。随着低浴比高温高压溢喷染色机、低浴比高温高压纱线染色机、低浴比高温高压气流染色机等节水型染色设备的发展，目前行业已经基本淘汰浴比 1∶10 以上的染色机，选用浴比 1∶6 以下的染色机，可以有效降低水、电、蒸汽用量及污水排放量。

低浴比染色存在因高浓度染化料易导致织物匀染性和色牢度较差的问题，可通过选择溶解度大、溶解度范围广的染料；精确控制染色工艺过程，如加强染液的循环，升降温尽可能慢、精确升温，利用定量曲线精确注入加料等方式改善低浴比染色织物的颜色、匀染性和色牢度。低浴比染色降低了染色用水量，但后续的水洗、皂洗等用水量会增加。需要染色设备、助剂等综合配套才能达到节水效果。

2.4 张力敏感织物平幅轧染

较之张力敏感织物（如针织物）间歇式染色加工工艺浴比大、单位质量的织物染化助剂用量大、水与能源消耗大的特点，平幅连续加工可节水、节能、降低生产成本，且可减少产品擦伤、折痕等疵点产生。敏感织物平幅加工设备通过平幅染色预烘和大直径多辊汽蒸固色设备等，控制张力敏感织物在平幅运行中的形变与张力，实现张力敏感织物平幅染色的连续化生产。

目前张力敏感织物全流程平幅轧染尚处于小批量试验阶段，还需解决下列问题：

（1）轧染固色装备需进一步优化；

（2）适用的高配伍性染料仍在进一步筛选中，有关染色工艺也有待进一步研究与完善；

（3）相较于间歇式染色装备，设备的投资成本较高。

2.5 筒子纱数字化自动染色

筒子纱数字化自动染色利用数字化技术和中央自动化控制系统，对染色生产全过程进行中央控制，实现筒子纱染色从原纱到成品的全过程数字化自动生产。与传统筒子纱染色技术相比，数字化低水位筒子纱染色工艺生产效率提高10%～15%，平均吨纱节水25%以上，节约染料5%以上，用工量减少70%左右。

筒子纱数字化染色技术一次性投资大，适用于新厂建设，老厂改造难度较大。

2.6 超临界二氧化碳染色

超临界二氧化碳流体染色采用超临界流体作为染料的溶剂，具有无污水排放、上染速率快、染色产品质量好等优点，从源头上解决了传统加工水介质染色导致的水资源浪费和污染的问题，经济效益和社会效益显著。

超临界二氧化碳流体染色技术目前已有示范工程，可以达到产业化的水平，但对织物品种的种类限制较大。超临界二氧化碳流体染色技术的产业化发展需要解决下列问题：

（1）虽然分散染料上染PET纤维的染色工艺及应用性能研究已比较成熟，但还需进一步开展超临界CO_2流体染色专用染料的研发；

（2）由于超临界CO_2流体的低极性导致常规亲水性染料难以溶解，尚不能满足天然纤维无水染色的需要，需要展开天然纤维超临界CO_2流体染色研究，以拓宽其应用范围；

（3）降低超临界CO_2流体染色配套设备的价格。

2.7 非水介质染色

非水介质染色技术适用于所有水溶性染料对亲水性纤维的染色，比如活性染料、酸性染料、还原染料（靛蓝、硫化）、碱性染料等对棉、麻、粘胶、羊毛、蚕丝等的染色，具有很好的应用普适性。该染色体系同样具有对不同形态纺织品染色的普适性，不仅可用于散纤维的染色，也可用于筒子纱和织物的染色；不仅可以加工常规的产品，也可以加工具有特殊外观和功能的新产品（如已经中试开发成功的腈纶匀染纱、靛蓝染色散棉等），适用范围大，加工质量稳定。非水介质染色织物浮色大幅度减少，染后水洗过程可以简化，从而能够显著减少水洗过程的用水量（减少70%～90%），降低水资源的消耗、减少污水的排放。

非水介质染色技术的产业化发展需要解决下列问题：溶剂的安全性、环保性需要重视，溶剂的回收和重复利用率等方面还有待进一步研究。

2.8 液态分散染料印染

液态分散染料少水洗或免水洗印染工艺流程短、效率高，染料中添加的分散剂量远少于粉末状染料，且制备成纳米级颗粒后，染料更易向纤维内扩散和固着，残留在纤维表面的染料少，可提高分散染料的上染率和固色率，在少水洗或免水洗条件下，具备颜色鲜艳度好、牢度高等优点，能有效减少污水排放、降低COD值。

液态分散染料印染需要进一步提高深浓颜色免水洗工艺所得产品的色牢度。

3. 印花

3.1 数码印花

数码印花技术是一种集机械、电子、信息处理设备为一体的高新技术，是印染技术与信息科学技术交叉融合的发展与应用。数码印花色彩艳丽、工艺简单、印花精度高、对市场响应速度快；无须分色、描稿、制版，电脑设计好的花型图案可通过喷头将专用墨水直接喷印到织物上形成印花织物。除涂料墨水外，织物在图案喷印前需上浆处理，喷印后进行固色、水洗等。

目前数码印花处于快速发展阶段，但依然存在下述问题需要解决：

（1）喷头寿命较短，在使用过程中随着环境的变化导致喷头状态发生变化，难以进行系统控制，造成加工综合成本较高；

（2）不同企业生产的墨水存在染料浓度和色泽不一致的问题，一种墨水难以适用于各种织物及设备；

（3）优化数码印花设备和上浆设备的联合配套技术；

（4）根本上解决电子图案（实物样）与大货的一致性，实现“所见即所得”；

（5）加强原创图案的自主开发。

3.2 低尿素或无尿素活性染料印花

尿素是活性染料常规印花工艺中用量较大的助剂，有利于染料上染，但尿素最终会通过水洗排放至污水中，引起污染。通过筛选适用于低尿素或者无尿素印花工艺的活性染料，并采用助溶、吸湿、溶胀作用可以与尿素匹配，使用易生物降解、对环境污染较小的代用助剂，实现低尿素或无尿素印花工艺，降低印花废水中的氨氮浓度，减轻污水处理负担。

3.3 分色印花

分色印花不受平网、圆网印花颜色和套数限制，采用固定几种基础色，利用色彩叠加混合原理，实现宽色域、高精度的平网、圆网印花，印制出丰富多彩的印花织物。分色印花比传统筛网印花色彩表现力强、清晰度高；比数码喷墨印花生产效率高、生产成本低，不受喷头、墨水等因素制约，印花效果接近数码喷墨印花。

分色印花在较低成本的前提下实现了高色牢度、自然色彩过渡和宽色域的印花效果，实现色浆标准化重复利用，提高色浆利用率，有一定节能减排效果，但对分色制版要求较高。

3.4 激光雕刻印花

激光雕刻印花使用CO_2激光束按照雕印图案颜色的深浅输出，作用在纺织面料的表面，对表面进行高温烧蚀，激光作用部位的面料表面纱线被烧蚀、染料气化，形成与图案相符的深浅不同的刻蚀，从而形成图案或者其他效果在面料上产生特殊的印花效果。激光雕刻印花加工技术结合计算机平面设计技术，可使面料图案丰富多彩，属于无水、少水印花技术，但一般在染色布上进行雕刻印花。

激光雕刻印花的产业化发展需要克服下列问题：

（1）严格控制雕印工艺，降低因激光刻蚀导致的材料机械性能的下降；

（2）目前激光雕刻印花多用于比较厚重型的纯棉或涤棉面料的深加工，适用的面料类型有待拓宽；

（3）生产过程中产生的粉尘需要进行有效处理与利用。

3.5 冷转移印花

冷转移印花花型精细、张力较小，适合印制棉针织物等受张力容易变形的织物，对超薄的真丝、锦纶等织物也能获得较佳的转印效果。目前活性染料冷转移印花较成熟，通过将印有活性染料油墨的转移印花纸在一定的压力下，将染料转移到已轧碱预处理的织物上，并进入织物间隙中，然后再冷堆固色及水洗后处理，完成印花过程。与传统印花相比，冷转移印花糊料使用量大幅降低，减轻了后道水洗压力，如采用冷堆固色，可降低蒸汽用量，水洗浮色减少，降低了有色污水的排放。

冷转移印花要真正实现大生产目前仍然面临一些技术瓶颈：

（1）转移印花纸耗用量较大，废弃转移纸的再生利用存在很大的困难；

（2）凹版印刷制版费用较贵，制版周期长；

（3）蛋白质纤维、合成纤维等的冷转移印花目前处于试验阶段，生产质量及印制效果还需进一步提升。

4. 后整理

4.1 生物酶整理

生物酶本身主要以蛋白质为主，不会对环境造成危害，反应效率高、条件温和，节水节能优势明显，为绿色环保工艺。目前后整理中，应用成熟的生物酶主要包含纤维素酶和蛋白酶两类。纤维素酶主要用于纤维素纤维的柔软、抛光等整理，可使面料变得蓬松、柔软，表面变得光滑，悬垂性增加，面料更具光泽；用于苎麻纤维类家纺面料的后整理时，可以改善其刺痒并使之柔软。蛋白酶主要用于羊毛的防缩，改善羊毛的毡缩性能。

生物酶的发展应用上尚需解决下列问题：

（1）目前常用的酶的种类及加工工艺较少，有待进一步拓宽；

（2）进一步提高生物酶稳定性及其工艺重现性。

4.2 泡沫整理

泡沫整理将空气作为载体代替水起传输的作用，通过将含有功能整理剂的泡沫均匀地施加到织物表面，使整理剂作用于织物表面或内部，从而赋予织物不同功能的方法。泡沫整理为低给液加工，相比浸轧工艺，织物带液率由70%～90%下降到30%～50%，节水约40%，染化料和助剂用量降低约30%，织物烘燥过程中的能耗可节省60%左右，可降低织物后整理过程中废水的排放量，节能减排效果显著。泡沫整理技术可以应用于纺织品抗皱、柔软、阻燃、抗静电、拒水拒油以及多功能整理等诸多后整理加工。

泡沫整理的大规模产业化应用需要解决下列问题：

（1）提高泡沫整理设备的控制精确性，解决整理不均匀现象；

（2）开发绿色环保、泡沫密度和稳定性等性能优异的发泡剂。

4.3 等离子体处理

等离子体处理利用部分电离的发光放电等离子对纤维材料进行表面改性、等离子体聚合或者接枝聚合，获得通常条件下难以得到的整理产品。等离子体技术属于气固相干式加工法，无须用水、蒸汽及化学品，不仅省去了烘干过程，而且避免了大量废液的处理，有利于节能减排、环境保护；同时等离子体加工过程一般只需几秒至几分钟即可完成，工序少、速度快、效率高，反应在低温度下即可得以实现，节省资源。利用等离子体处理可以改善羊毛织物的防毡缩性、染色性，棉纤维织物的耐磨性、染色性等，合成纤维的亲水性、抗静电性、染色性等。

等离子体处理尚未大规模产业化应用，下列问题有待改进：

（1）低压等离子室和高真空泵等设备及其改造成本高，处理效率受制于真空室的大小和形状；

（2）等离子体处理效果的稳定性、重现性有待提高。

4.4 机械柔软整理

机械柔软整理不使用化学处理剂，仅通过气流对织物进行拍打、搓揉等机械方式的处理，可减少化学品和水的使用，减少污染物排放及化学品在织物中的残留，节能减排效果显著。

机械柔软处理后织物不易产生折痕，整理效果均匀性好，可增加织物的柔软度、蓬松感、尺寸稳定性及立体视觉效果，生产重现性好，但效果持久性不如化学柔软整理。

4.5 光固化技术

光固化技术采用特定光源高强辐射作用将液态体系迅速转变为固态体系，在纺织染整中主要应用于涂层整理领域。固化过程不需要加热，固化能量的消耗仅仅为热固化的1/5，节能显著，且固化材料中几乎不含或只含少量溶剂，有利于降低废水的排放，为环境友好型绿色生产技术。

紫外光固化技术尚未大规模工业化应用，存在下述问题需要解决：

（1）设备成熟度不足；

（2）处理成本相对较高；

（3）针对不同应用要求的固化体系研究不足。

5. 资源综合利用技术

5.1 含盐染色废水循环利用

含盐染色废水循环利用目前主要针对纤维素纤维制品活性染料间歇式染色废水的循环利用。染色废水利用萃取剂萃取、膜处理等方式去除有色废水中的水解染料，萃取后的含盐无色染色废水循环用于其他染色过程，分离出来的水解染料通过脱水制成淤泥或固体后进行无害化处理。脱色后的含盐染色废水可用于中深色织物染色。低成本、高效率循环利用活性染料染色废水，实现盐的重复使用，大幅减少印染生产中盐的用量，减少含盐废水的排放。

但含盐染色废水循环利用尚存在下列问题：

（1）染色产品质量、废水处理效果以及技术可行性方面需进一步优化调整；

（2）萃取剂可能存在潜在的环境风险，应完善相关环境风险评价分析；

（3）需进一步研究高浓度染料废弃物再次利用或处理技术。

5.2 余热回收与利用

印染加工中蒸汽所产生的消耗可以占到行业整体消耗的80%以上，蒸汽在用气设备当中，当对潜热进行释放之后，在短时间内会还原成温度相同的饱和水，即冷凝水，其热能利用价值高，可用于退浆、煮练、漂白等后续过程中，水温要求在50～80℃的工艺当中。

退浆、煮练、漂白以及丝光过程中，所需要的水的温度大概为50～80℃，具有比较大的排水量，废水热能也高，对于印染设备而言，加工工艺用水通常需要加热到一定温度，这时利用配套热交换设备对所排放的高温废水进行应用，将工艺用水的温度提升上去，可以有效地实现节能目的。

热泵法热能回收系统通过热泵机组、换热器、水泵以及控制系统实现热量回收和利用，可回收工艺废水中70%左右的余热，机组排出的冷量可用于废水降温、设备降温和车间环境降温等。系统杂质过滤精度高、自动化程度高，可防止新水和废水的硬度及化学药剂对热泵机组造成结垢和腐蚀破坏，降低换热系统清洗频率。

5.3 定形机废气高效收集处理及余热回用

化纤织物定形废气温度可高达为160～170℃，安装定形机高效废气处理和热能回收系统，通过均匀高效过滤、喷淋、高压静电处理、自动清洗、消雾和热回收等措施，有效去除灰尘、油烟，实现达标排放；同时将经处理后的高温热量回用到定形机前两节烘箱内，形成热风幕，阻止外部冷空气进入，使烘箱内的温度升高。通过热量交换系统，一般可将定形机的进风温度从20℃升高至120～140℃，有利于节能，降低生产成本。

5.4 高效、环保型染化料助剂

染化料是印染加工的主要污染源，因此染化料应选择高效前处理助剂以及染料，有利于提升染料以及助剂的吸附能力，并提高坯布染色之后的色牢度，使染整加工后进入废水中的助剂以及染料含量减少，最终有效降低印染废水的污染负荷。

参考文献

［1］中国印染行业协会．印染行业“十四五”发展指导意见．2021.

［2］何海霞．纺织印染行业常见节能减排措施分析［J］．中国资源综合利用，2021，39（9）：176－178.

［3］潘文江，张文．印染行业中的节能减排方法与清洁生产研究［J］．节能与环保，2021（5）：47－48.

［4］工业和信息化部．印染行业绿色发展技术指南（2019年版本），2019.

［5］杜森，马威，张淑芬．活性染料无盐低盐染色研究进展［J］．染料与染色，2020，57（6）：5－11，20.

［6］裴刘军，刘今强，王际平．活性染料非水介质染色的技术发展和应用前景［J］．纺织导报，2021（5）：32－40.

［7］张庆，李慧霞．数码印花产业化应用中若干问题的探讨［J］．网印工业，2018（2）：24－27.

［8］费良，殷允杰，王潮霞．新型泡沫染整概述［J］．印染助剂，2020，37（8）：1－5.

印染行业生态安全化学品发展现状及展望

王建平

上海天祥质量技术服务有限公司

1. 前言

自20世纪90年代以来，有关纺织产品上有害物质的残留和管控逐渐成为国际纺织品服装贸易中最重要的质量控制要求之一。伴随以生态安全为诉求的绿色消费潮流逐渐成为市场的主流，各国政府和纺织供应链上的相关行业和企业也在有害物质管控的立法和清洁生产工艺和技术的开发、强化绿色供应链管理以及形成有效的质量监控体系方面作出了巨大的努力，成效显著。

毋庸讳言，如今的纺织工业，尤其是现代印染行业，已经成为一个典型的纺织品化学处理加工行业。无论是从满足生产加工的需要，或是从追求产品外观、风格和使用性能的要求出发，化学品的使用已经成为最基本和最有效的手段之一。而纺织产品上所谓有害物质残留的源头，则毫无悬念地指向了纺织产品在生产加工过程中所使用的染化料助剂。

毫无疑问，以人工合成的化学品为主的染化料助剂的开发和应用，极大地加快了纺织工业现代化的进程。不断升级换代的纺织产品无不闪耀着人类智慧的光芒，也无处不在地显示出化学品在提高生产效率、美化人们的生活和推动科技进步等方面所发挥的巨大作用。

时代是在不断进步的，事物的演变也是一个渐进的过程。随着社会经济和科学技术的不断发展、人们生活水平的提高和工业化程度的不断加深，人们对健康和环境安全问题的认知和担忧日益提升。特别是进入21世纪以来，可持续发展已经成为世界各国发展的主题和人类的共同目标。有关化学品的使用、误用或滥用可能引起的生态安全和环境问题逐渐浮出水面，成为全社会关注的热点。自1994年7月15日德国政府在其《食品和日用消费品法》（第二修正案）中首次提出在纺织产品和部分日用消费品上禁止使用某些可能还原出致癌芳香胺的偶氮染料以来，国际社会对与人们的日常生活休戚相关的日用消费品，特别是量大面广的纺织产品的生态安全问题给予了巨大的关注，禁用偶氮染料、甲醛限量、有害重金属等名词开始频频出现在纺织品服装国际贸易的基本质量要求中。2003

年 11 月 27 日，中华人民共和国国家质量监督检验检疫总局正式发布国家强制标准（GB 18401—2003）《国家纺织产品基本安全技术规范》，并于 2005 年 1 月 1 日起实施。这个标准顺应了国际社会对纺织产品生态安全要求的发展态势，影响深远。

2006 年 12 月，经过近 6 年各利益相关方的博弈，在全世界目光的注视下，欧盟最终推出了一部关于化学品管控的大法——《化学品的注册、评估、授权和限制》（*Registration*，*Evaluation*，*Authorization and Restriction of Chemicals*，简称 REACH 法规），并迅速成为全球化学品管控的风向标和主要依据。迄今为止，世界各国有关纺织产品有害物质管控的法规或标准要求基本上都源自该法规的附录 17（对某些危险物质、制剂和物品的生产、销售和使用的限制）和附录 14（需授权使用的物质清单）以及作为附录 14 的候选清单正在不断扩展的 SVHC 名录。包括中国在内的世界各国纺织及相关行业在有害物质的禁用及其代用以及生态安全化学品的开发和应用方面都做出了巨大的努力，取得了积极的进展。

2. 染化料助剂的生态安全问题及对策

如今，世界各国有关化学品安全管控的立法正在呈现出快速发展的势态。其中，欧盟的 REACH 法规因其完整性、代表性和权威性已经成为世界各国立法的风向标和主要依据。根据欧盟在 REACH 法规立法过程中所做的调研，在欧盟市场上销售的商品化化学品（物质或制剂）高达 15 万种，但其中的绝大部分在生产、销售或使用前并未经过科学和严格的安全评估，对人类健康、动植物健康和环境安全存在巨大的隐患。其中亟须纳入监控范围的是那些被归类为符合 1 类和 2 类致癌物质分类标准的物质、符合 1 类和 2 类致基因突变物质分类标准的物质、符合 1 类和 2 类生殖毒性物质分类标准的物质（三者简称 CMR 物质），属于持久性、生物累积性和毒性的物质（简称 PBT 物质）和高持久性、高生物累积性的物质（简称 vPvB 物质）。除此之外，那些具有内分泌干扰特性或具有持久性、生物累积性和毒性或具有高持久性、高生物累积性却不符合相关标准的，但同时却有科学证据证明会对人类或环境引起严重影响的物质，也应纳入监管范围。监管的方式包括注册登记、针对所有应用场合的安全性评估、授权使用和禁止使用，并有与之配套的法定义务和法律责任。

作为化学物质或制剂应用最为重要的领域之一，纺织用染化料助剂不仅品种繁多，而且用量巨大，其中不乏有被纳入监管范围的有害物质。对照 REACH 法规的相关要求，有可能在纺织加工过程中被使用、误用或滥用的有害物质有数百种之多。而根据美国服饰和鞋类协会（AAFA）2021 年 5 月推出的第 22 版《限用物质清单》（Restricted Substances List，RSL），目前世界各国相关法规或标准对包括由纺织品和皮革制成的服装和鞋类产品（含辅料）限制使用的化学物质或制剂包括染料、溶剂、杀虫剂、二噁英和呋喃类、石棉、含氟温室气体、阻燃剂、重金属、有机锡化合物及其他类别的化学品等十多个大类，品种数量也有数百种。

经过数十年的发展，如今的染化料助剂行业已经是一个相对成熟的行业。在庞大的产品群中，因某些物质的禁用而要找到其替代品对绝大多数类别的物质来说并非难事，需要做的可能就是对适用性和配伍性进行必要的研究，并在用量和工艺等方面进行适当的调整。但对一些特殊的品种和应用领域，寻找替代物就不是一件容易的事，特别是那些量大面广，且使用性能优良的产品，寻找和开发新的替代产品会面临诸多的困难，短期内难以获得突破。

针对不断发展的有害物质管控要求，目前业界正在做的或者已经采取的措施包括：

（1）采用新技术、新材料和新工艺，避免有害化学物质的使用。

（2）在不对工艺和技术进行大幅度调准的前提下选用生态安全的物质替代有害物质。

（3）采取有效的措施减少有害物质的使用，确保最终产品符合相关要求。

（4）针对有害物质开发新的替代产品及相应的应用工艺。

（5）调整现有的工艺或技术，减少有害物质的残留或排放。

（6）通过立法和标准化，限制有害物质的使用。

（7）通过强化绿色供应链管理，避免有害物质在供应链上的传递。

（8）建立和完善科学有效的有害物质检测技术标准化体系。

目前，这些措施都已经在发挥积极的作用，成效显著。

3. 禁用染料（颜料）及其代用

将某种染料（颜料）列入禁用范围的原因主要涉及以下一个或几个方面，其中禁用偶氮染料、致癌染料和致敏染料受到的关注度最高。

（1）属于可能还原裂解出致癌芳香胺的偶氮染料（俗称禁用偶氮染料）；

（2）本身具有致癌性；

（3）对人体有致敏性；

（4）具有较高的急性毒性；

（5）属于 PBT 或 vPvB 物质等。

在大部分情况下，解决上述问题最简便的办法就是在不对现有的应用工艺和产品质量产生较大影响的前提下，在现有的染料中寻找合适的替代产品。但在有些情况下，开发新的生态安全型染料品种将成为不二的选择。但无论是替代品还是新开发的产品，在满足生态安全的前提下，还必须在染色性能（色光、鲜艳度、上染率、固色率、提升率、重现性、匀染性等），色牢度，简化应用工艺、条件和性价比等方面达到或超过原来被替代的染料的水平。

3.1 活性染料

迄今为止，市场上流通的活性染料都是安全的。既不涉及禁用偶氮染料，也不涉及致敏染料。这对喜欢选择棉或其他纤维素纤维作为直接与皮肤接触的服饰产品纤维原料的广大消费者而言是一个好消息。目前，活性染料存在的最大问题是固色率低，造成染色废水色度高。而印染废水中的高盐量也是活性染料的短板之一。因此，近年来国内外新型环保型活性染料的开发重点都集中在实现高固色率、低盐、不含有害重金属、高染色牢度方面，确保对人体和环境无害。

按照固着时的反应机理，新开发的活性基团有四类：杂环亲核取代、亲核加成、复合加成/消除反应和形成磷酸酯的反应，但主要是前两种。如均三嗪型（亲核取代）和三卤嘧啶型（亲核加成）。此外，单活性基的活性染料其固色率一般仅为50%～60%。为了提高固色率，增加染料的利用率和降低染色废水的色度，双活性基的活性染料应也运而生。与此同时，鉴于染料母体作为活性染料的发色部分，既承担着赋予活性染料色泽、鲜艳度的“重任”，对于提高活性染料的染色牢度和应用性能也发挥着很大的作用（活性染料母体对纤维要有足够的亲和力，以有利于上染和固着，但过高的亲和力又会对匀染和未固着染料的洗除带来负面影响），一些新的母体的应用打破了20世纪70年代前活性染料母体集中在偶氮、蒽醌和酞菁三个大类的局限。但自双活性基活性染料面世以来，活性染料在新结构的开发方面很少有突破性的进展，只是有一些局部的结构修饰的报道见诸文献。

尽管如此，近年来业界还是通过开发新的印染工艺及与之配套的活性染料，在降低印染废水色度、减少污染物排放和节能降耗等方面取得了积极的进展。如复配增深技术、冷轧堆染色技术、小浴比染色、短流程湿蒸连续轧染工艺、低温染整加工、纤维素纤维阳离子改性及低盐（或无盐）活性染料染色工艺等。

3.2 分散染料

在已商品化的分散染料中，因可还原出致癌芳香胺而被列入禁用范围的并不多，但其中的C.I.分散黄23（分散黄RGFL）却给国内相关行业带来了很大的麻烦。C.I.分散黄23是由对氨基偶氮苯重氮化后与苯酚偶合而成，是一只红光黄色的双偶氮分散染料，有良好的染色性能、高的给色量和耐日晒色牢度，应用广泛，生产工艺简单，生产企业众多，产量高。由于对氨基偶氮苯已被列为2类致癌物质，C.I.分散黄23被认定为禁用偶氮染料是毫无疑问的。但在早期给出的禁用偶氮染料的检测方法规定的技术条件下，含对氨基偶氮苯的染料，被还原分解出的对氨基偶氮苯会继续还原成苯胺和对苯二胺，使得这类染料的生产和使用因无法被检测而处于失管状态。乃至于 2009 年 GB/T 23344—2009《纺织品 4 - 氨基偶氮苯的测定》和 GB/T 24101—2009《染料产品中 4 - 氨基偶氮苯的限量及测定》两个标准相继发布并于 2010 年 2 月 1 日起实施后，因 C. I. 分散黄 23 或其复配物的误用而引发的纺织终端产品被查处和召回的事件仍时有发生。而事实上，有关 C. I. 分散黄 23 的代用研究早已取得积极的进展，可用的替代物包括 C. I. 分散黄 104、C. I. 分散黄 29、C. I. 分散黄 54 等。此外，在分散染料中，有 3 个染料被明确划分为致癌染料，它们是 C. I. 分散蓝 1、C. I. 分散黄 3 和 C. I. 分散橙 11。

目前分散染料在纺织产品有害物质管控中最受关注的是部分分散染料的致敏性问题。在国际市场已受管控的 20 种致敏性分散染料中，绝大部分是早期用于醋酸纤维的。后来在涤纶染色、涤纶转移印花和喷墨打印中也有部分使用。其中应用最多的是 C. I. 分散橙 37/76，主要用于制造高强度黑色和藏青色的橙色部分。如在分散黑 SE - 4B300% 及分散黑 SE - 5R200% 中与 C. I. 分散紫 93、C. I. 分散蓝 291 进行复配，产量很大。由于我国尚未将致敏性分散染料纳入强制禁用范围，在我国的出口纺织产品中因致敏性染料的误用而受阻的情况也不在少数。国内外最早提出来的 C. I. 分散橙 37/76 的代用品是 C. I. 分散黄 163，主要是因为分子结构相似，色光相近，但提升力和覆盖性都不如被替代物。后来又陆续提出的代用染料有 C. I. 分散橙 29、C. I. 分散橙 30、C. I. 分散橙 44 和 C. I. 分散橙 61。经大量的比较试验，发现 C. I. 分散橙 61 与 C. I. 分散橙 37/76 相比，除了色相稍微偏红之外，其他如竭染率、提升力、相容性、覆盖性、染色工艺参数依存性和染色牢度等都比较相近，是最为理想的替代物。有报道称，2020 年 3 月 19 日，全球有机纺织品标准（GOTS 认证）发布 6.0 版本，因风险分类属于 H317 类（可能导致皮肤过敏）而将 C. I. 分散黄 54 纳入了禁用范围。由于 C. I. 分散黄 54（溶剂黄 114）是数码转移印花中普遍使用的黄色，并用于热转印墨水的拼黑。如果今后相关的法规也将其纳入禁用范围，则会使转移印花的一个主色受到影响，但所幸的是，市场上并不缺替代的产品，如 C. I. 分散黄 119、134、211 和 241 等。

除了部分分散染料的致敏性问题，部分以蒽醌为起始原料的蒽醌型分散染料因蒽醌在生产过程中存在废气（氯化氢）、废渣（硫酸铝）和废水（硫酸）问题而受到关注。而在进一步制备 1 - 蒽醌磺酸和 1，5 - 蒽醌二磺酸的过程中，由于采用硫酸汞作为定位催化剂而存在废水中含汞量超标的风险。因此，蒽醌型分散染料的取代也成了市场的热点，其中 C. I. 分散红 60 和 C. I. 分散蓝 56 是最重要的品种，其产量几乎达到了分散染料总量的 20% 左右。虽未被相关法规纳入禁用范围，但国内外一些厂商已经开始减产或停产这类染料。取而代之的包括 C. I. 分散红 210、C. I. 分散红 305、C. I. 分散红 307、C. I. 分散红 343 和 C. I. 分散蓝 165 及其复配物、同系物等。

3.3 直接染料

直接染料以双偶氮和多偶氮结构为主，色谱最为齐全，主要用于棉、粘胶、麻、蚕丝的染色和印花。直接染料是禁用偶氮染料的“重灾户”，其中最主要的是绝大部分涉嫌染料含有联苯胺、3，3’－二甲基联苯胺或3，3’－二甲氧基联苯胺这三种致癌芳香胺。由于采用某些芳香胺合成的偶氮染料可能对人体或动物有致癌作用的问题早就被发现，再加上直接染料的耐洗性和耐日晒色牢度欠佳，大部分因含致癌芳香胺而被纳入禁用范围的直接染料早就开始被淘汰和替代了。

禁用的直接染料中主要都是以上面提到的三种芳香胺作为中间体进行合成的，而这三种芳香胺都是二氨基化合物。因此，这些禁用的直接染料的替代开发研究也主要集中在二氨基化合物。目前已经比较成熟的替代应用包括 4，4’－二氨基二苯脲类直接染料、4，4’－二氨基苯甲酰替苯胺类直接染料、4，4’－二氨基二苯胺类直接染料和4，4’－二氨基苯磺酰替苯胺类直接染料。除此之外，随着聚酯纤维的快速发展，涤棉或涤粘织物的市场容量越来越大，分散染料与直接染料混用的一步法染色工艺成了最受关注的染色工艺，而与之配套的具有优良的高温稳定性、与分散染料有良好的相容性、染色提升力高、重现性好、染色牢度佳的直接染料就成了市场开发的热点，成果显著。直接混纺 D 型染料就是其中最具代表性的一类新型直接染料。直接混纺 D 型染料的分子结构设计不同于一般的直接染料，其中一部分染料就是直接耐晒染料，具有色泽鲜艳、提升力高、染深性好、溶解度好、pH 值适用范围广、对涤纶沾污少等特点，在 130℃染色时的上染率超过 95%。D 型直接混纺染料的使用，不仅能提高染色效率，而且能减少废水排放，有利于节能减排和环境保护。

此外，直接染料中有三个染料也被确认为致癌染料，它们是 C. I. 直接黑 38、C. I. 直接蓝 6 和 C. I. 直接红 28。这 3 只染料早就被禁止生产和使用，目前市场上已无它们的踪迹。

3.4 酸性染料与金属络合染料

在《染料索引》中登录的酸性染料品种约 2300 个。其中直接被判定为致癌染料的仅有一个，即 C. I. 酸性红 26。但因可还原出致癌芳香胺的禁用偶氮染料却有 30 多个。不过，这些染料的替代大多已经通过开发新的品种的方式得到了很好的解决，新开发的生态安全型的酸性染料的染色性能和色牢度大多远远超过了被替代的染料，选择余地较大。

某些染料借助分子内的配位键可与部分重金属离子形成螯合环状络合物，即所谓的金属络合染料。螯合后的染料大多失去原来的性能而呈现出许多新的性能。如色光一般都有改变，且变得深、暗；同一染料与不同的重金属离子螯合形成的络合物因形成不同的 π 电子共轭体系而具有不同的颜色；染色牢度有所提高，特别是耐日晒牢度和耐湿处理牢度。事实上，如果没有金属络合染料，一些重要且特殊的颜色就不会存在，如含铜或镍的金属络合染料所呈现出的翠蓝或翠绿，至今没有其他染料可以取代。金属络合染料因其独特的优良性能，被广泛应用于紫、棕、蓝、绿和藏青等深浓色染色用的直接染料、活性染料、酸性染料、中性染料和其他染料。但是，由于部分重金属对人体健康有害，并会破坏生态环境，染料中引入重金属离子，如果染料生产企业处理不当，有可能造成下游产品的游离重金属离子含量超标，并造成环境污染。解决这一问题的关键在于选择络合稳定性高的金属络合染料和在合成完成后采取必要和有效的措施将残留的游离重金属离子（包括其他染料合成过程中使用的催化剂、定位剂及复盐）充分去除干净。

3.5 天然染料

采用天然染料染色曾经是纺织品染色的唯一途径，历史悠久。但自 19 世纪后期开始，天然染料逐渐被合成染料所取代。进入 21 世纪以来，随着人们对合成化学品所带来的潜在风险的担忧日益加重以及崇尚自然、关注生态安全的消费潮流日渐高涨，天然染料因其源自自然、环境相容性好以及在人们的观念中天然即无害、天然即环保的固有观念而重回人们的视野。

天然染料根据其来源主要分为植物染料、动物染料和矿物染料三个大类，目前应用最多的主要是植物染料。基于天然染料结构与性能的差异，其对纺织品染色的主要方法包括直接法、媒染法和还原法。直接染色法适用于一些分子量较大，且带有弱负电性基团的天然染料以弱的范德华力、氢键或离子键等的作用力对带正电荷的动物纤维，如羊毛、蚕丝等蛋白质纤维进行直接染色。媒染染色法则是采用金属离子作为媒染剂，通过纤维和染料之间形成配位键，使纤维上染。还原染色法主要用于靛蓝等还原性天然染料的染色。不溶性的靛蓝先经还原形成可溶性隐色体，上染纤维后再氧化为靛蓝，从而完成染色过程。

近年来，有关天然染料及其应用技术的开发研究吸引了大批高校、企业乃至资本的目光并投身其中，研究方向主要集中在：

（1）天然染料的资源、采集、性能的研究。

（2）提高天然染料染色性能和牢度的工艺和技术研究。

（3）天然染料在不同纤维上的染色性能和工艺研究。

（4）天然染料在纺织品印花工艺上的应用研究。

（5）天然染料的功能性研究，如抗菌、消炎、防紫外等。

目前已经获得应用的天然染料主要有靛蓝、茜草色素、茶色素、栀子黄色素、姜黄色素、板栗壳色素、高粱红色素和紫胶色素等，而更多的天然染料及其应用的开发研究也在紧锣密鼓地进行中，阶段性成果不断涌现。

与合成染料相比，天然染料具有一定的优势，如资源可再生，符合可持续发展的要求；源自自然，满足人们崇尚自然的心理需求；经筛选的天然染料无毒、无害，有利于保障人体和环境的安全；某些天然染料具有抗菌、防紫外等功能，可以提升染色产品的附加值。从市场角度看，采用天然染料染色或印花的纺织产品更具有一种独特的文化内涵。不过，天然染料的开发和应用仍面临诸多方面的问题，如稳定的原料来源、色素提取工艺技术、可靠的质量保障、良好的染色重现性、理想的上色率和色牢度等，这都需要不断的技术攻关和通过标准化来提供保障，任重而道远。

经过多年的努力，目前我国对有害染料的生产、销售和应用环节的管控已经取得显著的成效，用于替代的新型染料的研发和应用也取得了长足的进展，原本担心因有害染料的禁用而可能发生的“卡脖子”现象并未发生，为中国纺织业的健康稳定发展做出了积极的贡献。

4. 生态安全纺织化学品的开发与应用

除了染料之外，用于纺织产品加工的各种化学品和助剂也是纺织产品上有害物质的重要来源。其中绝大部分有害物质属于 PBT 或 vPvB 物质，尤其是环境激素和 AOX 物质（可吸附有机卤化物），如 APEO、氯化苯和氯化甲苯、含氯酚、邻苯二甲酸酯、有机锡化合物、氯化烃溶剂、多环芳烃、多氯联苯、多溴联苯、有机氯杀虫剂、双酚 A 等。关于环境激素，美国的学者于 1996 年给出了一个较为完整的定义：这是一种不直接毒害生命的化学物质，但它以激素的面貌对生物体起作用。即使数量极少，也会使生物体的内分泌失调，出现生殖病变。

要解决在纺织产品加工过程中使用、误用或滥用有害化学品或助剂的问题，有多种不同的方式：

（1）严格禁止有意使用某些已被明确列为有害物质的化学品或助剂。这对大部分被确认的有害物质来说并无技术上的障碍，因为这些物质可以很方便地找到无害的替代产品而无须专门开发替代物。只是在部分情况下可能需要根据替代物的性质对原有的生产工艺、技术或设备进行必要的调整。

（2）对在未有意使用的情况下，因原料、工艺或技术等原因，使最终产品含有以杂质、残留物或副产物形式存在的有害物质，主要通过加强供应链管理、改进工艺和技术、强化质量监控等方式，以确保有害物质含量低于法规或标准的限量要求。当然，在某些情况下，可能会增加产品的生产成本。

（3）对部分产量大、应用面广、应用性能优良或性价比高但已被确认是或含有有害物质的化学品或助剂，除了寻找现有的替代物之外，有可能需要开发新的物质作为替代物，但更多的可能要在工艺和技术上对替代物的应用进行研究，以确保替代物的应用性能达到或超过被替代物的水平。

本节主要从上述第（3）方面的情况展开讨论。

4.1 烷基酚聚氧乙烯醚（APEO）的代用

作为纺织行业应用最为广泛的非离子表面活性剂，APEO（烷基酚聚氧乙烯醚）已被诸多国家和国际公约确认为毒性物质。不仅毒性大，而且生物降解性差，降解代谢产物有毒（如 NP、OP 及低缩合度的 APEO）和对水生物的毒性显著等。APEO 的替代物主要有：

（1）脂肪醇聚氧乙烯醚（FEO）。FEO 是由脂肪醇与环氧乙烷在碱金属（催化剂）的存在下缩合而成，毒性小、生物降解率高（一般都高于 80%）。但缩合产物的 EO 数分布较宽，容易造成浊点波动，水溶性降低，起泡性高。研究表明，采用碱土金属作催化剂，可以制得窄分布的脂肪醇聚氧乙烯醚，上述问题可以得到显著的改善。如果采用带有支链结构的脂肪醇作起始原料，则可以获得性能更优于直链的天然脂肪醇聚氧乙烯醚。

（2）烷基多糖苷（APG）。APG 是由葡萄糖在酸催化剂的作用下生成碳正离子，脱水后与脂肪醇进行亲核反应，再进一步与葡萄糖缩合，最终获得的 APG 的平均聚合度为 1.2～1.5。APG 毒性很低，对皮肤和眼睛的刺激远低于非离子表面活性剂，而且其生物降解快而彻底，几乎可达 100%。APG 的亲水性来自糖环上的多个羟基与水形成的氢键，其键合力远高于聚氧乙烯醚仅依靠氧原子与水形成的氢键，故其对热相对稳定，没有浊点，稀释时也不会产生凝胶，与其他表面活性剂复配使用时具有明显的协同增效作用，应用范围更加广泛。

（3）*N*－烷基葡萄糖酰胺（NAGA）。NAGA 是以葡萄糖或淀粉为原料，通过引入氨基而赋予葡萄糖新的功能。反应步骤为：经还原胺化引入氨基，得到烷基葡萄糖胺，再与脂肪酸（或甲酯）反应得到 NAGA。与 APG 相同，NAGA 也以多羟基结构为亲水基，烷基为疏水基。通过改变烷基的碳原子数（如分别采用月桂酸、肉豆蔻酸、棕榈酸或硬脂酸为疏水基原料），可以改变其 HLB 值。NAGA 对皮肤温和、无刺激性、无毒、易生物降解、去污力和发泡性能俱佳。由于引入酰氨基，NAGA 具有耐酸碱和耐热等特性，与其他表面活性剂有协同增效作用。但在使用时，建议加入适量的螯合剂，如柠檬酸盐。

（4）脂肪酸聚氧乙烯甲醚（FMEE）。FMEE 是由脂肪酸甲酯在特殊的粉状氧化物催化剂的存在下与环氧乙烷进行加成反应制得。FMEE 具有优良的渗透性、发泡力、洗涤性和乳化性，其 HLB 值可以通过改变脂肪酸碳链的长度和氧乙烯的加成数加以调节。FMEE 在自然界能快速生物降解，无毒、无刺激，对水生物安全，但耐碱性较差，可以与 APG 配套，用于油剂、乳化剂、匀染剂、分散剂和后整理剂的乳化中替代 APEO。

（5）APEO 的替代在技术上不是问题，但因使用习惯、应用性能和性价比等原因会给 APEO 的禁用带来一些障碍。作为一种应用面非常广泛、产量极高的非离子表面活性剂，要被完全替代需要一个过程。

4.2 全氟辛烷磺酰基化合物（PFOS）与全氟辛酸（PFOA）的禁用与替代

作为全氟化整理剂和全氟化表面活性剂的重要原料，自 20 世纪 60 年代以来，已有数十种含有全氟辛烷磺酰基化合物（PFOS）的整理剂和助剂被开发和投入应用。由于其特殊的化学和物理性能，被广泛应用于防水、防油、防污（及易去污）整理剂及某些特殊表面活性剂。但随着人们对 PFOS 生态安全性研究的不断深入，发现其不但对人体的肝脏、神经系统、心血管系统、生殖系统和免疫系统具有毒性，一旦进入人体很难排出体外，而且在环境中也会造成严重的污染，属于典型的 PBT 和 vPvB 物质。与此同时，与 PFOS 同类的全氟辛酸（PFOA）及其盐也被认定为难以降解的有机高聚物，对人体和环境也会造成潜在的危害。根据相关的国际公约，除了部分特殊的场合，PFOS 和 PFOA 已被严格禁止使用。2021 年 8 月 5 日，欧盟进一步把含 9～14 个碳原子的全氟羧酸纳入 REACH 法规附录 17（限用物质清单），并将于 2023 年 2 月 25 日起实施禁用。

与传统的表面活性剂相比，氟碳表面活性剂具有表面张力低、临界胶束浓度低、热稳定性好、化学稳定性优良以及与其他表面活性剂相容性好等显著的特点，用于纺织产品的防水、防油和防污的“三防”整理，具有迄今为止其他整理剂无法比拟的绝对优势。因此，PFOS 和 PFOA 的禁用所造成的尴尬局面是目前无法找到能够达到同样应用效果的替代物，唯一可行的是退而求其次，寻找和开发性能相近的替代物。目前已经做的工作包括：

（1）PFOS 最早的替代物是全氟丁基磺酸（PFBS）。PFBS 的氟碳链短（C4），不具有持久性生物累积性。一旦进入人体，可以在很短的时间内排出体外，其降解产物也无毒无害。但用 PFBS 制得的“三防”整理剂，防水、防污效果尚可，防油效果无法达到 PFOS/PFOA 的水平。近年来，人们把注意力转向了氟碳链长度为 C6 的产品开发，虽其防油的水平进一步接近 C8 的 PFOS/PFOA 的水平，但最新的消息是，C6 的全氟烷基磺酰基化合物不久也将被纳入禁用范围。

（2）碳氢表面活性剂与全氟表面活性剂复配增效。研究表明，在碳氢表面活性剂中只要加入很少量的含氟表面活性剂就可达到显著的增效效果，其降低水表面张力的能力就可大幅提高，而且可以大大降低油—水界面的张力，同时还能发挥含氟表面活性剂的独特性能。但采用这个办法并未彻底摒弃 PFOS/PFOA 的使用，而是大幅减少其用量，一方面可以降低成本，另一方面可以确保最终产品上残留的PFOS/PFOA的检出量低于相关法规的限量要求。但这与相关法规“不得有意使用”的要求相悖，并不可取。

（3）开发含氟的有机硅防水拒油整理剂。含氟的有机硅整理剂同时具有含硅和含氟整理剂的优点，比普通有机硅具有更特殊的性能。不仅具有良好的热稳定性和化学稳定性，而且具有更低的表面张力。

（4）采用纳米技术制备防水拒油整理剂，使经整理的织物表面产生“荷叶效应”，从而达到防水和拒油的效果。

4.3 甲醛问题

最早源于日本法规112的有关纺织产品上甲醛限量的要求早已成为全球共同执行的标准。但在纺织产品生产供应链的上游和中游，有关甲醛究竟应该是绝对禁用还是有控制地使用，其实并未达成共识。作为一种蛋白质的凝固剂，甲醛对人体皮肤和黏膜（如口腔、眼睛、呼吸道）具有强烈的刺激作用。其 LD_{50} 为500mg/kg，为中等毒性物质。但没有证据表明甲醛具有直接的致畸、致癌、致突变的作用，且不会在人体内累积，半衰期仅为1.5min，进入人体后会很快转化为甲酸，并继续转化成 CO_2 排出体外。由于甲醛是一种反应性很强的物质，在氨基酸和蛋白质等的生物细胞内会反应生成 *N*－羟甲基化合物，可能导致诱变致癌。这可能也是目前有相关组织将其列为致癌物质的原因。

甲醛在纺织产品加工中的应用主要是利用其作为交联剂，提高纺织印染助剂/整理剂在纤维素纤维织物上的耐久性，广泛应用于各种免烫树脂整理剂、棉用阻燃剂、固色剂、非离子型柔软剂、黏合剂和防水剂等。

印染工业中应用最普遍的耐久性免烫树脂整理剂是以 *N*－羟甲基作为活性基团的 *N*－羟甲基酰胺类物质，属于半缩醛结构，在水溶液中会发生分解而释放出甲醛。目前印染行业通过如下有效途径来解决耐久性免烫整理纺织品的甲醛释放问题：

（1）使用 *N*－羟甲基化合物醚化改性的低甲醛整理剂，如酰胺类、多羧酸类；

（2）使用无甲醛整理剂代替 *N*－羟甲基化合物；

（3）添加甲醛捕集剂，主要是含有氨基的化合物，如尿素、碳酰肼等；

（4）改进后整理工艺。

在检测实践中，经常会在部分分散染料和还原染料中检出甲醛且超标。这是由于这两种染料使用了以煤焦油中的洗油馏分作为分散剂MF的原料所致。分散剂MF是由萘或甲基萘磺酸与甲醛缩合而成的。由于洗油中 α－甲基萘的含量较低（仅为30%左右），使甲醛的配料比无法掌控，往往因为多加而使最终的染料产品甲醛含量超标。这个问题可以通过强化技术管理加以解决。

4.4 有害阻燃剂及其代用

阻燃纺织产品的开发和应用对于减少火灾的发生和降低因火灾而造成的生命和财产损失具有重大的意义。在国际贸易中，对纺织产品燃烧性能的技术法规要求已经成为世界各国技术性贸易壁垒的重要组成部分。除了短链氯化石蜡和氧化锑，用于纺织产品的阻燃剂主要包括含磷系列、含卤素系列和硼酸系列等。但在提供良好阻燃效果的同时，不少阻燃剂产品已被证实属于 CMR 物质，如品种和用量最多的含溴系列阻燃剂。也有些被确认为 PBT 物质，可以造成神经系统、肝脏的毒害，生育能力降低等。有些阻燃剂在受热（燃烧）过程中还会释放出大量毒性较大的烟雾，吸入这些烟雾可能会使人致命。

由于阻燃剂家族较为庞大，部分有害阻燃剂的禁用并不会对阻燃纺织产品的开发和生产带来明显的冲击，但业界在无毒、无卤和抑烟阻燃剂的开发方面还是做了不少有益的探索，新的生态安全型的阻燃剂产品不断面世，如用于合成纤维的环笼状磷酸酯阻燃剂（无卤膨胀型阻燃技术），主要采用磷系或磷—氮系列，通过阻燃体系中的酸源、气源和碳源的协同作用形成膨胀的碳层，阻断熔融的聚合物与可燃气体及氧和热的接触。又如，开发有机硼化合物来代替磷系阻燃剂，用于纤维素纤维织物的阻燃整理。此外，硼—氮协同阻燃体系、硼—硅协同阻燃体系和新型硅系阻燃剂的研发也有不少成功的报道。

4.5 环保节能型助剂的开发与应用

（1）环保节能型前处理剂。前处理剂包括退浆剂、精练剂、漂白剂和净洗剂。环保型前处理剂开发的首要目标是避免 APEO 和 LAS 这两种表面活性剂的使用，并且在氧漂稳定剂中使用环保型的螯合物。除此之外，低温酶精炼剂的推广使用有助于节约能源、节约用水和减少污水排放。同时，通过将酰氯或羧酐中的酰基接枝在含氮、含氧或含硫的化合物上，其生成物可在双氧水存在下形成过氧羧酸化合物，使双氧水的利用率大大提高，从而起到漂白活化作用，同时降低漂白温度，减少纤维在高温和高碱条件下的损伤。目前已开发的节能型氧漂活化剂种类有酰氨基类化合物、烷酰氧基类化合物、*N* – 酰基己内酰胺化合物和甜菜碱衍生物。

（2）环保节能型染色助剂。提高染色温度有利于染化料向纤维内部的扩散，但也会使染色加工的能耗上升。因此，低温染色成了印染行业节能降耗的主攻目标。这其中，除了采用合理的染色工艺、先进的染整设备之外，节能减排型染色助剂的开发和应用也至关重要。如羊毛的低温染色，主要采用两性离子表面活性剂作为纤维溶胀剂，包括 *N* – 脂肪酰氨基甜菜碱、*N* – 脂肪基甜菜碱、咪唑啉甜菜碱和羟丙基甜菜碱，其阴离子部分包括羧酸和磺酸两种。两性表面活性剂的使用可使羊毛纤维溶胀，从而提高染料的上染和扩散，显著降低羊毛的染色温度。又如涤纶的分散染料载体染色，利用载体作为涤纶纤维的膨化剂，降低涤纶的玻璃化温度，便于分散染料向纤维内部扩散，与传统的高温高压染色工艺相比，能耗大幅度下降。但传统的膨化剂如氯苯和氯化甲苯、甲基萘、邻苯基苯酚（OPP）或冬青油都是毒性较大的物质，生态安全型膨化剂的研发至今未有理想的结果。不是应用效果不如传统的膨化剂，就是价格很高，难以投入实际应用，如 N-环己基吡咯烷酮和 N-正辛基吡咯烷酮。吡咯烷酮之所以具有良好的载体作用，是因为其内酰胺结构与染料分子结构中的某些基团具有很强的亲和力，在使纤维溶胀的同时，有助于分散染料扩散进入纤维的超分子结构内部。为了降低成本，也有采用价格较为便宜的二乙烯乙二醇添加少量 N-环己基吡咯烷酮作为替代物的。采用活性染料染色和印花的织物必须经过严格的皂洗程序以洗去浮色。在传统的皂洗工艺中，不仅能耗高（用热水），而且用水量多。采用异构醇聚氧乙烯醚和二烷基二苯醚二磺酸和单烷基二苯醚二磺酸型 Gemini 表面活性剂的复配增效技术可以在低温下达到润湿渗透、乳化分散、防止再沾污的效果。也有报道称，采用专用的活性染料浮色清洗酶制剂，也能提高洗净效率。

5. 纺织绿色供应链管理与标准化

纺织产品的生态安全要求已经成为全球纺织品服装贸易最重要的质量要求。以欧盟为代表的发达国家在有关纺织产品生态安全要求方面的立法已日趋完善。中国作为全球最大的纺织产品生产和出口大国在应对这一发展趋势方面虽然已经取得积极进展，并且在建立和完善相应的检测技术标准化方面已经走在世界的前列。但与此形成强烈反差的是，我们在纺织产品有害物质使用管控的立法和标准化方面仍相对滞后，再加上由于条块分割，上下游联动机制未能有效形成，使作为下游的纺织行业常处于被动地位。如何强化供应链管理，从源头上根本解决纺织用染化料助剂中有害物质的管控就成为解决问题的关键。

进入新世纪以后，国际上有不少国家和行业组织开始对供应链中有害物质的管控加强管理，希望通过从源头和整个供应链的严格管控，确保产品在生产和使用过程中不会因为有害物质的误用或滥用而对人类和环境带来危害。从 2004 年开始，我国陆续发布并实施了一系列有关染化料助剂有害物质限量及检测方法的国家标准，对禁用偶氮染料、致癌染料、致敏染料、染料中的有害重金属以及纺织染整助剂中部分有害物质的限量提出了要求，对从源头上加强有害染化料助剂的管控发挥了积极的作用。而作为染化料助剂下游用户的纺织行业，也先后以强制性国家标准的形式，对纺织产品，特别是婴幼儿纺织产品的基本生态安全性能提出了明确的要求，并出台生态纺织品技术要求的推荐性国家标准，以发挥市场导向的作用，成效显著。但这还是赶不上国际社会不断强化对有害物质管控的发展态势。2018 年初，中国纺联出台了具有标志性意义的团体标准 T/CNTAC 8—2018《纺织产品限用物质清单》。该标准以国际上最有代表性的欧盟 REACH 法规为基础，结合其他一些国内外的法规和标准，提出了一整套与国际接轨的技术要求，第一次在纺织产品有害物质管控的技术要求上实现了与国际先进水平同步的目标，并且具有很强的可操作性。2018 年，该标准被工信部列为当年度全国百项团体标准应用示范性项目，并被诸多标准和机构所采用。该标准在弥补现有标准不足的同时，通过自我加压和行业自律，可以帮助中国企业跨越纺织品服装国际贸易中的绿色贸易壁垒，有效降低我国纺织企业的出口产品因不符合相关的法规要求而遭受的每年高达数十亿美元的巨大损失，满足不同企业的差异化发展要求。

在此基础上，2020 年底，中国纺联再次推出具有重大转折意义的团体标准 T/CNTAC 66—2020《纺织用染化料助剂限用物质清单》，整体技术要求与代表目前国际先进水平的 ZDHC（国际有害化学物质零排放联盟）的 MRSL（生产限用物质清单）2.0 相当，部分还有超越。其完整性和先进性在国内尚无先例。而作为纺织用染化料助剂有害物质管控的标准，目前也是世界唯一。该标准的实施将有助于纺织行业通过向上强化源头管控和绿色供应链管理的方式，变被动为主动，扭转长期以来纺织服装行业作为染化料助剂下游应用行业在有害染化料助剂管控方面难有作为的被动局面。这种以下游用户的诉求来推动上游供应链的改革是国际市场的普遍做法，也是产品安全人人有责的具体体现。不仅深受业内广大企业的欢迎，也得到了上游染化料助剂生产行业优势企业的积极响应。目前，该标准已被列为 2020 年度工信部百项团体标准应用示范性项目，并已被众多企业用于对标国际先进水平以及部分国际第三方机构为客户提供与国际接轨的检测评估服务。纺织行业的《绿色设计产品评价技术规范》标准也已将该标准作为规范性引用文件所引用。该标准将在实施一段时间后，根据国内外相关法规和标准（包括检测方法标准化）的进一步发展以及市场的反映与需求的变化，进行进一步的完善，并力争实现与国际的互认。与此同时，基于该标准的第三方认证（国际互认）已在酝酿之中。一旦实现，将极大地便利我国的企业直接在国际市场参与竞争，并助推中国纺织业获得更多的与自身地位相适应的国际话语权，意义重大。

事实上，目前中国的染化料助剂行业在满足欧美针对纺织产品生态安全要求方面已经不存在太大的技术障碍。只是由于没有法规或标准的规范要求，部分企业往往会基于技术和成本的考虑，不愿意花更多的精力和财力去努力开发能够满足要求的产品。因此，该团体标准的实施将有助于建立一种倒逼机制，推动上游与下游行业的联动发展，在国际市场上争取更多和更大的与我国的国际地位相适应的话语权和主动权。这不仅对中国的染化料助剂行业是一件好事，对中国的纺织行业而言更是一件期盼已久的事。由于上下游联动机制的缺失而使下游行业频频挨打的被动局面终于有望得到根本的改变，虽然这可能还得有个过程。

6. 展望

化学品的大规模开发和应用，不仅是现代科技发展的结果，更是在人类社会现代化的发展中发挥了重要的作用。进入 21 世纪以后，世界各国对世界的可持续发展都给予了高度的关注，而化学品的大规模使用对人类健康和环境安全可能带来的风险也越来越引起人们的担忧。而每天直接与人体肌肤亲密接触的纺织服装产品在生产加工过程中大量使用染化料助剂的现状更是成为人们关注的焦点。自 20 世纪 80 年代以来，全球染化料助剂行业也在科学技术不断发展的同时，努力开发对人体和环境安全的新型化学品，淘汰对人体和环境有害物的化学物质。而全球的印染行业也在努力满足人们对美好生活追求的同时，通过清洁生产、改进工艺和技术，努力消除化学品的使用可能对人体或环境带来的安全隐患，成绩斐然。但由于信息、技术、经济、认知上的差异，国与国之间、企业与企业之间的发展并不平衡。预计在未来，新的化学物质的开发速度将进一步放缓，而对有害物质的管控更多的是通过强化立法和供应链管理、改进工艺和技术、用生态安全的化学品逐步替代有害物质的使用、以标准化来进一步规范化学品的使用等措施来实现。化学品的安全使用是可期待的，但任重道远。

参考文献

［1］王建平，陈荣圻，吴岚，等. REACH 法规与生态纺织品［M］. 北京：中国纺织出版社，2009.

［2］陈荣圻，王建平. 禁用染料及其代用［M］. 2 版. 北京：中国纺织出版社，1998.

［3］陈荣圻，王建平. 生态纺织品与环保染化料［M］. 北京：中国纺织出版社，2002.

［4］白燕涛，陈磊，郭振荣，等. 纺织品皮肤致敏染料的监管升级对分散染料及数码墨水未来发展的影响［J］. 染整技术，2021，43（10）：41－47.

［5］王祥荣. 天然染料的应用现状及研究进展［J］. 纺织导报，2021（9）：24－29.

［6］王建平，于涛，吴岚. 中国纺织工业联合会团体标准 T/CNTAC 66—2020《纺织用染化料助剂限用物质清单》［J］. 印染助剂，2020，37（12）：5－10；2021，38（1）：5－8；38（2）：1－7；38（3）：1－6；38（4）：1－4；38（5）：1－6；38（6）：1－5.

印染行业节能减排装备发展现状及展望

李　毅　刘　丹　张雨彤

中国纺织机械协会

我国印染工业的发展与装备的技术进步密切相关，节能减排的先进国产印染装备是印染工业绿色发展的重要支撑。中华人民共和国成立以来，国产印染装备的发展经历了从无到有、从手工到自动化的巨大变化。特别是近十年来，国产印染装备在节能减排技术、数控技术和制造质量等多方面取得了长足进步，很多新型装备达到或接近了国际先进水平。未来，节能减排仍然是装备发展主题，智能化正在提上发展日程。

1. 国产印染装备的技术进步历程

新中国走过的七十年也是国产印染机械工业自主发展的七十年。中华人民共和国成立初期，我国印染机械工业是一张白纸，此后的五十年间，中国的印染机械行业经历了五次大发展，五次大的产品更新换代。从 20 世纪 50 年代至 90 年代末，我国自行设计制造了多种型号的棉型机织物成套印染机械，先后有 54 型、65 型、71 型、74 型和 96 型印染机械问世，为我国印染工业提供了全套生产装备。54 型到 74 型印染设备是在纯计划经济时期发展起来的，由纺织工业部组织全国的智力资源和制造力量，采取会战的形式设计、生产，开发成果全国共享，全国“一张图”。这些印染设备的开发成功对当时国民经济的发展起到了重要作用，为第一、第二个五年计划开始的我国纺织工业起步和后续发展打好了基础。74 型印染设备是我国印染机械工业的第四代产品，是我国印染机械工业发展历程中的一个里程碑，由它产生的理论、数据和结构特点沿用至今，在其后岁月中一直是教科书中的范例，设备流程至今无大的改变。74 型印染联合机采用多单元可控硅调速直流电动机驱动，取代了长边轴传动刚性同步结构，改变了织物张力控制方式。在时隔二十多年后的 1996 年，中国纺织总会组织国内技术力量研究新一代印染设备，即 96 型棉、涤棉染整设备，产品开发延续至“十五”期间。在技术方面，96 型印染设备的主要进步在于机电一体化程度大为提高，首次将印染工艺参数在线检测与控制系统列入研发系列，首次将节能与可靠性的理念应用于产品开发。从 96 型印染设备开始，我国印染机械行业逐渐淘汰了铸铁结构的机型，代之以新型不锈钢结构；2200～3600mm 的宽幅印染设备制造技术开始成熟；全面采用交流变频调速电动机，淘汰了直流电动机驱动，使设备运行稳定性大幅提升，联合机同步性能明显改善；联合机和单元机的制造质量普遍提高，机械车速明显提高，如丝光机和定形机的车速可以达到 100m/min 甚至以上。到“十五”规划结束，国产印染装备基本解决了色差、纬斜和缩水三个老大难问题，“跑、冒、滴、漏”不再是国产设备的标签，已经可以替代进口产品。

20 世纪中国的纺织和印染工业主要目标是解决国民的穿衣问题，为此印染设备制造业以生产连续式设备为主。90 年代以来，印染行业出现小批量、多品种的生产模式，满足出口加工、个性化和休闲的需求，装备制造企业开始注重间歇式和半连续式印染设备的发展。进入 21 世纪，印染装备向精细化方向发展，特别是数控技术的应用，使各项工艺参数逐步实现高精度控制，降低了各种消耗，减少了对人工的依赖。随着国家环境保护要求的提高，节能减排成为印染装备的发展主题，各种节能减排的新工艺、新技术、新设备不断涌现，为纺织工业提供了琳琅满目的机械产品。未来，印染装备将继续走节能减排与精细化发展之路，不断适应差异化产品的市场需求。装备制造企业将进军信息系统和物流装备，促进印染生产实现全流程信息贯通和物流联通。

2. 我国印染机械的总体情况

进入 21 世纪，我国印染工业规模扩张的速度加快，能耗与排放总量越来越大，节能减排成为行业发展的核心，印染装备也通过各种创新来满足行业的发展需要。特别是“十二五”和“十三五”期间，国产印染机械的数控技术应用水平和节能减排水平大幅提高，技术进步速度加快。新型国产装备全部实现数控，综合技术水平达到或接近国际先进，出现了一批国际领先的印染机械。国产印染机械以性价比高、产品工艺适应性好、服务及时、易维修等特点，受到市场的普遍欢迎，“十三五”末的国内市场占有率达到 80%，约 10% 的产品出口。

随着我国机械工业总体技术水平的提高，我国印染机械制造企业的制造水平和装备水平都在快速提升。近年来，不少印染机械制造企业引进了国内外先进的机械制造技术与机床设备，使国产印染机械与配套件的制造质量有明显进步。激光切割、数控加工中心、焊接机器人、钣金机器人等先进设备已经进入印染机械制造企业，有效提高了生产效率和产品质量，装备运行可靠性明显提升。

机织物印染机械是印染工业的基础装备，是我国最早发展起来的印染机械，包括各类前处理设备、染色设备、圆网和平网印花机，以及后整理设备等。如前文所述，机织物印染机械经过几十年的发展，其流程经过了多次优化，可以适应国内绝大多数种类的棉型机织物的印染要求。目前，装备的工艺参数数字化在线监控系统得到广泛应用，大部分工艺参数和机械参数可以被采集。机台普遍配备余热回收、洗液过滤回收系统，烟气净化与热回收系统，有效提高了水和能源的利用率。数控辅助系统，如染料助剂称量配送系统、印花浆料制备系统、丝光机碱液浓度检测与配液系统、数字化喷墨制网设备等得到大量应用，减轻了工人的劳动强度，也减少了化学品浪费。数码喷墨印花机是印染工业进入数字化时代的标杆，Single Pass 机型的印花速度达到圆网印花机的速度，扫描式数码喷墨印花机的印花速度与平网印花机相当，圆网/平网 + 数码喷墨印花联合机、双面喷墨印花机等研发成功。在国内市场，间歇式染色机体量上超过了连续式装备，低浴比气液染色机和喷射染色机广泛用于针织物和化纤织物的染色和湿处理。全国各种间歇式染色机（包括液流缸、气流缸、气液缸、纱缸等）年总产量约 12500 台，其中 O 型布缸约占七成，其不锈钢用量约占印染装备总不锈钢用量的八成。定形机是印染工厂中不可缺少的装备，据中国纺织机械协会统计，我国中档以上定形机的制造商 30 余家，近几年年总产量达到 1700 台以上，而十年前仅为 800 台左右。定形机也是高耗能装备，制造企业在节能减排上做了大量改进，包括开发了工艺参数在线检测与控制技术、中压蒸汽等清洁能源的应用技术、烟气过滤与余热回收利用技术等，加强了机体保温。筒子纱全自动成套染色设备继“十二五”取得重大成果后，继续向大容量、高效、全流程方向发展。染化料自动配送系统根据市场需求的变化不断优化作业流程。后整理设备的种类越来越丰富，柔软、摇粒、低张力烘干等设备实现国产化。二氧化碳超临界染色、涤纶织物少水连续式染色、新型液氨整理等创新装备的技术研究取得较大进展，或进入中试阶段。

总体上讲，我国尚存在科技创新能力有待提高，产品同质化较严重，差异化产品不足等问题。部分印染机械的产能过剩，带来低价竞争，不利于行业良性发展。一批专用装置仍依赖进口，包括数码印花喷头、高可靠性的传感器、橡胶制品、电气控制器等。装备的“信息孤岛”情况还普遍存在，不同厂家的装备的通信协议不统一，异构系统间的数据共享还未实现，亟须建立数字化工厂标准体系，制定行业通行的装备信息互联互通标准。

3. 国产主要印染装备的发展现状

3.1 连续式机织物平幅湿处理设备

多年来，连续式机织物平幅湿处理联合机在生产效率、自动化技术和节能减排技术等方面做了大量创新研发。联合机由不同功能的单元机组成，轧、洗、烘、蒸四大单元机的机构在不断优化、改进中日渐成熟。为提高水洗槽的洗涤效率，目前各设备制造商研发并推广了液下振荡、高速喷淋和回形穿布等结构形式。液下振荡装置采用内外转子结构，可引起洗液振动，破除平衡层，加快污物扩散。回形穿布结构的水洗槽较常规单排导布辊水洗槽的容布量翻倍，蒸洗时间延长，上层导布辊为主动辊，降低了箱内织物的运行张力。轧水轧车是联合机中的关键洗涤单元，也是牵引动力单元，近几年设备制造企业注意到了轧水轧车的节能作用，相继推出了多款油缸加压的“节能”轧车，替代气动加压的轧车，作为水洗末道轧车使用。新型“节能”轧车线压力达到60～80kg/cm，总压力在20t左右（达到气动轧车的两倍），可将轧余率从75%降低到50%左右。另外，前几年江阴博路威公司推出了带微孔弹性纤维轧水辊的真空吸水轧车，2021年无锡欧易博公司也推出了带有微孔吸水钢辊的真空吸水轧车，都能有效降低轧余率，对湿处理织物的后续烘干具有较好的节能作用。国产均匀轧车的制造质量和可靠性有较大提高，橡胶部件的寿命更长。退煮漂联合机配备的高给液装置使进入蒸箱的织物“饱和”带液，实现了液体的“透芯”，保证了织物得到良好的汽蒸效果。丝光机普遍配备了碱液浓度检测与配液系统，保证了丝光碱浓度的稳定和织物丝光效果的一致性，减少烧碱浪费。

目前多数国产退煮漂联合机和丝光机运行速度可达到100m/min以上，连续染色机可达到80m/min；机器幅宽从1800mm到3600mm，广泛适合服装与家纺面料的生产。近几年有企业推出大联合机模式，多机台联合运行，还有前处理双层进布、双层同时处理的应用，但这些新模式适合于单一品种大订单生产，以加快生产速度，缩短产品交货期。随着能源成本的持续增长，装备制造商对产品的节能减排十分重视，目前国产印染机械普遍加强了机体的保温，水洗槽、汽蒸箱的外表面均可加装隔热层，联合机轧水轧车被封闭，车间内不再有热气升腾的场面，既减少了热损失，也防止屋顶滴水损害布面质量。机台普遍配备了85℃以上高温废水热能回收系统、绒毛杂质过滤系统，使高温废水和热能得到再利用。

3.2 连续式针织物湿处理设备

国产针织物连续前处理设备已经发展多年，早在“十一五”期间江阴福达印机就推出了针织物连续水洗设备。经过多年的研发，配备辊床汽蒸箱和低张力大转鼓水洗机的国产针织物平幅连续练漂、水洗设备已获得市场认可，工艺流程基本成熟，在部分用户企业已经替代间歇式染色机进行前处理生产。针织物采用连续式处理方法较间歇式可节省水和热能三成以上。棉及其混纺针织物连续平幅练漂联合机设备大多采用煮练、漂白一步法（碱、氧一浴）轧蒸工艺流程。联合机由脱矿、高给液浸渍、汽蒸煮漂和中和水洗单元机组成，其中脱矿和煮练采用辊床或网带汽蒸箱，浸渍、中和水洗使用大转鼓水洗机，中和水洗也可采用网带堆置水洗箱。联合机运行速度为30～50m/min，低张力运行。另外，针织物印花、染色后连续水洗机也在用户企业得到越来越多的应用。立信高乐公司研发的染色后平幅水洗机用于棉类产品或再生纤维素纤维针织物的染色后平幅水洗工艺，织物低张力输送；该机主要单元机双转子水洗箱（SINTENSA CYCLONE TANDEM）采用大筛网转鼓，内置根据流体力学“伯努利原理”设计的 Cyclone“旋风转子”，对运行中的织物产生抽吸效果，加强洗液的穿透力，并有四根强力喷淋管对织物进行喷淋清洗。

针织物平幅连续式设备具有节能、节水、生产效率高和处理质量好等优点，也存在着卷边难以克服、易伸长等问题。近年绳状针织物连续式水洗、练漂设备得到市场关注。该机型采用间歇式喷射染色机原理的水洗喷头，液流驱动织物运行并进行冲刷，实现大流量洗液循环喷淋，还可在多个储布槽内分阶段松弛堆置，使织物得到充分渗透，有利于污物的去除。这种结构的水洗机的研发推广，实现了连续化松式处理，对提高针织物处理效率，降低水耗具有积极的意义，避开了针织物连续平幅处理时的卷边危及质量、易起皱和张力敏感的问题。

3.3 印花设备

印花机是连续式印染装备中运行精度最高的机械，圆网印花机相邻圆网的对花精度达到0.1mm，数码喷墨印花机喷印精度超过1200dpi。传统的圆网、平网印花机依然是印花的主流设备。目前，国产圆网印花机的年产量超过200台，占全球产量的60%～70%；近年来，国产斜台面机型受到用户欢迎，产量约占圆网印花机的四分之一；平网印花机年产量50～60台。国产数控圆网印花机有开放式和封闭式两种印花单元结构，适合快速更换花型品种和大订单印花，最高车速达到100m/min；刮刀和磁棒两种刮印方式，适用于印制各种机织和针织面料。近年来，国产圆网印花机在精细印花技术、数控技术、超大花回圆网印花技术等方面进行了创新。福建佶龙公司开发了磁台门幅可变圆网印花机，磁台磁力产生区域在布幅有效宽度内，非工作区无电能消耗和热损失。西安德高公司开发了网架升降机构，适应多种花回圆网的印花，最大可使用2500mm花回的圆网。超大花回镍网为中国首创。湖州惠盛公司制造的斜台面圆网印花机，浆料始终保持流动状态，消除了活性浆料积聚导致的水解失效问题。上海奇正印花机械有限公司研发了印花网版智能化输送与收发平网印花机，十套色网版的装版、对版时间由原有的约一小时缩短至5～10min，操作人员由原来的4～6人减少到1～2人。国产长环蒸化机在机构运动、工艺参数、温湿度等控制技术方面逐渐成熟，箱内温差控制在±1℃之内，可用于网印织物和喷印织物蒸化处理。扫描式数码喷墨印花设备是喷印主流装备，部分机型的喷印速度超过1000m^2/h，车速与平网印花机相当，且适应多种染料墨水，有些机型还可以使用涂料墨水印花。直喷机约占扫描式喷墨印花机年装机量的30%，其余为打纸机。全幅宽喷头高速数码喷墨印花机（Single Pass）是近几年的发展热点，其车速超过70m/min，达到圆网印花机的速度，4～12色可选。喷墨印花机因无须制版和精准着墨，没有制网、洗网环节的碳排放，减少了水洗负担和染料的浪费。

3.4 间歇式染色机和染化料自动配送系统

间歇式染色机以其良好的产品和工艺适应性，以及优良的处理质量，成为针织物和化纤织物湿处理的主力设备。随着这两类织物产销量不断增长，间歇式染色机年新增织物产能已经超过连续式设备。近年来，间歇式染色机制造商主攻低浴比染色、水洗技术，织物气流输送技术。开发了O型气液机组合式喷嘴、布水分离布槽、低能耗风机、内置提布辊等新型结构。组合喷嘴的出现，可实现气流、气液、液流喷射一机多功能，品种适应性更广。气液、气流染色机的浴比可低于1:3，液流喷射染色机的浴比可低于1:4.5。间歇式染色机的染色质量和一次成功率也在不断提高，这得益于数控技术的不断优化，目前染色机实现全过程监控，自动加料，水洗色度检测、盐浓度电导率检测等技术上线应用，优化了染程，降低了染化料与水、电、汽的消耗。恒天立信公司最新研发的混合功能高温染色机集气流、喷射和气液三种染色模式为一体，可根据不同织物品种和工艺要求，进行不同染色模式的选择，其自主研发的程序控制器具有可显示功能流程图、调节行机模式、实时监控工艺参数以及能效数据报告等功能。三技精密技术公司研发的涌泉式高温染色机的双喷嘴结构使织物在单次循环中通过双喷嘴与染液可进行两次交换，提高了织物单次循环匀染度。丹氏机械有限公司开发的在线工艺参数监测系统可以在线监控染液温度、pH值、盐浓度及色度。O型液流喷射染色机采用主循环染液均匀分配系统，减少染色管差。管式染色机缸体采用首尾高、中部低的形式，降低了管内存液量。筒子纱染色机采用低液位、脉动式液流，达到了降低浴比的目的。

与印染装备配套的自动化系统有多种，其中染料与助剂自动配送系统与装备联机工作，已成为印染生产实现自动化、精细化和节能减排的重要组成部分。杭州开源开发的染料与助剂自动配送系统可机械手搬运料桶、精确计量、快速响应，无人化输送，除称量尚需人工参与外，基本实现了全过程自动化，使工人摆脱了繁重且污染的手工劳动，大幅减少了染化料浪费，系统可以与车间MES系统联网运行，数据共享。

3.5 拉幅定形机

大多数类型的织物需要进行最终的定形整理，很多印染工厂还对前处理后的织物进行预定形处理，因此拉幅定形机具有很强的工艺需求。另外，近年来印染企业环保改造和园区搬迁，推动了定形机产销量的快速增长。经过几十年的发展，国产定形机的运行速度可达到100m/min以上，织物品种和工艺适应性有明显提高，应用面广，可适应各种纤维的机织物、针织物和非织造布的定形整理。

定形机配备轧车后可以进行多种功能性整理，配备涂布装置后还可作为涂层机使用。拉幅定形机是印染生产中的能耗和废气排放大户，加工 1t 针织布约需消耗标准煤 1.5t，其中定形机能耗约占 40%。定形机在工作中用于织物烘干与定形所消耗的热能占 29%，机体散热的能耗占 10%，废气散热能耗达到 61%，因此热能回收和废气清洁装置已是印染厂的必配系统。设备制造商开发出了使用清洁能源的定形机，天然气和热电厂直供的中压蒸汽成为拉幅定形机的主要热源，基本替代了以高污染的煤和重油做燃料的油锅炉。常州宏大推出了定形机节能数字化监控系统，用于优化烘干与定形时间曲线、监控布面与烘房温湿度、检测织物落布含潮率，能对烘干与定形温度和时间进行实时监测，避免织物因过度烘燥造成能源浪费。新型国产双层定形机为用户提供了新的定形生产解决方案；以浙江远信为代表的链条垂直回转式双层定形机适合针织物定形，节约了空间，降低了能耗；以无锡信谊、福建信龙为代表的层叠式双层定形机为用户提供了双倍产能。

4. 国产印染装备发展展望

“十四五”期间，国产印染机械在更加注重节能、环保的基础上，设备的运行效率和可靠性将进一步提高。针织物、合成纤维织物大批量染色生产将逐渐向连续化生产方式转变，印染工厂智能化装备与系统将开始形成，逐步降低生产过程中的水耗和能耗，促进纺织工业双碳目标的实现。

4.1 棉针织物连续染色生产线

棉针织物平幅练漂、丝光前处理和水洗均已经实现连续化生产，只有染色仍需要在染缸中进行，或进行半连续化的打卷冷堆染色。连续染色成为建立针织物平幅全流程连续化生产线的“卡脖子”环节。“十四五”期间，在前期工艺技术研究与样机制造的基础上，产学研结合，进一步研究针织物连续染色关键工艺技术与关键装备，开发实用的棉针织物平幅连续染色生产线。重点解决针织物卷边与收缩起皱对染色过程与质量的影响问题，研究张力控制与打底热风预烘技术、数字化监控技术，在全球率先打通针织物连续生产道路上的最后一个堵点。

4.2 涤纶织物连续染色生产线

合成纤维的产量，特别是涤纶的产量，已经大幅超过棉纤维。大批量中低档涤纶织物仍在染缸中进行染色，需要消耗大量的水和热能，研发涤纶机/针织物分散染料连续染色生产线，逐步实现涤纶织物连续染色，降低染色成本。过去几年，有多家企业和院校尝试了多种涤纶织物连续染色的方法，研究了相关无水染色工艺，开发了多种设备。连云港鹰游纺机开发的涤纶绒类织物全自动免水洗染色成套装备已经在连云港新立成纺织科技有限公司投产应用。福建信龙等公司也开发了分散染料热熔染色设备，为后续发展打下了基础。

4.3 印染装备异构系统间信息互联互通

在单机台工艺参数在线采集与监控技术不断发展的基础上，未来将逐步消除“信息孤岛”，实现异构系统间信息的互联互通，为纺织印染企业建立数字化、智能化工厂提供基础动态数据。“十四五”期间，将建立印染装备信息交互规范，制定信息模型与数据字典标准。该标准用于数控印染装备的研发、设计与运行维护，以及印染企业数字化工厂的建设和改造。由杭州开源电脑技术有限公司和东华大学承担的工信部“染整智能设备与制造系统间互联互通及互操作标准研究与试验验证”项目已经完成验收，项目完成了印染装备与制造系统间互联互通标准草案，研发了智能路由器，并在三家印染企业进行了验证，为印染机械和管理系统间实现跨平台的、安全可靠的信息互联互通进行了积极探索，后续工作将在此基础上开展。

4.4 印染车间物流系统

发展用于印染生产的智能化技术与装备，实现印染生产过程中物料智能化输送，降低工人劳动强度，提高工厂整体运行效率。智能化物料输送技术在其他领域已经得到成熟应用，碍于印染生产的特殊性，印染车间还没有可行的在制品智能化输送方案。考虑印染生产的特点、物料的特点，拟研发适合印染车间的物料智能化输送设备和监控系统，包括开发重载布卷、布车 AGV 运送设备和定位系统，浆料桶 AGV 运输设备和接驳装置，布匹自动缝纫接头设备等，逐步建立印染智能化物流系统。未来还将探索染缸自动进出布的可行方案。

5. 结束语

过去，国产装备所采用的技术基本来自引进，近十年来，引进速度放缓，自主研发成为产品发展的主要动力。在印染机械领域，技术开发以企业为主，企业根据市场需求调整产品研发方向，推出新产品。但企业普遍面临人才结构老化、后续力量不足、高端人才缺乏的问题。很多企业依赖院校做研究、搞开发，而目前院校中的技术力量偏重共性技术研究，对小众的印染机械专业技术研究开发力度不够，研发重任依旧在企业肩上。成绩突出，隐忧犹在，未来是人才竞争的时代，培养多层次人才是企业也是行业的重要任务，对提高产品创新能力至关重要。

印染行业用能用水现状分析及减排建议

杨爱民

佛山市清洁生产与低碳经济协会

1. 印染行业能源和资源消耗基本状况

1.1 印染生产的能源消耗

纺织印染行业是一个用能较大的行业，使用能源种类较多的行业，常用的能源有煤、天然气、液化气、蒸汽（不同的压力）、热水、生物质燃料、油料和电力等。能源种类较多的根本原因是提供热能的方式较多导致的。随着纺织印染工业园的不断发展，企业入园的数量不断增多，提供热能的能源已从以煤的消耗为主转向以热力/电力消耗为主。同时，随着节能减排工作的深入和行业生产规模的基本稳定，纺织印染行业的能源消耗量在逐渐降低。近几年纺织业能源消耗情况见表1。

表1　近几年纺织业能源消耗情况

项目		单位	2017年	2018年	2019年
能源	全国消费总量	万吨标准煤	448529.14	471925	487488
	制造业消费总量	万吨标准煤	245139.54	258604	268426
	纺织业消费总量	万吨标准煤	7487	7372	7398
电耗	全国消费总量	亿千瓦·时	64820.97	71508	74866
	制造业消费总量	亿千瓦·时	33594.63	36936	38109
	纺织业消费总量	亿千瓦·时	1684.9	1748	1760

资料来源：中国统计年鉴

从表1可见，纺织业能源消耗总量整体平稳。电耗总量有所增加，这与环境保护设施和自动化设备的增加有关。

根据表1的数据可以得到纺织业能耗和电耗占全国消费总量和制造业消费总量的比例变化情况，如图1所示。

从图1可见，近几年纺织业占全国能源或制造业消耗总量的比例是在逐步地下降的。

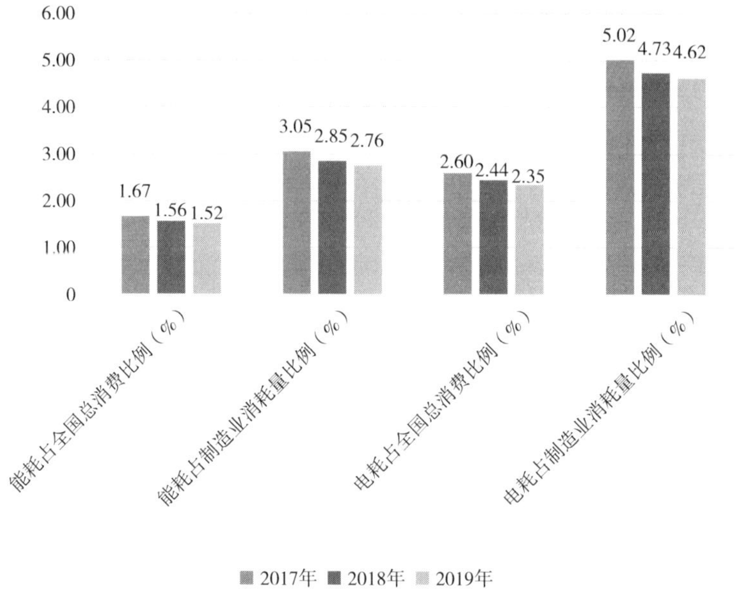

图 1　纺织业能耗所占比例

资料来源：根据中国统计年鉴数据整理

1.1.1　能源消耗结构

2019 年纺织业能源消耗情况见表 2。

表 2　2019 年纺织业能源消耗情况

能源种类	煤炭（万吨）	焦炭（万吨）	汽油（万吨）	柴油（万吨）	天然气（亿立方米）	电力（亿千瓦·时）
实物量	790.00	3.00	6.00	6.00	45.00	1760.00
万吨标准煤	564.30	2.91	8.83	8.83	546.44	2163.04
占比（%）	17.13	0.09	0.27	0.27	16.59	65.66

资料来源：中国统计年鉴

表 2 中的数据是全国纺织业消耗能源状况，包括纺纱和织布。因此，电耗的比例最大。

目前许多纺织印染企业已进入工业园，蒸汽成为纺织印染企业消耗量最大的能源，但在国家统计中没有统计蒸汽消耗量。

1.1.2　能源消耗变化趋势

随着节能减排和碳减排工作的开展，印染生产中热能的消耗量有较大幅度的降低。印染企业进入工业园也有利于印染企业热能消耗量的降低。然而，环保设施的不断完善和运行，生产自动化和智能化水平的提高以及生产条件的改善，印染生产的电耗在不断地增加。为了避免误会，在讨论单位产品能耗时，仅讨论单位产品综合能耗。

1.2 印染生产用水的消耗

我国的纺织印染生产是以湿加工为主的生产过程，印染生产需要消耗大量的水。根据2020年国家统计局公布的布产量推算，印染生产的年耗水量在10亿立方米数量级。生态环境部公布了《第二次全国污染源普查公报》的资料，其中，2017年纺织业排放的COD（10.98万吨）、氨氮（0.34万吨）和总氮（1.84万吨）均位于各排放行业的前三位。纺织印染的用水量不仅与水资源消耗有关，也与水污染的状况密切相关。纺织印染行业开展节水工作的意义重大。

随着纺织印染企业进入工业园区以及废水回用量的提高，纺织印染企业的用水结构发生较大的变化，由原来较单一的水源，自来水、自行处理河水或水库水，转变成为多种水源，其中有：蒸汽、热水、自来水、园区提供的工业用水以及工业园的中水（回用水）。纺织印染企业使用工业园区的中水的比例在不断提高。根据调研企业的数据统计，纺织印染企业水耗结构如图2所示，该数据仅做参考。

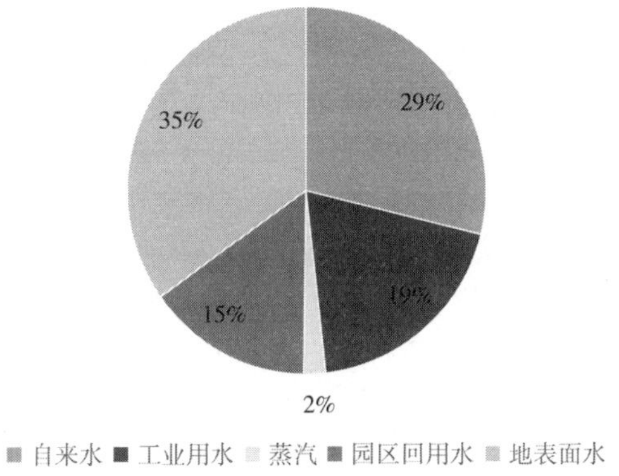

图2　纺织印染企业水耗结构

从图2可见，园区中水的使用比例达到了15%。

除了水源发生了变化，生产过程的水重复利用率也有较大幅度地提高，为35%~75%。

2. 印染产品能耗情况

根据2019~2021年，在广东省纺织行业能效对标（约100家企业）以及约

30多家广东省以外的印染企业数据统计分析产品能耗情况，本文数据仅作为参考，不能代表印染行业整体情况。

2.1　机织印染产品

2.1.1　品种和工艺流程

机织印染布是消耗量最大的纺织品。随着纤维的种类增多，机织印染产品的种类和品种不断地增多。产品的综合能耗与织品的纤维种类和含量有关，也与进行的加工工序有关。主要机织产品和基本工艺流程见表3。

表3　主要机织产品和基本工艺流程

序号	产品	基本工艺流程	备注
1	棉机织染整布	烧毛—丝光—退煮漂—染色—水洗—烘干—定形—包装	不含磨毛、抓毛等
2	棉机织印花布	烧毛—丝光—退煮漂—染色—水洗—烘干—定形—印花—蒸化—水洗—定形—包装	
3	化纤机织染整布	除油—染色—还原清洗—水洗—烘干—定形	不含碱减量、磨毛和抓毛等
4	化纤机织印花布	除油—染色—还原清洗—水洗—烘干—定形—印花—蒸化—水洗—定形—包装	
5	多纤维机织染整布	烧毛—丝光—退煮漂—一浴或两浴染色—还原清洗—水洗—烘干—定形—包装	
6	多纤维机织印花布	烧毛—丝光—退煮漂—一浴或两浴染色—还原清洗—水洗—烘干—定形—印花—蒸化—水洗—定形—包装	

注　1. 染色工艺包括了运用冷堆法、轧染或浸染等工艺。

2. 丝光工艺是指碱丝光，若是氨丝光将要适当增加能耗。

3. 印花工艺是指圆网印花、平网印花和滚筒印花。

2.1.2　单位产品能耗

对部分规模以上印染企业调研，得到主要机织印染布单位产品综合能耗见表4。

表4　主要机织印染布单位产品综合能耗

序号	品种	单位	数值	中位值	备注
1	棉机织染整布	kgce/hm	21.34～32.99	27.17	
2		kgce/hm	28.60～50.00	39.3	含织布
3	棉机织印花布	kgce/hm	52.62～86.70	86.7	含织布
4	化纤机织染整布	kgce/hm	19.20～26.30	22.75	
5		kgce/hm	22.88～38.62	30.75	含织布
6	化纤机织印花布	kgce/hm	42.14～65.40	53.77	含织布
7	多纤维机织染整布	kgce/hm	29.00～41.23	35.12	
8		kgce/hm	38.61～58.20	48.40	含织布
9	多纤维机织印花布	kgce/hm	58.94～94.60	76.77	含织布

注　1. 机织印染布单位产品综合能耗不仅与生产工艺流程有关，还与颜色的深浅、产品的缩水率以及生产的批次和规模等因素有关。

2. 表中多纤维织物表示织物中含有两种或两种以上的纤维。

3. 表中给出的数据来自调研企业。

2.2　针织印染产品

2.2.1　品种和工艺流程

针织印染布是近几年发展较快的纺织品之一，针织印染布的市场占有率在不断扩大。在统计和计算针织印染布综合能耗时，也规范了针织印染布的品种和基本工艺流程。见表5。

表5　主要针织印染布品种和基本工艺流程

序号	产品	基本工艺流程	备注
1	棉针织染整布	煮漂—染色—水洗—烘干—定形—包装	不含磨毛、抓毛、丝光等工序
2	棉针织印花布	煮漂—染色—水洗—烘干—定形—印花—蒸化—水洗—定形—包装	
3	弹力棉针织染整布	预定形—煮漂—染色—水洗—烘干—定形—包装	
4	弹力棉针织印花布	预定形—煮漂—染色—水洗—烘干—定形—印花—蒸化—水洗—定形—包装	
5	化纤针织染整布	除油—染色—还原清洗—水洗—烘干—定形	不含碱减量、磨毛和抓毛等工序
6	化纤针织印花布	除油—染色—还原清洗—水洗—烘干—定形—印花—蒸化—水洗—定形—包装	

续表

序号	产品	基本工艺流程	备注
7	棉/化纤混纺针织染整布	煮漂——一浴法或两浴法染色—还原清洗—水洗—烘干—定形—包装	不含碱减量、磨毛和抓毛等工序
8	棉/化纤混纺针织印花布	煮漂——一浴法或两浴法染色—还原清洗—水洗—烘干—定形—印花—蒸化—水洗—定形—包装	

注 煮漂和染色工艺包括了浸染法、冷堆法、平幅连续以及混合工艺。印花工艺是指圆网印花、平网印花和滚筒印花。

2.2.2 单位产品综合能耗

与机织布的情况相同，在讨论单位产品能耗时，仅使用单位产品综合能耗，而不讨论单位产品的电耗情况。主要针织印染布的综合能耗见表6。

表6 主要针织印染布的综合能耗

序号	产品品种	单位产品综合能耗			备注
		单位	范围	中位值	
1	棉针织染整布	kgce/t	651～1672	1162	
2		kgce/t	852～2252	1552	含织布
3	棉针织印花布	kgce/t	1120～2522	1821	
4	弹力棉针织染整布	kgce/t	800～1822	1311	
5		kgce/t	1002～2372	1687	含织布
6	弹力棉针织印花布	kgce/t	1270～2624	1947	
7	化纤针织染整布	kgce/t	488～1200	844	
8		kgce/t	724～1576	1150	含织布
9	化纤针织印花布	kgce/t	896～2056	1476	
10	棉/化纤混纺针织染整布	kgce/t	866～2173	1520	
11		kgce/t	1120～2750	1935	含织布
12	棉/化纤混纺针织印花布	kgce/t	1550～2741	2145	

注 表中数据是针对部分规模以上企业调研得到的。

2.3 色纱产品

2.3.1 品种和工艺流程

柜式染纱机和射流染色机已被列入高耗水限期淘汰的设备目录，因此仅统计筒子染纱机的能耗情况。筒子染色色纱品种和基本工艺流程见表7。

表7　筒子染色色纱品种和基本工艺流程

序号	产品	基本工艺流程
1	棉筒子染色色纱	络筒—煮漂—染色—水洗—烘干—包装
2	化纤筒子染色色纱	络筒—除油—染色—还原清洗—水洗—烘干—包装
3	混纺筒子染色色纱	络筒—煮漂—一浴法或两浴法染色—还原清洗—水洗—烘干—包装

注　表中烘干工序包括蒸汽烘干和微波烘干。

2.3.2　单位产品综合能耗

筒子染色色纱产品综合能耗见表8。

表8　筒子染色色纱产品综合能耗

序号	产品品种	单位产品综合能耗		
		单位	范围	中位值
1	棉筒子染色色纱	kgce/t	579～1103	841
2	化纤筒子染色色纱	kgce/t	610～1200	905
3	混纺筒子染色色纱	kgce/t	758～1350	1054

注　表中数据显示三种色纱的综合能耗相差不大。

2.4　牛仔面料

2.4.1　品种和工艺流程

牛仔面料是机织色织布的种类之一。牛仔服装已成为品种较多、产量较大的服装种类。牛仔面料的生产工艺流程具有鲜明的独特性，各工序的分工明显。可将牛仔面料作为一个单独的产品讨论。

牛仔面料的品种较多，生产工艺流程由织布、浆染纱和后整理等组成。浆染纱可分为片染工艺和束染工艺。牛仔面料生产工艺见表9。

表9　牛仔面料生产工艺

序号	工艺	基本生产工序
1	浆染纱（片染）	络筒—整经—浸染—烘干—浆纱—烘干
2	浆染纱（束染）	络筒—球经—浸染—烘干—整经—浆纱—烘干
3	后整理	烧毛—退浆—丝光—预缩—定形

在浆染纱片染工艺中，染色、浆纱以及烘干都是在同一台浆染联合生产线上完成的。

2.4.2　单位产品综合能耗

牛仔面料生产有各工序的综合能耗。织布不属于印染生产过程，在表10中未将织布工序的综合能耗单独列出。

表10　牛仔面料生产单位产品综合能耗

序号	产品品种	单位产品综合能耗			备注
		单位	范围	中位值	
1	浆染纱	kgce/hm	14.22～36.20	25.21	含片染和束染工艺
2	牛仔面料	kgce/hm	36.40～52.40	44.4	含织布、浆染和后整理

注　综合能耗不包括磨毛等加工工艺的能耗。

3. 印染产品水耗情况

3.1　印染生产用水

我国印染生产工艺仍是以湿加工为主，生产过程中需要消耗大量的水。节水技术和设备的推广和运用，大幅降低了印染生产的水耗，水重复利用率有较大幅度的提高。目前，衡量企业用水水平仍是以单位产品取水量作为主要评价指标。

企业的取水量是指企业向外购买的各种蒸汽、热水、工业水以及各种水质的中水的总和。需要说明的是，企业通过外部购入的中水仍按取水量计算；而企业从自有废水处理站获得的中水回用，其水量不属于取水量。生产企业在生产过程中使用了相当比例的重复用水量和回用水量，实际生产工艺过程的用水量是大于企业的取水量。

3.2　主要印染产品取水量

主要印染产品的单位产品取水量可见表11。

表11　主要印染产品单位产品取水量

序号	产品品种	单位产品取水量		
		单位	范围	中位值
1	棉针织染整布	m^3/t	65～120	92.5
2	化纤针织染整布	m^3/t	45～96	70.5
3	棉/化纤混纺针织染整布	m^3/t	70～160	115
4	棉针织印花布	m^3/t	145～180	162.5
5	化纤针织印花布	m^3/t	125～156	140.5
6	棉/化纤混纺针织印花布	m^3/t	150～220	185
7	棉机织染整布	m^3/hm	0.88～1.85	1.36

续表

序号	产品品种	单位产品取水量		
		单位	范围	中位值
8	化纤机织染整布	m^3/hm	0.76～1.56	1.16
9	多纤维机织染整布	m^3/hm	1.2～2.4	1.8
10	棉机织印花布	m^3/hm	2.08～2.65	2.4
11	化纤机织印花布	m^3/hm	1.96～2.36	2.2
12	多纤维机织印花布	m^3/hm	2.4～3.2	2.8
13	棉筒子染色色纱	m^3/t	60～110	85
14	化纤筒子染色色纱	m^3/t	45～86	65.5
15	混纺筒子染色色纱	m^3/t	70～150	110
16	浆染纱（片染/束染）	m^3/hm	0.54～0.98	0.76
17	牛仔面料	m^3/hm	1.18～1.84	1.52

注 1. 表中各产品的工艺与单位产品能耗所对应的工艺相对应。

2. 弹力针织布的耗水量与非弹力针织布的耗水量接近，在此，没有分别讨论。

3. 在实际中，各企业单位产品取水量的差异还是很大的。这与企业的水重复利用和使用回用水量有很大关系。

4. 印染生产能源消耗分析

印染生产过程中，生产设备的能源消耗状况是重要的，其中，染色机、定形机和烘干机是最主要的能源消耗设备。对这些设备能源消耗状况进行分析或研究，是提高设备能效、减少生产过程能耗的有效途径。

4.1 染色机的能源消耗

染色机的能耗包括热能消耗和电能的消耗。影响染色机能耗的因素有染色机设计和生产有关的因素和染色机实际使用过程有关的因素。

4.1.1 与构造相关的因素

染色机设计和制造过程中影响染色机能耗的因素如下：

（1）染色机构造设计。染色机构造设计关系到染色机换热效率及散热情况。例如，染色机机身、热交换器的大小和位置，与染色机热效有着直接的关系。

（2）染色机浴比。染色机的浴比与染色过程的能耗关系较大。浴比越大，染色生产过程的水耗越大，从而加热所需的能耗量越大。

（3）染色机带织物的动力。对于染物运动为主的染色机，带动织物运动的介质对染色机的能耗有着一定的影响，例如，以气带动织物运动的染色机耗电量较大。

（4）染色机的主要配件，如水泵、热交换器等，对染色机使用能耗影响很大。能效不同的水泵在运行中耗电量不同；热交换器的效率直接影响染色机所需要的热量。

（5）染色机的密封性。染色机的密封性不好会导致漏气漏水，增加能耗。

4.1.2 与操作相关的因素

染色机能耗不仅与染色机的设计和制造有关，还与染色机的操作有关。主要因素如下：

（1）染色生产工艺。染色生产工艺是直接影响染色过程的能耗，染色工艺的选择包括染化助剂的选择、生产工艺曲线的设定等。工艺设计合理，出现的问题少，一次成功率高，总的能耗低。

（2）染色机的保温。在染色生产中，因染色机的外表面较大，如果不保温会导致散热量较大，增大了生产热能。

（3）员工操作是否规范也是影响染色生产能耗的重要因素，而且是一个无规律的变化。

（4）生产计划的合理性对生产能耗也有影响。

4.1.3 染色机的能效等级

为了进一步促进染色机的改进和提高，国家工信部发布了纺织行业标准《染色机能效限定值及能效等级》。该标准确定了常用染色机的能效等级，见表12。

表12 常用染色机能效等级及限定值

染色机种类	能效等级				
	能源	1级	2级	3级	限定值
O型高温高压气流染色机	热耗（kJ/t）	2.0×10^6	2.3×10^6	2.6×10^6	2.6×10^6
	电耗［kW·h/（t·min）］	0.88	1.01	1.14	1.14
O型常温常压气流染色机	热耗（kJ/t）	1.5×10^6	1.7×10^6	2.0×10^6	2.0×10^6
	电耗［kW·h/（t·min）］	0.88	1.01	1.14	1.14
O型高温高压非气流染色机	热耗（kJ/t）	2.0×10^6	2.3×10^6	2.6×10^6	2.6×10^6
	电耗［kW·h/（t·min）］	0.53	0.61	0.69	0.69
O型常温常压非气流染色机	热耗（kJ/t）	1.5×10^6	1.7×10^6	2.0×10^6	2.0×10^6
	电耗［kW·h/（t·min）］	0.53	0.61	0.69	0.69
L型高温高压染色机	热耗（kJ/t）	2.2×10^6	2.5×10^6	2.8×10^6	2.8×10^6
	电耗［kW·h/（t·min）］	0.58	0.67	0.76	0.76

续表

染色机种类	能效等级				
	能源	1级	2级	3级	限定值
L型常温常压染色机	热耗（kJ/t）	1.6×10^6	1.9×10^6	2.1×10^6	2.1×10^6
	电耗［kW·h/（t·min）］	0.58	0.67	0.76	0.76
高温高压筒子纱染色机	热耗（kJ/t）	1.8×10^6	2.0×10^6	2.3×10^6	2.3×10^6
	电耗［kW·h/（t·min）］	0.45	0.52	0.59	0.59
常温常压筒子纱染色机	热耗（kJ/t）	1.3×10^6	1.5×10^6	1.7×10^6	1.7×10^6
	电耗［kW·h/（t·min）］	0.45	0.52	0.59	0.59
高温高压经轴染色机	热耗（kJ/t）	1.7×10^6	1.9×10^6	2.2×10^6	2.2×10^6
	电耗［kW·h/（t·min）］	0.40	0.46	0.52	0.52
常温常压经轴染色机	热耗（kJ/t）	1.3×10^6	1.4×10^6	1.6×10^6	1.6×10^6
	电耗［kW·h/（t·min）］	0.40	0.46	0.52	0.52
高温高压卷染染色机	热耗（kJ/t）	1.8×10^6	2.0×10^6	2.3×10^6	2.3×10^6
	电耗［kW·h/（t·min）］	0.37	0.43	0.48	0.48
常温常压卷染染色机	热耗（kJ/t）	1.4×10^6	1.6×10^6	1.8×10^6	1.8×10^6
	电耗［kW·h/（t·min）］	0.37	0.43	0.48	0.48

注 1. 气液染色机属气流染色机；匀流染色机根据机身的情况，分别归属O型或L型染色机。

2. 表中数据是在空白条件下测试的，是针对染色机的设计和制造，而不是针对实际生产，不能作为实际生产的能效等级。

4.1.4 染色机的热效率

染色机热效率是用于评价染色机能效的另一个指标。通过对染色机热效率的测定不仅可以分析提高染色机能效的方法，还可以与工艺研究相结合，制订出能效更高的染色工艺。表13为染色机热效率检测的一个实例。

表13 染色机热效率检测数据

序号	起始温度（℃）	升温速度（℃/min）	终止温度（℃）	热效率（%）	备注
1	35.6	3	50	14.2	为环境温度
2	50	2	75	93.4	升温阶段
3	75	1	85	52.0	升温阶段
4	85	—	85	0	保温阶段
5	85	0.5	88	29.9	升温阶段

续表

序号	起始温度（℃）	升温速度（℃/min）	终止温度（℃）	热效率（%）	备注
6	88	—	88	0	保温阶段
7	88	0.5	93	37.6	升温阶段
8	93	—	93	0	保温阶段
9	93	0.5	95	35.3	升温阶段
10	总热效率			29.2	

从表13中的数据可见，在升温阶段中，升温速度越快，热效率就越高。

4.2 定形机的能源消耗

4.2.1 定形机的热能消耗

定形机是另一个耗能较大的染整设备。定形机的热能消耗约占染整总能耗1/5。作为定形机热源的有蒸汽、导热油、天然气、液化气和电，不同的热源能效有一定的差异。减少定形机热能消耗将是定形机使用中重要的工作之一。定形机热系统示意图如图3所示。

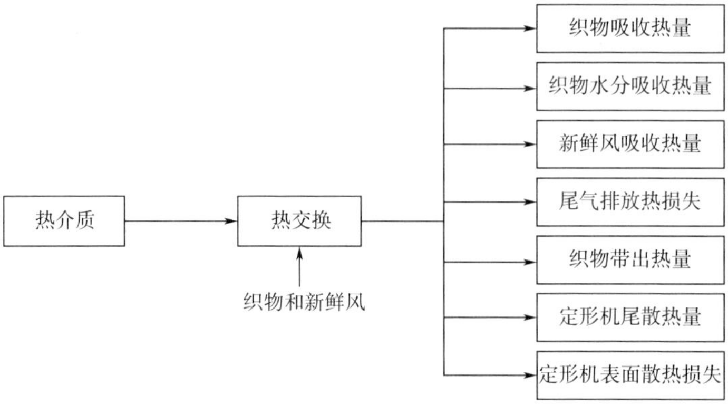

图3　定形机热系统示意图

4.2.2 减少定形机热能消耗的途径

（1）降低定形织物的含水率。待定形织物的含水越大，定形时消耗的热能就越多。由图4可知，织物含水率越大，定形时所需热量越多。

（2）控制新鲜风的风量。控制新鲜风量实际上就是控制尾气的排放量。可以将尾气中的湿度作为控制排气量的指标。

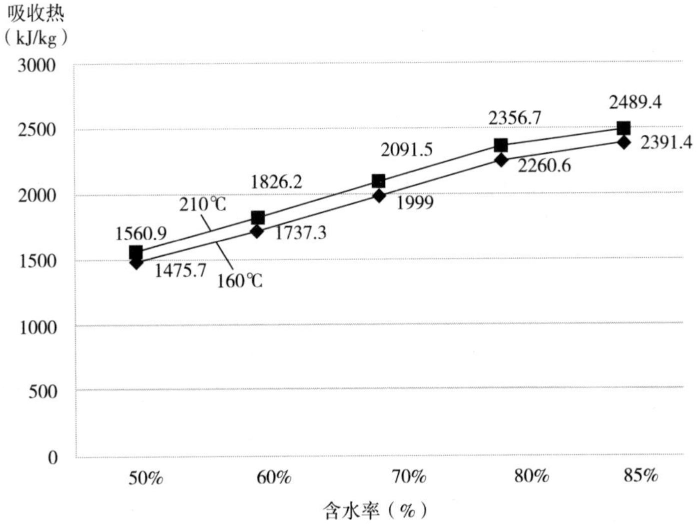

图4　定形温度、织物含水率与所需热量关系示意图

（3）定形机尾气的量较大，温度较高（通常在170～210℃），具有回收利用的价值。定形机余热的回收还有利于尾气的处理。定形机尾气余热回收可以有气—气热交换和气—液热交换两种形式。

4.3　烘干能源消耗

4.3.1　烘筒

烘筒烘干是最常用的烘干方式之一，尤其是对于机织布长车工艺，基本上都是采用烘筒烘干。烘筒烘干的节能关键在于烘干后织物的含水率控制、烘筒疏水阀以及烘筒侧面保温等几个方面。

4.3.2　箱式烘干机

箱式烘干机是密封式烘干，热能利用效率较高。箱式烘干机的节能在于电动机的变频、织物的含水率控制等方面。

4.3.3　立式烘干机

立式烘干机属于开放式或半开放式的烘干机，热利用率低。在针织染整生产中，部分产品利用立式烘干机的吹风效果，改善织物的幅宽。除此之外，在一般情况下，尽可能不使用立式烘干机。

5. 关键节能节水技术

中国印染行业协会从2007年起，每年都公布《中国印染行业节能减排先进技术推荐目录》，所推荐的技术得到广泛运用，为节能减排工作做出了贡献，其中部分技术已经成为纺织印染行业节能减排的关键技术。

5.1 染色生产的关键技术

5.1.1 低浴比染色工艺

先进的技术已将浴比从1:(8~10)下降到1:(4~5)，部分筒子染纱机的浴比最低达到1:3.5。染色浴比的降低不仅降低了生产的水耗，也降低热能的消耗。部分低浴比染色机，例如气流染色机，会增大部分的电能，但是总的综合能耗还是下降的。表14是两种染色机的对比。

表14 两种浴比染色工艺的对比

序号	项目	大浴比染色机	小浴比染色机	对比
1	浴比	1:8	1:4	降低50%
2	水耗（m^3/t）	76	61	降低20%
3	电耗（kW·h/t）	370	303.4	降低18%
4	蒸汽（t/t）	5.4	4.43	降低18%
5	助剂（kg/t）	178	142	降低20%

由表14可知，运用小浴比染色技术具有显著的节能减排效果。

5.1.2 化纤机织布真空吸水工艺

机织化纤织物吸水性较差，在染后的脱水干燥时可以用真空吸水的技术代替传统的蒸汽烘干工艺，降低生产的热耗。

5.1.3 针织染色多种工艺组合

将冷堆法和平幅水洗工艺结合浸染工艺，运用到针织染色，可以大大地降低生产能耗和水耗，提高生产效率。图5是针织物染色多工艺组合的示意图。

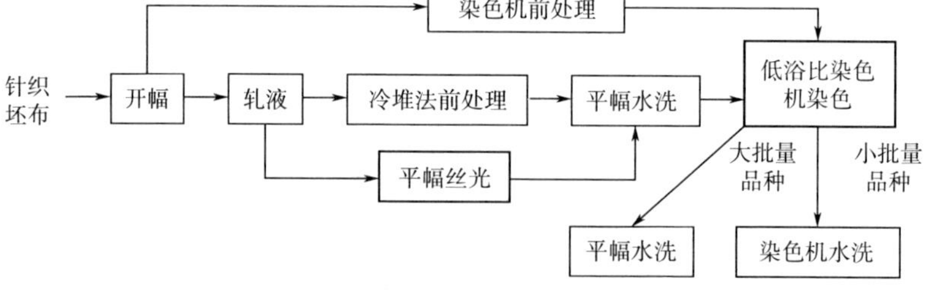

图5 针织物染色多工艺组合示意图

由图5可知，多工艺组合的染色既考虑到针织物的特点和小批量生产的情况，也将连续生产方式融入其中，大幅提高平幅连续水洗等工艺的实用性，降低生产能耗和水耗。

5.1.4 针织物平幅连续煮漂工艺

针织物平幅连续煮漂工艺是连续式生产，提高了生产效率，降低了助剂、能源和水的消耗。表15是针织物两种煮漂工艺的成本对比。

表15 针织物两种煮漂工艺的成本对比

序号	项目	单位	传统煮漂工艺	平幅煮漂工艺	对比
1	水耗	t/t	26.3	15	降低42.96%
2	电耗	kW·h/t	90.14	6.4	降低91.88%
3	蒸汽	t/t	19.2	141	降低92.66%

由表15可知，针织物平幅煮漂工艺可节水40%以上，节约热能80%以上，具有很好的经济和环境效益。

5.1.5 冷堆法染色工艺

冷堆法染色，尤其是棉针织物的冷堆法染色，是棉针织物染整加工的一大改进。针织物冷堆法染色工艺具有能耗、水耗低等优点。表16是针织染色中两种染色工艺的成本对比。

表16 针织染色中两种染色工艺的成本对比

序号	项目	单位	传统浸染工艺	冷堆法染色工艺	对比
1	水耗	t/t	105.88	36.4	降低65.62%
2	电耗	kW·h/t	248.04	169.31	降低31.74%
3	蒸汽	t/t	3.95	1.87	降低52.66%

由表16可知，冷堆法染色工艺在针织物的染色中，节能节水效果十分明显。

5.1.6 染化助剂的自动化称量和输送

染化助剂的自动化称量、化料和输送系统不仅减少了人工，降低了劳动强度，更重要的是避免和减少在染化助剂称量等过程中的人为失误，提高了生产效率，提高了工艺的成功率，对降低生产能耗和水耗也有一定的积极作用。

5.1.7 短流程退煮漂工艺

随着染整设备和纺织助剂的性能提升，使机织物短流程退煮漂生产成为常用的工艺流程。短流程退煮漂工艺缩短了生产流程，减少了退煮漂过程能源和水的消耗，提高生产效率。

5.1.8 印染生产精确耗水在线测控

该技术采用高精度传感器和流量计和线性调节及智能控制装置组成水流量精确控制系统，同时，采用流量反馈的方式实现恒流量控制，尤其在水压变化、车速变化、品种更换或停车时，流量能自动跟随变化，保证洗净度的稳定性，有效实现水洗用水的精确定量控制，保证工艺的一致性和稳定性，节水率可达到20%～30%，同时还可减少蒸汽消耗。

5.1.9 泡沫涂料染色技术

泡沫染整技术是将染化料的承载介质由水改为泡沫。由于空气代替了部分水，使染整加工过程降低了水的耗用量，节省能源。泡沫染色的优点有：浴比小、显著降低各种助剂（如盐、碱和染料）的用量、缩短加工时间、提高织物表面得色量、提高织物的匀染性和降低染色废水量。表17是机织物两种涂料染色工艺的成本对比。

表17 机织物两种涂料染色工艺的成本对比

序号	项目	单位	轧染工艺	泡沫染色工艺	对比
1	水耗费用	元/100m	0.018	0.009	降低49%
2	电耗费用	元/100m	6.46	2.86	降低55%
3	热能费用	元/100m	9.86	5.98	降低39%
4	原材料费用	元/100m	130～170	104～140	降低30%
5	人工费用	元/100m	2.02	1.40	降低44%

与涂料轧染工艺相比较，泡沫涂料染色工艺将降低生产成本40%以上。

5.1.10 液氨无水丝光

液氨无水丝光生产包含织物丝光、除氨、氨回收和循环、冷却以及控制等系统。经过前处理的织物经过氨的浸渍后，作用一定时间，然后将织物中的氨去除。除氨工序是在高温高压罐中进行。蒸发出来的氨经氨回收和循环系统再被收集，经过处理，再回用到丝光。冷却系统是独立的系统，用于氨的冷却。整个生产流程都是由电子计算机控制。表18是两种丝光工艺对比。

表18 两种丝光工艺对比

序号	项目	单位	碱液丝光工艺	液氨无水丝光工艺	备注
1	烧碱浓度	g/L	220～250	—	
2	烧碱用量	kg/100m	30～35	—	
3	用水量	m^3/100m	1.3～1.4	0.014	氨无水丝光只有冷却水
4	液氨用量	kg/100m	—	3.66	
5	废水pH值		>12	—	
6	废水COD	mg/L	2000～3000	—	

续表

序号	项目	单位	碱液丝光工艺	液氨无水丝光工艺	备注
7	水耗费用	元/100m	0.88～0.96	0.008	
8	电耗费用	元/100m	2.42～2.86	17.8～20.8	
9	热能费用	元/100m	38.9～41.2	16～19	
10	原材料费用	元/100m	39～48	27.4	
11	人工费用	元/100m	0.64～1.10	6	

由表18可知，使用液氨无水丝光工艺每百米布可以减少0.1～0.13kgCOD的排放，降低生产成本约20%。

5.1.11　超声波高效振荡水洗箱

该装置通过辊筒转动将水洗机的静态水通过网孔辊冲击织物表面，变死水泡洗为活水冲洗，使需要多次泡洗的织物仅需一次冲洗即可达到工艺要求，同时U型槽结构可以减少箱内水体的污染，加强洗涤用水的使用效率，S型流通槽可以增加箱体水的使用次数，对提高用水效率起到较好的效果。

5.1.12　混纺或多纤维织物一浴法染色技术

随着新型面料的不断开发，混纺织物或多纤维织物的产品不断增多。混纺或多纤维织物染色是经典的两浴两步法染色工艺。利用先进的助剂或选择合适染料，将两浴两步法改为一浴法染色，可大幅地降低水耗和能耗，提高生产效率。表19是改性涤纶/锦纶弹力针织混纺织物两种工艺的成本对比。

表19　改性涤纶/锦纶弹力针织混纺织物两种工艺的成本对比

序号	项目	二浴二步法工艺	一浴法工艺	对比
1	织物重量（kg）	500	500	相同
2	耗水总量（t）	10	5	减少50%
3	耗电总量（kW·h）	246.6	171.6	减少30%
4	耗汽总量（t）	6.27	4.2	减少32%
5	耗时情况（h）	4.75	3.45	减少1.3h

由表19可知，改性涤纶/锦纶弹力针织混纺织物运用一浴法染色具有显著的节能、节水、省时效果。

5.2　定形生产节能关键技术

5.2.1　控制尾气排放

定形机尾气带出的热量占总热耗的27%～30%。控制定形机尾气的排放量是定形机节能的重要的一环。定形机尾气排放量的控制可以采用测量尾气中湿度、控制排放量以及用变频器控制电动机的运行等方法。

5.2.2 定形机尾气余热回收利用

定形机尾气风量较大（2700 ~ 3500m³/min），温度较高（160 ~ 220℃）。定形机尾气余热具有回收利用的价值。定形机尾气余热回收利用有气—气热交换或气—液热交换方式，余热回收后可直接用于定形机进风或得到热水用于其他地方。表20是气—气交换定形机尾气余热回收利用装置的节能效果。

表20 气—气交换定形机尾气余热回收利用装置的节能效果

项目	机台号	产量	耗汽量	单位产品耗汽量	对比
未配尾气余热回收	1#	2725kg	13.4t	4.92t/t	减少23.8%
配有尾气余热回收	5#	2053kg	7.71t	3.75t/t	

由表20可知，定形机尾气余热的回收利用具有很大的节能潜力。

5.2.3 定形蒸汽多级利用

在工业园区内的印染企业，或是自拥有锅炉的企业常以中压蒸汽作为定形机的热源。经过定形后，排出的是汽水混合物。该汽水混合物经过闪蒸罐减压，形成低压蒸汽和热水。低压蒸汽可用于染色机和烘干机，热水可作为生产用水使用，实现定形蒸汽的多级利用，充分利用蒸汽的热能。

5.2.4 旋转喷雾定形给液技术

织物在定形过程中常需要添加各种助剂，在某些条件下，需要添加两种或两种以上的助剂。若用轧液的方式给液，会出现助剂上染量不足和助剂之间有冲突的可能。在这种情形下，要对织物进行两次或以上的定形，增加了定形的能耗和工时。用旋转喷雾的方式给液可以避免二次定形，提高生产效率。

5.3 其他节能关键技术

5.3.1 优化牛仔面料生产工艺

在满足客户要求的条件下，优化了牛仔面料的后整理工艺，可以有效地降低生产能耗和水耗。实践数据表明，优化后的整理工艺可以减少40%以上的水耗和35%以上的热耗。

5.3.2 烘筒侧面保温

烘筒烘干是机织布和浆染纱烘干的主要形式。烘筒侧面的保温能有效地减少烘筒的散热损失。表21是一家印染企业烘筒侧面保温的效益分析。

表 21　烘筒侧面保温效益分析和总结

项目	表面温度（℃）	辐射热损失（kW）	对流热损失（kW）	总热损失（kW）	对比
保温前	150.00	46.58	100.00	146.58	89.6%
保温后	40.00	3.30	12.00	15.30	

注　每个烘筒侧面的面积为 0.5m^2，烘筒数量为 80 个，总面积为 40m^2。

从表 21 可见，烘筒侧面保温可以减少 80% 以上的热损失。

5.3.3　疏水阀选择与维护

在相当部分的印染企业中，存在着淘汰型号疏水阀或疏水阀失效的情况，导致蒸汽的浪费。做好疏水阀的选择和维护可有效地减少蒸汽损失。表 22 是一家企业对疏水阀检查后所得到的分析结果。

表 22　疏水阀泄漏损失蒸汽分析

项目	漏气疏水阀数（个）	平均漏汽量（kg/h）	工作时间（h/d）	年工作时间（d）	年蒸汽损失量（t）
数据	30	18	18	320	103.7

由表 22 可知，每个失效的疏水阀平均一年要浪费 3～4t 蒸汽。

5.3.4　蒸汽管道及阀门的保温

蒸汽管道和阀门的保温状况对减少蒸汽的损失有着较大的影响。表 22 是蒸汽管道和阀门保温的成效分析。

表 23　蒸汽管道和阀门保温的成效分析

项目		表面温度（℃）	辐射热损失（kW）	对流热损失（kW）	总热损失（kW）	对比
1m 蒸汽管道	保温前	60	0.044	0.142	0.186	73.1%
	保温后	35	0.01	0.04	0.05	
1 个阀门	保温前	200	0.108	0.186	0.294	88.0%
	保温后	50	0.008	0.027	0.035	

由表 23 可知，蒸汽管道和阀门的保温对于减少蒸汽的损耗具有十分积极的作用。

5.3.5　蒸汽分压使用

印染生产中使用蒸汽的环节较多，而各个用汽点的用汽方式和要求有所不同。合理地确定蒸汽压力和供汽方式可以减少蒸汽无效消耗和提高蒸汽的利用效率。常见的用汽点情况分析见表24。

表24 常见的用汽点情况分析

序号	用汽设备	蒸汽特点	蒸汽压力（MPa）	备注
1	染色机	染色时保证升温速度3℃/min	0.5～0.7	
2	水洗槽	稳定平稳供汽	0.1～0.3	
3	烘筒	温度在110～120℃，供汽稳定	0.2～0.3	
4	箱式烘干机	温度在110～120℃，供汽稳定	0.2～0.3	
5	定形机	温度在180～240℃，用汽量大	1.8～2.5	

在实际工作中还要考虑到蒸汽管道的管径、蒸汽管道的长度以及设备的数量等因素。

5.3.6 压缩空气系统节能

空压机是印染生产必备的耗能设备，也是耗电量较大的设备。压缩空气系统的节能主要有以下内容：

（1）选择节能的空压机，例如螺杆式空压机等。

（2）配置功率大小合适的空压机。

（3）合理设置压缩空气管道，尽可能利用环状的布局，同时根据使用压力的情况，分高压供气管和低压供气管。

（4）用疏水阀代替定时排水。

在条件许可的情况下，用硬质输气管代替软质输气管。

6. 节能、节水、减碳建议

6.1 概述

随着我国经济和社会的不断发展，要建设生态文明社会，工业生产的节能减排工作会进一步加强。“碳达峰”和“碳中和”目标的提出，更加凸显节能减排的重要性，也增加了该项工作的复杂性。中国印染行业协会在《印染行业“十四五”发展指导意见》中明确提出“十四五”印染行业绿色发展目标：“机织物单位产品水耗降至1.3吨水/百米，综合能耗降至32千克标煤/百米；针织物单位产品水耗降至85吨水/吨，综合能耗降至1.1吨标煤/吨。印染行业水重复利用率进一步提高，达到45%以上。单位产值能耗较‘十三五’末降低13%，水耗降低10%。”要达到上述目标还需要做较大的努力。

6.2 不断端正态度和提高认识

经过持续推进节能减排工作，企业的管理者和经营者对节能减排的认识都有较大的提高。然而，目前企业在节能减排工作中遇到的较严重的阻碍仍然是企业管理者或经营者的节能认识和意识不足。在端正态度和提高认识的过程中，要改变一些错误的观念，树立正确的观念。改变节能已到尽头的错误观念，需要对节能工作不断深入和细化；改变在节能中“头痛医头”的观念，要对节能工作开展全面、系统、综合的分析；不能只重视设备等硬件的投入，要设备投入和企业管理同时重视和同时抓。

6.3　**改变能源消耗结构**

改变能源消耗结构是降低能耗和减少碳排放的有效途径。根据目前大部分印染企业都进入工业园的现实，改变能源消耗结构的工作重点放在再生能源的使用（如光伏发电）和改变定形热源（由蒸汽作为热源改为天然气做热源），部分有条件的企业可以使用生物质燃料。

6.4　**产品设计**

绿色产品设计和生产将是今后节能节水和碳减排工作的重要方向。当确定了一个产品后，生产该产品的能耗、水耗以及碳排放量都基本上确定在一定的水平。要将设计、研发和生产低能耗低水耗低碳排放量的产品作为企业节能减碳工作的重点。

6.5　**改变生产工艺**

当产品设计出来后，生产工艺的设计和选择就是重要的第二步，要选择和确定能源和水消耗较低的生产工艺。生产工艺的确定包含着新工艺的开发和研究以及原有工艺的改进。新工艺的研究和开发必须结合新的染化助剂运用和设备的运用。原有工艺的改进重点在提高工艺一次成功率。

6.6　**选择与维护设备**

在确定了生产工艺后，设备的选择和维护就上升为主要工作，应该选择能效较高、稳定性较好的生产设备，同时，需要对设备进行定期有效的管理和维护。需要重视维护蒸汽管道、蒸汽阀门、疏水阀等配件。

6.7　**加强生产管理**

加强生产管理是企业节能降耗工作的基本保证。只有强有力的管理力度和执行制度，才能使各个方面的积极性得到发挥，相关的要求才可以得到落实。加强生产管理，一方面要制定和严格执行相关的节能减排管理制度，尤其要对员工、班组或机台进行节能考核，从而调动员工的积极性；另一方面要积极提高管理的手段和效率，运用先进的技术加强生产管理，例如，能源消耗量实时自动采集和分析，电子计算机进行生产排单等。

纺织印染行业碳排放现状分析及减排建议

李　戎

东华大学化学与化工学院

2020 年 9 月 22 日，习近平总书记在第七十五届联合国大会一般性辩论上向世界宣布了中国的碳达峰目标与碳中和愿景：应对气候变化《巴黎协定》代表了全球绿色低碳转型的大方向，是保护地球家园需要采取的最低限度行动，各国必须迈出决定性步伐。中国将提高国家自主贡献力度，采取更加有力的政策和措施，二氧化碳排放力争于 2030 年前达到峰值，努力争取 2060 年前实现碳中和。

一年多来，各部门各地区为了规划碳达峰碳中和路线图，制定了多项政策，颁布了多个文件。《中共中央　国务院关于完整准确全面贯彻新发展理念做好碳达峰碳中和工作的意见》于 2021 年 10 月 24 日发布。意见中指出：到 2025 年，绿色低碳循环发展的经济体系初步形成，重点行业能源利用效率大幅提升。单位国内生产总值能耗比 2020 年下降 13.5%；单位国内生产总值二氧化碳排放比 2020 年下降 18%；非化石能源消费比重达到 20% 左右；森林覆盖率达到 24.1%，森林蓄积量达到 180 亿立方米，为实现碳达峰、碳中和奠定坚实基础。到 2030 年，经济社会发展全面绿色转型取得显著成效，重点耗能行业能源利用效率达到国际先进水平。单位国内生产总值能耗大幅下降；单位国内生产总值二氧化碳排放比 2005 年下降 65% 以上；非化石能源消费比重达到 25% 左右，风电、太阳能发电总装机容量达到 12 亿千瓦以上；森林覆盖率达到 25% 左右，森林蓄积量达到 190 亿立方米，二氧化碳排放量达到峰值并实现稳中有降。到 2060 年，绿色低碳循环发展的经济体系和清洁低碳安全高效的能源体系全面建立，能源利用效率达到国际先进水平，非化石能源消费比重达到 80% 以上，碳中和目标顺利实现，生态文明建设取得丰硕成果，开创人与自然和谐共生新境界。

2021 年 10 月 24 日，国务院印发《2030 年前碳达峰行动方案》。方案中明确：到 2025 年，非化石能源消费比重达到 20% 左右，单位国内生产总值能源消耗比 2020 年下降 13.5%，单位国内生产总值二氧化碳排放比 2020 年下降 18%，为实现碳达峰奠定坚实基础。到 2030 年，非化石能源消费比重达到 25% 左右，单位国内生产总值二氧化碳排放比 2005 年下降 65% 以上，顺利实现 2030 年前碳达峰目标。

纺织行业是我国工业行业中重要组成部分，贯穿一、二、三产业，融合制造经济、服务经济，集成科技创新、时尚创意，是永恒产业、未来产业；纺织行业衔接城镇与乡村，弥合区域差距、城乡差距，推动生活富裕、精神富足，是民生产业、创富产业。纺织行业定位于创新驱动的科技产业、文化引领的时尚产业、责任导向的绿色产业。随着我国工业化发展，纺织产业得到突飞猛进的发展。纺织工业的生产能力稳居全球第一，纺织强国建设基本实现。

印染行业作为纺织工业的重要组成部分，是保证纺织品服装内在品质、赋予纺织品服装色彩、图案和功能性的重要环节，是具有高创意感染力、高附加值特征的产业。印染行业的发展为服装、家纺和产业用纺织品等下游产业提供重要的技术支撑，为满足人民对纺织产品新需求、引领绿色时尚新潮流提供重要保障。但印染过程高温、湿处理、用水量大、化学品用量大的特征，决定了印染行业是纺织行业能源消耗及污染物排放的主要环节。“十三五”期间，印染行业绿色发展取得长足进步，2015～2020 年，印染行业单位产品综合能耗下降近 15%，其中，机织物单位产品能耗由 41 千克标煤/百米下降到 35 千克标煤/百米，针织物单位产品能耗由 1.4 吨标煤/吨下降到 1.2 吨标煤/吨。“十四五”末期机织物综合能耗降至 32 千克标煤/百米；针织物综合能耗降至 1.1 吨标煤/吨。单位产值能耗较“十三五”末降低 13%，水耗降低 10%，完成行业碳达峰目标，任务十分艰巨。

1. 我国工业行业温室气体排放现状

向大气中释放二氧化碳的过程可分为人为排放和自然排放。人类活动特别是工业、能源活动由于使用化石燃料或原料造成的排放二氧化碳的过程属于人为范畴。联合国统计的温室气体排放和清除针对的是人类活动的结果。能源型碳源二氧化碳约占全球温室气体排放总量的 55%，是人为活动的最主要碳源。能源消费尤其是化石能源的消费是大气中温室气体含量增加的重要原因。

根据《温室气体减排的成本、路径与政策研究》一书，笔者应用单位标煤的碳排放系数（2.27 吨碳/吨标准煤）以及《中国能源统计年鉴 2019》能源消费数据，计算了历年的二氧化碳排放数据，如图 1 所示。

由图 1 可知，我国由能源消费产生的二氧化碳排放总量从 1995 年到 2018 年基本呈增长态势。其中 2010 年、2011 年同比均增长超过 7.2%。我国二氧化碳排放总量 2018 年为 2005 年的 1.80 倍，为 1995 年的近 3.60 倍。

我国不同部门碳排放呈现比较大的差异，工业二氧化碳排放最多，2013 年前占到全部碳排放的 70% 以上，2013 年、2014 年接近 70%，分别达到 69.83%、69.68%。其后占比有所降低，但依然保持在 66% 左右。其次是居民生活，占到

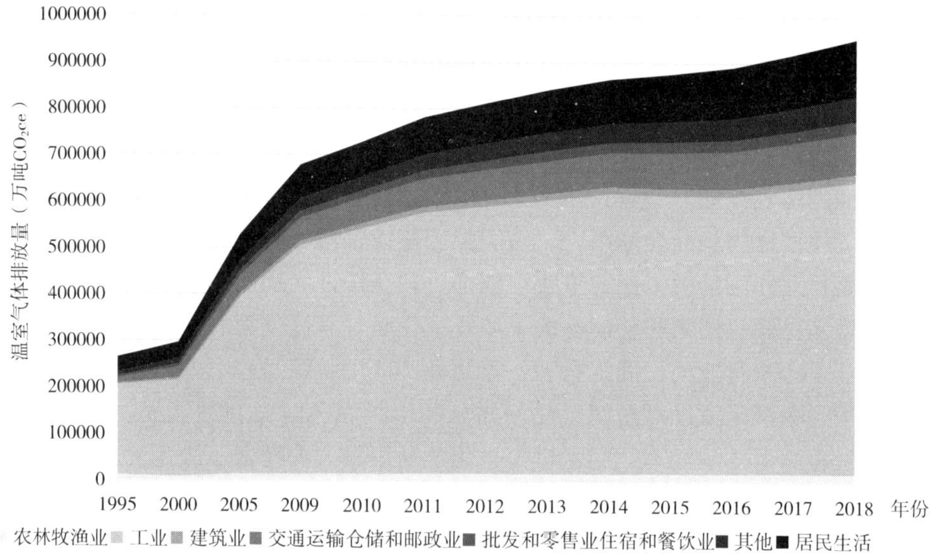

图1　我国各行业碳排放量

数据来源：中国能源统计年鉴2019

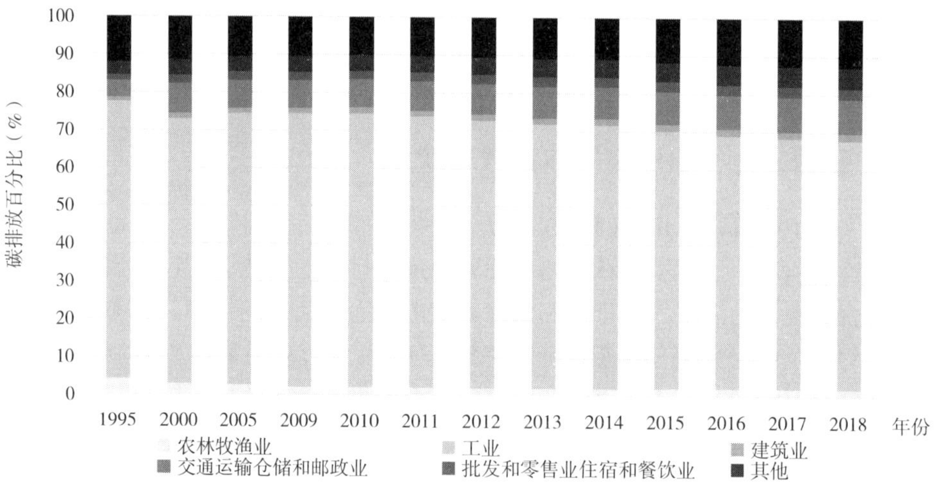

图2　我国各行业碳排放百分比

数据来源：中国能源统计年鉴2019

10%以上，2017年、2018年均超过12%。随着我国电子商务业的发展，来源于交通运输、仓储邮政业的温室气体排放量占比逐年增高，2017年、2018年占比稳定于9.24%。

因为工业部门碳排放是我国碳排放主要来源，为进一步了解工业部门内部的碳排放情况，笔者计算了各行业的碳排放，并将排在样本期2009～2018年，前十位的作为高耗能行业，它们的碳排放情况如图3所示。从图3可知，前十位的高耗能行业每年的碳排放量均占当年所有工业碳排放总量的82%～83%。

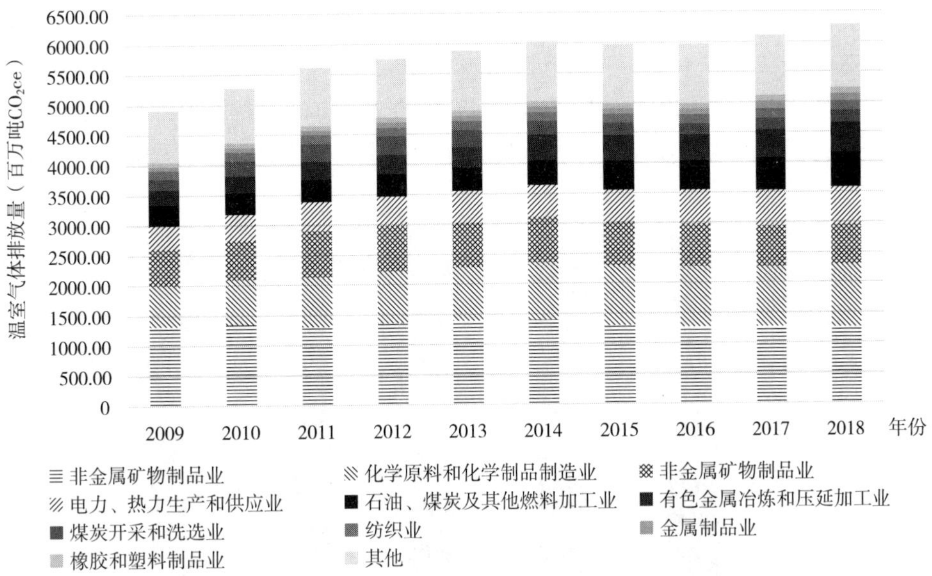

图3　我国高耗能行业碳排放

数据来源：中国能源统计年鉴2019

由图3可知，纺织业在2009～2018年，由于能源消费产生的二氧化碳排放量都居全国工业行业的第八位，且居轻工业第一位。2009年为1.39亿吨，2018年为1.49亿吨。在统计年度中，2017年纺织业碳排放达到了历史高点1.52亿吨。在国家层面的统计中，是将化学纤维生产、纺织、服装生产作为三个行业分别统计；而行业内统计时，习惯将上述行业都归为纺织工业，考虑到这点，纺织工业年二氧化碳排放量还会增加。

2. 我国纺织业温室气体排放分析

2020年，我国纺织纤维加工总量达5800万吨，占世界纤维加工总量的比重保持在50%以上，化纤产量占世界的比重70%以上。2020年，我国纺织品服装出口额达2990亿美元，占世界的比重超过三分之一，稳居世界第一位，其中纺织品出口额占全球的比重从2016年的36.6%提升到2019年的39.2%。2020年，全国纺织行业规上企业实现营业收入4.52万亿元，占全国工业4.3%，利润总额2065亿元，占全国工业的3.2%。

随着纺织产业高速发展，能源消费也显著增长。纺织业能源消费总量由1995年的3531万吨标准煤增加到2017年的7518万吨标准煤，增长了113%，2018年有所下降，为7372万吨标煤。

笔者计算了2014～2018年纺织业由各种不同能源消耗产生的碳排放百分比，如图4所示。从图4可知，纺织工业能源消费产生的温室气体排放，来源于煤、电、热力的消耗，历年均占到总排放的85%以上。其中煤消耗产生的温室气体排放比例从2014年28.27%逐年下降至2018年的10.53%。热力的消耗产生的温室气体排放比例从2014年的20.14%上升至2017年的25.03%，并于2016年超过了煤的消耗。电力消耗产生的温室气体排放均大于45%，并于2018年首次超过了50%。

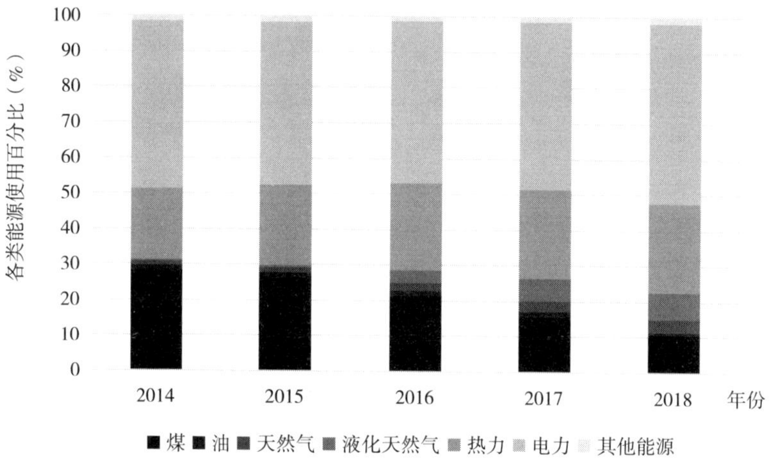

图4　纺织工业各种能源产生的温室气体排放的百分比

数据来源：中国能源统计年鉴2019

为了进一步分析纺织业能源依存度，通过如下应用公式计算纺织业碳排放强度：

$$碳排放强度=\frac{某行业年碳排放量}{该行业年度主营业务收入}$$

由图5可知，2014年，纺织业碳排放强度为0.46万吨CO_2ce/亿元。随后下降稳定于0.37万吨CO_2ce/亿元。2018年纺织业的碳排放强度略有上升为0.41万吨CO_2ce/亿元，与2014年相比，仍下降了11.57%。

3. 纺织印染行业的温室气体减排建议

碳达峰、碳中和需要各类主体依据通行的标准规则，实施温室气体排放的量化管理，全面实现各类绿色节能低碳行动及减排成效的可测量、可报告、可验证（MRV）。核算温室气体排放情况，摸清碳排放家底，是碳达峰、碳中和工作的第一步，也是关键一步。印染行业各企业需要系统性了解本企业温室气体排放情况，厘清排放清单编制的要素、流程、方法等，识别关键温室气体排放源和排放

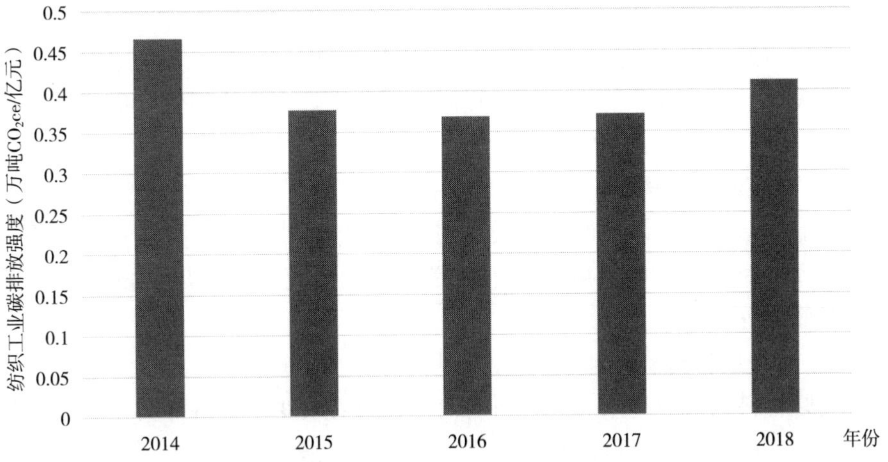

图5 纺织工业的碳排放强度

数据来源：中国能源统计年鉴2019、中国统计年鉴2020

种类以及影响排放的关键因素。

印染企业可根据GB/T 32151.12《温室气体排放核算与报告要求 第12部分：纺织服装企业》的规定核算企业碳排放，摸清碳家底，掌握减排关键环节。GB/T 32151.12标准规定，温室气体排放可分为燃料燃烧CO_2排放、过程CO_2排放、废弃物处理过程温室气体排放以及净购入电力、热力CO_2排放。而需要核算的温室气体种类主要为二氧化碳和甲烷。甲烷来源于废弃物处理过程。印染企业相关温室气体排放单元及设备见表1。

表1 温室气体排放单元及设备

温室气体排放范围		活动示例	温室气体排放单元示例	温室气体排放设备示例
直接排放	燃料燃烧	原煤（无烟煤、烟煤）、燃油、天然气	自备电厂	发电锅炉
			蒸汽生产	蒸汽锅炉
			介质加热	导热炉、直燃式定型机等
	生产过程	碳酸盐化学反应	印染	染色设备
		电厂烟气碳酸盐脱硫	自备电厂	锅炉
间接排放	外购电力、热力	企业生产过程中外购电力、热力	印染	烧毛机、练漂机、丝光机、定型机、染色设备、烘干机、焙烘机、印花机、水洗机等
			辅助工业过程	如中央空调、照明、空压机

根据前文对纺织业能源温室气体排放的核算可发现，源于煤、电、热力的消耗，历年均占到纺织工业温室气体排放的85%以上。因此，纺织印染行业温室气体减排关键，在于改变能源结构、提高能源利用效率、使用低碳印染工艺以及应用减污降碳协同处理技术等。

3.1 改变能源结构

改变能源结构是指改变能源种类达到温室气体减排的技术，例如，太阳能热能技术、太阳能光伏发电、风电技术（是指企业内直接使用风力发电）以及生物质能源使用等。

3.2 改进原材料

改进原材料是指通过减少原材料的消耗，或者改变原材料种类达到温室气体减排的技术，这些原材料可能是在使用过程中直接排放温室气体，也可能是在生产过程中释放大量温室气体的原材料，例如，替代碳酸盐技术、减少制冷剂消耗技术等。

3.3 提高能源利用效率

提高能源利用效率是指能够减少能源在储存、转换、输送和使用过程消耗的技术，能源包括一次能源、二次能源等。例如，提高锅炉燃烧效率技术、提高电动机效率技术、低浴比染色技术、定形机余热回收技术、余压利用技术、蒸汽智能监控及高效利用技术等。

3.4 减污降碳协同技术

减污降碳协同技术是指在处理和处置污染物过程中减少温室气体排放的技术，例如，减少废水厌氧过程甲烷产生技术、减少污泥产生技术等。

3.5 低碳印染工艺技术

低碳印染工艺技术是指通过工艺改进达到减少温室气体排放的技术。工艺改进主要是指利用现有设备实施新工艺导致减排，例如，针织织物生物酶煮漂工艺、织物生物除毛绒等；也可以包括对原有工艺进行了革命性改进，同时需要设备配合的减排技术。例如，冷堆法前处理工艺和染色工艺、泡沫染色和整理工艺、数码印花技术、染色一次准技术、数字化精准染色技术、短流程印染技术等。

3.6 运营管理减排技术

运营管理减排技术是指改进和提高管理水平达到减少温室气体减排的技术。例如，在线检测和控制加碱技术、能源管理中心、计量管理技术等。

参考文献

[1] 中共中央 国务院关于完整准确全面贯彻新发展理念做好碳达峰碳中

和工作的意见，2021.

［2］2030 年前碳达峰行动方案，2021.

［3］《我是纺织人》合集丨中国纺联领导齐发声，初心如磐谱写时代锦绣! https：//mp. weixin. qq. com/s/HMP5qmYt1uItKWnfsHFY9w.

［4］中国印染行业协会. 印染行业“十四五”发展指导意见，2021.

［5］董恒宇，云锦凤，王国钟. 碳汇概要［M］. 北京：科学出版社，2012.

［6］范英. 温室气体减排的成本、路径与政策研究［M］. 北京：科学出版社，2011.

［7］中华人民共和国统计局. 中国能源统计年鉴 2019［M］. 北京：中国统计出版社，2020.

［8］中国纺织工业联合会. 纺织工业“十四五”发展纲要，2021.

［9］中华人民共和国统计局. 中国统计年鉴 2020［M］. 北京：中国统计出版社，2020.

印染行业废水排放情况及减排建议

刘添涛

中国印染行业协会

纺织业是水污染物排放量较大的工业行业，印染行业占纺织业废水排放的70%左右，是纺织业废水减排的关键行业。“十三五”期间，国家层面出台的一系列政策将印染行业作为水污染物治理的重点行业之一。在国务院发布的《水污染防治行动计划》中明确指定印染为专项整治十大重点行业之一；《重点流域水污染防治规划（2016—2020年）》明确要切实开展纺织印染等重点行业企业的空间分布优化，印染等重点行业实行污染物排放减量置换；《“十三五”节能减排综合工作方案》中要求强化印染主要污染物减排；《“十三五”节能环保产业发展规划》中提出在纺织等高耗水行业开展节水改造；《“十三五”生态环境保护规划》中提出各省（区、市）要制定实施印染等十大重点涉水行业专项治理方案，大幅降低污染物排放强度；《长江保护修复攻坚战行动计划》要求制定印染等十大重点行业专项治理方案，推动工业企业全面达标排放；《工业绿色发展规划（2016—2020年）》指出降低印染等行业废水排放总量及化学需氧量、氨氮等污染物排放强度。

随着科技的进步，先进装备和工艺技术逐步得到推广应用，印染行业废水减排和末端治理工作取得了显著成效，但面对环保压力的持续加大，国家和地方的环保政策也将更加严格具体，水污染物排放标准将进一步提高，行业仍然面临较大减排压力。

1. 产污分析

依据《国民经济行业分类》（GB/T 4757—2017），印染行业包括棉印染精加工、化纤织物染整精加工、毛染整精加工、麻染整精加工、丝印染精加工、针织或钩针编织物印染精加工。印染行业包括退浆、精练、漂白、丝光、染色、印花、整理等多道工序，产生的废水是工业废水中较难处理的一类废水。印染废水的水质与企业的生产工艺和所用化学品有关，随纺织品种类不同而有所差异，因此水质波动较大。

棉及其混纺织物印染加工的废水主要为前处理废水、染色/印花废水，整理废水占比小。前处理废水 COD_{Cr} 平均浓度在3000mg/L左右；染色废水主要污染物是助剂和残留的染料，废水中 COD_{Cr}浓度为 500 ~ 2500mg/L，色度为 300 ~ 500 倍；印花废水含有染料、糊料和助剂等污染物，COD_{Cr}浓度为 1200 ~ 2000mg/L，总氮浓度为 50 ~ 300mg/L；整理工序的废水，除了含纤维屑之外，还含有油剂、浆料和树脂、甲醛等整理剂，废水量较小。

化纤机织物印染加工污染较轻，化纤机织物上浆少，且杂质少，易退浆，总体 COD_{Cr}浓度低，一般为 800 ~ 1200mg/L。纯涤纶仿真丝绸产品前处理生产过程中采用碱减量生产工艺，碱减量工艺废水中 COD_{Cr}高，达 10000 ~ 30000mg/L。

针织织物由于织造过程中不上浆，印染加工过程中无须退浆处理，废水中污染物浓度相对不高，COD_{Cr}浓度为 500 ~ 1000mg/L。

毛印染废水主要来源于染色工序，包括染色残液及漂洗水。与棉印染废水相比较，毛纺织印染废水中污染物浓度不高，色度不深。毛粗纺织产品印染废水污染物浓度相对较高，废水 COD_{Cr}浓度为 450 ~ 850mg/L，而毛精纺印染废水含污染物浓度则较低，废水 COD_{Cr}平均浓度为 250 ~ 400mg/L。

麻及其混纺织物在退浆、初漂、丝光、复漂、增白、染色或印花过程中排放废水量与棉纺织品相近。印染废水中含有残余染料、浆料、纤维屑和各种助剂，废水 COD_{Cr}浓度为 500 ~ 900mg/L。

丝绸印染废水主要来源于练漂、染色和印花工序，整理工序有少量废水产生。练漂废水主要含有丝织物上的天然杂质、丝胶、淀粉浆料以及酸、碱等，废水的有机物质含量高、色度低、偏碱性。染色和印花废水主要含有残余的染料和助剂，废水中有机物含量低，废水 COD_{Cr}浓度为 400 ~ 800mg/L。

2. 废水排放标准

目前，印染行业发布的废水排放标准有国家标准和地方标准，各省企业主要执行国家标准，但部分省份企业同时执行地方标准。

2.1 国家标准

印染行业目前执行的水污染排放标准为《纺织染整工业水污染物排放标准》（GB 4287—2012）及其修改单。新建企业和现有企业执行该标准表 2 规定的排放限值：COD_{cr}直接排放限值为 80mg/L，间接排放限值为 200mg/L；氨氮直接排放限值为 10mg/L，间接排放限值为 20mg/L；总氮直接排放限值为 15mg/L，间接排放限值为 30mg/L；总磷直接排放限值为 0.5mg/L，间接排放限值为 1.5mg/L。该标准在执行过程中出现了一些困难和问题，包括间接排放 COD_{Cr}限值为 200mg/L 问题、三个不得检出问题等。针对该标准执行中存在的困难和问题，2015 年 3 月 31 日和 2015 年 6 月 17 日原环境保护部分别印发了《纺织染整工业水污染排放标准》（GB 4287—2012）修改单和关于调整《纺织染整工业水污染排放标准》

（GB 4287—2012）部分指标执行要求的公告。

环境保护部2015年第19号公告主要内容：表1、表2、表3中废水进入城镇污水处理厂或经由城镇污水管线排放的间接排放限值，应达到直接排放限值。工业园区、开发区、工业聚集地等园区的企业向能够对纺织染整废水进行专门收集和集中预处理（不与其他废水混合）的园区污水处理厂排放，其间接排放限值COD_{Cr}调整为500mg/L、BOD_5调整为150mg/L，同时，集中预处理的出水应达到COD_{Cr}为200mg/L、BOD_5为50mg/L的排放限值。增设了总锑的排放控制要求，直接排放与间接排放限值均为0.1mg/L。

环境保护部2015年第41号公告主要内容：暂缓执行表2和表3的苯胺类、六价铬排放控制要求，暂缓期内苯胺类、六价铬执行表1相关要求。暂缓实施GB 4287—2012修改单中“废水进入城镇污水处理厂或经由城镇污水管线排放，应达到直接排放限值”。

2018年，生态环境部启动了《纺织染整工业水污染物排放标准》（GB 4287—2012）、《麻纺工业水污染物排放标准》（GB 28938—2012）、《缫丝工业水污染物排放标准》（GB 28936—2012）、《毛纺工业水污染物排放标准》（GB 28937—2012）四个标准的修订工作，修订版本征求意见稿于2019年公开征求意见，目前尚未发布实施。

2.2 地方标准

2.2.1 广东省

广东省企业主要执行国家标准，部分地区企业同时执行《水污染物排放限值》（DB 44/26—2001）和《练江流域水污染物排放标准》（DB 44/2051—2017）。《水污染物排放限值》（DB 44/26—2001）规定第二类污染物最高允许排放浓度（第二时段），COD_{Cr}一级、二级、三级标准限值分别为100mg/L、130mg/L、500mg/L，BOD_5一级、二级、三级标准限值分别为20mg/L、40mg/L、300mg/L。《练江流域水污染物排放标准》（DB 44/2051—2017）规定纺织染整行业直接排放COD_{Cr}80mg/L（60mg/L）、氨氮10mg/L（8mg/L）、总磷0.5mg/L，括号内为2020年12月31日起执行的排放限值，间接排放限值按照国家标准。

2.2.2 江苏省

江苏省企业主要执行国家标准，同时执行《江苏省纺织染整工业水污染物排放标准》（DB 32/670—2004）、《纺织染整工业废水中锑污染物排放标准》（DB 32/3432—2018）、《太湖地区城镇污水处理厂及重点工业行业主要水污染物排放限值》（DB 32/1072—2018）地方标准。

《江苏省纺织染整工业水污染物排放标准》（DB 32/670—2004）规定直接排入地面水体的纺织染整工业水污染物最高允许排放浓度COD_{Cr}100mg/L、氨氮

15mg/L、总磷1.0mg/L，排入城镇二级污水处理厂及集中式工业污水处理厂的最高允许排放浓度COD_{Cr}500mg/L。

《纺织染整工业废水中锑污染物排放标准》（DB 32/3432—2018）规定了现有企业和新建企业总锑排放限值。一般地区：直接排放0.10mg/L，间接排放0.10mg/L；太湖地区：直接排放0.08mg/L，间接排放$0.10^{a}/0.08^{b}$mg/L（a适用于园区企业向能够对纺织染整废水进行专门收集和集中预处理的园区污水处理厂排放的情形，集中预处理的出水应满足直接排放所要求的排放限值。b适用于废水进入城镇污水处理厂或经由城镇污水管线排放以及其他的间接排放情形）。

《太湖地区城镇污水处理厂及重点工业行业主要水污染物排放限值》（DB 32/1072—2018）规定太湖地区其他区域内的纺织工业排放的废水执行表3规定，新建企业从2018年6月1日起执行，现有企业从2020年1月1日起执行，纺织染整工业COD_{Cr}60mg/L、氨氮5mg/L、总氮12mg/L、总磷0.5mg/L。

2.2.3 山东省

山东省企业主要执行国家标准，部分企业同时执行《山东省南水北调沿线水污染物综合排放标准》（DB 37/599—2006）、《山东省小清河流域水污染物综合排放标准》（DB 37/656—2006）、《山东省海河流域水污染物综合排放标准》（DB 37/675—2007）和《山东省半岛流域水污染物综合排放标准》（DB 37/676—2007）。

四项标准修改单的通知（鲁质监标发〔2011〕35号）主要内容如下：2013年1月1日起，《山东省南水北调沿线水污染物综合排放标准》（DB 37/599—2006）和《山东省小清河流域水污染物综合排放标准》（DB 37/656—2006）中重点保护区、《山东省海河流域水污染物综合排放标准》（DB 37/675—2007）和《山东省半岛流域水污染物综合排放标准》（DB 37/676—2007）中“一级标准”的COD_{Cr}、氨氮、BOD_5、SS、色度和动植物油排放浓度限值分别调整为50mg/L、5mg/L、10mg/L、20mg/L、30倍和3mg/L。2013年1月1日起，《山东省南水北调沿线水污染物综合排放标准》（DB 37/599—2006）和《山东省小清河流域水污染物综合排放标准》（DB 37/656—2006）中一般保护区、《山东省海河流域水污染物综合排放标准》（DB 37/675—2007）和《山东省半岛流域水污染物综合排放标准》（DB 37/676—2007）中“二级标准”的COD_{Cr}、氨氮、BOD_5、SS、色度和动植物油排放浓度限值分别调整为60mg/L、10mg/L、20mg/L、30mg/L、30倍和5mg/L。

2.2.4 河南省

河南省企业主要执行国家标准，部分企业同时执行《省辖海河流域水污染物排放标准》（DB 41/777—2013），该标准规定直接排放限值COD_{Cr}50mg/L、氨氮5mg/L（8mg/L）、总氮15mg/L、总磷0.5mg/L。

2.2.5　辽宁省

辽宁省企业主要执行国家标准，部分企业同时执行《辽宁省污水综合排放标准》（DB 21/1627—2008），直接排放的水污染物最高允许排放浓度 COD_{Cr}50mg/L、氨氮 8mg/L、总氮 15mg/L，排入污水处理厂最高允许排放浓度 COD_{Cr}300mg/L、氨氮 30mg/L、总氮 50mg/L。

2.2.6　陕西省

陕西省企业主要执行国标，部分企业同时执行《黄河流域（陕西段）污水综合排放标准》（DB 61/224—2011），规定一级为直接排入地表水体，二级为排入集中式污水处理厂。COD_{Cr}排放限值一级 50mg/L、二级 300mg/L，氨氮排放限值一级 12mg/L、二级 25mg/L。

2.2.7　新疆维吾尔自治区

新疆维吾尔自治区企业同时执行国标和《印染废水排放标准（试行）》（DB 65 4293—2020），DB 65 4293—2020 于 2021 ~ 2025 年执行，要求 COD_{Cr} 直排 50mg/L、间排 200mg/L，氨氮直排 5mg/L、间排 20mg/L，总氮 15mg/L、30mg/L，总磷 0.5mg/L、1.5mg/L。

3. 废水排放情况

“十二五”以来原环境保护部将纺织印染行业纳入环境重点监控行业之一，并将 COD_{Cr}和氨氮列为约束性指标，加大纺织印染行业环境治理的力度。印染行业通过推动产业结构调整、淘汰落后设备和生产工艺、升级生产装备及废水处理设施、推广清洁生产技术、加强污染物治理等手段和措施，废水排放量、化学需氧量、氨氮排放量、总氮排放量等指标都有不同程度的下降。

3.1　水污染物排放量减少

根据中国生态环境统计年报数据，纺织业废水排放量在全国工业废水中的占比持续下降，由 2011 年的 11.3% 下降至 2015 年的 10.1%。2020 年纺织业化学需氧量排放量、氨氮排放量分别为 6.06 万吨和 0.17 万吨，与 2011 年相比，分别减少 79.25% 和 91.58%。2016 ~ 2020 年，纺织业总氮排放量由 1.85 万吨减少到 1.11 万吨，减少 40%。2020 年首次公布总磷排放量，纺织业总磷排放量为 0.19 万吨。2011 ~ 2020 年纺织业废水中主要污染物排放情况见表 1。

表 1　2011 ~ 2020 年纺织业废水中主要污染物排放情况

年份	废水排放总量（亿吨）	化学需氧量排放量（万吨）	氨氮排放量（万吨）	总氮排放量（万吨）	总磷排放量（万吨）
2011	24.08	29.20	2.02	—	—

续表

年份	废水排放总量（亿吨）	化学需氧量排放量（万吨）	氨氮排放量（万吨）	总氮排放量（万吨）	总磷排放量（万吨）
2012	23. 70	27. 70	1. 90	—	—
2013	21. 50	25. 40	1. 80	—	—
2014	19. 60	23. 90	1. 70	—	—
2015	18. 40	20. 60	1. 50	—	—
2016	—	10. 93	—	1. 85	—
2017	—	10. 99	0. 34	1. 85	—
2018	—	10. 33	0. 32	1. 59	—
2019	—	9. 34	0. 27	1. 45	—
2020	—	6. 06	0. 17	1. 11	0. 19

数据来源：中国生态环境统计年报，“—”为未公布相关数据

2020 年，根据中国生态环境统计数据，在调查统计的 42 个工业行业中，纺织业化学需氧量排放量 6. 06 万吨，占全国工业源重点调查企业化学需氧量排放量的 14. 0%。2020 年各工业行业化学需氧量排放情况如图 1 所示。

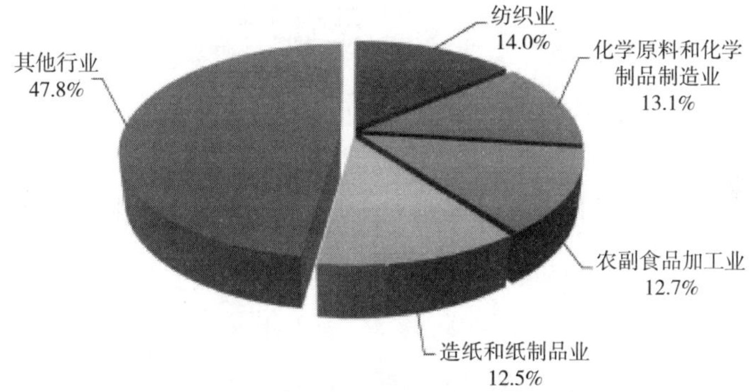

图 1　2020 年各工业行业化学需氧量排放情况

数据来源：中国生态环境统计年报

2020 年，在调查统计的 42 个工业行业中，纺织业氨氮排放量 0. 17 万吨，占全国工业源重点调查企业氨氮排放量的 9. 3%。2020 年各工业行业氨氮排放情况如图 2 所示。

2020 年，在调查统计的 42 个工业行业中，纺织业总氮排放量 1. 11 万吨，占全国工业源重点调查企业总氮排放量的 12. 8%。2020 年各工业行业总氮排放情况如图 3 所示。

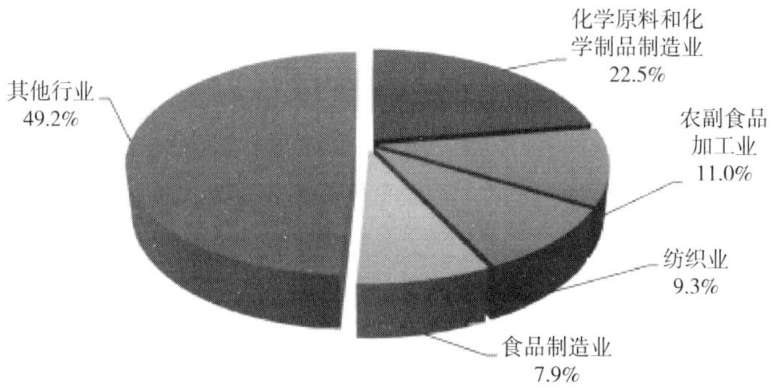

图 2　2020 年各工业行业氨氮排放情况

数据来源：中国生态环境统计年报

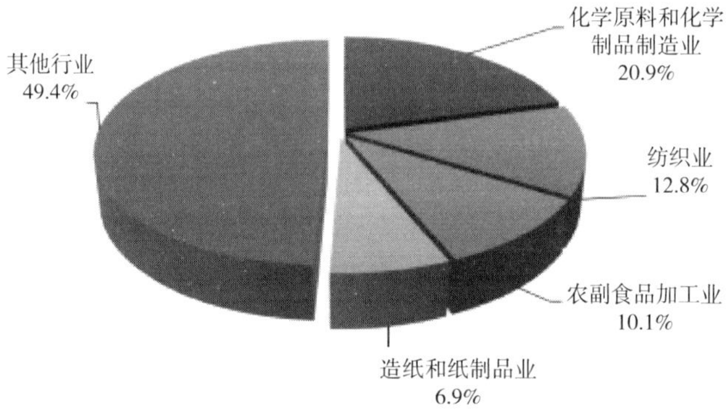

图 3　2020 年各工业行业总氮排放情况

数据来源：中国生态环境统计年报

2020 年，在调查统计的 42 个工业行业中，纺织业总磷排放量 0.19 万吨，占全国工业源重点调查企业总磷排放量的 9.0%。2020 年各工业行业总磷排放情况如图 4 所示。

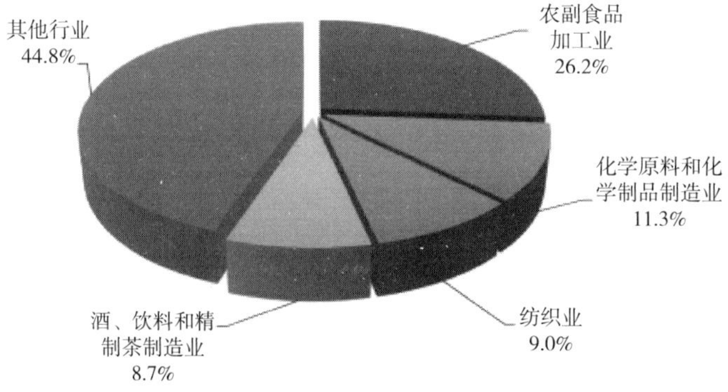

图 4　2020 年各工业行业总磷排放情况

数据来源：中国生态环境统计年报

3.2 水污染物排放强度降低

本报告主要分析水污染物排放浓度情况和单位纤维加工量水污染物排放情况。

由于2016年起，生态环境部不再公布废水排放量，水污染物排放浓度只分析“十二五”的情况。

2011～2015年，纺织业主要水污染物平均排放情况有一定程度改善，化学需氧量平均排放浓度波动下降，由2011年的121.26mg/L降低至2015年的111.96mg/L，如图5所示。

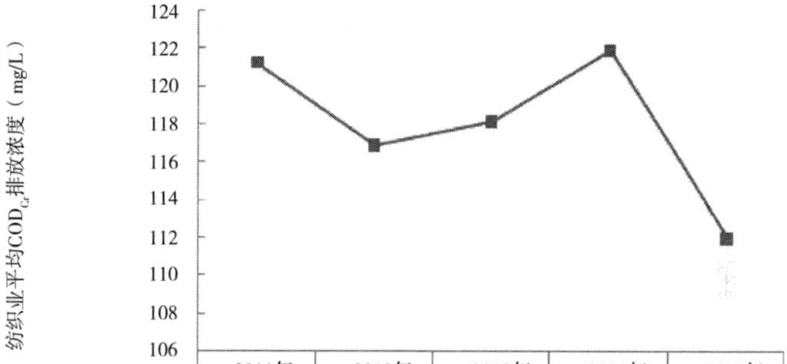

	2011年	2012年	2013年	2014年	2015年
纺织业平均COD_{Cr}排放浓度（mg/L）	121.26	116.88	118.14	121.94	111.96

图5　2011～2015年纺织业平均化学需氧量排放浓度情况

2011～2015年，纺织业氨氮平均排放浓度虽呈现波动情况，但是均达到排放标准要求，低于现行的纺织染整行业废水排放标准中直接排放10mg/L的限值，如图6所示。

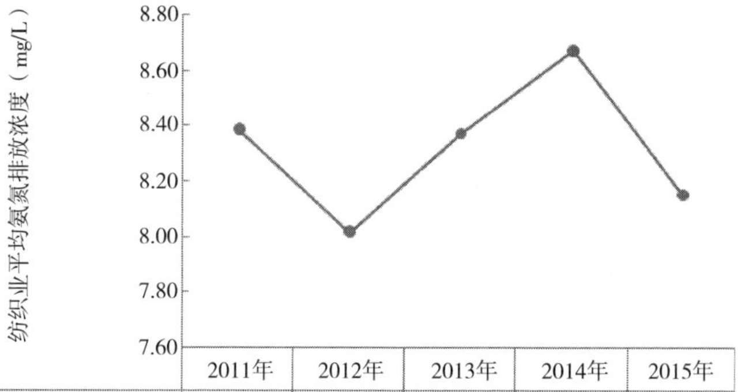

	2011年	2012年	2013年	2014年	2015年
纺织业平均氨氮排放浓度（mg/L）	8.39	8.02	8.37	8.67	8.15

图6　2011～2015年纺织业平均氨氮排放浓度情况

单位纤维加工量水污染物排放情况是根据生态环境部公布的纺织业水污染物

排放数据和中国纺织纤维加工量进行的测算，2011～2020年中国纺织纤维加工总量见表2。

表2　2011～2020年中国纺织纤维加工总量　　　　单位：万吨

年份	2011	2012	2013	2014	2015	2016	2017	2018	2019	2020
纺织纤维加工总量	4310	4540	4850	5000	5350	5420	5430	5460	5600	5800

资料来源：中国纺织工业发展报告

2011～2020年，纺织单位纤维加工量平均化学需氧量排放量持续降低，由6.77kg/t纤维降低至1.04kg/t纤维，降低84.64%，如图7所示。

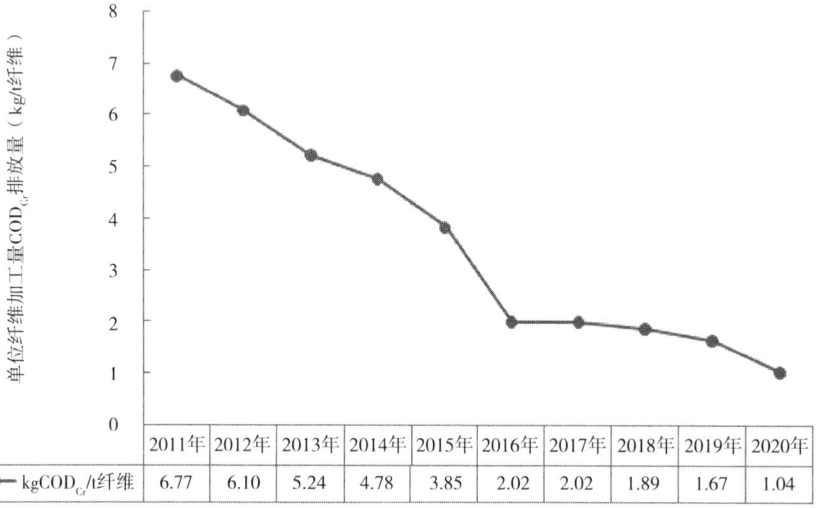

图7　2011～2020年纺织单位纤维加工量化学需氧量排放情况

2011～2020年，纺织单位纤维加工量平均氨氮排放量持续降低，由0.47kg/t纤维降低至0.03kg/t纤维，降低93.62%，如图8所示。

2016～2020年，纺织单位纤维加工量平均总氮排放量持续降低，由0.34kg/t纤维降低至0.19kg/t纤维，降低44.12%，如图9所示。

4. 减排建议

近十年，印染行业通过采取有效的防治措施，大幅削减了废水排放总量和水污染物排放总量，提升了行业水污染物防治水平。“十四五”时期，政府、行业、企业应该清楚地认识到在目前低排放基数上，印染行业废水排放的减排压力会加大，要合理规划减排方向和制定减排任务。

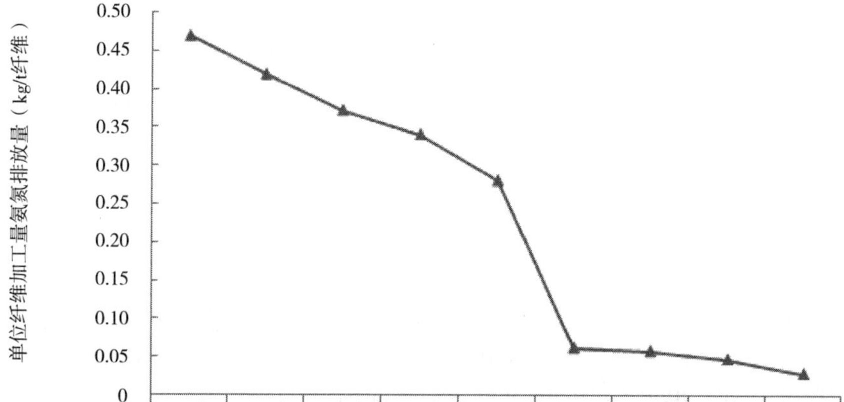

	2011年	2012年	2013年	2014年	2015年	2017年	2018年	2019年	2020年
kg氨氮/t纤维	0.47	0.42	0.37	0.34	0.28	0.06	0.06	0.05	0.03

图8　2011～2020年纺织单位纤维加工量氨氮排放情况

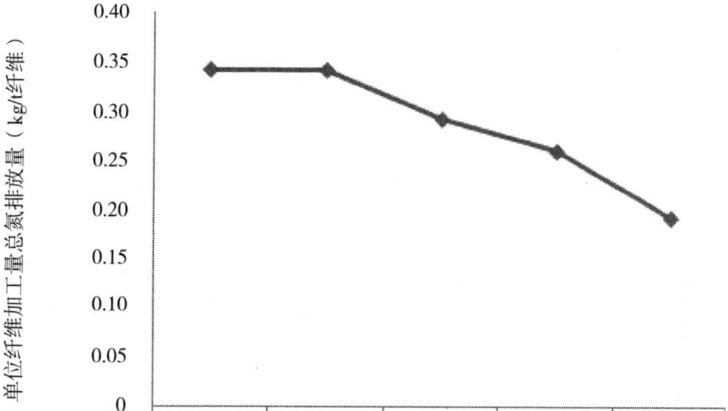

	2016年	2017年	2018年	2019年	2020年
kg总氮/t纤维	0.34	0.34	0.29	0.26	0.19

图9　2016～2020年纺织单位纤维加工量总氮排放情况

4.1　加快清洁生产

加大现有技术与装备的更新与改造，加快清洁生产技术研发和推广应用力度，强化源头消减和过程控制。

（1）加强现有装备与生产环节的技术改造，逐步淘汰高能耗、高耗水技术装备，选用小浴比、短流程等高效节水型技术装备。

（2）推广应用环保型染料和印染助剂，例如，印花企业降低尿素的使用量或使用尿素替代助剂，棉印染企业采用低耗盐型染料或低盐助剂。

（3）推广针织物连续前处理、化纤机织物连续平幅前处理、冷轧堆前处理和印花、小浴比间歇式染色、高牢度涂料印花、数码喷墨印花、机械整理、活性染料低盐染色、分散染料碱性染色、涤纶织物少水连续轧染、低尿素活性染料印花等少水印染技术，减少水资源消耗和废水排放。

（4）推广生产过程中逐格逆流水洗、冷却水、冷凝水回收利用，丝光碱回收利用，提高水回用率。

4.2 加强末端治理

（1）加快推广高级氧化和膜分离等废水深度处理及回用技术，加快高盐印染废水处理技术、高氨氮印染废水处理技术、低成本高效印染废水深度处理与回用的研发和示范，提高末端治理水平和中水回用率。

（2）分区域、分流域制定实施印染行业水污染防治方案，升级改造废水治理设施，提升废水治理设施处理能力，确保稳定达标。

（3）严格执行国家清洁生产评价指标体系和污染防治技术政策，进一步完善污染治理技术和设施，对主要污染物实现达标排放或资源化利用，提高水重复利用率和中水回用率。

4.3 加快产业结构调整

目前，环境、资源等要素的制约，既是对行业的严峻考验，也是行业产业结构调整的最好时机。

（1）推进合法经营企业进入产业园区集聚发展，通过合理规划印染园区建设土地，并出台相应的资金等配套政策，引导印染企业向规范的工业园区和产业集聚区集聚，形成集约绿色发展方式，实现印染产业与生态环境协调发展。

（2）鼓励印染企业优化产品结构，发展绿色印染产品，实现绿色发展。

4.4 加强行业管理与环境监督

（1）加强企业精细化管理，使减排措施落在实处。优化现有工艺，细化操作环节；完善管理制度，落实环保责任制；加强生产管理，推广三级计量，加快数字化、信息化、智能化管控系统关键技术研发和推广应用，提高一次成功率，减少水用量和污染物排放。

（2）开展企业节水诊断、水平衡测试、用水效率评估，严格用水定额管理，推动印染行业达到先进用水定额标准。

（3）加快企业和园区层面的清洁生产审核，建立对已实施清洁生产审核企业的长效管理机制，提升行业环境治理水平。

（4）加强印染企业排污许可证后监管，重点检查自行监测、台账记录、环境管理等要求落实情况，排污限期整改通知书中整改要求落实情况等，继续推进排污权交易试点工作。

主题报告篇

专题报告篇

技术报告篇

清洁生产技术部分

污染物治理与资源综合利用技术部分

中国印染行业绿色发展报告

ZHONGGUO YINRAN HANGYE LÜSE FAZHAN BAOGAO

清洁生产技术部分

针织物平幅连续前处理及染色技术现状与应用前景

徐维敬[2]　徐　红[1]　毛志平[1]

1. 东华大学　生态纺织教育部重点实验室　2. 青岛大学　纺织服装学院

近年来我国针织行业发展稳健，针织物纤维加工量超千万吨，已超过机织物纤维用量，占我国纺织印染行业纤维加工量的55%～60%。据统计，2021年中国服装行业规模以上企业服装产量达235.41亿件，其中针织服装占到服装产量的61.13%，较2020年增幅达10.86%。随着针织物外衣化趋势的不断发展，针织行业仍然具有广阔的发展空间。

印染是赋予针织物品质的重要手段。在机织物染整行业，连续化前处理技术和连续化染色技术早已获得成熟应用。但在针织物染整行业，针织物的常规印染加工大多采用间歇式工艺路线，针织物在染缸内完成前处理、染色和水洗，由于织物在染缸内摩擦、堆叠等，易导致织物出现细皱纹和死皱、布面磨毛起毛、处理效果不均匀、染色重现性差等问题，特别是单位产品水、电、汽消耗大，工艺时间长，生产成本高，生产废水排放量大，影响企业的竞争力。另外，在机织物染整行业，绝大多数的纯棉和涤纶/棉混纺织物都要进行丝光加工，以提高棉织物的光泽、降低缩水率和提高纤维吸附性能和染色性能等，但在针织物染整行业，丝光技术至今未得到应有的重视，实际应用的厂家还比较少，这是棉针织物难以获得良好尺寸稳定性和亮丽外观效果的重要原因。针织物采用连续化练漂、丝光和平幅染色技术，是克服当下针织物前处理和染色中存在的诸多缺点和提升针织物品质的根本方法，有利于推动纺织印染行业的转型升级。

自2010年以来，针织物连续印染加工技术得到了行业的广泛关注，国内外多家单位，如瑞士贝宁格、德国欧宝泰克、意大利阿里奥利、中国香港立信高乐、中国台湾兴承、江苏新联印机、江苏红旗印机、江阴福达印机、泰安康平纳机械、东华大学和青岛大学等，都投入大量精力研究开发针织物连续染整装备及工艺，并取得了较大进步，节能减排效果明显。

本文论述了针织物平幅连续前处理技术和针织物平幅染色技术的现状及技术创新对节能减排的影响，展望了针织物平幅连续前处理及染色技术的应用前景，为针织印染行业的技术创新和发展提供参考。

1. 针织物平幅连续前处理

1.1 棉及其混纺交织针织物连续化练漂技术的现状

现已用于棉及其混纺交织针织物（棉型针织物）的连续化练漂设备及工艺有多种形式。按照加工织物状态情况可分为三种形式：一是用于开幅织物平幅加工，二是用于筒状织物平幅加工，三是用于开幅、筒状和绳状等各种状态织物绳状加工。按照加工工艺不同可分两种形式：一是煮练和漂白一浴一步“轧—蒸（浸轧-汽蒸）工艺”，二是煮练和漂白一浴一步“浸煮工艺”。按照设备类型及其排列情况可分为三种形式：一是练漂反应设备及其水洗后处理设备全部为平幅加工形式，二是练漂反应设备为平幅形式而水洗后处理设备为绳状加工形式，三是练漂反应设备及其水洗后处理设备全部为绳状加工形式。

国内外多家针织印染装备企业，如欧洲的瑞士贝宁格公司、德国欧宝泰克公司和高乐公司，国内的江苏红旗、江阴福达染整、广东三技、浙江联科、佛山宏信、泰安康平纳、江苏爱丽多和浙江东升数码等多家公司，生产的针织物连续练漂设备已在针织染整行业得到广泛应用。

国内外部分设备商推出的开幅平幅“轧—蒸工艺”连续化练漂机的工艺路线及设备排列图如图1～图6所示。

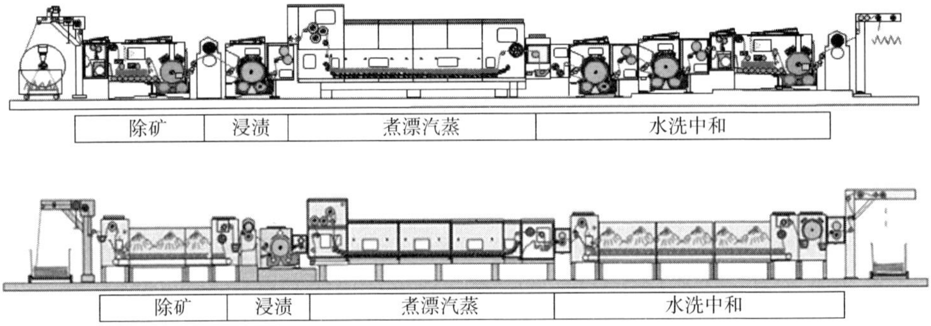

图1　贝宁格公司两种开幅平幅练漂机工艺流程及设备排列图

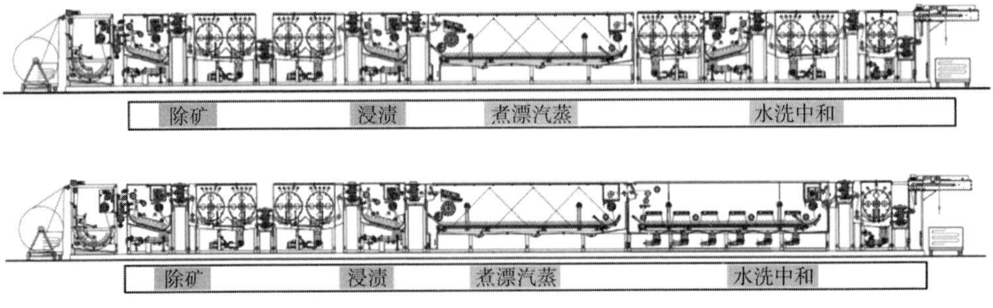

图2　欧宝泰克公司两种开幅平幅练漂机工艺流程及设备排列图

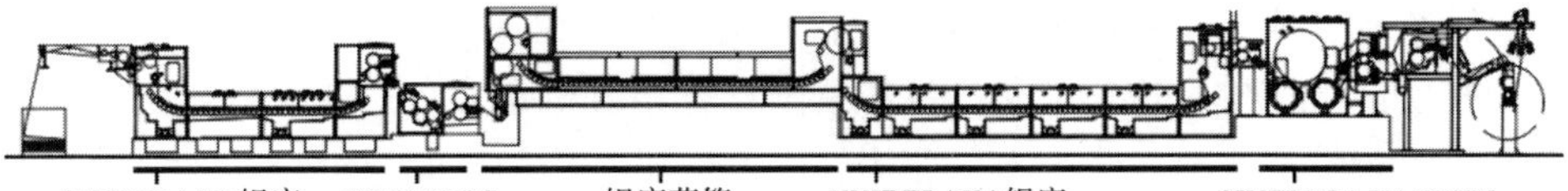

图3　高乐公司开幅平幅练漂机工艺流程及设备排列图

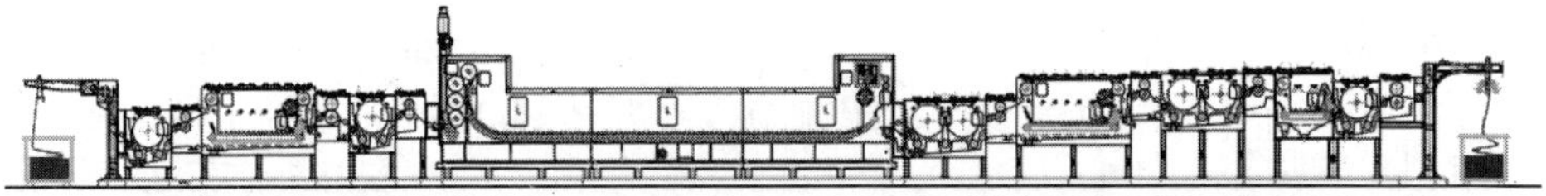

图4　联科公司开幅平幅练漂机工艺流程及设备排列图

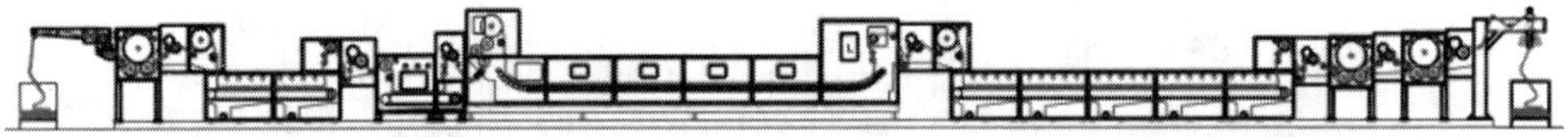

图5　佛山宏信公司开幅平幅练漂机工艺流程及设备排列图

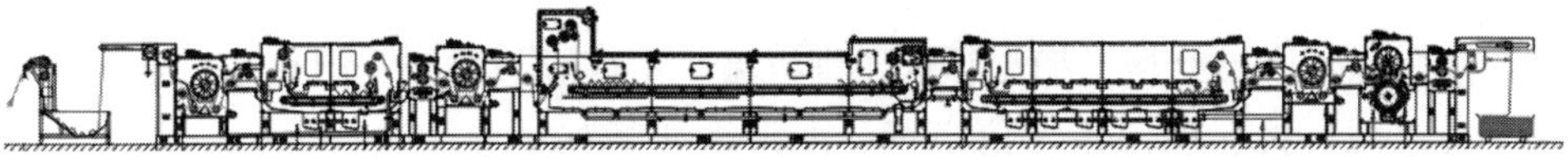

图6　江苏爱利多公司开幅平幅练漂机工艺流程及设备排列图

与针织物的“染色机练漂法”相比较，无论是从练漂后织物品质来看，还是从生产成本以及清洁生产方面来看，连续化练漂法都有其显著的优点，但从技术层面来看，连续化练漂设备和工艺还存在着一些应用方面的不足，如有的设备只能用于开幅状态织物或只能用于筒状织物，有的对织物拉伸张力过大而影响织物的克重和尺寸稳定性，有的会使织物在加工过程中产生褶皱折痕等，还需从设备和工艺层面进行优化改进。

1.2　化学纤维针织物连续化练漂技术的现状及应用前景

因化学纤维针织物中的杂质主要是纤维纺丝油剂和针织油等，所以练漂过程就是精练除油的过程，一般来说无须进行漂白。目前，绝大多数的纬编针织物染整厂使用间歇式染色机，如喷射染色机、气流染色机和经轴染色机等，对纬编针织物进行除油加工，但多数经编针织物染整厂都已使用了连续化精练除油机。

专门用于化纤针织物的连续化精练除油机，织物适用品种比较广，涤纶、尼龙、腈纶等合成纤维织物和粘胶、莫代尔等再生纤维素纤维针织物，皆可适用。当下在实际生产中已应用的化纤针织物连续化精练机有多种形式，从设备结构和单元机配置情况来看，主要有低张力转鼓水洗机结构的平幅连续化精练机和平幅无张力连续化精练除油机两种形式。

如图 7 和图 8 所示为立信高乐机械公司和江苏红旗机械公司的化纤针织物连续化除油机的工艺流程图。

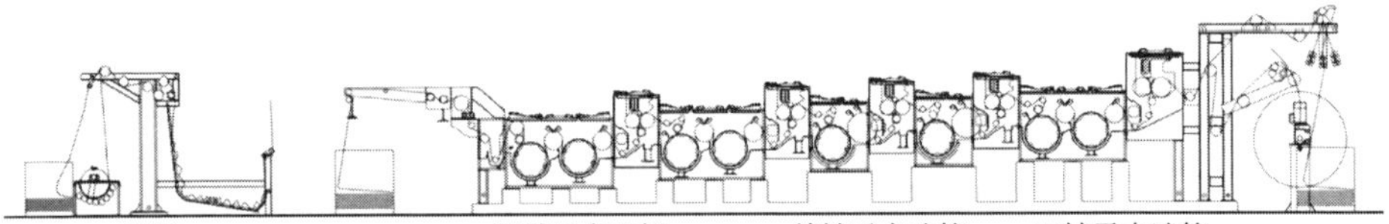

图 7　立信高乐机械公司化纤针织物连续化除油机工艺流程图

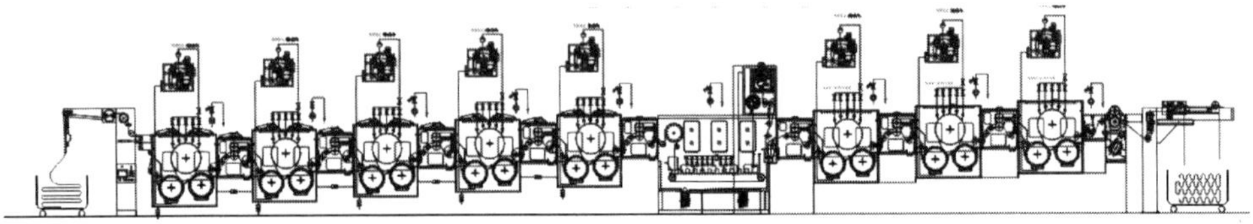

图 8　江苏红旗机械公司化纤针织物连续化除油机工艺流程图

江阴福达染整机械、扬州睿信印染机械、绍兴绍恩机械、绍兴东升数码、广东三技机械科技、佛山市宏信机械、浙江联科机械等多家公司，也推出了这种“低张力转鼓水洗机”结构的化纤针织物精练除油机。

MCS 染整机械公司推出了“星型水洗 FS（STARWASH FS）”平幅无张力快速去油整理机（快速去油箱），其外观图和工作原理如图 9 所示。

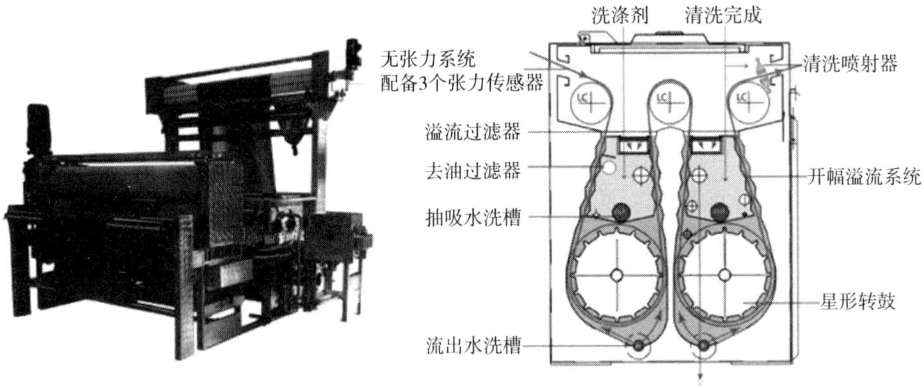

图 9　星型水洗 FS 快速去油箱外观图和工作原理示意图

化纤针织物连续化精练机目前主要用于经编针织物的除油，在化纤纬编针织物除油方面的应用还比较少，今后，应重点推广纬编化纤针织物连续化精练除油工艺。

1.3　棉及其混纺交织针织物丝光技术的现状及应用前景

丝光加工是棉型机织物染整加工中的重要工序，绝大多数的纯棉、涤/棉混纺机织物都要进行丝光。但丝光用于棉针织物加工的时间较晚，20世纪70年代，德国、日本等国家的染整工厂开始尝试针织物丝光，20世纪80年代中期至90年代初，有少数国内的针织染整厂开始从德国、意大利和日本等国的机械公司（如道尼尔公司）引进用于圆筒棉针织物加工的丝光机。近十年里，棉针织丝光技术有了较快速度的发展，国内已有许多家针织染整工厂从瑞士、德国、日本和韩国的机械公司购进了开幅棉针织物丝光机，国内也有多家机械公司推出了这种丝光设备。近年来在针织染整行业丝光技术的应用有了明显的增多，但离全面普及还有很远的距离。

筒状针织物丝光机一般都由进布装置、浸渍反应区、圆筒扩幅器喷淋水洗区、水洗及酸中和区、出布装置以及碱液冷却装置、液面和碱浓度自动控制系统等组成，道尼尔公司ASM/3型圆筒针织物丝光机的工艺流程如图10所示。

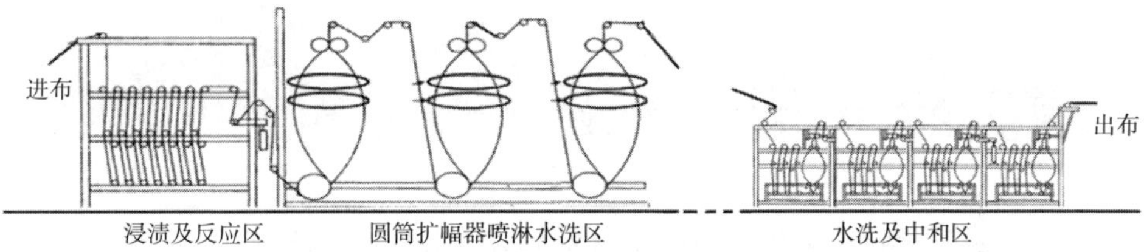

图10　道尼尔公司ASM/3型圆筒棉针织物丝光机的工艺流程图

近十几年来，许多针织染整厂购进和使用的丝光机大都为开幅平幅丝光机，贝宁格机械、高乐纺织机械、江苏红旗印染机械、佛山市宏信机械设备、佛山市新元机械、广东三技机械科技等公司和韩国丰光机械株式会社，都推出了用于开幅棉针织物加工的丝光机。

部分机械公司推出的棉针织物丝光机的工艺流程如图11～图16所示。

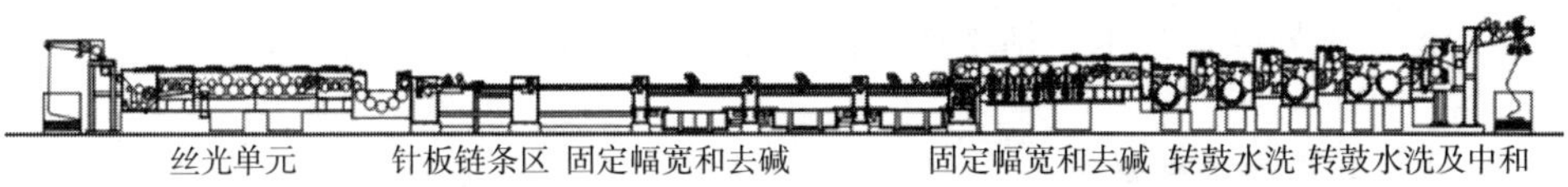

图11　高乐公司棉针织物丝光机工艺流程图

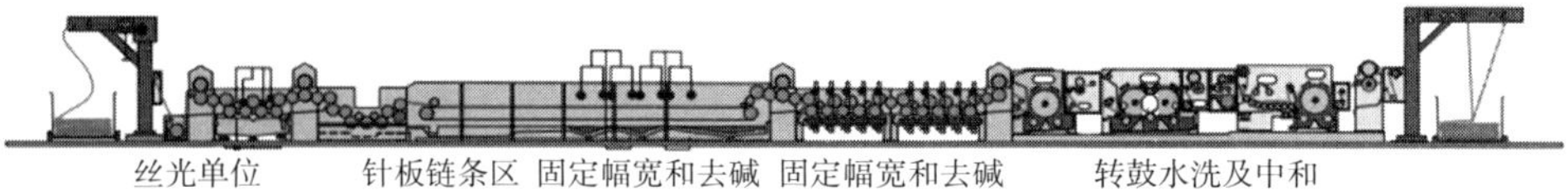

图12　贝宁格公司棉针织物丝光机工艺流程图

图13　佛山市宏信机械设备公司棉针织物丝光机工艺流程图

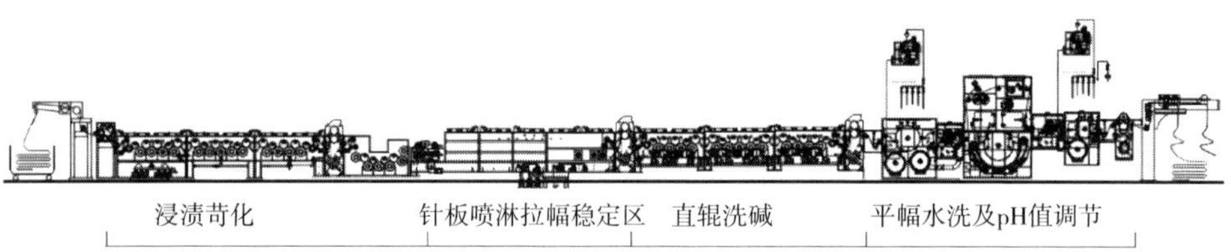

图14　江苏红旗印染机械公司棉针织物丝光机工艺流程图

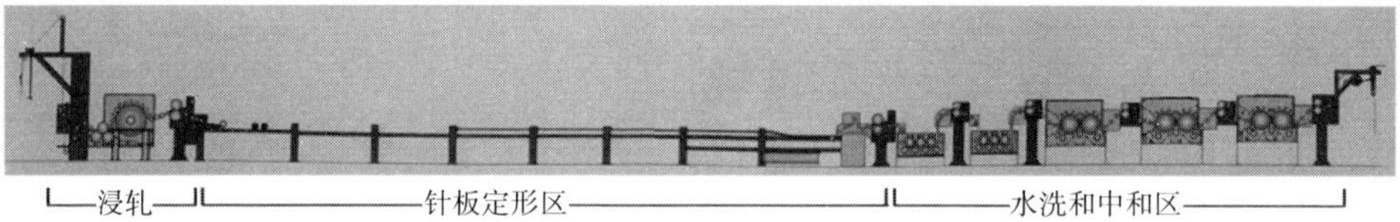

图15　韩国丰光株式会社棉针织物丝光机工艺流程图

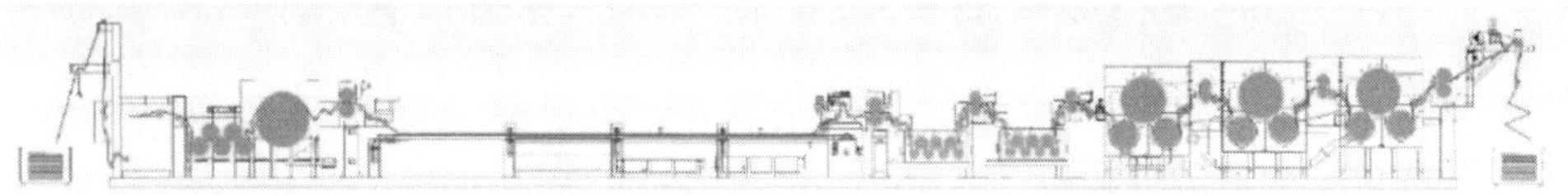

图16　佛山新元机械公司棉针织物丝光机的工艺流程图

2. 针织物平幅染色技术

针织物平幅染色技术包括半连续的平幅冷轧堆染色和连续平幅轧烘轧蒸染色两种工艺路线。

2.1　针织物冷轧堆染色

冷轧堆染色（CPB）是指经前处理后的织物在低温或室温下通过轧车浸轧含有染料和碱液的混合溶液，然后在室温下打卷堆置并不断缓慢转动，使染料完成吸附、上染和固色，最后通过水洗完成染色的方法。该工艺包括浸轧工作液、堆置固色、水洗三个阶段。

2.1.1 冷轧堆染色机

冷轧堆染色机是实现针织物冷轧堆染色的关键，染色轧车是整个装置的核心，目前国内应用较多的是贝宁格和欧宝泰克冷轧堆染色机。

2008 年，瑞士贝宁格公司推出一台针织物活性冷轧堆染色样机，如图 17 所示。这是贝宁格自 2008 年正式收购以生产染色均匀轧车而闻名的德国寇司德纺织机械公司以后首次在国内展出这项技术。贝宁格针织物 CPB 机配置了著名的德国寇司德均匀辊 S－Roll，它没有弧度，但其超常的挠曲控制范围使它具备双倍的修正能力和更大的产品适应能力。该产品采用先进的液压技术，保证了加压钳口形态的精度，从而更好地控制染色效果。

图 17 贝宁格棉针织物活性冷轧堆染色机

德国欧宝泰克于 2007 年推出 Erbatech 冷轧堆染色机，后经过不断改进和完善，2018 年在中国国际纺织机械展览会暨 ITMA 亚洲展览会上，由中国香港联泰贸易有限公司展出了德国欧宝泰克棉针织物活性冷轧堆染色机，如图 18 所示。德国欧宝泰克公司的 CPB 机具有先进的张力控制（对带拉架/弹力纤维的织物尤为重要），通过独特的气压式气动轧辊（均匀轧车）能达到轧辊线性压力控制。适合天然纤维的活性染色，比如棉、黏胶织物、莫代尔等，尤其适合含有弹性纤维的织物。

2.1.2 冷轧堆染色影响因素

冷轧堆染色采用低温染色，待染针织物前处理效果、染色工艺、打卷堆置和水洗等均会影响染色效果。

为了保证染色的得色率和均匀性，前处理时要彻底去除待染织物上的杂质、油污等，去除布面上残留的双氧水和碱等各种化学药剂，控制烘干过程，保证前处理后的待染织物具有均匀而良好的润湿性和均匀的回潮率。

图18　欧宝泰克棉针织物活性冷轧堆染色机

冷轧堆染色工艺虽然简单，但染料选择、碱液配制等均会影响染色效果。冷轧堆染色温度低，染料的选用要从直接性、反应性和固色率几个方面综合考虑。含有酯键和醚键的双活性基染料比较适合冷轧堆染色，染料的利用率高、得色深，染色成品的各项牢度指标较好。为使染料在固着前能充分扩散到纤维内部，提高色牢度，必须选用合适的碱剂，通常采用复合碱剂的较多。为防止染料在碱剂中水解，提高染料的固色率和重现性，染液和碱液应分别配制，再通过自动精确控制计量的加料泵加到混合容器中预先混合，然后加入浸轧槽中。

织物通过轧车后经导辊被送至打卷装置，要根据织物品种调节打卷张力，保证收卷的平整性。打卷过程中布卷表面受挤压，布卷缝头会导致多层布面呈“缝头印”，为防止缝头印的产生，可采用幂函数收卷方式。打卷堆置时间应根据季节室温不同进行调整，堆置结束的布匹退卷后，进行平幅水洗，以充分去除织物上未反应及水解染料，提高染色针织物湿牢度。

2.1.3　冷轧堆染色应用前景

针织物冷轧堆染色是在室温下长时间缓慢固色，避免了泳移现象的发生，对于松紧厚薄织物，染料的渗透性都极佳，产品的色光更纯正，染色织物的表观效果和手感均有较大提高。并且染色过程没有烘燥和汽蒸工序，不需要蒸汽加热和盐促染，水的耗用量极低，设备投资少，因而该项技术得到了广泛研究和推广。

该技术适用于小批量染色，可满足企业多品种小批量生产的需求，适应性强，下机布面匀、透，色泽饱满，染色牢度高，染色重现性和稳定性好，具有很好的市场前景。

2.2　针织物平幅轧烘轧蒸连续染色

2.2.1　针织物平幅轧烘轧蒸连续染色装备

由于针织物的张力敏感性，在轧蒸染色过程中易因受力而变形，导致针织物的连续染色迟迟没有产业化。2017年，在科技部的资助下，东华大学毛志平团队领衔江苏红旗印染机械有限公司等多家单位承担了国家重点研发计划项目“针织物全流程平幅印染技术”，利用4年时间，对针织物的防卷边、张力控制、平幅染色工艺和装备进行了系列攻关，形成了针织物平幅连续染色成套技术，开发了国内外首套针织物平幅轧烘轧蒸连续染色装备（图19），率先实现了针织物连续染色加工技术产业化。

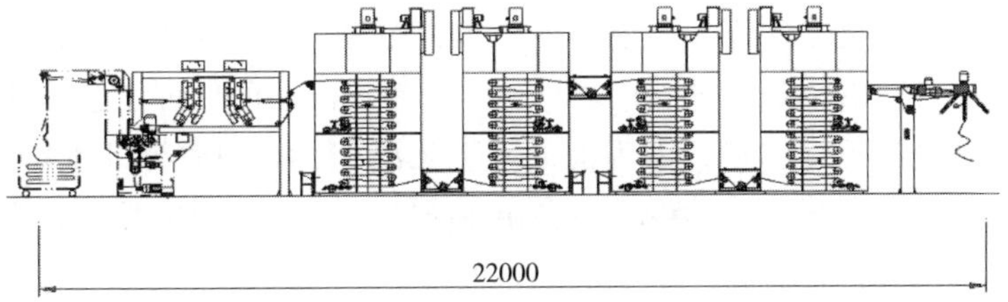

（a）水平穿布导辊式热风打底机

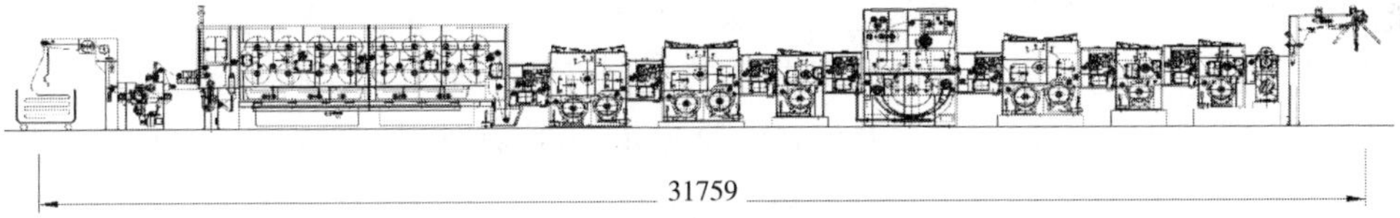

（b）固色水洗机

图19　导辊式针织物平幅染色机

图19所示针织物平幅连续轧烘轧蒸染色装备流程为：

水平穿布导辊式热风打底机：展幅对中进布架—可调节染色轧车（边中压力可调节轧点，染液液位调节）—红外线辐射蒸发区（分组功率可调，电加热或天然气红外辐射组件）—导辊式热风烘房组（水平穿布路径，喷风口出风垂直于布面，织物在上下两层喷风口之间水平穿行，蒸汽间接式加热）—摆布式出布架。

固色水洗机：展幅对中进布架—可调节轧车（边中压力可调节轧点，助剂液位调节）—转鼓式汽蒸箱（汽封口进布，防滴蒸汽加热顶板，分段张力测控，底水饱和蒸汽发生器）—二辊轧车—2～3组转鼓式水洗段—液下堆置皂洗段—2～3组转鼓水洗—重型轧车—摆布式出布架。

针对针织物延伸性大的特性，针织物平幅加工设备需要低张力，以缓解牵引过程中的几何形态的变化；织物和机械体前后接触点之间的跨越长度要尽量短，以避免自由状态下由于张力梯度的差异导致的织物形态变异。该装备织物路径的牵引装置使用大直径转鼓，以提升机械体和织物之间的接触面积，一方面使织物在低张力下获得足够的摩擦力，实现牵引；另一方面缩短接触点之间的自由段穿布长度；为了适应低张力运动特征，所有运动部件采用低惯量以及低阻尼，使机械体在低张力下足够灵活柔顺，使面料张力控制在 10～100N/m 范围内。

2.2.2 影响针织物平幅染色效果的因素

影响针织物平幅连续染色质量的因素除了设备因素外，还包括工艺等因素，比如待染针织物质量、织物卷边、张力控制、无机盐的应用、染料适用性等。

为了保证针织物平幅连续染色的得色率和均匀性，要求待染织物具有均匀良好的润湿性、合适的结晶度和孔内表面积。和传统浸渍前处理工艺相比，单纯平幅连续前处理过的棉针织物，因为前处理工艺温和，处理后棉纤维结晶度较高、孔内表面积较小，经平幅连续染色后会出现染深性不足，而平幅前处理加丝光后的针织物，平幅染色会获得非常好的染色效果。

卷边是单面纬平针织物的基本属性，平幅连续染色必须保持织物不卷边，解决针织物的卷边问题有助于易卷边针织物平幅染色的实现。目前控制针织物卷边的方法是在剖幅针织物的边部进行涂层（或称浆边）处理，涂层胶（也称浆边剂或防卷边整理剂）及其施加技术是能否控制针织物平幅加工过程卷边的关键。马振萍等设计制备了可耐受汽蒸固色、高温水洗的核壳结构聚丙烯酸—聚氨酯聚合物防卷边剂，对防卷边涂层胶所用浆料及施加方式进行选择和优化，通过对比浆边织物平幅轧蒸染色各工况下的卷边率及其耐受性，获得了适合中、厚型单面纬平针织物的防卷边剂配方及施胶方式。涂胶方式如图 20 所示，于单面纬平针织物的反面，沿织物纹路方向进行锯齿状刮涂，浆膜厚度达到 0.2mm，浆边宽度不低于 2cm。通过染色实验发现，这种防卷边施胶方式在平幅连续轧蒸染色的各工况下都可有效地控制织物的卷边，且不会影响后续的染色。

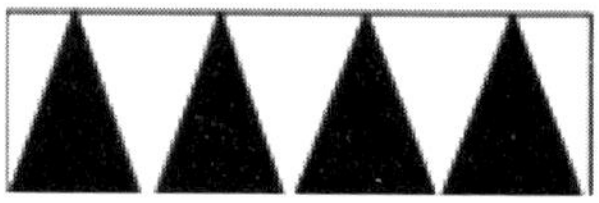

图 20 涂层胶施加形状

针织物平幅染色过程中，织物在连续浸轧、预烘、汽蒸和洗涤过程中带张力运行，纤维拉伸带来内应力可能对染色效果产生影响。王秋平等研究了针织物平幅染色过程中织物形变对染色效果的影响，依次对针织物经纬方向进行拉伸，控制织物拉伸率在 20% 以内，选取 3 种不同结构的活性红染料（20g/L），采用连续轧染工艺，对针织物进行平幅轧染，研究预烘、汽蒸等关键环节不同拉伸比对染色的影响。研究结果表明，在针织物平幅连续染色加工中，控制织物拉伸率在 20% 以内，在预烘、汽蒸等环节施加不同张力，对最终色深和匀染没有显著影响。

活性染料染色过程中需要无机盐促染，减少无机盐用量、降低染料水解反应、提高染料利用率是实现清洁染色的目标。为了探究无机盐促染机理，指导无机盐用量，吴伟等通过分子动力学模拟，结合实验，研究了硫酸钠在活性染料低给液染色过程中的作用，发现硫酸钠在染色过程中有保水作用，能够有效锁住纤维表面的水分，为染料和纤维提供更好的反应环境，防止染料随着水分子在高温下发生解吸附、泳移以及水解反应。针织物平幅染色的染液中加入适量无机盐，可以提高活性染料的固色率及染色的均匀性。

染料的选用也要从直接性、反应性和固色率等几个方面综合考虑。代亚敏等人利用显微共聚焦拉曼技术，研究了混合染液中染料浓度快速检测方法和染料配伍性的定量评价方法，建立了利用显微共聚焦拉曼快速检测混合染液中染料浓度和定量评价染料配伍性的方法，在此基础上，开发了染液准确配料系统。孔哲选用含有双乙烯砜活性基、双一氯均三嗪活性基和异双活性基（一氯均三嗪和乙烯砜活性基）三种不同结构的活性染料，分别研究了其对针织物的平幅染色性能，对其平幅染色工艺条件进行了优化，获得合适的染色参数，并与传统浸染所染得的布样进行染色效果的对比，结果发现，含有双乙烯砜活性基的活性染料和含有一氯均三嗪活性基和乙烯砜活性基的异双活性基染料更为适合轧染；含有双一氯均三嗪活性基的活性染料在染浅色时织物的 K/S 值与传统浸染相当，但提升力较差，在染深色时织物的 K/S 值与传统浸染相差较多，该类染料只适用于针织物平幅染浅色工艺；采用轧烘轧蒸工艺染色后织物的 CIE $L*$ 、$a*$ 、$b*$ 、$C*$ 、$h°$值变化趋势与传统浸染工艺相同，说明轧烘轧蒸工艺染色不会影响织物的色光，当染料颜色为浅亮色时，采用轧烘轧蒸工艺染色织物较传统浸染工艺染色织物的 $C*$ 值更高，更能保持色泽的鲜艳度。

2.2.3　针织物平幅连续染色技术应用前景

利用平幅轧烘轧蒸连续染色工艺染得针织物的各项质量指标全面达到或优于间歇式浸染针织物水平。针织物平幅轧烘轧蒸连续染色工艺明显减少了单位产品水、电、汽及无机盐消耗，实现针织物印染加工的绿色化。根据国家纺织机械质量监督检验中心对研发的针织物平幅染色装备的检验报告显示：与《印染行业规范条件（2017 版）》规定数据相比，本设备工艺条件可实现节能 26.38%，节水 72.1%，节约无机盐用量 65% 以上。

针织物平幅轧烘轧蒸连续染色工艺可提高加工效率，缩短工艺时间，有效减少布面细皱纹、死皱及磨毛起毛问题，产品布面光洁，尺寸稳定，处理效果均匀，染色重现性高，处理织物强力损伤小，显著地提升针织印染产品质量。项目技术成果易于推广，经示范推广，会显著提升我国针织行业的竞争力，并带动我国机械装备行业的发展，具有很好的经济效益和社会效益。

目前开发的针织物平幅轧烘轧蒸染色装备，可满足克重 $150g/m^2$ 以上棉针织物及粘胶类张力敏感纤维素织物的平幅染色。但对于克重 $150g/m^2$ 以下的单面纬平针织物，在平幅染色过程中极易产生大形变和染料泳移，导致染色不匀。因此，对于150g/m^{2}以下的轻薄针织汗布，建议仍使用浸渍染色方式。

参考文献

［1］智研咨询. 2021年中国服装行业发展现状及未来十大发展趋势分析.（2022－03－03）https：//www. chyxx. com/industry/1100206. html.

［2］蒋高明，周濛濛，郑宝平，等. 绿色低碳针织技术研究进展［J］. 纺织学报，2022，43（1）：67－73.

［3］赵文杰，张晓云，钟毅，等. 棉针织物的冷轧堆前处理与染色. 纺织学报，2016，37（6）：76－82. DOI：10. 13475/j. fzxb. 20150604807.

［4］王秋平，毛志平，钟毅，等. 平幅轧染中针织物形变对染色的影响，纺织学报，2019，40（11）：94－99. DOI：10. 13475/j. fzxb. 20181003006.

［5］孔哲. 纯棉针织物平幅染色工艺的研究［D］. 上海：东华大学，2021.

［6］宋艳芳，张建波，房宽峻，等. 针织物冷轧堆染色技术［J］. 染整技术，2015，37（9）：10－14.

［7］徐维敬，韩光亭，陈队范，等. 多功能全松式连续化练漂机及其应用工艺，针织工业，2015，2：50－54.

［8］徐维敬. 2020中国国际纺织机械展览会暨ITMA亚洲展览会针织印染前处理机械述评［J］. 针织工业，2021，7：18－27.

［9］文水平，何丽清，王秀丽. 棉针织物冷轧堆染色工艺［J］. 印染，2006（15）：25－27.

［10］周坚明. 贝宁格棉针织物活性冷轧堆染色技术［J］. 纺织服装周刊，2008（34）：37.

［11］德国欧宝泰克Erbatech冷轧堆染色机. 2007年中国国际针织新技术论坛演讲与交流资料，2007.

［12］联泰贸易GFL. ITMA ASIA展会预览丨联泰带你深入了解欧宝泰克冷轧堆染色技术.（2018－09－28）https：//www. sohu. com/a/256654210_100282596.

［13］房宽峻. 活性染料冷轧堆染色理论与染色质量控制［J］. 染整技术，2013，35（9）：35－38.

［14］陈立秋. 针织平幅连续印染的节能减排（一）［J］. 染整技术，2010，32（11）：48－53.

［15］尹苗苗，岳晓丽，钟毅，等. 针织物冷轧堆染色收卷张力设计. 纺织学报，2017，38（4）：73－79.

［16］戴家声．敏感棉织物连续化染色系统：中国，2018218042322［P］．2019－6－18.

［17］戴家声．一种敏感棉织物的连续式汽蒸箱：中国，2018218042271［P］．2019－6－14.

［18］戴家声．一种敏感织物堆置式皂煮箱：中国，2018218042229［P］．2019－6－14.

［19］张滕家璐，吴伟，钟毅，等．平幅前处理对棉针织物染色性能的影响［J］．纺织学报，2021，42（3）：9－13.

［20］马振萍，毛志平，钟毅，等．单面纬平针织物平幅轧蒸染色防卷边控制［J］．纺织学报，2019，40（5）：91－96.

［21］吴伟，陈小文，钟毅，等．硫酸钠在低带液轧－焙－蒸活性染料染色中的作用［J］．纺织学报，2020，41（5）：85－93. DOI：10.13475/j.fzxb.20190804409.

［22］Yamin Dai，Hong Xu，Yi Zhong，et al. Study on the effect of different dyeing systems on the interaction of multi－component reactive dyes by Raman spectroscopy. Coloration Technology，2021，137（5）：520－529.

［23］Yamin Dai，Peiwen Zhou，Hong Xu，et al. Confocal Raman depth imaging tracking on the diffusion process of single and two－component reactive dyes in a single viscose fiber［J］. Dyes and Pigments，2021（188）：109160.

［24］Yamin Dai，Binfan Yang，Yongsheng Ding，et al. Real－time monitoring of multicomponent reactive dye adsorption on cotton fabrics by Raman spectroscopy［J］. Spectrochimica Acta Part A：Molecular and Biomolecular Spectroscopy，2020，230：118051.

［25］毛志平，代亚敏，徐红，等．染料拼色轧染过程中补液系统的数字化控制方法及其系统：中国，202110016834.1［P］．2021－1－7.

冷轧堆前处理及染色技术现状及应用前景

钟　毅

东华大学

1. 引言

冷轧堆技术（cold pad – batch processing）是印染技术领域一项重要的技术，常用于天然纤维及其混纺织物等的前处理与染色。20 世纪 60 年代初，世界能源日趋紧张，英国、瑞士、美国、日本等先后研究开发出冷轧堆前处理和冷轧堆染色新技术。20 世纪 80 年代后期开始，我国开始引进和自制冷轧堆设备，进行冷轧堆技术（CPB）的生产实践。

2. 冷轧堆前处理工艺技术

冷轧堆前处理主要是冷轧堆漂白（cold pad – batch bleaching），是将织物浸轧漂白液后于室温下打卷堆置，并不断缓慢转动布卷，使漂白剂与色素均匀作用，实现织物漂白的加工过程。

冷轧堆漂白是在常温下进行织物的漂白加工，以利节能。冷轧堆漂白是一种平幅加工方式，适用于机织物和针织物的前处理加工。

冷轧堆漂白的原理是利用碱性条件下过氧化氢分解产生 HO_2^- 离子，以及 HO_2^- 离子分解产生的单线态氧［O］，与色素发色基团的双键反应，破坏色素发色体系，产生消色作用。碱性条件下 HO_2^- 离子还能引发过氧化氢分解，形成 $H_2O\cdot$、$HO\cdot$ 等自由基，破坏色素结构，达到漂白效果。

冷轧堆漂白因为在室温下进行，反应速率较慢，要达到加工所需要的去杂要求，需适当提高碱和双氧水的浓度，延长反应时间。室温下织物浸轧漂液后打卷，再用塑料布包裹，在室温下堆置并缓慢转动，处理时间通常大于 8h。冷轧堆漂白工艺中过氧化氢的用量要高于浸漂、淋漂和轧蒸漂工艺，一般为 10 ~ 15g/L（H_2O_2 以 100% 计）。为促进过氧化氢的分解，氢氧化钠的用量很高，一般为 10g/L。加入促进过氧化氢有效分解的有机活化剂，可以减少氢氧化钠的用量。

在冷轧堆漂白中，双氧水稳定剂和渗透剂的作用也非常重要。因为冷轧堆漂白中氢氧化钠的用量较大，所以要选择耐碱性高的双氧水稳定剂。加入高效渗透剂可降低溶液与纤维间的界面张力，使纤维与溶液更好地接触，加快润湿，促进渗透，改变物质的分散状态。对不同的组织结构及纤维组成的织物应合理采用不同的渗透剂。

在实际生产中，冷轧堆漂白大多与退浆、精练结合在一起进行，具体工艺条件则视织物种类而调整。

冷轧堆漂白属于低温漂白，较之高温漂白工艺能耗大大降低。另外，冷轧堆漂白对设备需求简单，也可节约设备投资。冷轧堆漂白操作简便，适用于小批量和多品种的加工要求。但该工艺也有因反应温度低，所需的过氧化氢和氢氧化钠等化学品浓度高，增加化学药剂使用成本的问题，同时还有占地面积大、需要较大场地放置布卷等缺点。

3. 冷轧堆前处理工艺流程

冷轧堆前处理一般有以下三类生产方式工艺流程，在实际生产中均有应用，且各有优缺点。

第一类：烧毛—浸轧工作液—打卷堆置—水洗—烘干

第二类：烧毛—浸轧工作液—打卷堆置—汽蒸—水洗—烘干

第三类：烧毛—浸轧退煮液—打卷堆置—复漂—汽蒸—水洗—烘干

第一类生产方式工艺流程最短，堆置完成后，只需充分水洗即可，能耗低、生产成本低，但处理效果也最难以控制，经常出现退浆率不均匀、毛效低，甚至毛效为零的情况。故在实际生产过程中，冷堆后第一格水洗常加入一定量烧碱和精练剂，并在90~95℃条件下进行热碱洗，效果明显优于直接热水洗，主要因为棉纤维上的浆料、果胶、棉蜡等杂质经膨化、部分皂化及氧化分解后，在热碱溶液中的溶解度显著提高，且碱性条件下又促使杂质进一步水解、皂化。

第二类生产方式在第一类的基础上增加了一步汽蒸工艺，对设备要求进一步提高，常用于棉针织物的冷轧堆前处理，缩短了堆置时间。此工艺生产过程中汽蒸温度在98~102℃，时间30min，高温汽蒸加速了双氧水的分解，增强了双氧水与杂质的氧化分解作用，同时温度升高也加大了表面活性剂对浆料、蜡质、果胶等杂质的乳化、分散效果。与第一种生产方式相比较，此生产方式增加了工艺流程及设备投资，但由于高温汽蒸加速了反应进程，故缩短了生产时间，提高了生产效率。

第三类生产方式在堆置完成后，直接退卷复漂，工艺路线最长，设备占地面积及投资都较大，且需要高温（98~102℃）汽蒸40~60min，能耗高。但此工艺对不同组织规格的织物均具有较好的适用性，处理后织物的毛效、退浆率等指标比上述两种生产方式均好，适用于因场地或资金限制而无法投资两步法前处理工艺的企业。目前许多企业将第三类生产方式更改为先生物酶退浆，然后煮漂的前处理模式，生产成本上进一步降低。此工艺对棉织物存在一定要求，由于生物酶的专一性，只针对淀粉类浆料起作用，而对 PVA 或乳化蜡等合成浆料无明显作用，使得处理后织物极易出现退蜡不净的现象，从而影响后续染色印花的渗透性。

冷堆前处理设备逐渐向专业化、系统化、自动化、智能化方向发展，如瑞士贝宁格公司开发的冷轧堆前处理设备，主要由高效冲洗部分、高给液部分、汽蒸箱及高效水洗四部分组成，其中高给液部分配置有料槽液位控制系统、淡碱在线检测系统，以及在高温水洗槽中均配置有温控开关，一方面起到在线监控工艺的目的，另一方面也减少了能源的损耗。

4. 冷轧堆染色工艺技术

冷轧堆染色（cold pad - batch dyeing）是一种相对节能的浸轧方式染色工艺，也称冷堆染色，主要应用于活性染料染色，染色原理同活性染料常规染色工艺。

冷轧堆染色是一种主要为节能和提高染料利用率而开发的染色加工技术，其基本过程为：织物浸轧染液（包含活性染料、碱剂、助剂）后打成布卷，再包覆上塑料膜以防水分蒸发；然后在接近室温条件下将布卷不断地缓慢转动进行堆置固色处理，以防内层织物因重力而移向外层造成色差，堆置需要 4 ~ 20h，在堆置期间染料在织物上完成吸附、扩散和固色反应；最后经水洗、烘干完成染色加工。染色对象主要是各种规格的棉织物，也有少量用于其他纤维素纤维织物。

冷轧堆染色工艺的应用始于 20 世纪 60 年代，主要由当时的欧洲的帝国化学工业集团（ICI）和瑞士的汽巴嘉基（Ciba - Geigy）等染料生产商研发。我国上海等地在 20 世纪 70 年代中期也开始有少量生产应用。进入 20 世纪 90 年代，德国 Dystar 等染料厂商逐步推出适合冷轧堆染色的专用活性染料型号系列，冷轧堆染色技术趋向成熟，国内外许多印染厂商开始应用。到 21 世纪前 10 年，国外染厂使用的活性染料中约有 20% 采用冷轧堆工艺染色，我国的广东、浙江、江苏和山东等地都有不少染厂应用，但应用比例相对较低。

冷轧堆染色的典型工艺过程：

经前处理干燥的织物浸轧染液→打卷→保温堆置→退卷→冷水洗→皂洗→热水洗→冷水洗→烘干

染液组成：活性染料 Xg/L、渗透剂 1 ~ 3g/L、碳酸钠 5 ~ 30g/L、氢氧化钠 0 ~ 4g/L、硅酸钠 5 ~ 7g/L（碱剂组成与用量视染料种类和用量多少而增减）织物浸渍染液经轧辊轧液后，带液率控制在 60% ~ 70%。织物打卷后使用多层塑料膜包裹，防止布卷表面水分蒸发。布卷在布卷架上进行堆置固色，并由机械传动装置带动布卷旋转，转速 6～8r/min。一般堆置时间控制在 4～20h，反应性弱的染料或温度较低时应适当延长堆置时间。温度会明显影响固色速度，通常堆置应在 20℃以上，同时应尽可能减少环境温度的波动，气温过低时应采取适当的加温措施。

5. 冷轧堆染色对染料性能的要求

（1）由于要求染料在低温下和纤维发生共价键结合，因而染料的反应性要强。

（2）冷轧堆染液中染料与盐碱同浴，染料的直接性不宜过高，且拼色组分直接性要相近，防止浸轧过程中产生前后（深、浅）色差及色光稳定性变差等问题。

（3）染料的耐盐、耐碱溶解稳定性要高，在浓碱低温条件下不析出。

（4）染料各拼色组合耐水解稳定性要相似，耐水解稳定性不一致容易产生头尾色差或卷与卷之间的色差。

（5）拼混色时选择染料比移值相近的染料，生产时，需根据比移值对不同拼混染料处方进行修正。

为满足上述需求，各染料商已开发出了不同种类的用于冷轧堆工艺的活性染料。

6. 冷轧堆染料的制备方法

（1）通过改变染料分子结构，亨斯迈纺织染化（汽巴精化）在 1988 年推出了 Cibacron C（现名 Novacron）型活性染料，它具有乙烯砜和一氟均三嗪双活性基，通过降低染料直接性、提高染料反应性、增加染料耐碱性而适用于冷轧堆染色，目前已有 25 个品种。德司达公司也于 1999 年推出了具有中等亲和性、高碱介质溶解度、良好的耐碱性和优异的洗净性的丽华实 Levafix CA 型染料，该染料分子结构内同样含有一氟均三嗪和乙烯砜活性基，固色率高达 90%，2005 年新增 4 个品种后目前共有 11 个品种。

（2）根据染料与染料复配增效的理论，德司达公司在 2000 年前后推出了一套耐碱性很好的活性染料，商品名为雷马素 Remazol RGB 系列，加上 2003 年推出的黑色染料 Remazol Carbon RGB 和 2007 年的 RemazolDeep Black RGB 共 7 个品种。

（3）根据染料与助剂复配增效的理论，科莱恩公司生产出了耐碱性很好的 Drimarene CL 系列的染料，现有 25 个品种。还有 2000 年国内东港工贸公司开发的第一代耐碱型100% C. I 活性蓝19和2004年的150% C. I 活性蓝25都可达到冷轧堆染色耐碱性的要求。

7. 冷轧堆染色对碱剂的选择

选用复合碱形成缓冲体系有利于保持染液的稳定性和色光的重现性。可选用的复合碱剂有：①硅酸钠+纯碱法；②烧碱+纯碱+硅酸钠法；③硅酸钠+烧碱法；④硅酸钠+烧碱+磷酸二钠；⑤碳酸钠+烧碱法；⑥烧碱+磷酸三钠法；⑦纯碱+小苏打。

（1）硅酸钠作为缓冲剂对碱液pH值起到调节作用，可控制染料的水解反应，有利于提高固色率，轧液时极大地降低了织物的吸碱能力，提高了工作液的稳定性，避免深中浅边现象产生。

（2）硅酸钠作为保护胶体，在打卷堆置过程中能保护织物颜色不被空气中的二氧化碳和二氧化硫等酸性气体影响，避免打卷不齐，出现浅边或深边现象。堆置结束水洗时，硅酸钠水解为胶状硅酸钠，具有较好的吸附水解活性染料、防止二次沾污织物的性能。

不含硅酸钠的⑤、⑥、⑦碱剂冷轧堆染色固色混合液存放时间短，10min以后染料水解显著，但是更容易从整个冷轧堆装置中洗除，不会使轧辊变硬，也容易从织物中洗除，保持织物柔软手感。①～④复合碱剂与染料混合后对pH值有一定缓冲作用，稳定性相对较好，染色深度相对较高，依据活性染料的结构选择不同的复合碱剂组合。

8. 冷轧堆染色对设备的要求

冷轧堆染色工艺设备简单、设备投资少，流程短，生产准备时间少，设备易清洁，生产用工较少，适宜小批量、多品种、多色位的生产，也可以与两相法连续轧染工艺一样，生产批量大的色位，且前后一致性较稳定。

冷轧堆染色加工所使用的典型设备及组成如图1所示。

8.1 冷轧堆染色对均匀轧车的要求

冷轧堆染色对均匀轧车的要求比常规连续轧车的要求更高，均匀轧车的压力表要用细分刻度显示，防止压力波动无法观察造成边中色差。两相连续轧染生产比较直观，发现问题及时进行纠正。冷轧堆染色时平幅半连续生产需常温，发现问题滞后。另外，均匀轧车的轧余率要尽量低一些，防止打卷时造成挂料，形成色条。若轧车压力大布面带液少会出现霜花，进而产生波纹疵病。

8.2 均匀轧车料槽配置要求

为保证染料与碱液配制染液的稳定性，以及保证料槽内染液的快速交换，轧

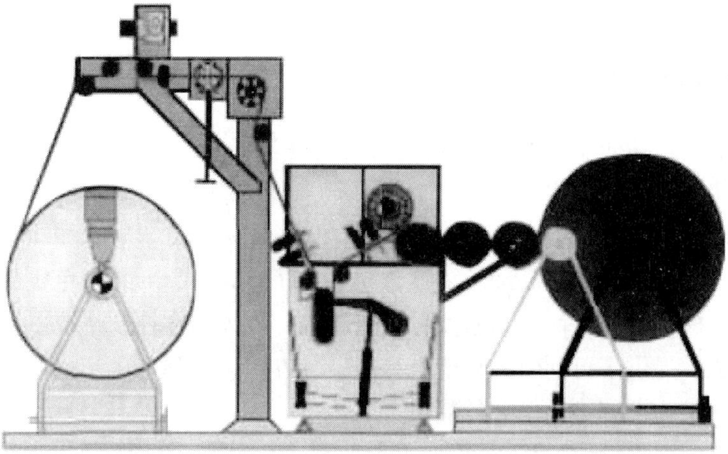

图1 冷轧堆染色设备示意图

（图片来源：赵涛.《染整工艺与原理》下册，北京：中国纺织出版社，2009：91－92）

槽的容积尽可能小但又要保证织物在染液中的浸渍时间，使织物浸透，料槽的容积在35L左右较合适；同时为了防止外部温度的变化而引起染液的不稳定，料槽需要配置夹层降温装置。当外界温度稍高时，工作液料槽的夹层开冷流水降温，当使用半制品布面温度较高时，通过透风的方法将温度降到30℃左右或在冷轧堆染色打卷前加装冷却装置降温使半制品符合生产要求。

8.3 对染色工作液配送要求

根据染色工艺处方要求，先将染料和碱剂分开化料，储存在不同的料缸中，搅拌均匀后，用计量泵将染液和碱液按4:1的比例混合后输入料槽中，形成染色工作液。为保持液面的相对稳定，在料槽中加装液位传感器，使染色工作液的液面始终处于平稳状态，计量泵的运行精准度至关重要。

8.4 计量泵的配置要求

配备具有比例分配功能的定时、定量的比例泵每小时输出的液量，要按在织物的最大带液量计算，且能满足工艺车速要求的最大流量要求，同时染液经计量泵注入料槽前要配备混合器和递止阀，使染液充分混合，并保证连续输送。

8.5 冷轧堆染色打卷装置要求

采用中心驱动的恒线速度、恒张力的收卷，且打卷轧辊始终与布卷保持一定间隙，通过张力调节保证织物均匀带液，防止缝头印迹和色条的产生。厚织物遇到缝头处上下都要用宽20cm，厚度0.02mm的塑料纸片垫衬，以消除缝头横杆印，一般车速控制在25m/min左右。打卷布卷绕完成后用塑料薄膜严格包裹，并用胶带封严密，防止染色工作液水分流失以及空气中的二氧化碳或二氧化硫气体对染料的影响产生风干印。

9. 冷轧堆染色设备发展状况

欧宝泰克公司研制的 CPB 冷轧堆染色机在轧染单元上采用了比较新颖的结构，能够使染色效果稳定，而且能够实现很多种类织物的轧染，同时耗水量小，平均每公斤织物只需消耗 1L 水。均匀轧车模块，其采用新颖的气动轧辊，实现了轧辊稳定的线压力控制。随后，该公司开发了 SCOUT Color 染色机，配备了带布罗拉染色槽、特殊浮筒、高精度可调变轧辊、液体温度控制系统以及高精度染料混合系统，提供了可同时进行槽染和夹染的方式，在降低生产成本的同时，提高了纤维素织物平幅染色工艺的品质。

瑞士贝宁格把针织物的 CPB 染色看作一个整体概念，即浸轧、堆置、水洗一体化过程。CPB 工艺不再受地理环境或气候因素的影响，是一种全球化的可靠的染色方法，即使是对张力敏感织物。自 2008 年 1 月 1 日正式收购以生产染色均匀轧车而闻名的德国寇司德纺织机械公司以后，贝宁格首次在国内推出了一台最新的针织物活性冷轧堆染色（CPB）样机。贝宁格针织物 CPB 机配置了著名的德国寇司德均匀辊 S – Roll。它没有弧度，但其超常的挠曲控制范围使它具备双倍的修正能力和更大的产品适应能力。它的液压技术，保证了加压钳口形态的精确，从而更好地控制染色效果。

贝宁格公司与德国针织布整理公司 Rield Textile Gmb H 合作开发了针织物 Bicoflex 轧染机，能够实现在低温的状态下进行漂白、活性染料染色、浸轧以及收卷堆置。Bicoflex 设备的新颖之处在于进布入口处包含自动退卷和退卷张力控制装置，以保证将织物均匀一致地送入轧车。经过轧车后，织物经过一个主动的板条式扩幅装置扩幅后，再被送到打卷装置上。A 字架经过气动平台的驱动，会随着收卷半径的增大而向后滑动，保证了收卷辊与导布辊之间织物的长度恒定，在很大程度上降低了针织物的卷边行为。轧车采用立式辊筒排列，夹持导辊也从常规的卧式排列改为最佳化的 70°排列，即一组辊筒根据走布路径倾斜排列。织物上下以相同纬度同步喂入轧点，以防止织物两面出现轧压差异，斜对角放置的导辊使织物在牵引过程中降低所受的张力。与传统的卧式轧辊的轧车相比，织物张力可降低 50%。

德国高乐 ECONOMICA 型冷轧染色机对织物加工时的起皱及纬斜等缺陷做到了很好的抑制，该设备中的均匀轧车具有对中装置，使织物在轧压过程幅宽方向能够均匀受力。此外，在收卷工序中需要格外注意卷前工序与收卷工序间织物表面的张力控制不能过大，否则布卷压紧容易产生染料压痕和缝头印缺陷，对于收卷工序的张力控制则需要根据卷层数、织物材料种类来调节，通过控制收卷速度、张力大小来保证织物卷层内部平整不起皱。

上海凯翎纺织染整设备有限公司针对宽幅织物的染色研制出 LSRO71－320 型及 LSRO71－340 型冷轧堆染色机，运用多项创新技术对染色机的关键部位进行设计。例如，为了控制布卷与扩幅辊之间的距离保持在一定范围内，同时确保织物在收卷时保持恒定的线速度，其搭载了高精度光电测距仪，对卷径进行实时反馈及补偿；为克服织物在染色轧压过程，轧液沿幅宽方向分布不均的问题，特别配备了高分度的压力计，提高轧辊压力调节的精度，从而有效降低了轧液沿幅宽方向分布不均匀性；在均匀轧车输出布速与收卷线速度协调方面，该设备运用了具有自适应升降功能的松紧架，实现收卷半径稳定跟踪，使均匀轧车输出布速与收卷线速度很好地相互协调；其收卷装置采用的是恒张力驱动的 A 字架中心收卷方式，这样的收卷方式可以实现低张力、恒线速收卷，能够有效改善缝头印所带来的染色色差问题。

常州市如康纺织机械有限公司研发的 LFH348 型冷轧堆染色机继承了国外轧卷堆染色机的优点，通过对冷轧堆染色工艺实际生产中存在的不足进行分析，整合了国内外同类设备的功能。该装备配备大流量比例配液泵，能够实现染液的在线配制及染液液面的精准控制，同时集烘燥、熨平、冷却单元于一体，能够实现低张力收卷。

10. 冷轧堆染色对半制品的要求

（1）因冷轧堆染色对前处理下机的半制品要求较高，染前半制品的白度、毛效、退浆率、布面 pH 值要均匀一致，其中要求半制品毛效达到 10cm/30min 以上，以利于染液均匀扩散到纤维内部；同时半制品上布面不能含有氯离子和双氧水等残留物，防止影响染料固色，产生斑渍。

（2）前处理丝光下机布的布面含潮率要相对稳定，防止存放织物回潮不均匀，产生头尾色差和边中色差，同时对半制品的温度要加以控制，温度高不宜染色打卷，防止染液温度升高，染料水解加剧，因此半制品湿度控制在 3%～4%，温度控制在 30℃以下。

11. 冷轧堆染色的堆置水洗

当打卷完成后用塑料薄膜包裹，要及时堆置并转动，防止布卷中的染液渗出、沉降产生上下层的间断性色差。转速一般控制在 6～8m/min。由于温度对染液与纤维的渗透、扩散的反应速率影响较大，因而当温度降到 20℃以下时，采取升温保暖的措施，以维持正常而缓慢的固色过程。当温度高于 35℃时采取降温措施，也可采取晚上堆置、白天水洗的措施，温度高反应速度快，可适当降低堆置时间措施加以弥补。堆置时间视染料性能和堆置温度而定，少则2～4h，多则24h以上。当固色率达到平衡后，在相对的一段时间内，已经发生固色的染料不会发生断键。但过多延长时间，部分染料仍会发生断键脱落，颜色变浅或引起色光变化。

水洗设备方面，贝宁格公司生产的低张力转鼓水洗机TRIKOFLEX采用双滚筒技术和前后洗涤技术，具有高的机械洗涤效率，即使是处理敏感面料，也能保证无折痕的面料运输，最大工作幅宽高达5400mm，可以很好地控制织物的伸长，既能节水，又改善了织物质量。

12. 冷轧堆染色小样试验方法

冷轧堆染色在工业生产中具有节能等优点，但也因其工艺耗时较多而对批量生产前的小样对色试验工作带来了困难。生产前的小样试验主要是通过少量织物染色以获得染料处方的过程，一般需要多次试验后才能确定染液中各个染料及助剂的配比。由于纺织品染色结果受具体过程的各种因素影响很大，因此小样试验过程和条件应尽可能与实际生产相符，这样才能保证染色处方的准确性。为了缩短冷轧堆染色前的小样对色试验时间，通常需要采取适度加热以加速固色过程，以便能在较短时间内取得与实际生产结果相近的试验小样。目前常用的小样加热加速固色试验方法主要有以下几种。

（1）微波炉加热固色。按照织物固色时所处状态，试验方法又可分为悬挂法及平铺堆置法。微波炉加热的特点是升温快、处理时间短，但是温度不太好控制，需要多次试验才能获得良好的固色结果。

（2）加热堆置固色。根据加热介质或设备不同又可分为烘箱加热和水浴加热。该方法温度容易控制，重现性较好。将浸轧染液后的布样用塑料袋紧密封好，放入设置好恒温的烘箱或水浴中加热固色。加热温度50～60℃，堆置时间20～40min。

温度是影响固色反应的重要因素。提高温度，可以使染料与纤维的反应速率加快，同时染料的水解速率也增大，但对水解的影响可能更为显著。因此应根据染料的应用性能，控制加热固色温度。一般而言，温度越高，固色越快，可以减少织物堆置时间，提高打样效率。

以上两类小样试验方法也可组合起来运用。比如，先采用微波加热处理，然后将布样放入烘箱或水浴中加热，90℃保温3～5min。这样可以使染料更充分地与纤维反应，以获得更接近实际生产条件的试验结果。

活性染料冷轧堆染色与常规汽蒸或焙烘固色的轧染工艺相比，由于减少了织物浸轧染料溶液后的烘干环节，并将固色由高温短时间加热改为接近室温的长时间堆置，因此总体上具有能源消耗少、固色率较高、适用染料品种多等优点；同时其打卷堆置过程类似于浸染的间歇式加工，因此一定程度上也具有浸染加工方式的灵活性，适合小批量、多品种产品加工。

但是，冷轧堆染色工艺也有其弱点，其主要表现在：

（1）加工时间长，为了保证生产效率需要配置较多的堆置加工区域。

（2）染化料消耗有所增加。这是因为室温下固色需要更为强烈的反应条件，因此需要添加更多或更强的碱剂来加速固色。另外，与高温汽蒸或焙烘工艺相比，由于低温长时间下堆置，染料在织物中的渗透性提高，染料在织物表面的浓度会有所降低，同样的染料用量，织物表面染色深度有所下降，因此与其他工艺相比，同等深度染色，冷轧堆染色工艺可能需要增加5%～30%的染料用量。

冷轧堆染色工艺不需要烘干过程，克服了染料在烘燥过程中，染料泳移产生边中色差的弊端，特别适合稀薄织物由于烘燥不匀，造成的布面色条及发花，以及避免高织高密织物烘燥时产生的褶皱；低温堆置，解决了平绒织物、灯芯绒等产品生产沟底露白，不匀现象；棉氨、棉锦、高支高密羽绒布等张力敏感织物，苎麻等不宜热加工的织物，及在加工工艺中易起皱、影响手感的织物同样适用。冷轧堆染色设备也逐渐向系统化、自动化、智能化方向发展，特别是受控的快速冷轧堆染色是今后发展的方向。

参考文献

［1］左凯杰．冷轧堆前处理设备及工艺要点分析［A］．中国纺织工程学会“传化杯”第十届全国染整前处理学术研讨会论文集［C］．中国纺织工程学会，2015：4.

［2］岑乐衍．冷轧堆前处理与染色技术［J］．纺织导报，1998（5）：19－20.

［3］王圣杰．棉针织物冷轧堆节能前处理工艺实践［A］．中国纺织工程学会，中国纺织科技暨人才服务战略联盟“海大杯”第六届全国染整机电装备暨资源综合利用新技术研讨会论文集［C］．中国纺织工程学会，中国纺织科技暨人才服务战略联盟，2012：3.

［4］周鑫．中厚全面衬布的短流程前处理工艺研究［D］．上海：东华大学，2020.

［5］陈荣圻．印染行业需要的节能减排型活性染料［J］．染料与染色，2008（3）：1－11.

［6］翟丽丽，张健飞．纯棉针织物冷轧堆染色的应用与发展［J］．针织工业，2009（7）：42－45.

［7］Bircher A，谢华庆，等．可节约生产成本的湿处理工艺技术［J］．国

际纺织导报，2007，35（5）：51－52.

［8］刘江坚，万捷．第17届上海国际纺织工业展览会针织染色机械述评［J］．针织工业，2015（7）：30－30.

［9］佚名．染整机械及纺织化学品［J］．纺织导报，2009（7）：50－54.

［10］Stephan Kehry，Jürgen Str（o）hle. 针织物的冷轧堆染色和水洗工艺［J］．纺织导报，2007（1）：90－92.

［11］Kehry S，Strhle J，Benninger A G，et al. Cold pad batch dyeing and washing of knitwear［J］. International Dyer，2006（16）：191.

［12］何叶丽．高弹织物的冷轧堆染色［J］．印染，2005，31（11）：49－50.

［13］文水平，何丽清，王秀丽．棉针织物冷轧堆染色工艺［J］．印染，2006，32（15）：25－27.

［14］叶恩．LSR071－320冷轧堆染色机的技术创新［J］．印染，2008，34（18）：3－5.

棉及其混纺织物低温前处理技术研究现状及应用前景

赵 红[1] 李晓彦[1] 计雅婷[1] 靳凯丽[1] 侯科如[1] 李 红[2] 蔡再生[1]

1. 东华大学生态纺织教育部重点实验室，国家染整工程中心，
化学化工与生物工程学院，2. 中国针织工业协会

1. 引言

“十三五”期间，在宏观经济环境不确定性明显增加的情况下，印染行业运行总体平稳，规模、效益保持在合理区间。根据国家统计局及中国海关数据分析，2016~2020 年，规模以上印染企业印染布产量约为 2668.27 亿米，年均增长约 1.4%，其中棉及其混纺纤维纺织品约占 21%。

棉及其混纺织物传统前处理工序包括烧毛、退浆、煮练、漂白、丝光、热定型等工序，其能耗占染整总能耗近 70%。传统退煮漂为高温、高碱、耗时工艺，约占前处理总能耗的 90%（表 1）。

表 1 传统前处理工序的能耗

工序	能耗（kg/t）	工序	能耗（kg/t）
烧毛	~10	漂白	~212
退浆	~171	丝光	~58
煮练	~212		

注 能耗单位 kg/t，即千克标煤/吨产品。

“十三五”期间，印染行业深入贯彻国家各项环境管理政策和标准规范，行业能源资源利用效率提高。从表 2 可以看出，到“十三五”末，印染行业机织物和针织物单位产品水耗分别下降 17% 和 14%，综合能耗分别下降 15% 和 14%，水重复利用率提高 10%。“十四五”时期，随着“3060”双碳目标的提出，将倒逼印染行业进一步提高能源资源利用效率，实现经济、生态与社会效益的协调发展。《印染行业“十四五”发展指导意见》据此提出下一步的目标：到“十四五”末，单位产值能耗较“十三五”末降低 13%，水耗降低 10%；机织物单位产品水耗和能耗分别降低 13% 和 9%，针织物单位产品水耗和能耗分别降低 11% 和 8%，水重复利用率达到 45% 以上（表 2）。

表 2 “十二五”末到“十四五”末印染行业单位产品水耗能耗及水重复利用率

时间	机织物		针织物		水重复利用率（%）
	水耗（t/hm）	能耗（kg/hm）	水耗（t/t）	能耗（t/t）	
“十二五”末	1.8	41	110	1.4	30
“十三五”末	1.5	35	95	1.2	40
“十四五”末	1.3	32	85	1.1	>45

数据来源：《印染行业“十四五”发展指导意见》

注 机织物水耗（t/hm）即吨水/百米，能耗（kg/hm）即千克标煤/百米；针织物水耗（t/t）即吨水/吨产品，能耗（t/t）即吨标煤/吨产品。

2. 棉及其混纺织物低温前处理新助剂

2.1 棉及其混纺织物前处理助剂总量分析

目前，世界纺织助剂共计约1.5万个品种，年产量约280万吨；而国内印染助剂企业能够生产的品种仅约1100个，年产量约200万吨，基本可以满足国内中低档市场需求的75%～80%，但同质化严重，高档品种仍需进口或跨国公司提供。国外纺织印染助剂巨头企业如BASF、Bayer等一直占据着高端产品市场；传化化学是国内纺织印染助剂行业龙头企业。就产品结构来说，国内前处理助剂占比过多，后整理助剂占比小，国内纺织印染助剂行业需要不断丰富助剂品种，向高端市场进军（图1）。

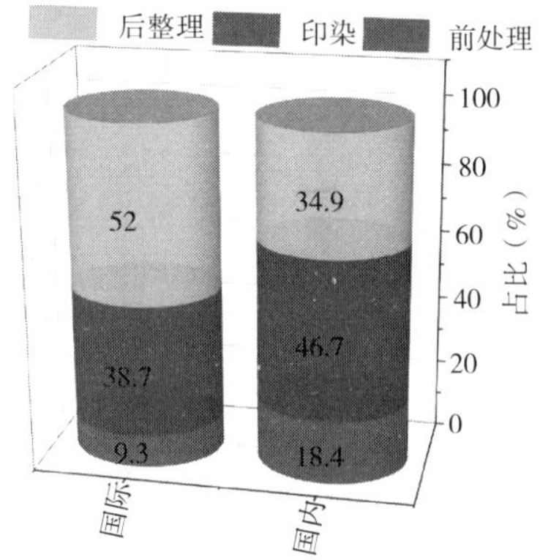

图 1 国内外印染助剂产品结构

棉及其混纺织物前处理助剂消耗量大是不容忽视的问题。前处理助剂在前处理多数工序，如退浆、煮练、漂白、丝光、碱减量等都必不可少。据统计，棉型织物标准碱耗为0.8～1.2千克/百米，而“十三五”期间棉及其混纺织物印染布产量约为560.34亿米，其耗碱量高达44.8～67.2万吨。根据南京市统计年鉴数据，2020年南京市规模以上企业生产每吨烧碱综合能耗（离子膜法30%）为325.2千克标煤，则棉纺织印染行业“十三五”期间碱的能耗高达1.46亿～2.19亿千克标煤。另外，高浓度助剂还会引起废水处理难度大、处理成本高等环境问题。针对上述问题，《纺织行业“十四五”绿色发展指导意见》中指出，亟须在棉纺织行业研发和推广低温、短流程、无碱/低碱前处理技术。

2.2 棉及其混纺织物前处理助剂种类及其发展

在相关高校、科研院所、助剂和印染企业的共同努力下，基于高效前处理助剂和高效生物酶制剂研发，实现了高效冷轧堆、高效低温短流程、生物酶前处理技术产业化应用，在一定规模上实现了产业化，但仍需更多努力才能完全替代传统工艺。

2.2.1 高效前处理化学助剂

近年来，高效冷轧堆、低温碱氧一浴和低温酶氧一浴前处理工艺是低温前处理技术的关注点。研究表明利用复配增效技术研制出高碱高 H_2O_2 浓度条件下的 H_2O_2 稳定且具有良好的动态渗透、润湿、乳化及净洗等效果的低温练漂剂是实现高效冷轧堆和低温碱氧一浴前处理的关键。东华大学研究团队和上海祺瑞纺织化工有限公司联合研发的 QR 系列低温练漂剂是由助剂 QR2010（四氯化碳、醋酸酯类、烷基苯类、乳化剂和精练剂）、助剂 QR2011（KOH、碳酸盐和渗透剂）与助剂 QR2020（酰类与腈类活化剂及助洗剂）组成的，三助剂分别单独储存，使用时再与 H_2O_2 一起以不同比例配液。碱氧一浴工艺目前只能将加工温度降到 70～90℃，应属于中温前处理。上海雅运的雅洁瑞 LFD－MD、广东湛丰精细化工的 QH－1338B 以及浙江传化开发的一种由冷漂催化剂、低温除蜡剂、耐碱渗透剂、耐碱螯合分散剂复配的低温练漂剂，均可将碱氧一浴前处理温度降低到 70℃。酶氧一浴工艺用酶退煮替代碱退煮，因此酶与漂白活化体系的同浴相容性极为重要，能进一步降低加工温度到 50℃左右，加工时间 30～60min。通过文献调研不难发现上述三种工艺的共性是都使用了高效漂白活化剂，应用最广泛的活化剂有四乙酰乙二胺（TAED）、异壬酰氧苯碳酸钠（NOBS）和 *N*－［4（三乙基铵亚甲基）苯酰基］丁内酰胺氯化物（TBBC），但是其价格居高不下是阻碍低温短流程前处理工艺全面产业化的主要原因之一。

低温练漂剂是实现低温短流程前处理工艺的内核，但仍需解决如下问题：

（1）应致力于开发更加高效的低温练漂剂，进一步提高冷轧堆前处理效率、降低碱氧一浴加工温度。

（2）降低漂白活化剂成本和提高其稳定性。

（3）现有研究基本只关注漂白活化剂的合成和工艺优化，应加强复配低温练漂剂的基础研究，为相关助剂设计及复配提供扎实的理论基础。

2.2.2 生物酶制剂

生物酶前处理反应条件较为温和，可大幅降低前处理能耗、水耗、碱等助剂的使用量，仍然是今后染整工业发展的一个重要方向。目前已研发出了高 pH 值和温度宽域的淀粉酶制剂和耐高温的 α－淀粉酶制剂，可高效应对淀粉浆，已有部分产业化应用；PVA 降解酶在染整行业中的应用潜力巨大，但其还基本停留在实验室水平。纤维素酶和果胶酶是目前应用最为成功的纺织酶制剂，果胶酶和淀粉酶、纤维素酶等具有很好的协同作用，可实现退浆精练一浴前处理。H_2O_2酶在纺织染整中已实现了工业化应用，可去除H_2O_2免去染色前水洗，综合处理成本可降低1/3～1/2。葡萄糖氧化酶可取代H_2O_2进行漂白，其最适温度和pH值分别为30～50℃、3.5～6.5，但还处于研究阶段，尚无漂白用葡萄糖氧化酶产品推出。国内外酶制剂生产企业已经开发了多种生物酶制剂，常用的酶和酶制剂见表3。

表3　国内外开发的前处理用酶制剂种类

工序	国内		国际	
	企业	型号	企业	型号
退浆	苏州宏达制酶	Suhong Desizyme 2000L	Gist - Brocades	Rapidase、Maxamyl
	无锡开来生物科技	宽温退浆酶 HS - 380	Novozymes	Duramyl、Fungamyl、BAN、高温淀粉酶 Termamyl
	浙江艾普生物	宽温退浆酶 ASUNKIN@ EM		
	石家庄联邦科特	OFT - 200	Bayer	Baylase AT02
精练	上海永光化工	SKD 系列煮练酶	Novozymes	碱性果胶酶 Bio Prep、碱性果胶裂解酶 Scourzyme L、蛋白酶（Alcalse、Savinase、Esperase）、脂肪酶（lipolase、lecitase、lipozyme）、纤维素酶（Celluzyme、Denimax）
	新华扬生物	HT639plus 中性纤维素酶		
	上海市纺织科学研究院	Scolase100T		
	江南大学	复合酶 FW	DuPont	Prima Green Eco Scour、Primafast Gold RSL
	广东江门大明化工	DMA		
	广州中兆	Loyaey 168	Bayer	碱性果胶酶 Bay Lase EVO
	青岛康地恩生物科技	KDN		

生物酶制剂对于实现绿色前处理至关重要，但市场长久被国外酶制剂公司垄断，价格居高不下，由于酶活性及其稳定性影响等因素，纺织酶处理工艺在国内一直无法得到大规模推广，针对棉及其混纺织物前处理用酶制剂还有诸多问题需要解决，总结如下：

（1）加强国内酶制剂研究和生产单位与纺织行业的合作，开发更多适合纺织染整行业的高效生物酶。

（2）亟须开发具有较高活力的 PVA 降解酶和酶制剂。

（3）加强对酶制剂之间相容性和复配酶制剂的活力稳定性和工艺稳定性的研究。

（4）提升国产生物酶制剂的质量和稳定性，取代国际酶制剂，降低成本。

3. 棉及其混纺织物低温前处理新技术

围绕棉及其混纺织物前处理节能降耗主题，目前已涌现一系列绿色前处理新技术和工艺。酶处理技术和低温短流程前处理工艺已实现了一定规模的产业化应用；低温等离子体等新型技术大多还处于研究阶段，短期内无法实现产业化应用。

3.1 产业应用新技术和装备

3.1.1 低温短流程前处理工艺

得益于低温练漂助剂和酶制剂的开发，前处理短流程工艺不断改进，近期涌现出高效冷轧堆、碱氧一浴和酶氧一浴等低温短流程前处理工艺。这些低温前处理工艺都大大降低了能耗、水耗和加工时间，其中高效冷轧堆和低温碱氧一浴工艺已经具有一定产业化规模，部分助剂公司已经开发出了相应高效低温练漂剂；而酶氧一浴工艺则依赖于酶制剂的筛选和复配、活化剂的开发，见表 4。

表 4　低温短流程前处理工艺特色

工艺	工艺进步	助剂产品	
		名称	研发单位
高效冷轧堆	堆置时间缩短到 6～8h，无须汽蒸，洗涤性好	QR 系列低温练漂剂	东华大学 & 上海祺瑞纺织化工
碱氧一浴	加工温度 70～90℃，时间 40～60min	雅洁瑞 LFD－MD	上海雅运
		QH－1338B	广东湛丰精细化工
酶氧一浴	加工温度 50℃左右，时间 30～60min	退浆酶＋复合精练酶＋TBBC	江苏联发纺织 & 江南大学
		复合酶＋仿酶活化剂	东华大学 & 华纺
非碱氧低温一浴	加工温度 65℃，时间 80min	涤棉织物低温一浴煮漂	东华大学 & 南通泰慕士
前处理染色短流程	时间缩短 1/3，能耗减少一半	碱性煮漂、染涤＋染棉	德永佳 & 东华大学

近年来关于高效冷轧堆的研究较少，主要集中在碱氧一浴和酶氧一浴方法。如西安工程大学的李艳艳采用1:1的双氰胺和尿素作为活化剂进行碱氧一浴一步前处理，但其浴比高达1:50。德永佳纺织制衣有限公司的渠少波以带有酰基结构的化合物作为活化剂开发了棉针织物的碱氧一浴一步法前处理工艺，其浴比仅为1:5，并对能耗等成本进行了核算，耗电量和耗蒸汽量分别减少了37.5%、75.6%，对生产实际具有很好的指导意义。酶氧一浴前处理工艺研究处于兴起阶段，不同酶氧体系被开发出来，如酶－TBCC、酶－仿酶、酶－NOB等体系，其中酶－TBCC体系可实现棉机织物的酶氧一浴一步法前处理，加工温度为50℃、时间为60min，可达到和传统前处理方法相近的处理效果，相关成果已在十余家纺织助剂企业和纺织印染企业推广应用，该成果已经通过鉴定。

全面推广棉及其混纺织物低温短流程前处理工艺必会大大推进生态技术进步，但是还应继续加强诸如酶氧一浴工艺技术、非碱氧前处理、涤棉针织物前处理染色短流程等方面的工作。

3.1.2　短流程工艺配套设备

棉及其混纺织物前处理工艺的进步不仅需要高效助剂的支撑，配套设备的保障也必不可少。平幅/绳状连续化前处理加工设备是配套高效短流程工艺的主要设备，已有一定规模应用，生产厂商较多，如意大利CIMI、BENNINGER、德国高乐Goller、欧宝泰克等国际大牌和广东三技、江苏红旗、江阴福达、浙江联科、佛山宏信等公司。近年来，从中国国际纺织机械展览会暨ITMA亚洲展览会来看，前处理设备朝着低张力、自动化、数字化、节能减排、短程高效的方向发展。例如，高乐－CADENA是专门为纤维素织物连续平幅丝光工艺（直辊丝光和针板链条联合）设计的机型，采用高效轧车促进浓碱迅速渗入纤维核心，并同时将耗碱量降至最低，采用高效水洗箱，减小水洗箱的体积，加快水循环，达到了节能环保高效短流程的效果；同时配备张力感应器，各转鼓独立的变频驱动控制达到了低张力的要求。其他如瑞士贝宁格的丝光机及退煮漂联合机、韩国丰光平幅丝光机及烧毛机、福达针织物平幅连续漂白联合机等都是广受欢迎的针织物前处理设备，具体见表5。

表5　织物前处理设备

企业	设备	特点
高乐	直辊丝光和针板链条联合丝光机	①有丝光单元、针板链条区、稳定单元、水洗箱组成；②配有高效配碱系统自动化控制碱浓度和温度，使织物光泽度高、布面平整，低张力织物传送、低能耗、低耗碱量

续表

企业	设备	特点
瑞士 贝宁格	退煮漂机	①可控漂白过程；②空气隔绝汽蒸机；③基于穿孔输送辊，织物两面的加热可控；④8～20min 的堆置时间；⑤处置饱和蒸汽产生系统（无催化损伤）
	丝光机	①直辊和针板链丝光相结合的原则；②专利的布边拉伸装置“Section Control”用于纠正布边厚度；③对于粘胶，莫代尔，天丝纤维与棉，操作温度在6～30℃之间；④极好的宽度和长度收缩值；⑤极佳的光泽；⑥极高的得色量；⑦全自动碱液浓度和洗涤水管理
豊光机械 株式会社	PK－G－3 针织 开幅烧毛机	①由进布单元、烧毛单元、灭火单元、出布单元组成；②特殊设计的灭火装置能打开卷边的同时喷蒸汽灭火，解决了开幅针织布灭火难的问题
泰州盛杰	LCL002A 针织布烧毛机	①设备热源：液化气、天然气、汽油；②电气控制；交流变频；③断点处理：火口自动转向；④灭火形式：蒸汽、水
江阴福 达染整	针织物平幅 连续漂白 联合机	①自动化控制系统；②织物处理效果均匀左中右反应液均匀施加；③张力可控；④能耗低
无锡 新联印机	退煮漂机 系列	①积木式结构，可根据不同的产品和工艺要求，任意组合机器流程；②采用带液下轧点的高给液机，使织物带液充分，保证化学品均匀透芯渗透；③选配高效水洗段及烘筒直径与数量，选配高效轧车及旋转式水热交换机，选配自控装置
恒天立信	连续煮漂机	①由辊床、化学药品施加箱体、辊床蒸箱、辊床、水洗箱组成；②漂白效果均匀、白度高、高渗透性和润湿性、手感柔软、布面平整、高重现性、低张力织物传送、低能耗
无锡新 联印机	丝光机	①积木式结构，根据产品和工艺要求，任意组合机器流程；②交流变频传动机器车速：10～80m/min，高速丝光机车速：15～150m/min；③布铗轨道嵌有尼龙板，布铁链为滚动摩擦，适应中高速运行；④有紧式丝光、松堆丝光、湿布丝光、pH值测控、碱浓度测控供选配
红旗印机	平幅丝 光设备	①绷布透风段张力梯度分段调节；②丝光张力值和作用的时间接入测控系统；③烧碱用量节减技术；④适合高速运转的探边导入机构；⑤低液位的布铗喷吸碱回路；⑥末端加热的布铗喷碱回路

现有设备普遍引入单元化在线检测系统，实现张力有效控制以提高布面质量、扩展适用范围，采用低张力水洗和无张力松堆喷淋水洗相结合、附加吹气系统等方法减少用水量和污水排放量。与国际一流设备相比，国内设备还存在一定差距，如开车前故障率高、质量差、精度低等。在节能环保、智能化的趋势下，如何提高稳定性、可靠性和实现全流程数字化是国内相关设备生产商亟须解决的问题。

3.1.3 信息化、智能化短流程生产线

各类练漂、水洗、丝光等前处理单元化设备在自动化、在线监测方面已取得较好的发展。多家连续化前处理设备厂商引入了 CMS－200N 碱浓度在线检测控制系统、HD－1000 双氧水浓度和 pH－500pH 值在线测控系统、美塞斯 MC01/400/830/1898 张力控制系统 MAGPOWR 等控制系统，实现了提质和节能减排的效果。但现有监测技术多是为了单个工艺化参数的最优控制，与产品的最终质量要求脱节，造成产品质量经验依赖性明显。

智能化印染工厂还处于起步阶段，如康平纳、荣盛染整等企业实现了全面智能化，为行业在智能化生产方向起了很好的标杆和表率作用。但目前还只能实现简单产品如筒子纱、化纤和针织物的智能化生产。而棉及其混纺织物平幅连续印染工厂完全智能化生产也有企业着手试生产，如烟台业林纺织印染、福建凤竹纺织等。虽然前处理车间牵涉的设备种类、产品品种多样，但使用的化学品相对固定，多机台工艺车速有可能统一，给无人生产带来可能性，是最有可能率先实现智能化生产的车间。如图 2 所示，基于生产过程智能控制与工艺优化、大数据分析体系下的纺织品质量视觉在线监控系统开发，实现前处理设备的数字化与智能化、流程信息化、产品网络化是提升企业产品竞争力的关键。

3.1.4 高效稳定的酶处理技术

业已表明，酶处理技术可用于棉及其混纺织物的退浆、精练及退煮一浴等前处理过程，在保证处理效果的前提下，能将处理温度降低至 50～70℃，处理时间控制在 30～60min。国内外诸多公司已经成功将酶制剂应用于棉及其混纺织物的前处理，并取得良好的经济和社会效益。酶制剂的应用替代了传统工艺中的强碱，加工温度和废水处理难度均可降低，但是酶处理技术仍然存在一些问题，如酶制剂活力和稳定性不可兼顾、不同种类酶的复配难度高等。从长远看，酶前处理技术应用将逐渐扩大，但是业界须认识到我国的酶制剂质量与丹麦诺维信、美国杰能科等国外公司产品仍存在着较大差距，酶制剂及其相应的酶加工设备、配套助剂的研究仍是重中之重。

3.2 在研新技术

如表 6 所示，有关低温等离子体、超声波处理、臭氧化处理、超临界 CO_2、

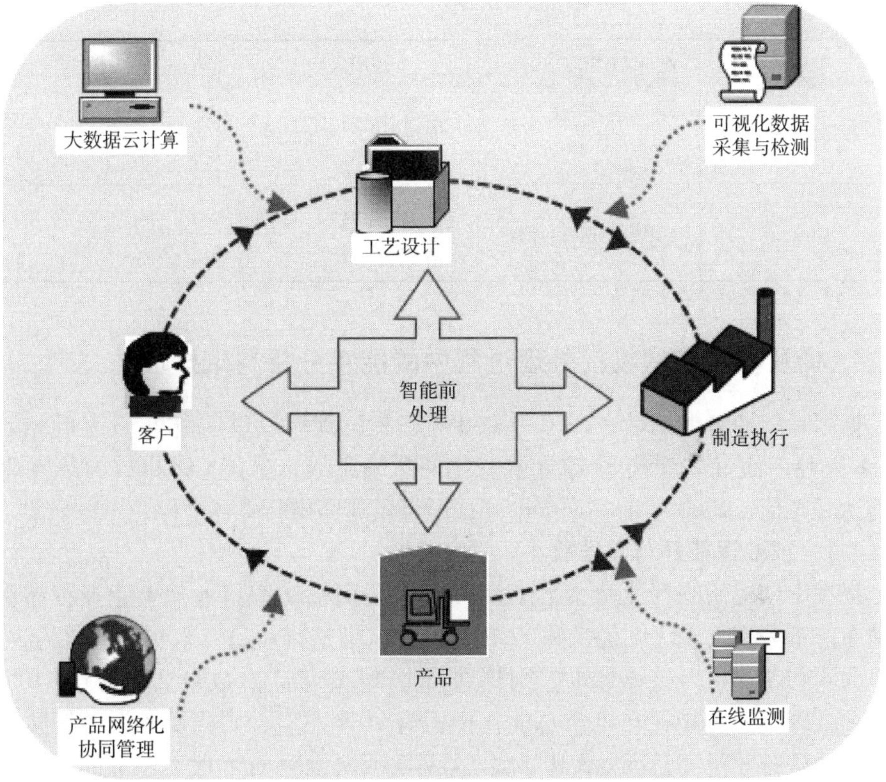

图 2　信息化、智能化前处理生产线构架图

微波等技术应用于棉及其混纺织物的前处理加工应用研究一直有开展。研究表明，这些技术可有效降低前处理加工的能耗水耗、提高生产效率，具有潜在的应用性。但由于配套设备技术瓶颈、成本和技术稳定性差等问题有待突破，这些技术还处于研究阶段。

表 6　棉及其混纺织物新型研发前处理技术

类别	应用工序	技术优势	技术劣势
低温等离子体	退浆、精练	降低温度、减少水和助剂用量、缩短时间	设备成本较高
超声波	酶退浆、精练、漂白	降低温度、减少助剂用量、缩短时间	设备成本较高
臭氧处理	精练、漂白	减少助剂和水用量	织物强力损伤大、设备成本较高

续表

类别	应用工序	技术优势	技术劣势
超临界 CO_2	退浆	无水加工、降低能耗	流体控制不足，稳定性较差
微波	退浆、精练、漂白	极大缩短时间、织物强力基本不受损	加热不均匀

4. 棉及其混纺织物前处理过程中的能耗分析与碳排放

据国际能源署的统计，2010～2020 年，我国碳排放量已由 78.3 亿吨增长至 103.8 亿吨。面对 21 世纪全球气候变化的严峻挑战，中国 CO_2 排放力争在 2030 年前达到峰值，2060 年前实现碳中和，形势紧逼印染行业向着绿色低碳转型。

4.1 前处理能耗与碳排放

根据中国棉纺织行业协会数据，2020 年我国棉纺织行业规上企业棉布和棉混纺布产量分别为 183.1 亿米和 77.7 亿米，以染整行业每万米布的耗煤为 3 吨、耗电为 450kW·h 为核算标准，则棉纺行业 2020 年碳排放量达到 8.0×10^6 吨。染整前处理工序的能耗在染整总能耗中占有 70% 左右，则棉及其混纺织物前处理过程的碳排放量高达 5.6×10^6 吨，这更显示出染整前处理工序节能减排的重要性。

4.2 前处理碳足迹及其计算模型

前处理碳足迹是棉及其混纺织物在前处理过程中产生的温室气体排放量，对碳足迹正确评价是前处理温室气体减排量化的基础，可以为政府决策、企业改善碳绩效和社会责任展示，下游企业及消费者选择等提供科学的客观依据。分析产品的碳足迹主要包括确定评价对象和功能单位、确定时间边界和系统边界、数据收集和计算等。通过对棉及其混纺织物前处理产品整个工序链进行梳理，以纯棉机织物及涤/棉机织物、纯涤织物为例，确定其系统边界如图 3 和图 4 所示。

直接测量温室气体排放量在实际操作中可行性较低，建立理想模型，根据具体设施或工艺的物质平衡、化学方程式计算温室气体排放是可行的。根据 IPCC（政府间气候变化专门委员会）方法，工序单元的碳足迹核算见公式（1），工序层级前处理产品碳足迹核算见公式（2）：

$$CF(x) = \sum_{j=1}^{m}[AD_j(x)\times EF_j] \quad (1)$$

$$CF = \sum_{x=1}^{n}CF(x) + \sum_{i=1}^{k}[AT_i\times EF_i] \quad (2)$$

式中：$CF(x)$ 为工序 x 的单位前处理织物产品温室气体排放（$kgCO_2e$）；

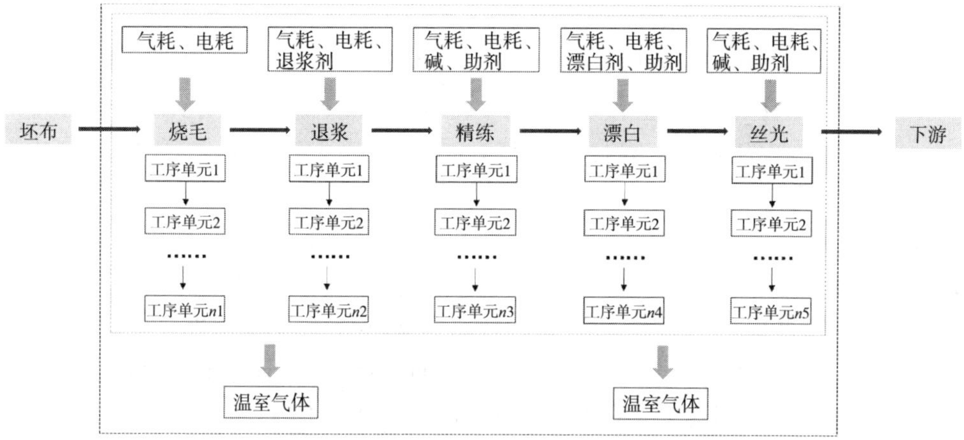

图3 棉及涤/棉机织物前处理工序碳足迹系统边界

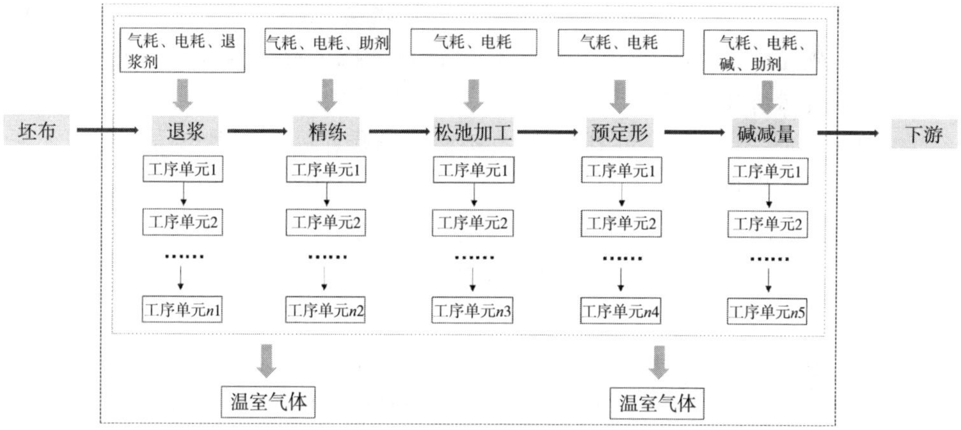

图4 涤机织物前处理工序碳足迹系统边界

AD_j（x）为工序 x 耗用能源的活动数据（kW·h、kg、L、m^3等）；x 为核算边界内的某工序过程，$x = 1 - n$；EF_j 为能源 j 的排放因子（kg CO_2e）；j 为能源的种类，$j = 1 \sim m$。CF 为工序层级单位前处理织物产品系统边界内温室气体排放总量（kg CO_2e）；AT_i 为运输过程所消耗的能源 i（kW·h、kg、L、m^3等）；EF_i 为能源 i 的排放因子（kg CO_2e）；i 为能源种类，$i = 1 \sim k$。

根据式（1）、式（2）与图3，研究纯棉织物及涤/棉混纺织物在前处理工序阶段及两次运输过程产生的碳足迹，建立模型1如下：

$$
\begin{aligned}
CF_{cotton} &= CF(1)_{cotton} + CF(2)_{cotton} + CF(3)_{cotton} + CF(4)_{cotton} + CF(5)_{cotton} + \\
&\quad [AT_a \times EF_a] + [AT_b \times EF_b] + [AT_c \times EF_c] \\
&= [AD_1(1) \times EF_1 + AD_2(1) \times EF_2] + [AD_1(2) \times EF_1 + AD_2(2)
\end{aligned}
$$

$$\times EF_2 + AD_3(2) \times EF_3] + [AD_1(3) \times EF_1 + AD_2(3) \times EF_2 + AD_3(3) \times EF_3 + AD_4(3) \times EF_4] + [AD_1(4) \times EF_1 + AD_2(4) \times EF_2 + AD_3(4) \times EF_3] + [AD_1(5) \times EF_1 + AD_2(5) \times EF_2 + AD_3(5) \times EF_3 + AD_4(5) \times EF_4] + [AT_a \times EF_a] + [AT_b \times EF_b] + [AT_c \times EF_c]$$

式中：CF_{cotton} 为工序层级单位前处理纯棉机织物产品系统边界内温室气体排放总量（kg CO_2e）；$CF(1)_{cotton}$、$CF(2)_{cotton}$、$CF(3)_{cotton}$、$CF(4)_{cotton}$ 和 $CF(5)_{cotton}$ 分别为单位纯棉机织物烧毛、退浆、精练、漂白和丝光工序温室气体排放（kg CO_2e）；AT_a、AT_b、AT_c 分别为上游阶段至前处理阶段运输、前处理阶段至下游阶段运输、各类助剂及消耗品运输所消耗的能源 a、b、c（kW·h、kg、L、m^3 等）；EF_a、EF_b、EF_c 分别为能源 a、b、c 的排放因子（kgCO_2 e）；$AD_1(x)$、$AD_2(x)$、$AD_3(x)$、$AD_4(x)$ 分别为各工序阶段消耗的能源 1、用电消耗的能源 2、使用助剂生产过程消耗能源 3、使用碱生产过程消耗能源 4（kW·h、kg、L、m^3 等）；EF_1、EF_2、EF_3、EF_4 分别为能源 1、2、3、4 的排放因子（kgCO_2e）；为各工序阶段用工温室气体排放。

根据式（1）、式（2）与图 4，研究纯涤机织物在前处理工序阶段及两次运输碳足迹，建立模型 2 如下：

$$\begin{aligned} CF_{polyester} &= CF(1)_{polyester} + CF(2)_{polyester} + CF(3)_{polyester} + CF(4)_{polyester} \\ &\quad + CF(5)_{polyester} + [AT_a \times EF_a] + [AT_b \times EF_b] + [AT_c \times EF_c] \\ &= [AD_1(1) \times EF_1 + AD_2(1) \times EF_2 + AD_3(1) \times EF_3] + [AD_1(2) \\ &\quad \times EF_1 + AD_2(2) \times EF_2 + AD_3(2) \times EF_3] + [AD_1(3) \times EF_1 \\ &\quad + AD_2(3) \times EF_2] + [AD_1(4) \times EF_1 + AD_2(4) \times EF_2] + [AD_1(5) \\ &\quad \times EF_1 + AD_2(5) \times EF_2 + AD_3(5) \times EF_3 + AD_4(5) \times EF_4] \\ &\quad + [AT_a \times EF_a] + [AT_b \times EF_b] + [AT_c \times EF_c] \end{aligned}$$

式中：$CF_{polyester}$ 为工序层级单位前处理纯涤机织物产品系统边界内温室气体排放总量（kgCO_2e）；$CF(1)_{polyester}$、$CF(2)_{polyester}$、$CF(3)_{polyester}$、$CF(4)_{polyester}$、$CF(5)_{polyester}$ 分别为单位纯涤机织物退浆、精练、松弛加工、预定形、碱减量工序温室气体排放（kgCO_2e）；AT_a、EF_a、AT_b、EF_b、AT_c、EF_c、$AD_1(x)$、EF_1、$AD_2(x)$、EF_2、$AD_3(x)$、EF_3、$AD_4(x)$ 同模型 1。

4.3 不同前处理工艺碳排放计算及分析

传统的棉及棉混纺织物前处理工艺分步进行，能获得较好的前处理效果，但能耗高、水耗大，所以逐渐被先进的前处理技术所取代，如工艺流程短、能量消耗低的退、煮、漂一浴法工艺；节能减排、不易擦伤织物的冷轧堆工艺；操作方法简单，生产效率高的一浴浸渍法高温高压处理工艺；基于生物酶的低温练漂短流程工艺等。根据上述模型 1，对比不同前处理工艺碳排放。

以万米幅宽为 1.5m，克重为 $150g/m^2$ 的纯棉织物为评价对象，传统前处理工艺能耗、用电、用工及碱剂等助剂用量见表 7。

表 7　传统前处理工艺能耗、用电、用工及碱剂等助剂用量

工序	烧毛	退浆	精练	漂白	丝光
消耗柴油（kg）	100	300	300	300	200
用电（kW/h）	60	100	100	100	100
碱/标煤（kg/kg）	—	18/18	70/70	—	500/500
漂白剂/标煤（kg/kg）	—	—	—	60/3	—
助剂/标煤（kg/kg）	—	—	20/10	20/10	20/10

由上游阶段运输至前处理工序、运输至下游阶段和各类助剂运输消耗柴油分别为 50kg、50kg 和 50kg，代入模型 1 得：

$$\begin{aligned} CF_{cotton} &= CF(1)_{cotton} + CF(2)_{cotton} + CF(3)_{cotton} + CF(4)_{cotton} + CF(5)_{cotton} + \\ &\quad [AT_a \times EF_a] + [AT_b \times EF_b] + [AT_c \times EF_c] \\ &= [100 \times 3.106 + 60 \times 0.997] + \\ &\quad [300 \times 3.106 + 100 \times 0.997 + 18 \times 2.455] + \\ &\quad [300 \times 3.106 + 100 \times 0.997 + 70 \times 2.455 + 10 \times 2.455] + \\ &\quad [300 \times 3.106 + 100 \times 0.997 + 3 \times 2.455 + 10 \times 2.455] + \\ &\quad [200 \times 3.106 + 100 \times 0.997 + 500 \times 2.455 + 10 \times 2.455] + 50 \times \\ &\quad 3.106 + 50 \times 3.106 + 50 \times 3.106 = 6173.875\ (kg\ CO_2e) \end{aligned}$$

即传统的前处理工艺生产万米幅宽为 1.5m、克重为 $150g/m^2$ 的纯棉机织物的碳排放约为 $6200kgCO_2e$。

以 1 台功率 120kW，行车速度为 100m/min 退煮漂一体机为例进行短流程处理，其前处理过程温室气体排放总量模型为：

$$\begin{aligned} CF_{cotton} &= CF(1)_{cotton} + CF(one-bath)_{cotton} + CF(5)_{cotton} + [AT_a \times EF_a] + \\ &\quad [AT_b \times EF_b] + [AT_c \times EF_c] \\ &= [AD_1(1) \times EF_1 + AD_2(1) \times EF_2 + AD_3(1) \times \\ &\quad EF_3] + [AD_1(one-bath) \times EF_1 + AD_2(one-bath) \times EF_2 + \\ &\quad AD_3(one-bath) \times EF_3 + AD_4(one-bath) \times EF_4] + \\ &\quad [AD_1(5) \times EF_1 + AD_2(5) \times EF_2 + AD_3(5) \times EF_3 + AD_4(5) \times \\ &\quad EF_4] + [AT_a \times EF_a] + [AT_b \times EF_b] + [AT_c \times EF_c] \\ &= [100 \times 3.106 + 60 \times 0.997] + \\ &\quad [500 \times 3.106 + 200 \times 0.997 + 20 \times 2.455 + 0.5 \times 2.455] + \end{aligned}$$

$$[200\times3.106+100\times0.997+500\times2.455+10\times2.455]+50\times3.106+50\times3.106+50\times3.106=4611.7975\ (kg\ CO_2e)$$

即退煮漂一浴法前处理工艺产生约 4600kgCO_2e 排放，相比传统前处理工艺减少 25%。

以酶氧一浴工艺为例进行短流程处理，其前处理过程温室气体排放总量模型为：

$$\begin{aligned}CF_{cotton} &= CF(1)_{cotton}+CF(\text{enzyme})_{cotton}+CF(5)_{cotton}+[AT_a\times EF_a]+[AT_b\times EF_b]+[AT_c\times EF_c]\\&=[AD_1(1)\times EF_1+AD_2(1)\times EF_2+AD_3(1)\times EF_3]+\\&\quad[AD_1(\text{enzyme})\times EF_1+AD_2(\text{enzyme})\times EF_2+AD_3(\text{enzyme})\times EF_3+AD_4(\text{enzyeme})\times EF_4]+\\&\quad[AD_1(5)\times EF_1+AD_2(5)\times EF_2+AD_3(5)\times EF_3+AD_4(5)\times EF_4]+[AT_a\times EF_a]+[AT_b\times EF_b]+[AT_c\times EF_c]\\&=[100\times3.106+60\times0.997]+\\&\quad[250\times3.106+100\times0.997+20\times2.455+0.5\times2.455]+\\&\quad[200\times3.106+100\times0.997+500\times2.455+10\times2.455]+\\&\quad50\times3.106+50\times3.106+50\times3.106=3735.7975\ (kg\ CO_2e)\end{aligned}$$

即酶氧一浴法前处理工艺产生约 3700kgCO_2e 排放，相比传统前处理工艺减少 40%。

4.4 碳足迹和碳排放标准情况

纺织印染产品碳排放相关标准，主要包括碳足迹相关量化标准 ISO 14064 系列标准、ISO/TS 14067《温室气体产品的碳足迹量化的要求和指南》、GHG Protocol《温室气体核算体系：企业核算与报告标准》、PAS 2050《PAS 2050：2011 商品和服务在生命周期内的温室气体排放评价规范》以及碳中和相关标准 PAS 2060、INTE B5 和正在研究制定的 ISO/WD 14068 标准。

我国引入 GHG Protocol 核算方法体系，并进行了部分行业领域的修订。2018 年发布的 T/CNTAC 11—2018《纺织产品温室气体排放核算通用技术要求》详细规定了纺织产品温室气体排放核算与报告的术语和定义、核算原则、核算边界、核算方法、数据获取、排放因子选择、不确定性分析评价和报告要求等内容。

4.5 低温节能前处理减少碳排放作用和意义

近年来研究者们开发了酶氧一浴等低温短流程前处理技术并应用在实际工业生产中，可以从根本上减少煤等能源的消耗，同时前处理的少碱/无碱化还可降低废水处理过程的碳排放。以 2020 年规上企业年产棉及其混纺织物 260.8 亿米为例，采用低温节能前处理技术可节约标准煤 140 万吨，降低烧碱用量 2.7 万吨，降低碳排放350万吨。

4.6 前处理碳中和措施及对纺织全产业链碳中和的贡献

在“十四五”时期，我国构建“双循环”新发展格局背景下，在国家碳达峰、碳中和双导向下，如何迎接全面绿色转型的大势是整个印染行业亟须考虑的重大问题。目前“碳中和”相关措施主要包括减少碳排放和提高碳吸收两个方面。减少碳排放从供给侧层面是指构建清洁低碳安全高效的能源体系和实施重点行业领域减污减碳行动；从需求侧层面则是指推广绿色交通、倡导绿色出行，并推行绿色金融与碳排放交易等配套设施。提高碳吸收则是要加强碳捕捉技术与提升生态碳汇能力。

从染整前处理工序角度进行分析，从供给侧层面减污减碳是实现纺织全产业链“碳中和”的有效途径，主要措施包括：推行清洁生产，从源头提高资源利用率，实现清洁能源替代；推广低温高效工艺技术、绿色助剂及高效低耗能设备。鉴于前处理在纺织产业链中的重要地位，大力推广前处理工序碳中和措施，是实现纺织行业减污降碳协同增效的基础支撑，是形成纺织行业高质量发展新格局的必要条件。

5. 总结与展望

基于生态要求的不断升级、生产成本的不断提高、环境压力的不断增大，棉及其混纺织物低温前处理技术的进步具有非常重要的经济效益和社会效益。

（1）已经开发了多种低温前处理技术及配套助剂和设备。高效冷轧堆、低温短流程等工艺由于高效前处理助剂、高效酶制剂、高效氧漂活化剂的发展已实现一定规模的产业化，但是仍需继续专注于高效、低成本助剂的开发；低温等离子体、超声波等新兴技术均已涌现，可降低加工温度、缩短加工时间、减少助剂用量，能有效降低能耗、水耗，但是受限于稳定性、设备等问题无法实现产业化，仍需继续推进技术的进步，突破产业化关键技术。

（2）智能化生产也是降低能耗的有效手段之一。虽然已有如康平纳、荣盛染整等企业率先由传统印染工厂成功向智能化工厂转型，但在“十四五”期间，还应加快联合印染企业和印染机械企业全力打造棉及其混纺织物平幅连续印染智能工厂。

（3）欧美国家计划拟征收碳税，即从碳排放的角度设立了纺织全行业的生态技术标准，但是按目前其计算的单位产品价值碳排放量，中国纺织品未来可能会被征收较高的碳税。值得庆幸的是欧美国家的标准尚不统一，而中国纺织产业链是最全的，若要进行碳税征收，还需要中国的配合（如对碳标准的认可、对碳核算的具体化等）才能实现。因此，我国应趁此空档期加快纺织品碳足迹、碳监测、碳核算工作，率先制定标准，掌握纺织品行业碳排放标准的主动权。

参考文献

［1］中国纺织工业联合会.2019 年 1 ~ 9 月印染行业经济运行基本情况［EB/OL］.（2019 – 12 – 03）［2022 – 07 – 09］. https：//www. cntac. org. cn/zixun/shuju/201912/t20191203_ 3961928. html.

［2］中国纺织工业联合会.2020 年 1 ~ 12 月印染行业经济运行分析［EB/OL］.（2021 – 02 – 20）［2022 – 07 – 09］. https：//www. cntac. org. cn/zixun/shuju/202102/t20210220_ 4107207. html.

［3］渠少波，寇笃敬，文卓，等. 棉针织物低温前处理工艺研究［J］. 染整技术，2020，42（2）：47 – 49.

［4］BURDETT B C，印鸣峪. 低能耗纯棉和棉混纺织物的前处理（上）［J］. 国外纺织技术（化纤、染整、环境保护分册），1986（4）：26 – 30，39.

［5］陈荣圻. 印染助剂发展的回顾与展望［J］. 染料与染色，2020，57（1）：38 – 46，54.

［6］纺链网 – 纺织供应链产业互联网平台. 纺织助剂的现状及发展趋势［EB/OL］.（2021 – 05 – 04）［2022 – 07 – 09］. https：//www. texchain. com. cn/news/show – 60. html.

［7］欧阳恩科，张庆. 低碱退煮漂一浴法连续工艺［J］. 印染，2002，12：7 – 8.

［8］郑光洪. 印染概论［M］.3 版. 北京：中国纺织出版社，2017.

［9］南京市统计局. 表 7 – 14 规模以上工业企业主要单位产品能源消耗［EB/OL］.（2021 – 12 – 31）［2022 – 07 – 09］. http：//tjj. nanjing. gov. cn/material/njnj_ 2021/gongye/7 – 14. htm.

［10］陈荣圻. 印染助剂发展的回顾与展望（续）［J］. 染料与染色，2020，57（2）：22 – 40.

［11］LI Y H，HARDIN I R. Enzymatic Scouring of Cotton – Surfactants，Agitation，and Selection of Enzymes［J］. Textile Chemist & Colorist，1998，30（9）：23 – 29.

［12］I H. Pretreatment enzymes for combined treatments［J］. International Dyer，2003，2：9 – 11.

［13］李艳艳，贺江平. 基于活化剂对棉针织物低温前处理工艺的研究［J］. 针织工业，2015（11）：31 – 36.

［14］向中林，韩雪梅，刘增祥，等. 棉织物低温酶氧一浴前处理工艺［J］. 纺织学报，2017，38（5）：80 – 85.

［15］徐维敬．第18届上海国际纺织工业展览会针织印染前处理机械述评［J］．针织工业，2017（12）：24－31.

［16］Internationalenergyagenc. Consistent, accurate and timely energy data and statistics ［DB/OL］. https：//www. iea. org/data－and－statistics/data－browser? country＝WORLD&fuel＝Energy%20supply&indicator＝TESbySource.

［17］王利．瞄准“双碳”目标加速绿色转型［J］．纺织服装周刊，2021（44）：16－17.

［18］中国棉纺织行业协会．2020年1～11月产量汇总（规上企业）［EB/OL］．（2020－11－30）［2022－07－09］．http：//ccta. org. cn/tjjq/tjjsj/cl/202012/t20201222_ 4094505. html.

［19］中国棉纺织行业协会．2020年12月产品产量［EB/OL］．

［20］徐谷仓．对近年来染整前处理工艺技术进展的回顾和看法（下）［J］．纺织科技进展，2010（4）：1－3.

［21］孙晓慧．纺织产品碳足迹评价方法及指标［J］．中国纤检，2021（8）：120－122.

［22］王宏涛，张隽，李璐．“碳达峰、碳中和”标准解读与认证实践［J］．质量与认证，2021（5）：38－40.

［23］郝杰．生物酶技术破解污染难题印染行业实现低温前处理［J］．纺织服装周刊，2014（17）：21.

［24］宋富佳．纺织品低温前处理关键技术破解节能减排难题［J］．纺织导报，2014（4）：102.

涤纶织物少水连续式染色技术进展和应用前景

李　智

东莞市金银丰机械实业有限公司

2020年全球涤纶长丝织物产量约为4590万吨，涤纶短纤约为1700万吨，2020年中国涤纶生产总量约为4922.75万吨，然而，织物的印染加工过程中会产生大量的污水排放和较高的能源消耗，在环保政策的引导下，近年来涤纶织物少水连续式染色技术得到了迅猛的发展，部分技术已经成功运用到实际生产中，取得了良好的社会和经济效益，本文从以下几个方面予以简单介绍。

1. 传统涤纶织物染色技术存在的问题

经过多年的发展和应用，涤纶织物的染色方法有很多，比如高温高压染色法/载体染色法/碱性染色法等，但这些染色方法或多或少存在一些问题，比如说超临界CO_2染色法的设备较为昂贵、运行成本较高，涂料染色法染色的织物手感较硬、泡沫染色法染色时泡沫的稳定性不容易控制等问题，尤其是传统的染缸染色过程中的能耗、水耗较高、污水排放量较大，在节能环保要求日益严苛的当今社会，阻碍了其应用与发展。

传统的热熔染色主要分为三个阶段：首先，涤纶纤维经浸轧液体分散染料后，在低温条件下预烘，染料附着在纤维表面，然后在高温条件下通过热渗透、热扩散作用，分散染料渗透进纤维表面及内部，并在高温条件下完成染料的发色，经冷却后固着在纤维上，未固着的染料形成浮色，经后续还原清洗/皂洗/热水洗等工序去除。由于现阶段较为成熟的涤纶织物少水连续式染色技术与传统的热熔染色技术较为接近，实际上是传统热熔染色技术的延伸，这里主要概括地介绍一下传统热熔染色技术存在以下问题。

1.1　染料的问题

传统的粉状分散染料悬浮液大都存在沉淀问题，传统的分散染料中添加的分散剂含量较高，水处理负荷相对较高，并且传统的染料体系对织物的初期黏附力和最终的固着率较低，大部分难以达到免水洗的效果，产生一定程度的污水排放。

1.2　织物的问题

由于涤纶织物的疏水性较强，相对而言染液较难均匀吸附在织物表面，容易因为荷叶效应而形成色斑，部分织物尤其是比表面积小的织物通过改善织物染色前的表面性能，能够提高匀染性和上染率。

1.3 设备的问题

普通的轧车压力较大但均匀性相对较差，而均匀轧车较为均匀但不适宜施加太大的压力，相对不容易获得较低的带液率，较高的带液率在后续的烘干过程中较为容易出现泳移现象，加上传统的烘箱是水平方向布置的，在较高带液量的状态下，染液会在自身重力的作用下向底面移动，造成底面和上面的颜色不同，形成所谓的阴阳色，同时，较高的带液量在烘干过程中的能耗相对较高。

传统热熔染色的焙烘过程大都是在干热的条件下进行，干热的条件下染料难以完全与纤维结合，染色之后需经水洗过程洗除浮色，同时升华后的染料会污染设备。

1.4 工艺的问题

对于连续染色来说，染料是一次性地施加在布料上面的，由于其染色时间很短，如果前处理的除油或退浆过程中去除不干净或不均匀，染料不容易透过浆料层或油膜均匀地渗透，可能会造成染色不均。

为了追求高的色牢度，部分热熔染色工艺中添加了一些涂料或黏合剂，造成手感偏硬，限制了其应用。

干热条件下的蒸化效果与湿热条件下的蒸化效果存在差异，同时，传统的焙烘或蒸化过程中，织物及染料处于一个相对开放的环境，部分分散染料在高温下会逸散脱离织物表面，降低上染率及色牢度，所以染色后仍需水洗。

从工艺技术的成熟度看分散染料染色相对比较成熟，实际生产中几乎不会同时出现上述的所有问题，但是由于设备、工艺等存在差异，不同的设备、不同的工艺中或多或少会存在一些问题，对这些问题的深入研究有助于进一步减少分散染料染色过程中的能耗和水耗。

2. 近年来涤纶织物少水连续式染色的主要研究内容

基于节能减排的突出优势，针对上述问题，众多的行业专家主要从织物性能、染料体系、机械设备和染色工艺四个方向对涤纶织物少水连续式染色进行了大量的研究，并取得了实质性的进展。

2.1 液体分散染料体系的研究

液体分散染料是近年来发展比较快的染料类型，具有如下特点：

①液体染料不需要干燥、造粒、成型等加工过程，因此加工设备大大简化，生产过程明显缩短，降低了成本；②较固体染料使用助剂量少，降低了 COD 排放；③具有良好的流动性，可以用泵输送，容易实现自动配料；④在常温下及冷

水中易于分散，且悬浮稳定性较好，能与同类或其他染料混溶或拼混，具有良好的应用性能，可适用于多种印染工艺；⑤通过助剂及设备的协同作用可以提高染料与织物之间的作用力，进而提高了色牢度，达到少水洗或免水洗的效果，减少了废水排放。

（1）由于涤纶是疏水性的纤维，吸湿性较差，加上涤纶分子结构和组成中缺少活性基团，不容易实现染料的快速上染，这就需要优化液体分散染料的体系，在确保染料体系稳定的前提下，添加助剂增加染料表面的官能团数量，提高染料与织物表面的作用力，从而提高纤维与染料间的初期黏附力和最终的固着率。同时，为提高水洗牢度，还需在体系中加入黏结性、耐水性和耐温性较好的功能性树脂，以减少表面浮色，减轻水洗负荷，提高染色性能。为此，众多专家对各种相关的助剂和染料体系都做了较为深入的研究。

苏州聚福环保科技有限公司公开了一种环保型织物印染墨水，采用聚乙烯醇缩丁醛增加树脂在水中的溶解性，提供较强的抗撕裂强度、粘接性和耐水性，增加在有机溶剂中的相容性，并提高分子链的强度及非结晶性，同时，染液体系中的聚酰胺提高了其与织物表面的作用力，体系中的氨基氧化石墨包覆在染料表面，可以增加染料表面的官能团数量，进而增加了染料与聚酰胺、聚乙烯醇缩丁醛及织物表面的作用力，在这些助剂的协同作用下最终提高了色牢度。

浙江龙盛染料化工有限公司提供了一种液体分散染料的后处理方法，将经重氮化、偶合、过滤得到分散染料的滤饼加水分散得到固含量为30% ~50%的浆液，再按一定的方式加入定量的聚甘油脂肪酸酯类表面活性剂、苯胺类化合物、分散剂或扩散剂、增稠剂，得到液体分散染料。

由于合成增稠剂具有较好的增稠性能，同时兼有软化、乳化、保护胶体的作用，在高温焙烘分散染料发色固着阶段，还能充当吸湿剂，使分散染料进一步溶解，促使染料进一步渗透扩散至纤维的内部完成上染。苏州大学纺织与服装工程学院张德舜、朱亚伟以及高楠等多人都研究了防泳移剂、增稠剂、交联剂和聚酯聚醚等在涤纶织物少水连续式染色中的应用。

由于分散染料分子结构中不含磺酸基、羧酸基等水溶性基团，所以分散染料在水中的溶解性很小，染液中加入分散剂以后分散染料以微小晶体的颗粒状分散悬浮于水中，通过分散剂与染料分子的吸附作用在染料分子外围包裹分散剂，通过分散剂之间的相互排斥作用达到分散染料的目的。东华大学毛志平、江南大学付少海、常州纺织服装学院高介平等众多专家都对分散体系进行了深入的研究。

浙江山峪科技股份有限公司公开了一种无水染色分散液体染料及其制备方法以及应用，主要是在分散液体染料中改用高分子分散剂，比如德国迪高化工公司的TEGODispers系列扩散剂、路博润（Lubrizol）公司的Solsperse系列扩散剂、毕克化学（BYK）的 DISPERBYK 系列扩散剂以及空气化工（Airproducts）的 ZetaSperse 这些分散剂在分散的同时对织物有较强的渗透作用。

昆山凯洲环保科技、北京恒隆泉科技、上海安诺其集团、苏州世名科技、浙江博澳染料工业、浙江万丰化工、杭州吉华江东化工、江苏亚邦染料股份、上海盛丘材料科技、福建省澳龙环保新材料、沈阳化工研究院、广东智创无水染坊科技等多家公司都对染料体系进行了深入的研究，根据产品及应用的不同推出了各种液体分散染料并进行了一定的市场化应用，并取得良好的效果。现阶段应用较多的液体分散染料工艺如图 1 所示。

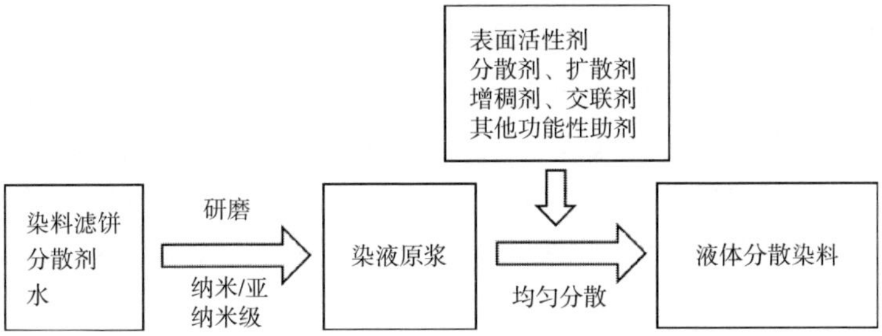

图 1　液体分散染料工艺

（2）分散染料的少水染色不单包括以少量的水作为介质的液体染料体系，也包括非水介质的染料体系，广东溢达纺织、湖南鼎诺新材料科技、海宁绿宇纺织科技等公司及上海工程技术大学张红娟都研究了非水染色方法，目前非水介质染色主要应用于间歇式染色，但是也为连续式染色提供了一种思路。

（3）众多专家对分散染料的耐碱性进行了大量的研究，部分技术可推广应用于涤/棉织物的分散/活性连续染色工艺中，为涤/棉织物的少水连续染色提供了一种可能。青岛大学许长海等公开了一种增强苯并噻唑类分散染料耐碱性和耐氧化性的方法，采用 4 种重氮组分与 8 种偶合组分设计合成 28 支噻唑杂环类偶氮分散染料，以增强该类分散染料的耐碱性和耐氧化性。江南大学李敏等公开了一种用于碱性染色的双偶氮杂环类分散染料及其制备方法，这种耐碱型分散染料可以在 $7 \leqslant pH \leqslant 14$ 条件下应用。

2.2　关于涤纶织物染色性能改善的研究

2.2.1　表面改性处理

因涤纶织物的疏水性，纤维对分散染料的吸附能力较低，热熔染色过程中获得深色较为困难，同时，比表面积小的织物染色的均匀性较差。因此，通过应用能够改变纤维表面折射率的增深树脂或高聚物，以及改变纤维表面的形态可以提高染色性能。常用的涤纶的增深技术主要有碱处理、亲水处理、等离子体刻蚀处理、低折射率增深树脂涂层、原位聚合、复合纺丝、阳离子改性、纤维截面异形化等。

通过碱减量、等离子体刻蚀等改变纤维表面形态的方式进行增深处理，可使染料更容易与纤维结合，提高色牢度，减少水洗甚至无须水洗。通过增深树脂等改变纤维表面折射率的方式进行增深处理可在同样的染色深度条件下减少染料的用量，染料用量的减少有助于减轻水洗的负荷。

比如，利用等离子的特性，使织物表面刻蚀产生凹坑和微裂纹，增加纤维的比表面积，同时等离子可使织物纤维表面产生亲水基团，从而提高了其亲水性，使染料分子更容易进入纤维内部；在固色干燥过程中，等离子增加了染料分子和纤维分子的动能，可提高染料和纤维的结合力，促进织物的固色和干燥。

江苏宋和宋智能科技有限公司公开了一种等离子织物染整装置及其方法，由入口端向出口端方向依次设置刻蚀改性区、坯布染色区和固色干燥区。刻蚀改性区、坯布染色区和固色干燥区内部设置等离子发生装置，通过等离子处理后的织物上染速度快，色牢度和均匀性都有所提高，处理过程无须用水，从源头上杜绝了废水排放。

2.2.2 除油和退浆

由于在织造的过程中不可避免地要用到浆料或油脂，会导致在染色过程中出现不均匀染色的现象，要想达到较好的染色效果，需要在染色前对织物进行除油或退浆处理，除油或退浆可按传统的方式处理。

对于少水连续染色来说，染料是一次性地施加在布料上面的，由于其染色时间很短，如果前处理的除油或退浆过程中去除不干净或不均匀，染料不容易透过浆料层或油膜均匀地渗透，可能会造成染色不均，部分织物的少水连续染色难以得到较为理想的染色效果。织物的表面改性处理和除油和退浆工艺对少水连续式染色有很大的影响，但由于这些工艺在很多文献中都有论述，实际应用也较为成熟，加上篇幅有限，本文不再赘述。

2.3 分散染料少水连续式染色设备方面的研究

2.3.1 关于低带液率的研究

由于降低带液率可以有效地节约烘干过程中的能耗，降低染料的泳移现象，为此行业专家进行了多个方面的探索研究。

（1）喷涂/数码喷涂法。英国 Alchemie 公司采用类似数码印花的数码喷射技术控制染液的精准施加，降低带液率的同时减少了染料和助剂的用量，是一项较为先进的技术，具有较好的发展前景。

（2）纤维辊/海绵辊负压吸附法。常州安达环保科技、太仓宝霓实业等公司通过在轧辊外圆设置的吸水纤维层或弹性海绵层降低涤纶织物的带液率。这两种方法都是利用轧点处正压/负压交换时纤维或海绵的压力差吸除多余的染液，最终降低了带液率。

（3）面轧法。面轧法包括凹版/圆网印刷、吻涂法、磁棒刮液等方法（图2和图3），日冠（福建）针纺织机械、福建省华奇环保印花、新乡景弘印染、晋江创鑫机械、东莞市金银丰机械等公司研发了一系列的凹版印刷方式，在降低带液率的同时实现了以印代染的连续染色技术。德国GOLLER公司生产了一种低给液轧车，采用磁棒刮除浸渍辊多余的溶液，将剩余的溶液轧到布面上，带液率可降低到30%左右。

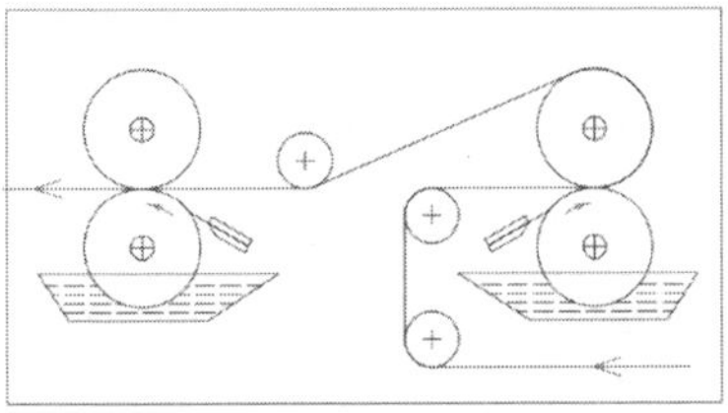

图2　双面凹版印刷示意图

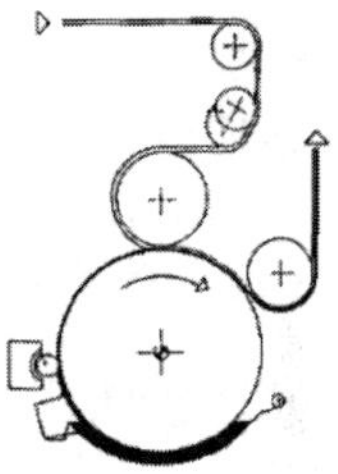

图3　磁棒给液示意图

（4）液体转移法。三元控股集团有限公司、东莞市金银丰机械等公司研究了采用离型纸或橡胶辊或循环转移带转移降低带液率，或者利用各种穿布形式，使后面的干加工织物与浸轧过加工液的湿织物在同一轧点中挤压接触，借助干织物来吸去湿织物上的一部分液体，使湿织物的带液率显著降低，如图4和图5所示。

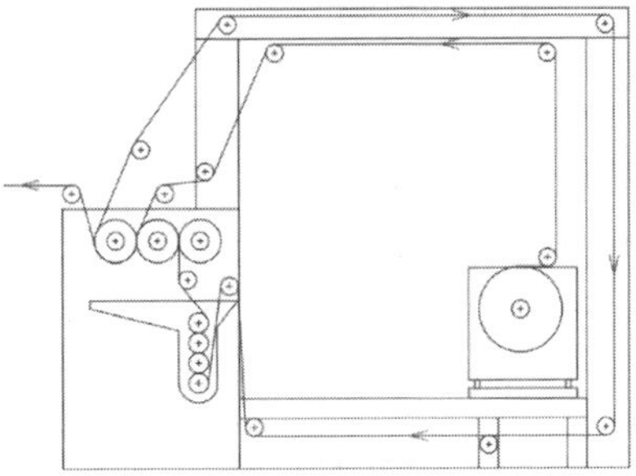

图4　干湿共轧低给液示意图

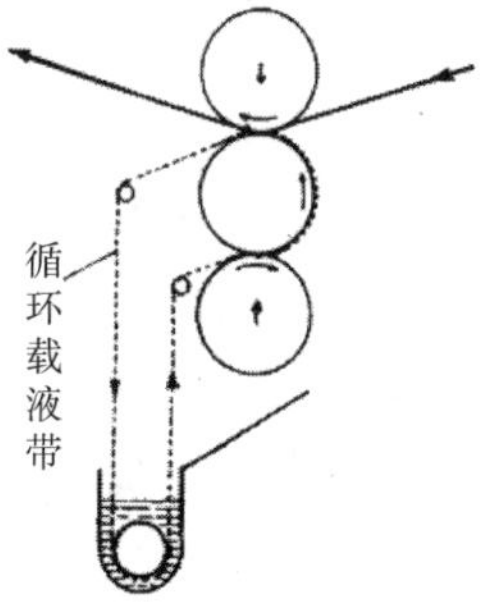

图5　循环带转移低给液示意图

除此之外，还有真空脱水法、喷涂法、圆盘给液、泡沫整理法等降低带液率的方法，但是部分方法在实际应用中存在不稳定性或不均匀性等缺点，需进一步研究并根据产品及工艺进行相应的选择。

2.3.2　超声波、微波及等离子设备

陈立秋、郑光洪、江阴市科达机械、广东亚生新能源、界首市远航织带、绍兴市永通印染、南通三信科技、深圳斯乔麦科技、浙江联科机械、绍兴市永通印染技术开发中心、东莞市金银丰机械等通过对超声波、微波及等离子技术的研究，将这些技术应用于染色过程中。

比如，将超声波技术应用于织物的前处理的除油退浆过程及染液的配制过程中及轧车的料槽中，达到清洗织物、染液渗透和均匀分散染液的作用。

由于微波具有穿透性，能使介质内外同时加热，直接作用于纤维分子转换成热能，不需要热传导，所以加热速度非常快且节能，并且由于纤维内外同时加热，染料容易进入纤维内部，提高透染性和上染率。

2.3.3　改进的拉幅定形机

东莞市金银丰机械、远信工业股份、海大股份、广东亚生科技等公司都深入研究了改进的拉幅定形机，通过层叠式（图6）或波浪形设计的方式输送织物（图7），减少占地面积和节能的同时，可解决烘干过程中染液因重力作用下沉造成的阴阳面问题。

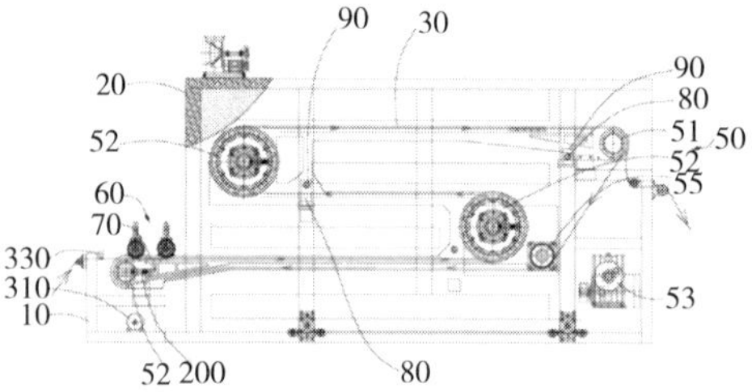

图6　层叠式定形机示意图

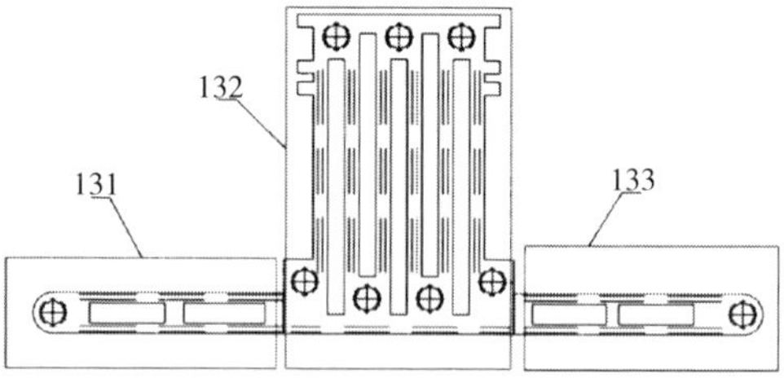

图7　波浪式定形机示意图

2.3.4　焙蒸/蒸化装置

目前大部分涤纶织物少水连续式染色都采用传统的定形机或蒸化机对织物进行低温烘干、高温固色，东莞市金银丰机械等公司通过两层耐高温不透气的输送装置夹持携带有染液的织物运行，利用高温条件下织物自身携带的水分气化产生蒸汽进行连续蒸化，染料和蒸汽不会逸散，基于助剂和水蒸气的协同作用，织物、染料获得增塑增溶的效果，实现了免水洗染色，色泽的饱和度有所提高，同时解决了染料污染箱体的问题，更换产品更加方便，如图8所示。

2.3.5　成套装置

近年来，基于对涤纶织物、染料和工艺的不断研究，通过技术集成，不少公司推出了多种涤纶织物少水连续式染色的成套设备并投入实际产生。

东莞市金银丰机械实业有限公司2015年推出了其第一代涤纶织物少水连续

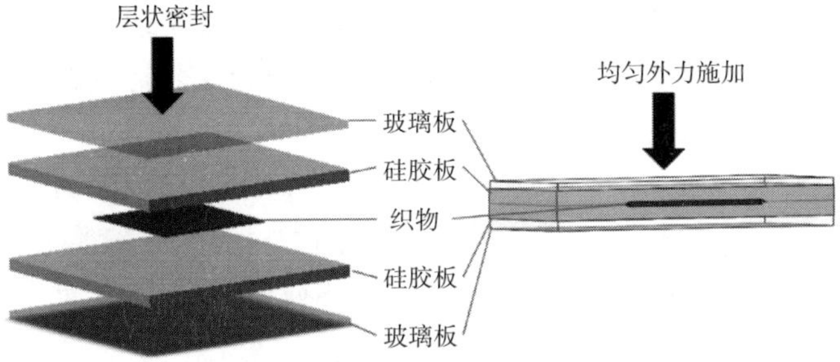

图8　无逸散焙蒸固色原理示意图

式染色设备，以传统的热熔染色为基础，通过均匀轧车对涤纶梭织物浸轧专用的液体分散染料，然后利用改进的定形机进行烘干和固色，达到了免水洗的效果，该设备成功应用于苏州迪利安环保科技有限公司。其新一代的涤纶织物少水连续式染色技术利用工艺条件的改善解决了染料沉淀等问题，并降低了染料施加过程中的带液率，解决了烘干过程中染液因重力作用下沉造成的阴阳面问题，并通过两层耐高温不透气的输送装置夹持携带有染液的织物运行，达到了少水洗或免水洗的染色效果。

昆山凯洲环保科技、江苏鹰游纺机、广东亚生新能源科技、福建信龙机械等公司都对涤纶织物少水连续式染色机进行了广泛深入的研究，根据产品及应用的不同将多种功能性设备集成创新后得到了成套的少水连续式染色装备（图9），并进行了一定的市场化应用，取得了不错的经济和社会效益。

图9　涤纶织物少水连续式染色成套设备

2.4　涤纶织物少水连续式染色工艺的研究

结合对织物、染料和设备的研究，众多专家对无水或少水连续染色工艺进行了多方面的研究，比较普遍采用的是通过在染料体系中加入各种分散剂、增稠剂、渗透剂、胶黏剂等助剂，将分散染料研磨至纳米或亚纳米级，制成液体分散染料，织物浸轧染液后预烘，最后高温发色，大部分工艺是从涤纶织物热熔染色或者涤纶织物的印花固色工艺发展而来。

西安工程大学、福建溢佳仁科技、山东玉马遮阳科技、深圳天鼎新材料、广东智创无水染坊科技等根据产品及应用的不同，对少水连续染色工艺进行了优化，主要是通过将涤纶织物在染液中浸轧，再对浸轧染色工作液后的涤纶纤维织物烘干、焙烘，完成涤纶织物的少水连续染色。

江南大学付少海等公开了一种应用免蒸洗分散染料浸轧染色、固色的方法，采用超细化加工的分散染料，在通过二浸二轧染色、固色之后，再在阳离子改性剂溶液中，对织物进行二浸二轧处理、固色，得到涤纶染色布。

杨文君等将分散染料、阳离子改性剂、增稠剂、纤维膨化剂、柔软剂和有机溶剂在水中搅拌均匀，得到浸轧液，将涤纶织物在配制的浸轧液中浸轧；然后红外线预烘、热风烘箱预烘、焙烘、落布，就完成涤纶织物的连续浸轧染色过程。

庄广清等应用 TF－320 黏合剂作为加固剂，当用量为 6% ～8% 时，可 120℃预烘和 220℃焙烘处理，干摩擦牢度可达 4－5 级。

除了将传统的热熔法经改进后应用于涤纶织物的少水连续式染色外，近几年还出现了众多的特殊的染色方法，这些方法中有一部分已经借鉴应用于涤纶织物的少水连续式染色。其工艺路线如图 10 所示。

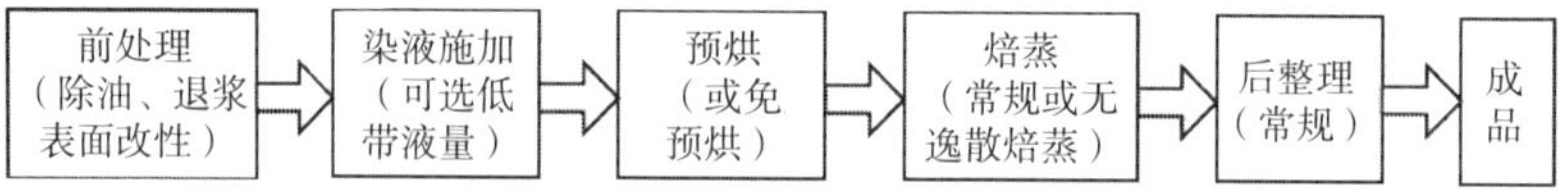

图 10　涤纶织物的液体分散染料少水连续式染色工艺路线

泡沫染色法：与现有浸轧技术相比，泡沫染色方法可以减少用水量，节约烘干织物的能耗，降低成本的同时减少了染料的泳移现象。浙江洁丽雅股份、华纺股份等公司都对泡沫染色体系的配方及其制作方法进行了研究与应用，与现有浸轧技术相比，该方法用水量节约了一半，烘干织物所消耗的能源节约了一半，缩短了烘干时间，降低了成本，同时减少了染料的泳移现象。

转移染色法：上海长胜纺织科技等公司采用转移染色的上染方式，而非传统的浸染或轧染，从而仅在织物表层上染，织物内部非可见部分均无须染料填充，因此极大限度地节约了染料用量以及耗水量，符合市场对染色面料差异化的需求。

除此之外还有超声波染色、微波染色、载体染色、气相沉积染色、微胶囊染色、硅胶柔性化染色、溶胶—凝胶法染色等染色方法，经过深入研究这些方法都可以借鉴应用于涤纶织物少水连续式染色，达到节能减排的目的。

2.5 小结

涤纶织物少水连续式染色是一个系统工程，织物特性、染料体系、相关设备及工艺相辅相成，结合上述分析，须根据产品需求从如下几个方面进行综合考虑才能够实现涤纶织物少水连续式染色。

染料应选用分散性能好、长期放置不容易沉淀、稀释后仍然保持良好分散性的液体染料，同时，染液体系应该具备良好的防泳移能力，并且应选择能够提高染料与织物表面作用力的染液体系，这样才能够达到免水洗的染色效果。

对织物而言，除工业用布外大部分织物需除油、退浆处理，尤其是服饰类织物需要处理干净和均匀，并优选对织物进行低温等离子体等方式的处理。

染液施加应选用均匀性好、带液量低的工艺设备，节能的同时减少泳移现象的发生，并且优选料槽设置有超声波振荡装置，以确保染液能够快速均匀渗透。

预烘优选采用层叠式或波浪式拉幅定形机，以减少阴阳面现象的出现。

根据需要选择在线自动加料、在线测配色、自动配料、输送系统等辅助设备。

固色部分优选采用无逸散焙蒸固色设备，以减少染料逸散造成的染料浪费和设备污染，并且提高上染率和色牢度，改善饱和度和色光。

工艺路线优选：按需前处理—染液施加（带液率30%～60%）—预烘（带液率10%～20%）—无逸散焙蒸固色（185～195℃/30～60s）—按需后整理。

3. 目前主要适用的织物及推广应用情况

目前涤纶织物少水连续式染色主要适用箱包布、窗帘布、遮阳布等梭织布，人造革基布、毛绒织物等经编布及部分纬编针织物，主要以纯涤纶为主，也有少量涤棉、涤氨、涤锦等织物的应用。

苏州迪利安环保科技有限公司自2015年已经成功将涤纶织物少水连续式染色技术应用于箱包布等的免水洗染色，2020年2月，河源广东省迪利安环保固色科技有限公司年产2800吨涤纶梭织织物少水连续式染色设备试产，并计划将产能扩充到8400吨/年，预计达产后可实现年产值1亿元以上。

福建格利尔印染有限公司2020年年产30万米革基布的少水连续式染色成功投产，福建英汉凯丰纺织染整有限公司等多家公司正在进行革基布的少水连续式染色机安装或免水洗改造。

海宁、常熟、连云港等地多家公司已经成功将涤纶织物少水连续式染色技术应用于毛绒类织物的免水洗染色，连云港鹰游新立成纺织科技有限公司目前已经建成4条涤纶绒类织物全自动“闪染”免水洗连续生产线，产品已在家纺、服装和玩具等领域得到广泛应用，具有良好的经济、社会和生态效益。

贵州亚生绿色印染科技有限公司2020年开始在六盘水高新区布局针织物的连续热熔印染示范工厂项目，4条生产线达产后，可实现年产成品布1.2万吨。

广东智创无水染坊科技有限公司已经建成两条新一代的少水连续式染色生产线，一条为涤纶织物的免水洗连续染色，另一条为涤/棉织物少水洗连续染色生产线，目前已经完成试产，实现了部分鞋材类、服饰类织物的染色，同时正在布局20条生产线的建设。

同时，还有众多的公司对传统定形机或蒸化机及轧车进行了适应性改造，通过均匀轧车施加染液，再通过定形机或蒸化机高温固色，实现了涤纶织物的少水连续式染色，尽管大都还存在一些问题，但已经达到了节能减排的效果。

4. 现阶段存在的问题和下一步研究完善的重点

虽然近几年涤纶织物的少水连续式染色技术得到了较快的发展，但相对于传统染色，涤纶织物的少水连续式染色技术及应用范围都还有较大的提升空间。部分染料还存在沉淀、絮凝团聚等问题，部分产品质量不够稳定；前处理除油或退浆不干净或不均匀造成色花的问题，部分工艺针对比表面积小的织物如涤塔夫等还存在带液不均匀的问题；针织物尤其是纬编织物在连续生产过程中的张力、卷边等因素对染色结果有较大的影响；部分厚重织物会存在染色不透芯的问题；部分织物或部分颜色存在饱和度不够、色光偏暗等问题。目前的低带液方式有很多，各有优点，但也都存在一定的局限性，尚未见可以通用的低带液率装置或工艺出现。涤棉织物的分散/活性染料染色还需要分步加工，流程较长，节水量还可进一步降低；涤棉、涤氨、涤锦等织物的应用还需要进一步研究。设备自动化程度尚有提升空间，在线自动加料、在线测配色、自动配料、输送系统等仍需针对当前液体分散染料连续染色的特点改进。

针对目前还存在的问题，接下来需要进一步研究完善的重点是：

（1）深入研究染料体系和织物的特性，通过染料体系和织物自身特性的改变提高均匀性和上染率，解决目前所存在的问题。

（2）集成多种设备，将多种功能性设备整合应用于涤纶织物的少水连续式染色，比如超声波、微波、等离子技术等，同时提高设备自动化程度，将在线自动加料、轧余率在线检测、在线自动测配色、自动配料输送系统等优化应用于涤纶织物的少水连续式染色。

（3）优化和借鉴多种工艺用于涤/棉、涤/锦等织物的少水连续式染色，比如通过对活性染料和耐碱分散染料的深度研究，结合活性染料的长车连续染色工艺，进一步减少涤/棉织物的用水量。

（4）深入研究服饰类、纱线类、织带类织物的特性和要求，将涤纶织物的少水连续式染色技术更多地应用于这些织物的染色，扩大应用范围。

5. 节能减排效果与应用前景展望

涤纶具有众多优良的性能，与人们的日常生活息息相关，但传统的染色技术主要存在高能耗、高水耗、高废水的问题，根据世界自然基金会官方数据进行估算，与传统工艺相比，涤纶织物少水连续式染色技术能够节水 99%，每万吨染色每年为印染企业节约成本 1000 万元以上，到 2029 年，如果该技术替代全球 23.4% 的涤纶染色，年产量达到 2000 万吨，每年可实现二氧化碳减排达 2677 万吨，经济效益和社会效益显著。

随着涤纶织物少水连续式染色技术的深入研究，已经初步实现了从源头解决涤纶织物染色带来的高能耗、高水耗、高废水的问题，从最初少量的梭织物发展到如今部分的针织物的连续染色，从早期的纯涤纶织物到现在的涤棉、涤氨等织物的少水染色应用，从要求较低的工业产业用布到服装鞋帽用布的转变，为推动纺织印染行业绿色低碳发展作出了重要贡献。

在举国鼓励创新及节能减排的大背景下，随着进一步的研发和应用，相信涤纶织物少水连续式染色技术具有广阔的发展前景。

数码喷墨印花技术现状和应用前景

郭文登

万事利集团有限公司

与传统印花比较，数码喷墨印花省却了制版、调浆工序，不但减少了这两大工序产生的污染，而且完全消除了这两大工序所占用的场地面积；另外，由于数码喷墨印花的墨滴是由计算机精确控制施加在织物表面，除活性直喷印花在蒸化时需要水洗除去部分水解染料外，其他类型染料所产生的废墨需要洗除的就相对比较少，因此在水洗环节，节水节能效果明显，极大地减少了化学制品的浪费和印染污水的排放；还有，由于数码喷墨印花的数字化特点，颜色丰富多彩与生动，对于“小批量、个性化、快反应”以及与互联网的链接，有着极其明显的优越性。因此，数码印花在近几年来越来越受印染行业重视，应用面越来越广，数码喷墨印花的占比也在不断提高，为我国印花产业和印染的绿色可持续发展提供了坚实的保障。

1. 数码喷墨印花设备的发展现状

近几年，国内数码喷墨印花设备的发展可谓是日新月异，不但生产厂商多，新产品多，而且门类规格齐全，基本满足了各大类纺织品数码喷墨印花的需求。这从2016～2020年中国国际纺织机械展览会暨ITMA亚洲展览会的信息上可见一斑，2016～2020年展出的国产数码喷墨印花设备信息见表1。

表1　2016～2020年参展的国产数码喷墨印花设备信息

年份	参展制造商数量（家）	参展设备数量（台）	参展设备最高速度	
			扫描机（m^2/h）	Single－pass（m^2/h）
2016	27	74	950	4200
2018	20	50	600	4500
2020	15	32	900	5400

数据来源：中国国际纺织机械展览会暨ITMA亚洲展览会展品评估报告

由表1可知，2016年是我国数码喷墨印花机参展制造商和参展设备数量最多的一届，而后逐届下降。到2020年，由于疫情的影响，迫使一些中小制造商退出市场，参展商和参展数量都只有2016年的50%左右。这表明通过市场的不断择优汰劣，使一些具有较好创新能力的企业得到了发展，而没有创新能力或靠仿造的部分企业则被市场逐步淘汰了。从2020年参展的数码喷墨印花设备配置和参数看到，所参展的设备不论是喷头更新、软件升级或外观改变等方面，均比前两届有较大创新和进步，新产品率达到了93%。

1.1 Single－pass数码机

Single－pass数码喷墨印花机的出现，给纺织品印花革命带来了更好的转机，由于它的喷印速度几乎与圆网印花机相当，对于大批量的印花速度与传统印花已经没有很大的差异。近几年，广东希望高科、彩神、弘美、新景泰、杭州宏华数码和浙江海印等一批企业，对Single－pass数码喷墨印花机进行了研发和试制。他们根据自身企业的优势，对不同的数码喷头、不同的色彩管理软件、不同的机型进行了有益的探索，开发了不同的Single－pass数码喷墨印花设备。据不完全统计，目前国内自主品牌已经有超过20台Single－pass数码喷墨印花设备进入生产应用。

为了解决Single－pass数码喷墨印花不易做深地色、不能生产金银粉等特殊花色的缺点，国内一些制造商，也相继开发出了数码＋圆网、数码＋平网等数码喷墨印花设备。

1.2 扫描打纸机

由于我国产品结构是以化纤特别是聚酯纤维织物为主，所以扫描打纸机一直以来是我们国家销售占比最高的数码喷墨印花机型。这几年随着日本富士公司、爱普生等公司不断推出高性价比的喷头，国内扫描打纸机制造商在单台机上所配置的喷头越来越多，使打纸机的喷印速度越来越快，据2020年上海纺机展有关制造商介绍，打纸机的最高喷印速度已经达到600m²/h以上。同时，他们还在传动装置以及烘干设施上不断改进和应用新技术，保证了打纸机在高速运转下的喷印品质。扫描打纸机的万米大卷喷印很多制造商已经能够做到了。

另外，为了降低成本，制造商还在喷印平台、毛刷辊、张力控制等系统上进行了改进，克服和改善了喷印后纸张的起皱问题，使扫描打纸机不断能够使用薄型转印纸打印。现在国内的扫描打纸机喷印40g/m²转印纸的技术已经较为成熟，有些机型已经开始应用31g/m²，甚至28g/m²的超薄纸进行喷印了。

1.3 扫描直喷机

扫描直喷机的新技术应用更多，主要的创新点有：对新喷头的应用、软件的升级改造、增加墨水颜色数量扩大色域、智能恒温墨水循环、自动清洗喷头装置及互联网在线服务管理等。国产设备由于喷头数的增加，喷印的速度最高已经能够达到1000m²/h；墨水颜色数量已经增加到12～13色。

为了保证喷印质量，智能化的恒温墨水循环系统已经在一些设备上得到应用，使在喷印时墨水温度不会忽高忽低，让墨滴在喷印时保持同一物理状态，提高了喷印质量；为了减少堵头造成的次品，一些国产设备已经用上了自动清洗喷头装置，按照一定的程序，在规定时间内自动清洗，既保证了喷印质量，又减少了人工干预的不确定性。

根据特殊织物正反面颜色要求一致的印花需求，扫描直喷印花机又开发了一次成型和二次成型双面数码印花机。一次成型数码印花机，在织物的正反面装有相同的喷头，可一次性完成双面印花；二次成型数码印花机则要先喷印织物正面，然后翻转织物，用摄像头抓取正面渗透到织物反面的色痕，精确地把墨水再喷到反面完成双面印花。双面数码直喷印花机，既可使织物两面同花同色，也可同花异色，甚至不同花也不同色。

随着互联网、物联网的深入应用，部分国产直喷扫描数码印花机开始使用远程故障诊断和在线管理，在5G互联网下对接企业MES与ERP系统，实现万物联网的新型管理模式，使设备更加自动化地喷印和管理，减少了很多人工操作，降低了人为的不当损失，提高了生产效率。

1.4 其他数码印花机

主要是生产衣片的椭圆机和生产成衣的一体机，这两类数码喷墨印花主要是涂料印花为主，与前面介绍的三类数码喷墨印花机比较，印花产量的比重较小。

椭圆机大部分是生产椭圆机设备的厂家在原有衣片椭圆机上加装数码喷墨印花装置，让印白浆或印块面由原有椭圆机刮印完成，色彩部分由数码喷墨装置完成；目前在市场上的这类设备，刮印部分有自动和手动两种，但贴衣片还是手工为主。

成衣一体机的功能是喷印成衣，它既可上完处理液后马上进行涂料湿打印（中浅色），也可上完处理液烘干后打印（深色）；大部分制造商能提供预处理液和白墨解决方案，使黑底面料喷印后的色彩更加鲜艳。

1.5 辅助设备

辅助设备主要是上浆设备和转印设备。由于直喷数码印花是把墨水喷印在织物表面上，为了防止墨水在织物渗化以及提高颜色鲜艳度和色牢度，需要在喷印前对织物进行上浆处理，并在浆液中加入所需的一切助剂。转印设备则是把打纸机喷印在转印纸上的染料顺利地转移到织物上必需的一种专用设备。

数码喷墨印花发展初期没有专业上浆设备，基本上是以用手工刮浆、拉幅机轧浆和传统印花机刮浆为主。现在已有比较定型的上浆设备，这类上浆机配置了较好的轧辊、将原来的开放式加热，改变成封闭式加热，并在风机和风道上进行了改进，不但大幅降低了能源的消耗，而且提高了加热的均匀性，减少了左中右色差的产生。同时，有些上浆设备还增加了超喂装置，可有效控制针织物上浆的缩率，提高了后面喷印的质量。

转印设备也在原有传统设备的基础上做了很多改进，如在加热方式和加热滚筒上进行了改革，加热效率更高，维护更方便，降低了生产成本；有些转印机还利用负压的原理，使热升华染料在转印的过程中更容易渗透到背面，解决了毛长在 10mm 以内的法兰绒、小兔绒的渗透问题，减少了正反面色差，提升了转印产品品质。

2. 数码喷墨印花配套产品的发展情况

数码喷墨印花在完成印花过程中，需要糊料和墨水等配套产品才能完成。随着我国数码喷墨印花的发展，这些配套产品也有了长足的发展和进步。

2.1 糊料

直喷数码喷墨印花，不管是用活性、酸性还是高温分散染料，其面料在打印前都需要进行上浆处理，一是为了使打印后的墨水不会渗化，保持花型的完整性；二是提高染料的上色率、增加鲜艳度。但不同的面料、染料和印花产品，对上浆糊料的要求差别很大。国内很多公司根据不同工艺、不同面料特性，已经开发了系列浆料，以适应各种不同需求，如棉、麻、毛、化纤各种织物，渗透性高或精细度好的浆料，应有尽有。目前，数码喷墨印花的浆料基本已经国产化，很少需要用进口产品了。

2.2 墨水

由于纺织产品的多样性，所以纺织品数码喷墨印花墨水种类丰富，包含分散（转印和直喷）、活性、酸性、涂料、阳离子、还原、直接等。国内最常用的是分散转印墨水、活性墨水、酸性墨水和涂料墨水。近几年，国内的墨水生产随着数码印花的增长，也有了快速的发展，不但品种齐全，而且价格一路走低。

墨水制造商近几年来的研发主要是在增加色域方面进行努力，每大类染料（涂料）墨水的个数不断在增加；通过改良配方，提高墨水染料的色牢度和储存稳定性，也是墨水制造公司的努力方向；另外，涂料墨水研发投入力度也比较大，使其色牢度和鲜艳度有了很大提升，与国外先进水平越来越接近；除了常规墨水外，荧光墨水最近也已开发出来并得到应用。

数码分散低温转印墨水，一直是我国数码喷墨印花墨水消耗的重头戏，据 2019 年统计，2018 年数码低温转印分散墨水就已经达到 15000 吨/年。但这类墨水由于追求在打印后能够快速干燥，因此往往在墨水中加入一些代替水分的化学助剂，使得在热转印的过程中，产生很大的烟气而污染车间，迫使生产应用企业不得不在每台转印机上安装排烟设备，还得对排出的烟气进行集中处理。最近，国内有关公司已经开发出少烟的数码低温转印墨水，在性能不降低的情况下，比普通数码低温转印墨水的发烟量减少70% ~80%。

虽然国内的墨水厂商很多，但是所生产的产品质量良莠不齐，价格也差别很大。总体质量与国外较好的公司比较，还是有一定差距。

3. 数码喷墨印花工艺的发展情况

数码喷墨印花的工艺技术研究不多，大部分是沿用传统印花工艺进行，如蒸化、水洗、整理等基本与传统工艺相似。从有关资料看到，数码喷墨印花的工艺研究集中在两个方面，一是上浆配方的优选，二是调色技术的研究。

上浆配方的优选，主要是根据各个公司的条件，筛选不同的糊料品种及用量，优选加入助剂，如尿素、元明粉、防染盐等的用量，以此来达到所需的印花精细度、鲜艳度或渗透性等各项质量指标。

数码喷墨印花的调色是靠计算机和PS软件进行的。但是计算机和喷墨印花机的色彩表达完全不一样，前者为RGB模式，后者是CMYK模式，两者如何转换，才能保证在计算机上调整出来的颜色能够比较好地再现在织物上，达到软打样模式。打纸转印通过这几年的经验积累，加之分散染料的稳定性较好，故转印数码喷墨印花，一般只要经过一两次的颜色调整，就能比较满意地再现色彩；保存后的色彩参数再生产时，重演性比较好。但是活性染料所使用的纤维多，包括棉、麻、丝、毛、人造纤维等都能应用。活性染料与这些纤维在蒸化时都是发生了化学反应，而且在不同纤维上产生的化学反应程度又不尽相同。同时，湿度对活性染料的性能影响很大，如织物的含湿量不一样、天气湿度和蒸箱湿度的不同，均会引起活性染料固着率的变化。所以，活性染料喷墨印花的调色难度就比较大，保存后的色彩参数再生产时重演性也不好。目前只有很少数企业做过系统的色彩管理研究，能够做到“所见即所得”的效果。而大部分企业都还停留在靠调色员经验进行计算机调色的状态。

4. 目前数码喷墨印花存在的不足

数码喷墨印花在国内应用只有二十几年，2010年前纺织行业对数码印花还很陌生，拥有数码喷墨印花机的企业和生产产量都很少。近十年来，数码喷墨印花才有了较快的发展。因此，不论是设备制造还是生产应用，都还存在一些缺陷和不足。

（1）Single - pass数码喷墨印花设备还没有发挥出应有的作用，除了打纸机由于纸张平整度好，喷印速度可以达到70 ~ 80m^2/min外，直喷印花还存在不少问题，主要有：对面料有选择性，平纹和布面平整的面料比较容易生产，表面粗犷需要墨水量多的织物生产难度较大；对花型也有选择性，乱花和中深色的花型问题较少，深色或深色块面的花型饱和度较差；实际的运转速度不高，直喷的速度能够达到 40 ~ 50m^2/min 已经相当不错了。

另外该设备售价昂贵，打样、维修等也比较困难；数码 + 平网、数码 + 圆网这类设备，由于两种装备运转模式不一致等因素的影响，印制速度更低，一般只能到达 20 ~ 30m^2/min。其次，目前市场上能够适应 Single - pass 喷墨印花的花型还比较少，因此有很多 Single - pass 设备无法开足马力生产。

基于这些原因，不但售出的大部分 Single - pass 数码印花机开开停停，而且很多大的传统印花企业，还在观望之中，不敢涉及该设备，致使我国数码喷墨印花的占比一直不高。原来预测 2015 年我国的数码印花与传统印花占比可能达到 15%，可实际上 2015 年占比仅有 2.8%，2019 年才达到 11.2%，见表 2。

表 2　2015 ~ 2019 年国内数码喷墨印花产量情况

项目	2015 年	2016 年	2017 年	2018 年	2019 年
数码喷墨印花产量（亿米）	4	7	10	14	19
占比面料比例（%）	2.8	4.3	6.4	8.8	11.2

数据来源：《中国纺织品数码喷墨印花发展报告》和相关市场调研

（2）扫描式数码喷墨印花设备的制造还有一些缺陷。从应用的情况看，无论是打纸机和直喷机，飞墨和余热直排两个问题最大。

飞墨来自墨水。由于数码喷墨的墨滴非常小，通常只有 5 - 35pL（5 ~ 35pm），在扫描喷头移动或其他空气扰流的影响下，墨滴会无序飘动到车间各处，进而被操作员工吸入呼吸道，久而久之，会对操作工人健康造成伤害。如果能在扫描头上加装喷墨仓，甚至在喷墨仓上方再增加抽吸排放装置，飞墨现象基本可以得到克服。可是现在国内的很大一部分扫描式数码喷墨印花机为了节约成本，不装喷墨仓，也没有抽吸排放装置。

余热直排主要来自烘干。国内的大部分扫描式数码喷墨印花机都是喷印烘干一体机，即使有把烘干机做成独立单元的，烘干机也做得比较简陋。这样，在烘干时就会使余热和产生的蒸汽直接排入车间，导致车间温湿度升高。但是数码车间是需要空调的，把余热和蒸汽直接排到车间，大幅加重了空调的负担。如果一个大车间只有三五台数码印花机，车间的闷热度感觉还不明显，但如果有二三十台数码印花机，闷热感觉就很强了。实践证明，哪怕有独立的烘干单元和抽吸排放装置，也不可避免余热和烘干后的蒸汽会向车间泄露，较多的数码喷墨印花设备排放在一起，车间内也会有闷热感，只是闷热程度会好些而已。

扫描式数码喷墨印花机的上述两个问题，由于种种原因，国内相当多的制造商一直没有明显的改进和提高。

（3）数码喷头也是制约我国数码印花发展的一大因素。数码印花的喷头绝大部分来自日本，高速、高频的数码喷头除价格昂贵外，损坏率也比较高。特别是那些高速的数码喷墨印花机，喷头的损坏更多，各企业每年为喷头损坏付出的费用很高，生产成本居高不下。

（4）虽然数码墨水的品种已经十分齐全，但是对于多种纤维混纺或交织的产品，目前的墨水系列，还无法完全适应这类产品的生产，特别是和化学纤维混纺或交织的产品难度更大。涂料墨水虽可以解决一部分产品的生产，但有些客户不接受涂料的印花。随着多种纤维组合纺织品的增加，这个矛盾越来越凸显，也是数码喷墨印花无法快速增长的原因之一。

（5）尿素的替代还存在难题。目前市售的尿素替代剂对活性墨水的青色固着率影响很大，无论是固着率或鲜艳度都无法达到尿素的水平。数码印花是利用多色染料墨水通过喷头进行混色印花，只要其中一种颜色墨水固着率降低了，就会影响整个印花图案的色彩表现。所以，现在的尿素替代剂还无法替代尿素使用，也就无法减少数码喷墨印花污水的氨氮排放量。

5. 数码喷墨印花的应用前景

随着印染行业数字化、智能化的发展以及行业的转型升级，数码喷墨印花正好迎合了这一趋势，优点也很多，按理说应用前景是非常广阔的。但是根据发展情况看，特别是数码喷墨印花在我国大发展的这十年（2010～2019年），却没有出现预测的高速度，原因当然是与数码喷墨印花设备制造、生产应用等还存在这样或那样的不足有关。如果要在“十四五”结束时，我国数码喷墨印花产量达到47亿米，数码喷墨印花总量占比达到29%左右的预测，乃至能够使我国数码喷墨印花在今后十年有更快的发展速度，还应该做好以下几个方面的工作。

（1）开发出性价比高的Single－pass数码喷墨印花机。现在国内数码喷墨印花的占比较低的原因，在上面已经进行了分析，而最大的原因是，到目前为止国内还没有开发出性价比高的Single－pass数码喷墨印花机，致使一些大型传统印花企业，还未真正涉及Single－pass数码喷墨印花。因此，今后的市场亟待速度较快、价格较低的Single－pass数码喷墨印花机出现。当然，一种Single－pass数码喷墨印花机不可能适应所有纺织品，也期待能对应不同的纺织品系列，开发出不同性能的Single－pass数码喷墨印花机，以满足不同纺织品的印花需求。

（2）数码喷墨印花设备与互联网结合正成为一种新的趋势，如远程诊断和控制、机联网对接企业MES与ERP系统等。随着工厂自动化、智能化的需求增加，如果能根据数码喷墨印花数字化的特点，运用大数据、云计算和5G网络系统，开发出自动监控和多台群控、并在无人值守的情况下能够自动转换喷印参数、自动修复简单故障等功能的数码喷墨印花机，以此来减少用人成本，提高劳动生产率，相信更可以增强传统印染企业转型数码印花的信心。

（3）数码印花的墨水和上浆助剂等耗材国产化率已经很高，国产产品不但门类齐全，而且质量不断提升。今后在研制这些产品时，应主要放在发展其个性化，如无尿素或低尿素的上浆浆料和染料墨水、适应特种面料（如化纤交织混纺面料）、高色牢度、渗透性好等个性化的染料墨水开发上，既可避免同质竞争，又能丰富数码印花产品。同时，还应大幅降低喷墨染料（涂料）墨水价格，在染化料成本上努力做到基本接近传统印花的水平。

（4）组织攻关研发国产喷头。我国的数码喷墨印花喷头几乎还是空白，虽有一些企业在进行研究，但始终没见量产用在国产数码喷墨印花机上。如果按目前这种状况，完全依赖进口喷头生产高速或 Single - pass 数码喷墨印花机，价格不可能降低很多。这两类数码喷墨印花机价格过高，影响了印染企业购买的欲望，数码喷墨印花的产量就不可能得到大幅度提高。因此，希望国家有关部门能适时组织对数码喷头的科研攻关，争取尽快国产化，以此来降低高速数码喷墨印花设备的制造成本。

（5）除了通过印染厂自身努力外，还要与花型设计和服装设计等组织联合，大力开发适应数码喷墨印花生产的花型图案。目前，国内的 Single - pass 数码喷墨印花机拥有台数并不多，却很少有开足马力生产的机台。这除了 Single - pass 数码喷墨印花机本身机械、喷头故障因素外，有很大一部分原因是该类设备不能适应现在所设计的花型，只能选择性地部分生产，致使待机时间过多，大幅限制了 Single - pass 数码喷墨印花机产能的发挥。如果有足够能适应 Single - pass 数码喷墨印花机生产的花型，就不会造成这类设备的产能过剩，也能为今后 Single - pass 数码喷墨印花机的大力发展奠定基础。

涂料印花技术现状及趋势

付少海　苏　婧

江南大学纺织科学与工程学院

1. 涂料印花发展现状

涂料印花是将颜料、黏合剂、增稠剂以及其他助剂搅拌混合成印花花糊，通过圆网、滚筒等方式将花糊印制在织物表面，利用黏合剂成膜将颜料固着在纤维，从而达到纺织品印花的目的。2000 年自涂料印花新工艺和涂料染色新工艺被列入第一批《国家重点行业清洁生产技术导向目录》开始，该技术因其工艺简单、节能减排显著等优势而成为印染行业的重点发展方向。

涂料印花历史悠长，其发展与有机颜料和新型黏合剂的发展密切相关。与染料印花相比，涂料印花主要具有以下优势：

（1）加工工艺简单，节能减排的优势显著，涂料印花工艺流程是印花花糊的调制、印花、预烘、焙烘固色、打卷包装，该技术无汽蒸固色和后续水洗工序。

（2）具有普适性，可满足多纤维混纺织物印花，与染料印花不同，涂料印花主要靠黏合剂黏附作用实现纺织品固色加工，对纤维种类没有选择性，可适应于不同种类纤维织物的印花加工。

（3）涂料印花色谱广，色泽鲜艳，易于拼色，印制图案轮廓清晰，呈现性好，印花织物具有较高的耐日晒牢度。

（4）可实现白色、金银粉和发泡等特殊效果图案的快速印制。尤其是近年来，随着合成纤维及其各种形式的混纺织物的发展，黏合剂性能的提高，新型颜料的出现，涂料印花已在世界范围内被广泛应用，据报道 2021 年全世界的涂料印花占整个印花织物的 60% 以上，其中欧美地区所占比例较大，其涂料印花占整个织物印花产业的九成以上（图 1）。

欧美发达国家在涂料印花技术方面仍然占主导地位。通过对专利以及市场调研分析，涂料印花高端有机颜料生产技术主要垄断在原汽巴、巴斯夫、科莱恩和 DIC 等跨国公司。近年来，随着中国、印度等颜料生产企业的不断成长，全球有机颜料行业被西方垄断的格局逐渐被打破。中国已逐步跨越了高性能有机颜料生

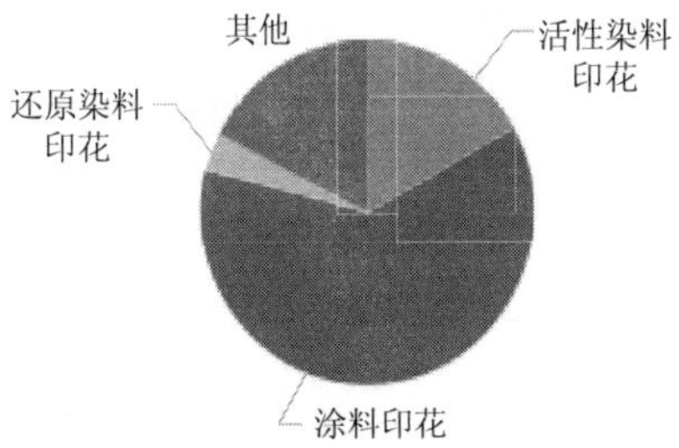

图 1　全球纺织品印花市场（数据来源：公开资料）

产技术门槛，可以生产大部分高性能有机颜料。另外，随着人们生态环保意识的不断提高，国际市场一体化进程不断加快，纺织品涂料印花生态加工越发重要。

2. 涂料印花关键技术研究进展

颜料、黏合剂和增稠剂是涂料印花的三个关键材料，其性能和产品质量决定了涂料印花图案的鲜艳度、精细度、牢度、手感和透气性。

2.1　涂料印花纳米颜料制备技术研究进展

涂料印花图案的鲜艳度与颜料颗粒大小、颗粒形状、晶体类型和晶体结构等性能密切相关，颜料原始粒径和晶体结构会影响颜料的分散性、颜色强度、耐候性、耐光性和耐热稳定性等。一般情况下，颜料粒度越细，粒度分布越窄，其反射光的表面积越大，印花织物的鲜艳度和色彩量越大。因此，使用纳米级的浆料印花可显著提高印花织物的鲜艳度，当前制备纳米颜料的方法主要分直接分散和包覆改性两类。

直接分散法是通过选择合适的分散设备，在分散剂和润湿剂协助下，机械力的作用下将颜料颗粒直接分散，研磨过程中破碎的颜料颗粒快速吸附一定量的分散剂，通过分散剂产生的空间位阻或电荷斥力维持分散颜料状态的稳定，其技术关键是分散剂的选择。目前，颜料分散采用的分散剂有小分子和高分子分散剂。小分子分散剂分子链短，运动速度快，对颜料的润湿性能明显优于高分子分散剂。然而，由于该分散剂在颜料表面属于“单点”吸附，在高温、强电解质等条件下极易发生脱吸附，引起色浆稳定性下降，无法满足涂料印花对色浆稳定性的要求。高分子分散剂含有多锚固段和长的溶剂化段，该类分散剂在颜料表面容易形成“多点”吸附，从而避免了在极端条件下颜料表面的脱吸附行为，对提高颜料色浆的稳定性具有重要作用。目前高分子分散剂较成熟的产品有 ICI 公司的 Solsperse 系列、DuPont 公司的 AB、ABA 嵌段共聚物、BYK 公司的 DISPER BYK 系列，KVK 公司的 Hypersol Dispersant 系列，EFKA 公司的 EFKA 系列以及国内 CH 系列，DA－50、NBZ－3、PD－5 和 WH－1 等。

包覆法是通过化学或者物理手段在颜料表面包覆一层或多层聚合物的新型着色材料，包覆层聚合物一方面可产生空间位阻或静电斥力，提高分散体系的稳定性，还可通过聚合物结构调控颜料与花糊中其他物质的相容性；另一方面包覆层聚合物还可参与成膜，从而将颜料颗粒锚固到基材上，达到固色的目的。纳米包覆颜料制备方法主要乳液聚合法、单凝聚法、复凝聚法、溶剂—非溶剂法、改变温度法等、溶胶—凝胶法、原子转移自由基聚合法（ATRP）、细乳液聚合法等。包覆法制备纳米颜料有效解决了分散剂在极端条件下的脱吸附问题，同时，也有研究者将纳米颜料通过适当包覆方法与具有黏结作用的物质有机揉和到一起，显著提升了黏合剂固色的靶向性。

2.2 涂料印花黏合剂研究进展

用于涂料印花黏合剂绝大部分是聚合物乳液，按其化学结构可分为聚丙烯酸酯类、丁二烯类、醋酸乙烯酯类和聚氨酯类及其改性聚合物。另外，据最新报道，环保涂料印花用甲壳质、甲壳胺作为黏合剂也正在研发并投入使用。德国BAYER公司开发的以丁二烯和丙烯腈为主要单体的黏合剂，印花织物手感柔软，富有弹性，但印花耐晒和耐老化性能差，易泛黄，只适用于深色印花。日本松井色素公司开发的丙烯酸酯类的共聚物，应用时加入荧光增白剂和一些荧光颜料，可得到绚丽多彩的印花产品，适合于棉及混纺织物印花，印花牢度优良，手感柔软。杨化章等分别通过添加含硅物质和制备核壳型低温交联物质对丙烯酸酯进行改性，制备改性丙烯酸酯类黏合剂，印花织物的干、湿摩擦牢度均有适当提升，同时焙烘温度降低至120℃以下。张丽、杨帆、Mao、Xie和冯静静等以异氰酸酯和醇为原料制备了聚氨酯类黏合剂，并通过添加含硅物质或丙烯酸酯类物质改性聚氨酯，制备的黏合剂湿牢度和水洗牢度较好。光固化黏合剂可使整个织物的印花过程在数秒内完成，但其不足是印花色浆中的颜料粒子对紫外光具有吸收和反射作用，从而影响印花色浆的光固化效果。不同种类的黏合剂有其独特的性能，可应用于不同功能和组成的纺织品，目前国内外涂料印花黏合剂研究的主要目标仍在提高牢度、生态安全、改善手感和透气性等。

2.3 涂料印花增稠剂研究进展

增稠剂用于调控花糊黏度和流变性能，分为天然和合成增稠剂两类。天然增稠剂有瓜尔胶、槐豆酸、海藻酸钠、斯托德粉和纤维素衍生物等植物胶或从动物中提取的明胶、酪蛋白等。天然增稠剂无毒无害，但由于其生长具有季节性和地域性，其结构无法人为调控。合成增稠剂具有增稠效果好、流变性能优异、稳定性高、应用时无须添加防腐剂、可长期保存、价格低廉、堵网概率小等优势，是涂料印花主要的增稠剂。例如，聚乙二醇醚类衍生物合成增稠剂是典型的非离子增稠剂，为达到理想效果，需要加入煤油，美国已经开发了该类增稠剂的替代品。阴离子增稠剂比非离子增稠剂具有更好的性能和更广的应用范围，该类增稠剂为聚电解质化合物，由于其分子中羧基含量高，具有温和的交联作用，但对电解质敏感，适应性差。为此，张海玲等采用反相乳液聚合法，以丙烯酸铵为主要单体，少量丙烯酸硬脂酯，*N*，*N*－亚甲基双丙烯酰胺为交联单体，通过$COONH_4$离子化来增加体系的黏度，合成了具有网络结构的抗盐增稠剂。现阶段我国在一些高端黏合剂合成方面仍然依靠国外，例如新型疏水性骨料增稠剂的产品开发仍处于模仿阶段，仍无法突破国外技术壁垒；聚丙烯增稠剂的耐盐性研究仍需改进。

3. 涂料墨水喷墨印花研究进展

纺织品数码喷墨印花因其实现了纺织品印花的个性化定制加工，市场反应速度快，省却了制网等优势，逐渐成为印花技术发展的主要方向。据英国 WTiN Intelligence：Digital Textiles 分析全球纺织品数码印花产量正以每年约20%的速度增长。QY Research 调研显示 2021 年全球数码纺织印花市场规模大约为 101 亿元，预计 2028 年将达到 138 亿元，2022～2028 年期间年复合增长率为 4.5%。以中国、韩国和日本为代表的东亚地区作为世界上最大的纺织品数码印花市场，数码喷墨印花产量占比仅为 8%～10%，东南亚地区数码喷墨印花占比为 3%～4%，南亚地区数码喷墨印花占比为 3%～4%，见表 1。

表 1　世界各地区数码喷墨印花占比

欧洲	南亚			东南亚				南美	东亚		
	印度	巴基斯坦	孟加拉国	印度尼西亚	越南	马来西亚	泰国		中国	韩国	日本
25～26	2.5～3	10～12	1～1.5	1.5～2	7～8	2～2.5	3.5～4	3.5～4	10～11	8～9	10～11

数据来源：世界纺织品信息网（WTIN）、CNKI 及中国相关市场调研数据

与染料墨水相比，涂料墨水喷墨印花工艺简单，节能减排优势显著，成为喷墨印花技术发展的主要方向。然而，由于涂料墨水中颜料是以悬浮态存在，配方中还含有固色用的乳胶粒等物质，墨水成分、状态与染料墨水相比更加复杂，导致墨水喷射中仍然会发生断线、斜喷和堵塞喷头等问题。另外，由于染料和颜料本身性能的差异，造成印花织物的手感、鲜艳度和透气性仍然无法和活性墨水媲美。导致到目前为止，涂料墨水喷墨印花在整个数码印花中的占比不足 10%，因此，开发喷射流畅、稳定性高、颜色鲜艳的仿活性墨水的涂料墨水仍然是本行业急需解决的问题。

4. 涂料印花未来发展趋势

4.1 涂料印花新型着色剂的开发

着色剂是涂料印花中的关键组分，围绕着如何进一步提升印花鲜艳度和颜色牢度，未来新型着色剂发展的主要趋势主要体现在：

（1）纳米颜料的开发和应用技术。研究表明纳米级、窄分布的颜料其着色性能和颜色鲜艳度显著高于普通颜料，然而，就研磨加工、高压微射流等分散方法，制备的纳米颜料普遍存在粒度分布宽、体系分散稳定性不高等问题。研究颜料超细化加工和稳定方法，仍然是未来涂料印花迫切需要解决的关键难题。

（2）仿活性染料印花纳米颜料的制备技术。手感差、摩擦牢度低和鲜艳度不高是涂料印花存在的主要缺陷，传统涂料印花是黏合剂和颜料分开加入，黏合剂靶向性不好，造成黏合剂用量大，印花织物手感、牢度和颜色鲜艳度均与活性染料对棉织物印花存在较大差距，纳米包覆颜料具有良好的稳定性，可以解决传统颜料印花存在的问题，仿活性染料印花纳米颜料包覆改性仍是未来需要解决的关键难题。

（3）新型着色剂的开发。纳米乳胶着色剂是近年来开发的一种新型黏合剂，该着色剂集中了固色和显色一体化加工，颗粒小，结构可控，稳定性高，且多为单分散状态存在，也是涂料印花未来发展需要关注的研究方向。

（4）高耐候有机颜料的开发。随着人们生活水平的提高，户外活动增多，户外帐篷、游艇、汽车顶棚等纺织品需要长时间暴露在户外，虽然颜料相对于染料具有较好的耐晒性能，但是在较长时间的暴晒下还是会发生颜色变浅的现象，降低了产品使用年限，故开发高耐晒性能的着色颜料就显得尤为重要。

（5）生态环保型颜料的研发。涂料印花色浆中，部分颜料在生产和使用的过程中往往会产生有害的物质，如常见芳香胺结构，开发不使用含 DCB、DMB、大红色基 G 和 3，3'-二甲氧基联苯胺作为重氮组分的有机颜料也是未来发展的重要方向。

4.2 超柔软环保型印花黏合剂的研究与开发

超柔软环保型印花黏合剂有助于提升印花品质，是未来发展的主流方向。德国 Herst 公司以丙烯酸树脂和特种高分子化合物的嵌段聚合为主要成分的 TEP 超柔软环保黏合剂等国外品牌占据市场主要地位。国内市场有以自交联丙烯酸类高分子聚合物乳液为主要成分的超柔印花黏合剂 MCH-201、合成变性丙烯腈类共聚物为主要成分的 WH-1 超柔软印花黏合剂等。Dai 等制备了一种阳离子核/壳型聚硅氧烷丙烯酸酯乳液，纳米尺寸为 100nm，印花后的棉织物手感柔软，水洗牢度和干湿摩擦牢度均符合国家质量要求；南通臻龙黏合剂有限公司发明了一种仿活性印花黏合剂生产工艺，可以使印花质量大幅度提高，印花手感好，达到超柔软；东华大学报道了一种超柔软互穿网络涂料印花黏合剂的制备方法，主要成分有甲基有机硅环体、软单体、硬单体、交联单体、含酮羰基单体、酰肼基单体等，合成一款无甲醛的环保产品，可使织物获得超柔软的手感。Yang 等人以苯乙烯、丙烯酸正丁酯、乙烯基三甲氧基硅烷和一种基于蒽醌发色团的聚合物分散染料为原料，通过半乳液聚合制备了一系列有机硅改性苯乙烯—丙烯酸酯胶乳，与传统的颜料印花织物相比，该印花织物具有更柔软的手感和更高的色牢度。

另外，对黏合剂而言甲醛和 APEO 是难以绕开的一个弊病，部分黏合剂为缩醛类树脂，使用烷基酚聚氧乙烯醚（APEO）作为乳化剂，因此在交联与使用过程中可能会有甲醛类物质释放，对人体和环境有损害。为此，国内外先后推出手感柔软、符合环保要求、无 APEO 和无（低）甲醛的黏合剂，如 BASF 公司的 Helizalin Binder 系列、DyStar 公司的 Acramine Binder LC、Ciba 公司的 Alcoprint 系列、BF Goodrich 公司的 PrintriteR 系列等。除此之外，通过在端羟基聚丁二烯（HTPB）基聚氨酯中引入双动态键的聚氨酯（PU）具有显著机械和自修复特性等优势。与此同时，它的交联温度较低，可以大大减少能耗，但它的价格为聚丙烯酸酯的 3 ~4 倍。此外，研究者利用互穿网络聚合技术，使 PU 和常见的聚丙烯酸酯（PA）相互贯穿形成网络体系，改善 PA 黏合剂的不足的同时降低成本。

4.3 新型涂料印花技术的研究与开发

（1）涂料墨水喷墨印花，近年来尽管喷墨印花技术发展迅速，但涂料印花在整个印花中的占比仍然很低，其关键因素是涂料墨水印花的鲜艳度、牢度不高，且印花中存在堵塞喷头等问题，开发高质量涂料墨水在未来很长一段时间仍然将是喷墨印花技术发展的主要方向。

（2）喷墨印花和传统印花相结合的印花方式，该技术利用传统印花印制底色，利用喷墨印花技术印制图案，该技术综合了传统印花速度快和喷墨印花精度高的优势，具有良好的发展前景。

5. 结束语

总之，涂料印花技术经过近百年的发展，从烦琐的手工印花到个性化便捷的数码喷墨印花。目前，印染加工用涂料正朝着节能降耗、绿色环保的方向发展，新型结构的涂料、相关助剂和印染工艺将会不断涌现。具体而言，新型高性能环保黏合剂，如无皂黏合剂、自交联型黏合剂、互穿网络型黏合剂、低黏度黏合剂等将会不断问世；新型固化工艺，如低温固化、UV 固化、等离子体固化等会得到广泛应用；高性能超支化分散剂、低黏度黏合剂、功能性包覆涂料墨水将占据更大的市场份额。随着新型涂料及其加工工艺的研究开发，涂料印染加工将占据更重要的地位。

参考文献

［1］ http：//www. gov. cn/gongbao/content/2000/content_ 60255. htm.

［2］ Zhang W，Li J，Zhong F，et al. Preparation and characterization of supercritical fluid – fried （$CoAl_2O_4$） cobalt blue nano – pigment ［J］. Journal of Asian Ceramic Societies，2021：1 – 7.

［3］ 薛青，尹东，袁欣杰，等. 水性分散剂的结构分析与分子设计［J］. 现代涂料与涂装，2021，24（4）：7 – 10.

［4］ Wei L，Yue G，Hongjian P，et al. Dispersion stability of titanium dioxide in aqueous isopropanol with polymer dispersant ［J］. J Coat Technol Res，2020（17）：1083 – 1090.

［5］ Çiğdem Yağcı，Yonca Duman. Dispersant effect of degraded cellulase and SDS on copper （Ⅱ） phthalocyanine pigment ［J］. Biocatalysis and Biotransformation，2021（39）：313 – 321.

［6］ 曾腾超. 反应性支化聚氨酯高分子分散剂的制备及性能［D］. 无锡：江南大学，2021.

［7］ Tawiah B，Asinyo BK，Frimpong C，et al. An overview of the science and art of encapsulated pigments：Preparation，performance and application ［J］. Coloration Technol，2022：1 – 24.

［8］ Roebuck H S，Bon S A F. Cross – linked primer strategy for pigment encapsulation. 1. Encapsulation of calcium carbonate by emulsion polymerization ［J］. Industrial & Engineering Chemistry Research，2019，58（46）：21130 – 21141.

［9］ Ding Y，Ye M，Han A，et al. Preparation and characterization of encapsulated CI pigment yellow 12 via ball – milling and mini – emulsion polymerization ［J］. Progress in Organic Coatings，2018，117：69 – 75.

［10］ 赵娟娟，陈琳琳，高明. 单凝聚法制备酞菁铜颜料纳米微胶囊的研究［J］. 现代化工，2016，36（9）：72 – 74，76.

［11］ 刘康，黄瑶，李斌栋. 微反应器中溶剂—非溶剂法制备纳米 TATB［J］. 现代化工，2020，40（10）：202 – 206.

［12］ 张连兵，房宽峻，张霞，等. 聚合物包覆偶氮结构有机颜料的制备. 印染助剂，2011，28（2）：25 – 28.

［13］ Xu Y，Liu J，Du C，et al. Preparation of nanoscale carbon black dispersion using hyper – branched poly （styrene – alt – maleic anhydride） ［J］. PROGRESS

IN ORGANIC COATINGS. 2012，75（4）：537－542.

［14］Xu B，Chen C，Ma E，et al. Preparation of SiO2/polymer co－coated colored aluminum pigments with excellent corrosion resistance and UV protection and their application in fabrics［J］. Composite Interfaces，2021，28（2）：129－144.

［15］Wang Q，Wang Y，Chang Q，et al. Preparation of ultrafine spherical Pr－ZrSiO4 pigment by sol－gel－microemulsion method［J］. Silicon，2020，12（3）：585－594.

［16］任义仙．电子转移再生催化剂原子转移自由基聚合法改性 SiO_2 制备 SiO_2@SiO_2核壳结构［D］．济南：齐鲁工业大学，2016.

［17］黄成．原子转移自由基聚合法 PMMA、PGMA 合成表征［J］．橡塑技术与装备，2019，45（22）：50－56.

［18］胡静．颜料红170/聚合物杂化颜料的细乳液法制备、表征及应用［D］．杭州：浙江理工大学，2020.

［19］李晶晶．基于细乳液聚合的纳米颗粒的制备与应用［D］．大连：大连理工大学，2018.

［20］刘杰，张丽平，田安丽，等．利用细乳液聚合由溶剂黄43制备纳米乳胶荧光颜料［J］．精细化工，2015，32（9）：1067－1071.

［21］姜蕾．水性聚氨酯—丙烯酸酯黏合剂在涂料印花/染色中的应用［D］．上海：东华大学，2017.

［22］崔松松．改性聚丙烯酸酯类涤纶免水洗印花黏合剂的制备及应用［D］．杭州：浙江理工大学，2018.

［23］杨化章，赵振河，李辉．核/壳型低温交联印花黏合剂的制备［J］．纺织高校基础科学学报，2017（7）：255－261.

［24］张丽，房宽峻，蔡玉青，等．棉织物的彩色空心聚合物微球印花［J］．染整技术，2016，38（5）：42－45.

［25］杨帆，陈远辉，顾晨成，等．紫外光固化水性聚氨酯丙烯酸酯黏合剂的印花性能［J］．纺织学报，2016，37（3）：82－86.

［26］MAO H，QIANG S，YANG F，et al. Synthesis of blocked and branched waterborne polyurethanes for pigment printing applications［J］. Journal of Applied Polymer Science，2015，132（46）.

［27］Xie Z，Yan X，Li J，et al. Pigment printing of polyester fabric using a single step synthesized PDMS－modified polyurethane－acrylic/pigment hybrid emulsion［J］. Textile Research Journal，2021：00405175211018507.

［28］冯静静，柴春鹏，葛震．耐静水压阻燃水性聚氨酯织物涂层剂的制备

及其性能．纺织学报，2016（5）：92－96.

［29］Li N，Ho C，Yick K，et al. Effect of UV－curable inkjet printing parameters on physical，low－stress mechanical，and aesthetic properties of polypropylene knitted fabrics［J］. Fibers and Polymers，2020，21（12）：2788－2798.

［30］李聪，袁妍，刘仁，等．低收缩率光固化反应研究进展［J］．涂料工业，2017，47（6）：81－87.

［31］刘希萌．耐盐型聚丙烯酸盐增稠剂的制备及应用性能研究［D］．武汉：武汉纺织大学，2021.

［32］彭志忠．合成增稠剂在乳液涂层中的应用［J］．染整技术，2021，43（2）：38－40.

［33］Gaggero G，Delucchi M，Allegretta G，et al. Interaction of sodium alginate thickener with components of architectural water－based coatings［J］. Progress in Organic Coatings，2021，151：106016.

［34］Zhang W，Mao J，Jia Z，et al. Design of a salt－tolerant Gemini viscoelastic surfactant and the study of construction of wormlike micelle structure in high－salinity aqueous environment［J］. Colloids and Surfaces A：Physicochemical and Engineering Aspects，2021，631：127653.

［35］张海玲，周向东，史亚鹏，等．耐盐增稠剂的合成与性能［J］．印染，2011. 37（23）：9－13.

［36］Shirai H，Tamura S，Imanaka N. Novel environmentally friendly blue pigments based on Li2Cu5（PO4）4［J］. Ceramics International，2022，48（6）：8729－8732.

［37］Dai X，Xu X，Yu X，et al. Cationic core/shell polysiloxane acrylate emulsion：synthesis，film morphology，and performance on cotton pigment coloration［J］．Cellulose，2022：1－14.

［38］秦兴国，刘昌培，秦臻榛，等．南通臻龙黏合剂有限公司．仿活性印花黏合剂生产工艺：CN201410594913［P］2015.

［39］钟毅，钟欣，徐红，等．一种超柔软互穿网络涂料印花黏合剂的制备方法：中国，104610512A［P］. 2015.

［40］Yang Y，Li M，Fu S. Monodispersed colored polymer latex particles with film formation and chemical crosslinking for application on textile binder－free printing［J］. Colloids and Surfaces A：Physicochemical and Engineering Aspects，2021，619：126527.

［41］Zhang Y，Zheng J，Zhang X，et al. Dual dynamic bonds self－healing polyurethane with superior mechanical properties over a wide temperature range [J]. European Polymer Journal, 2022, 163: 110934.

[42] Lee H, Kim S, Kim W, et al. Highly transparent and resilient urethane – methacrylate siloxane composite for hard, yet stretchable protective coating [J]. Progress in Organic Coatings, 2022, 162: 106567.

活性染料非水介质染色技术进展和应用前景

裴刘军[1,2,3]　刘今强[3]　王际平[1,2,3]

1. 上海纺织化学清洁生产工程技术研究中心

2. 上海工程技术大学纺织服装学院 3. 浙江绿宇纺织科技有限公司

1. 引言

在纺织工业领域，水资源的消耗和污染的排放已成为制约行业可持续发展的重要难题。印染是以水为介质的化学和物理加工过程，包括退浆、煮练、漂白、丝光、染色、印花和后整理等多道工序，在加工过程中，由于染料、助剂等化学品的大量施加和排放，纺织品经不断交替的干湿处理，使得印染行业成为纺织产业链中资源、能源消耗和污染物排放的主要环节。染色是印染行业中耗水量和排污量产生的主要加工过程，以棉纱和棉织物的染色为例，适用的染料如活性染料、还原染料、硫化染料和直接染料都需要在水浴中完成对纤维的上染和固着。由此产生的问题是（以活性染料为例）：

（1）耗用大量的水。

（2）在水浴中，染料的上染率受到限制，而且染料容易水解失效，固着率下降，造成大量染后浮色，需要高水量清洗。

（3）耗用并在废水中残留大量的电解质和其他化学助剂。因此，染色过程最终会产生大量的高色度、高 COD_{Cr}的污水排放，染色废水不仅量大，而且处理难度高。

为了解决以上问题，染整行业长期以来致力于开发符合生态环保要求的加工方法，近年来，对特别关注的少水/无水染色、非水介质染色等新技术进行了不懈的探索，取得了长足的进步。本文就非水介质染色关键技术的定义、应用基础研究及产业化发展进行讨论综述，希望能进一步推动非水介质染色的学术研究和产业化发展。

2. 非水介质染色的定义与关键技术研究

在大量前期行业调研和科学研究的基础上，人们对如何最有效地改变纺织染整行业对环境的污染问题逐步形成了以源头预防、过程控制为主，结合末端治理的科学思路，并分析了现有的非水染色技术的局限性和难以产业化推广的原因，提出了以生态型硅氧烷作为染色介质，建立全新的产业化适应性高的非水介质染色体系，以求改变纺织染整过度依赖水资源并产生大量污染排放问题的创新性设想，并形成了实现这一设想的比较完整的思路，有了明晰的技术解决方案。

传统水浴染色中，水的作用至关重要（表1）。其染色的基本方法是把染料溶解在水中，然后把纤维置于染料溶液中进行染色，这样的染色实质上是染料在纤维和水这两相间的分配过程。由于溶解在水中的染料与水有高度相容性，因此染料留在水中而不上染纤维的倾向较大，需要添加大量的电解质来促染。电解质促染的效果是有限的，当染色平衡时，仍有一定量的染料留在水中，也就是说，染料对纤维的上染远不能达到100%，此外，活性染料在水浴中还容易发生水解，形成浮色，会产生一定量的含未上染纤维以及水解染料的有色废水。这是水溶性染料采用水浴染色方法不可避免的问题。

表1　水在水浴染色中的功能解析

功能分类	在染色中的作用	需要量占比（%）
载体	染料助剂输送、体系均质和热能传导	>90
溶剂	溶解染料和助剂	<10
渗透剂	促进染料的扩散渗透	
溶胀剂	溶胀纤维	
反应媒介	提供染料与纤维反应的必要条件	

为解决上述问题，能否改用与水性质不同的其他介质？由水溶性染料染色方法的基本原理可知：纤维溶胀、染料助剂溶解和助染等功能所需要的那部分水（占比约10%）是无法替代的，而只具有介质功能即物质输送和能量传导功能的那部分水（占比约90%），则是可以用不同于水的介质来替代的。从有利于提高染料上染率的考虑出发，选用一种既不能溶解染料，也不能和水相溶的非极性溶剂来替代水是比较理想的，不仅可以大幅减少水的用量，还可以解决介质与染料之间亲和力过高的问题，有利于染料对纤维的上染。在这样的体系中，存在三个不同的相：非水介质相、水相和纤维固体相，由于实现溶解染料、溶胀纤维和助渗助染功能所需的水量很小，因此体系中的水相质量可以控制得很低，能够完全被亲水性的纤维吸收，且因与周围的非水介质互不相溶而不易从纤维上脱落；当体系中加入染料时，由于亲水性染料完全不溶于非水介质，却与纤维上的水以及纤维本身有很高的亲和力，因此，染料具有弃介质而趋含水纤维的强烈趋势，也即染料在纤维上的分配率相对于介质具有绝对优势。这一上染机理（图1）与传统水浴中的上染机理有很大差别，可以完全不需要电解质促染就达到100%的上

染率，而且体系中的水在染色后基本被纤维带走，不会产生染色废水。该染色方法原则上适用于所有水溶性染料对亲水性纤维的染色，具有很高的普适性。对于活性染料来说，由于染色可以在水量很少、温度较低的条件下和较短的时间内完成，染料的水解得到控制，大幅提高了染料的固着率，优势尤为明显。

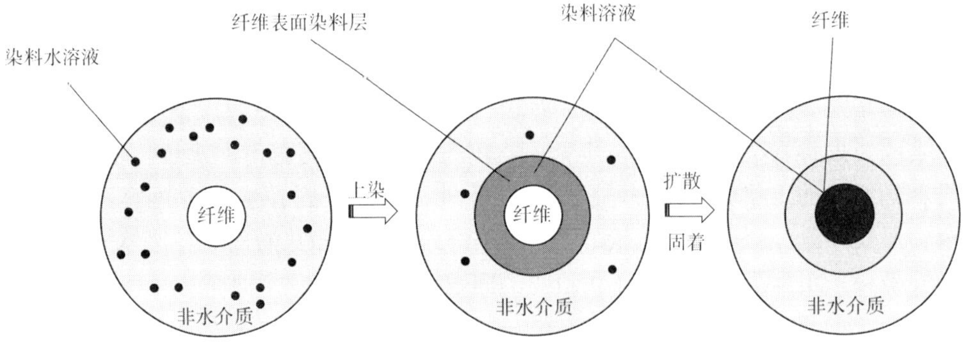

图1　非水介质染色原理示意图

综上所述，非水介质染色是保留染色中用于纤维溶胀、染料溶解、渗透、扩散和固着所必需的少量的水，用一种既不能溶解染料，也不能和水相容的非极性介质取代具有物质传送和能量传导功能的大部分水的一种新型染色方法。

2.1　非水介质的基本要求

根据非水介质染色的定义，非水介质的基本性质须满足以下几点要求：第一，非水介质不能溶解染料，从而确保染料具有弃介质趋纤维的最大趋势。第二，非水介质不能溶胀纺织纤维，即非水介质不能扩散到纤维内部，仅能吸附在纤维表面，从而避免介质在纤维内部的滞留，有利于介质的分离和回收。第三，非水介质应具有比水更低的表面张力，也即它更容易在纤维表面铺展，在缝隙和毛细管中渗透，有利于均匀染色。第四，非水介质应具有比水高得多的沸点，不属于易挥发有机溶剂（VOC）。第五，其密度比水低，有利于染色后的分离和提纯。根据以上的五点要求，经严格优选的烷烃类（异辛烷、石蜡、白油、植物油）、硅氧烷类、醚类、砜及亚砜类等都可以作为非水介质应用于上述非水介质染色体系。

2.2　非水介质染色的适用性

非水介质染色技术适用于所有水溶性染料对亲水性纤维的染色，比如活性染料、酸性染料、还原染料（靛蓝、硫化）、碱性染料等对棉、麻、粘胶、羊毛、蚕丝等的染色，具有很好的应用普适性。此外，该染色体系也同样具有对不同形态纺织品染色的普适性，不仅可用于活性染料对棉纤维的染色，也可用于酸性染料、还原染料和阳离子染料对相应纤维的染色；不仅可用于散纤维的染色，也可用于筒子纱和织物的染色；不仅可以加工常规的产品，也可以加工特殊外观和功能的新产品（如已经中试开发成功的腈纶匀染纱、靛蓝散棉染色等），适用范围大，加工质量稳定。

2.3 活性染料在非水介质染色体系的水解特性

活性染料在非水介质染色体系中染色，固色率明显高于传统水浴。造成这一现象的原因除了非水介质染色的上染率优势外，另一个可能的原因是染料的水解情况发生了有利的变化。为了证实这一点，高效液相色谱被用来研究了活性染料在不同非水介质染色体系（分散体系和微乳体系）的水解性能。

活性蓝 19 为乙烯砜型活性染料，其水解过程如图 2 所示，D 为染料母体。Heyna J 的研究表明，β－乙烯砜硫酸酯（Ⅰ）在很短时间内转化为乙烯砜基团染料（Ⅱ）。乙烯砜型染料（Ⅱ）进一步水解得到伯醇结构的水解染料（Ⅲ）；乙烯砜型染料可与伯醇结构的水解染料发生加成反应，得到醚键结构的染料（Ⅳ）；醚键结构的染料在碱性溶液中可再与羟基反应最终得到伯醇结构的染料。

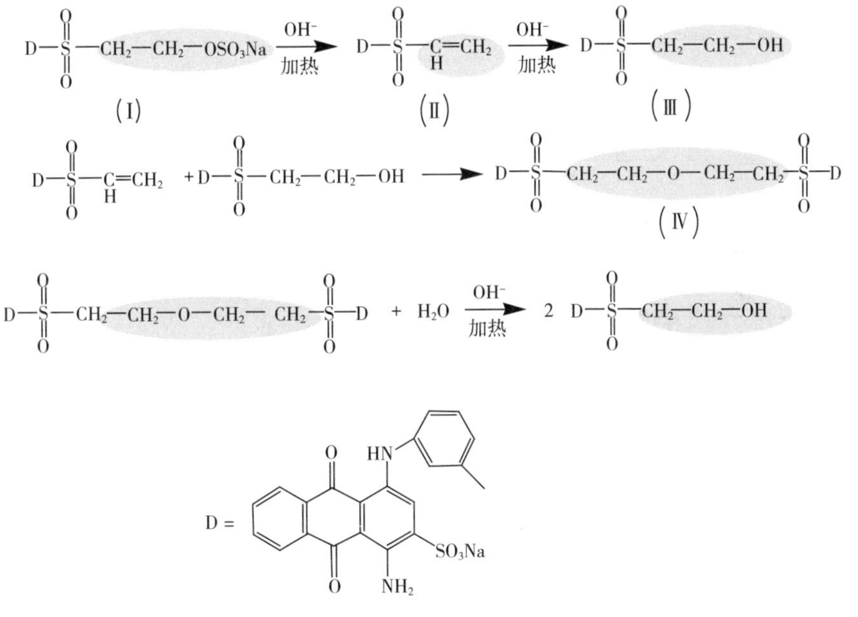

图 2　活性蓝 19 的水解过程

图 3 为活性蓝 19 在传统水浴和硅基非水介质染色体系中不同时间的水解色谱图（80℃，pH＝11）。在传统水浴中［图 3（a）］，随着水解反应的进行，HPLC 谱图中依次在 $t_R=4.01\mathrm{min}$，$t_R=16.32\mathrm{min}$，$t_R=8.01\mathrm{min}$ 和 $t_R=6.23\mathrm{min}$ 处出现四个色谱峰，且 $t_R=4.01\mathrm{min}$ 的色谱峰的峰高和峰面积迅速减小并消失。

t_R = 16.32min 的色谱峰的峰高和峰面积随着水解时间不断减小，且在 30 ~ 45min 时间段中消失。t_R = 8.01min 色谱峰的峰高和峰面积随着水解时间而逐渐增加，当水解到一定时间时，t_R = 6.23min 出现一个新的色谱峰，且峰高和峰面积逐渐增大。

与图 3（a）相比，在硅基非水介质染色体系中（图 3b），染料水解前，t_R = 4.01min 的色谱峰的峰高和峰面积较大，且在 t_R = 16.32min 处只有一个小的峰，随着水解时间的延长，t_R = 4.01min 的色谱峰的峰高不断的降低，且在 5 ~ 15min 时间段中消失。t_R = 16.32min 的色谱峰的峰高和峰面积随着水解时间先增大后降低。水解 15min 后，在 t_R = 8.01min 和 t_R = 6.23min 处出现两个新的色谱峰，且峰高和峰面积随着水解时间不断增大。

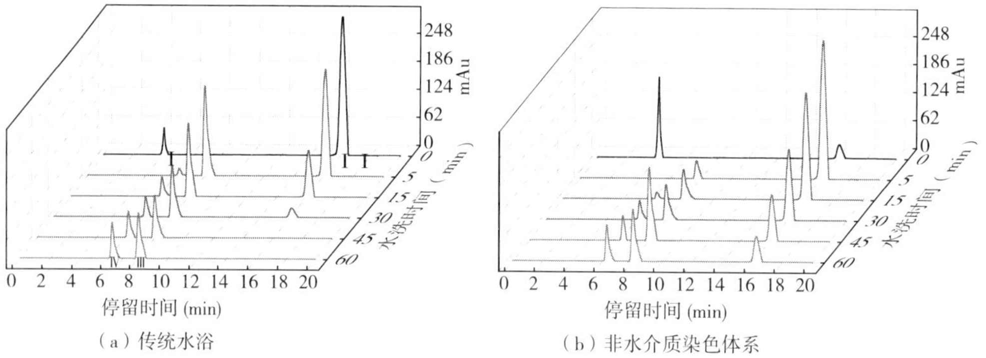

图 3 活性蓝 19 水解色谱图（pH = 11，80℃）

3. 非水介质染色体系关键设备的研究与开发

在确定活性染料在非水介质染色体系中对纺织品染色工艺的条件下，浙江绿宇纺织科技有限公司特制了一台 250g 小型的染色机（HLG - 250，图 4）。根据 HLG - 250 染色专用设备的运行状况，浙江绿宇纺织科技有限公司与广州盟鸿联合设计了一台 3kg 染色专用设备。该设备不仅适用于散棉的硅基非水介质染色，而且筒子纱和织物也可在该设备中完成染色。在 3kg 硅基非水介质染色专用设备运行正常后，浙江绿宇又研制了两台 25kg 散棉/活性染料染色设备，通过对染色后纤维的染色深度及匀染性，染色浴比、碱剂用量、固色温度及时间进行优选，确立 25kg 染色设备的最佳染色工艺。在 25kg 硅基非水介质染色专用设备运行正常后，浙江绿宇与广州盟鸿联合设计了一台 300kg 散棉/活性染料染色设备。该设备为生产型的染色设备，目前，浙江绿宇已经完成 6 只缸的安装与调试，300kg 的染缸已进入试生产阶段。

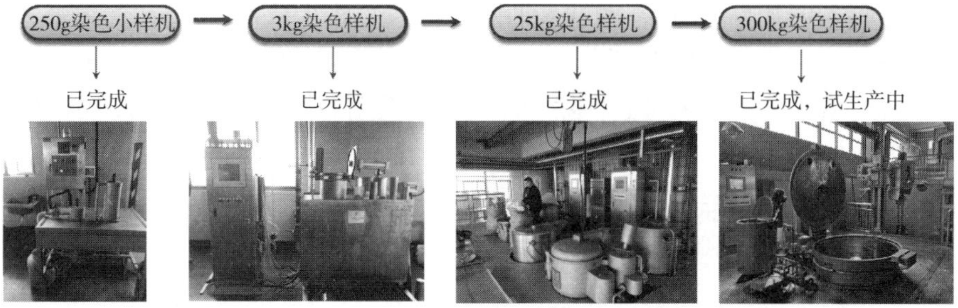

图4　非水介质染色专用设备

3.1　年产3000吨散棉硅基非水介质染色生产示范线

2020年，浙江绿宇建设年产3000吨散棉硅基非水介质染色生产，并配套了相应的介质回收系统、污水回用系统以及打饼、开松、烘干和打包相关设备，建设了一条完整的生产示范线（图5）。经过半年的试生产，整个染色全过程节水98%；减少全过程污水排放98%；减少染色全过程用盐量100%；节约染料用量20%；减少染色全过程能耗22%；减少染色时间34%；染色全过程废水回用率90%；硅基非水介质回用率98%；减少染色全过程运行成本18%；染色产品匀染性、色牢度等质量指标和传统水浴相当（第三方认证）。

图5　3000吨/年散棉非水介质染色生产示范线

3.2　介质回收与污水零排放系统

介质的回收与生产成本直接相关，是研究成果能否产业化实施的关键之一。根据非水介质的特性，设计了成套的介质回收方法和污水零排放系统（图6）。将染色、水洗、脱水的残液收集到静置分离塔中，通过重力作用，将非水介质与污水进行分层，上层非水介质进入介质储备箱中备用。由于下层的污水含有少量的非水介质（约几百 ppm），需进入油水分离系统将少量的非水介质回收，其分离后的污水进入纳滤（NF）系统，将大分子的有机物去除，然后进入 RO（反渗透）系统，将小分子的无机盐去除，产水用到后期的染色过程中，只产生少量的浓水，少量的浓水经过喷烘，最后产生少量的固废，整个工艺是一个闭环的生态染色技术，且不需要生化系统，解决了生化污水池占地面积大、臭味等环境问题，且最后污水可以 100% 回用，不对外排放任何的污水。

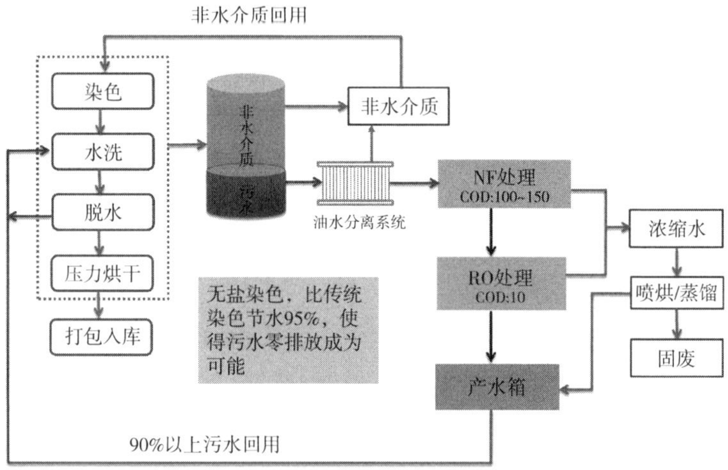

图 6　非水介质回收和水循环利用技术路线图

针对年产 3000 吨的硅基非水介质染色生产示范线，绿宇公司研制了 250 吨/天介质回收系统和污水回用系统，主要包括四个模块：静置分离、油水分离、纳滤和反渗透模块（图 7）。为了更好地推广该染色技术，将油水分离、纳滤和反渗透模块以集装箱的形式推广到企业，使得介质回收 & 污水处理系统以模块化的形式运营，简化了该系统的运营及管理成本。

（a）介质回收模块

（b）纳滤&反渗透模块

图 7　250 吨/天介质回收系统和污水回用系统

4. 非水介质染色产品开发进展

4.1 棉纤维活性染料非水介质染色产品

棉纤维硅基非水介质染色体系中，与介质没有亲和力的染料借助特殊方法分散在介质中，并随介质的运动能够和具有很高的亲和力的被染物发生反复的接触，不断被纤维以及纤维表面的水膜俘获而上染，并在适当条件下向纤维内扩散渗透，进入纤维无定形区，与纤维的活化基团发生反应而固着。由于非水介质与染料无亲和力，上述上染过程不再是传统水浴中染料在介质和纤维两相间进行平衡分配的过程，而是染料舍弃介质向被染物单向转移的过程，在完全无盐促染的条件下，染色上染率可接近100%；同时，由于该体系中水的含量很低，活性染料发生水解的概率大幅度降低，染色固着率可达90%以上，匀染性、色牢度以及染色效率和能耗都与传统水浴染色相当。采用该工艺，可比传统工艺节约用盐100%，节约染料20%以上，减排染色阶段废水近100%，减排漂洗阶段废水95%以上，能大幅度节水减排并降低废水末端治理的强度。染色介质可以循环使用，配备适当的水处理装置，可以做到染色全过程污水零排放，染色成本和传统水浴染色基本相当。

非水介质染色与传统水浴染色的详细对比见表2。

表2　非水介质染色与传统水浴染色性能指标对比

对比因素	传统水浴染色	非水介质染色
上染率	约80%	接近100%
固着率	50%~70%	90%以上
耗盐量（owf）	80%~100%	0
污水排放（每吨待染物）	>50t	0
相同染色深度节约染料量	0	20%以上

不同的活性染料可以在硅基非水介质染色体系中对棉纤维进行染色，得到不同的非水介质染色专用散棉，且染色后的散棉产品可以与其他颜色的棉纤维或其他种类的纤维，比如黏胶、涤纶进行混纺，开发出形态、颜色多样化的非水介质染色产品。散棉非水介质染色体系产品色卡如图8所示。

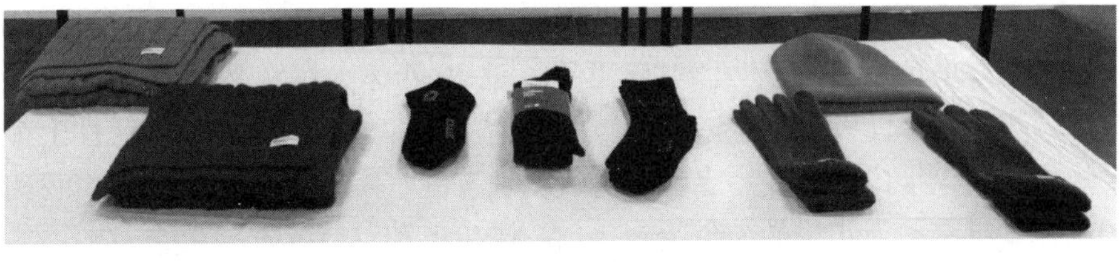

图8　散棉非水介质染色产品

4.2 散棉/筒子纱非水介质染色产品

为了提高非水介质染色关键技术的应用范围，通过在设备上及工艺的改进，开发出了散棉/筒子纱非水介质染色产品，染色后的棉筒纱的匀染性及产品质量经过第三方检测，都满足国家相关标准的要求。棉筒纱非水染色技术在棉散纤维非水介质染色研究的基础上不断完善，在中试中得到验证，已开发了成套的染色工艺、专用染料以及相应的染色、烘干和回收设备，并进行数月生产性试验，开发了单色以及拼色一系列产品，如图9所示。

图9 散棉/筒子纱非水介质染色产品

5. 结语

和现有的以超临界二氧化碳为代表的非水介质染色相比，可以大幅提高上染率和固色率，节约染料，达到无盐染色。非水介质染色关键技术不仅可以解决染色行业水资源消耗和污水排放的问题，而且可以达到染色全过程运行成本和传统水浴相当或略低，改变现有非水介质染色成本高、操作难度大的应用瓶颈。由于硅基非水介质染色关键技术适用于水溶性染料染色亲水性纤维（棉、麻、丝、毛等），而水溶性染料是目前使用最广的染料之一，该关键技术具有很好的应用普适性，不仅可用于活性染料对棉纤维的染色，也可用于酸性染料、还原染料和阳离子染料对相应纤维的染色；不仅可用于散纤维的染色，也可用于筒子纱和织物的染色；不仅可以加工常规的产品，也可以加工特殊外观和功能的新产品（如已经中试开发成功的腈纶匀染纱、靛蓝散棉染色等），适用范围广，加工质量稳定。

非水介质染色技术的成功产业化意味着近30年来，绿色环保染色技术的研究终于从实验室走向大规模生产，该技术不论从技术可行性和经济可行性上都可以大规模产业化推广，且在一定程度可代替现有的水浴染色技术。这项由我国原创的染色系统有望为纺织品染色闯出一条清洁生产和可持续发展之路。

超临界二氧化碳染色技术进展和应用前景

郑来久[1,2,3]　郑环达[1,2,3]

1. 大连工业大学 辽宁省超临界二氧化碳无水染色重点实验室

2. 全国超临界流体无水染色技术研发中心

3. 纤维与纱线超临界二氧化碳无水染整技术科研基地

我国是世界上规模最大的纺织服装生产国、消费国和出口国，纺织染整行业是纺织工业中最重要的子行业之一。国家统计局数据显示，2021 年中国规模以上印染企业印染布产量 605. 81 亿米，加工能力位居世界首位，但印染行业废水排放量约占纺织业 70%，残留的近 10% 未上染染化料导致废水种类多、碱性大、浓度高。随着我国“双碳”目标的提出，绿色低碳发展已成为各界共识。攻克水介质染色的严重污染难题，推动印染行业的绿色转型升级，事关纺织工业可持续发展，事关人民对美好生活新期待。超临界 CO_2 流体染色技术主要利用工业排放的 CO_2 为介质在超临界状态下溶解非极性或低极性染料对纤维材料进行染色，与水介质染色相比，全过程无水，CO_2 无毒、不易燃烧、价格低廉，未上染染料和 CO_2 可循环使用，零排放无污染，并具有上染速度快、上染率高的优势，充分体现了低碳化、绿色化、环保化的现代加工理念。

1. 超临界 CO_2 流体

超临界流体的形成过程是指在常温常压状态下，液态和气态共存，两者之间存在一个明显的界面。随着温度升高，压力增大，液态与气态间的界面逐渐模糊，当达到临界温度（T_c）和临界压力（P_c）以上时，液态与气态之间的界面彻底消失，以流体状态存在，即为超临界态。所以当一种物质的温度和压力同时高于其临界温度和临界压力时称其为超临界流体。超临界流体既不同于气体，也不同于液体，呈现了许多独特的物理化学性质。如表 1 所示，超临界流体密度与液体近似，具有与液体相似的溶质溶解性；黏度与气体近似，表现出类似气体的易于扩散的特点，有利于向基质的渗透扩散。

表1　气体、液体与超临界流体性能

物理性能	气体	超临界流体	液体
	1.01325kPa，15～30℃	T_c，P_c	15～30℃
密度（g/cm^3）	$(0.6 \sim 2) \times 10^{-3}$	0.2～0.5	0.6～1.6
黏度（Pa·s）	$(1 \sim 3) \times 10^{-4}$	$(1 \sim 3) \times 10^{-4}$	$(0.2 \sim 3) \times 10^{-2}$
扩散系数（cm^2/s）	0.1～0.4	0.7×10^{-3}	$(0.2 \sim 3) \times 10^{-5}$

经典的 CO_2 模型一般认为 CO_2 分子中的碳原子采用 sp 杂化轨道与氧原子成键，碳原子的两个 sp 杂化轨道分别与两个氧原子生成两个 σ 键，碳原子上两个未参加杂化的 p 轨道与 sp 杂化轨道形成直角，并且从侧面同氧原子的 p 轨道分别肩并肩地发生重叠，生成两个 π 三中心四电子的离域键，从而缩短了碳原子与氧原子的间距，使得 CO_2 中的 C═O 具有一定程度的叁键特征，这种杂化轨道使得 CO_2 分子十分稳定。另外，CO_2 分子由两个极性较强的 C═O 键组成，整个分子具有较大的四极矩。上述特征使 CO_2 化学性质较为稳定，具有不易燃烧与非爆性等特点，成为最为常用的纺织材料染色用超临界流体（$T_c = 31.10℃$，$\rho_c = 466.50kg/m^3$，$P_c = 7.37MPa$）。

对于超临界 CO_2 而言，流体临界点的发散或反常性会在超临界状态中得到持续，并呈衰减趋势。在临界点 ρ_c 和 T_c 时，等温压缩率为无限大，但随着 T/T_c 值的增加，它将逐渐下降。在 $1 < T/T_c < 1.2$ 的范围内，等温压缩率值较大，说明压力对密度变化比较敏感，即适度地改变压力就会导致超临界 CO_2 流体密度的显著变化（图1）。同时，温度的适度变化也可以带来超临界 CO_2 流体密度相同的改变效果；在此基础上调节染料在超临界 CO_2 流体相中的溶解行为，使单分子染料大分子逐渐靠近纤维界面，通过自身扩散作用接近并完成对纤维吸附，从而快速扩散到纤维孔隙中，实现纤维的均匀染色。

2. 超临界 CO_2 流体染色装备与工艺

超临界 CO_2 染色时，存储于气体贮罐内的液态 CO_2 首先通过加压系统升压至临界压力以上，再经由供热系统将高压 CO_2 加热至临界温度以上，以转变为超临界状态；超临界状态下，CO_2 先在染色系统内溶解染料，随后携带染料大分子上染待染纤维材料，实现无水染色；染色结束后，超临界 CO_2 流体经减压、降温后气化，使得未尽染染料析出并留存在分离釜中；气态 CO_2 通过冷凝器液化为液态流体后返回气体贮罐，完成整个染色过程。基于上述染色原理而研发的超临界 CO_2 流体染色装备主要包括九大系统，分别为气体存贮系统、加压系统、供热系统、染色循环系统、分离回收系统、制冷系统、仪表系统、安全保护系统及辅助

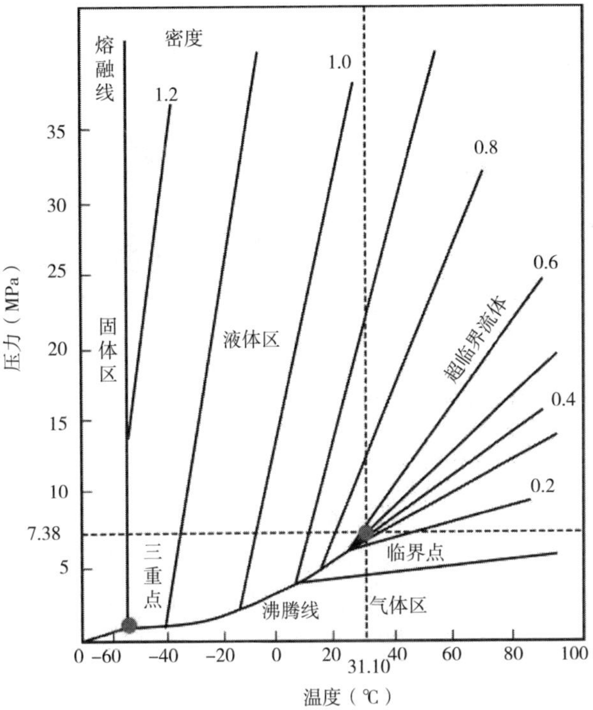

图1　超临界流体相图

系统。与传统水介质染色过程相比，超临界 CO_2 流体染色装备为无水闭路循环，可实现染料和 CO_2 的循环使用，并避免了废水及废气排放。

2.1　国外超临界 CO_2 流体染色装备与工艺研究

德国西北纺织研究中心（DTNW）最早对超临界 CO_2 流体染色装置进行了研发。为了探索涤纶制品超临界流体无水染色的可行性，1989 年 DTNW 研制了首台静态超临界 CO_2 流体染色实验装置，主要包括一个 400mL 的高压釜体和一个可搅拌的经轴。1991 年，DTNW 与德国 Jasper 公司合作开发了配有染液搅拌装置的超临界 CO_2 流体染色样机［图2（a）］，该装置的染色釜容积为67L，可用于筒子纱染色实验。1995 年，DTNW 和高压容器生产企业 Uhde 公司合作，开发了染色釜容积为 30L 的超临界 CO_2 流体染色设备［图 2（b）］，利用循环泵带动染液循环，实现了流体动态染色；并配备了 CO_2 回收循环系统，可以完成气体的回收；采用该装置进行循环染色获得了与水介质染色相当的染色效果，由此引发了印染行业的广泛关注。

日本在亚洲较早开始了超临界 CO_2 流体染色技术探索研究。2001 年，福冈大学成功开发了超临界流体染色设备（40L）；随后，福冈大学、冈山县工业技术设计研究所和丰和株式会社又联合研制了 400L 生产型超临界流体染色设备。阪

（a）Jasper超临界CO_2流体染色机

（b）Uhde公司超临界CO_2流体染色设备

图2　超临界 CO_2 流体染色机

上制作所株式会社也先后开发了染色槽内容积为 3.3L 的 HVI－SC 型非水染色试验机与 100L 超临界流体成衣染色设备（图 3）。2004 年，福井大学在日本政府资金支持下推进超临界流体商业化染色装备（350L）的研究开发工作，该装置最高设计压力为 30MPa，最高设计温度为 180℃，但该装置仍未完全满足工程化染色加工需要。

图3　超临界流体成衣染色设备

2008 年，荷兰 DyeCoo Textile Systems B. V. 成立，专门从事涤纶生产型超临界染色设备的生产制造。其推出的 Dyeox 2250 系列超临界 CO_2流体染色样机，具有三个染色釜体，设计温度为 10～130℃，设计压力 0～30MPa，装载量可达 150～180kg。2010 年，泰国与 Yeh 集团公司引进了 DyeCoo 公司 150 磅生产型超临界 CO_2流体染色设备，并在随后与 NIKE 的合作中，开发了奥运会马拉松比赛服。2013 年，DyeCoo 公司的染色设备在台湾福懋兴业股份有限公司、远东新世纪股份有限公司、儒鸿企业股份有限公司进行试用，主要进行成衣面料无水染色生产。2016 年，DyeOx 超临界 CO_2 流体染色样机问世，每个染色釜体装载量为 20 ~ 200kg，日均染色产量可达到 4000kg（图 4）。

图 4　DyeOx 超临界 CO_2 流体染色样机

2.2　国内超临界 CO_2 流体染色装备与工艺研究

国内超临界 CO_2 流体染色技术的主要研究单位有大连工业大学、苏州大学、东华大学等。从公开报道上看，2001 年东华大学戴瑾瑾教授研制了动态超临界 CO_2 流体染色实验样机和分散染料溶解度测定装置，进行了涤纶染色工艺探索；2006 年开发了染色釜容积为 24L 的生产型超临界 CO_2 流体染色设备。2011 年苏州大学龙家杰教授开发了单一染色釜达 180L 的超临界 CO_2 流体绳状匹染中试装备系统，实现了高压染色釜中织物的绳状松式可控循环运动；2012 年，该项目通过了江苏省科技厅委托吴江市科技局组织的验收；2014 年“超临界 CO_2 流体无水绳状染色关键技术及其装备系统”获中国纺织工业联合会“纺织之光”科技进步二等奖。

在中国纺织工业联合会科技指导计划项目、辽宁省科技厅重点项目等资助下，大连工业大学 2001 年起开始进行超临界 CO_2 流体染色技术研究，系统研究了超临界 CO_2 温度场、压力场、流体场态下纤维材料结构变化对染色性能的影响；提出了独特的内外染动静态染色工艺，解决了无水上染难题；并成功对超临界 CO_2 流体染色装备系统及关键设备进行了创新设计，模拟染色装置内的流体流动，建立了超临界流体染色装备的软件模拟过程，提高了染色过程的安全性和稳定性。2004 年研制出适于天然纤维的超临界流体染色装置（5L）；2006 年“超临界 CO_2 无水染色关键工艺技术及装备开发”获第十六届全国发明展览会金奖；2009 年研制出具有自主知识产权的超临界流体中试染色装置（50L）；2012 年改进型超临界流体染色中试装备在青海省西宁市和辽宁省阜新市进行了中试示范；“超临界二氧化碳散纤维及成衣制品染色”和“超临界二氧化碳染色技术与工程化设备”成果经辽宁省科技厅组织的中国工程院孙晋良院士为组长的专家委员会鉴定，认为达到国际先进水平。2013 年“超临界 CO_2 无水染色关键技术及产业化”获辽宁省科学技术一等奖；“纤维与成衣超临界 CO_2 无水染色技术”获教育部技术发明二等奖。

针对工程化过程中发现的釜体装备结构性能直接关系着可染纺织品的种类及染色效果的共性难题，大连工业大学在揭示聚酯纤维超临界 CO_2 无水染色机制基础上，通过流体传热传质和染色动力学研究，探明了影响染料溶解扩散和均匀上染渗透的关键因素，发明了超临界 CO_2 大流量内循环染色技术，构建了 CO_2 流体釜间循环新工艺，解决了染色匀染性和透染性难题；发明了超临界 CO_2 无水染色多元釜体及整套装备（图 5），可满足纤维、纱线、织物、成衣等的无水染色加工；发现了分散染料在超临界 CO_2 中的溶解、聚集、熔融等行为规律，提出了原染料超临界 CO_2 无水染色与拼色技术，解决了制约超临界 CO_2 无水染色釜体装备的载料流体均匀高效输运、物料分离回用及拼色难题，实现了无水染色由“能上染”到“能匀染、透染”的重大转变。2015 年研制的千升规模的多元超临界流体染色装备系统在福建省三明市实现了示范生产，具有色牢度高、流程短、无三废排放的优势，初步具备了超临界 CO_2 流体染色技术的工程化总承包能力。2021 年“超临界 CO_2 流体多元釜体染色及拼色技术”成果经鉴定，认为达到国际先进水平。

（a）

（b）

（c）

图 5　大连工业大学研发的超临界 CO_2 流体染色装备

为了加速成果研发应用进程，2016 年中国纺织工程学会在大连举办了“超临界 CO_2无水染色”绿色印染技术工程化推广研讨会，组织纺织印染领域重点企业与项目对接，助力我国纺织印染行业清洁化转型发展。目前，大连工业大学围绕超临界 CO_2 流体染色技术已授权 PCT 美国发明专利 4 件，中国发明专利 40 余件，发表 SCI、EI 等论文百余篇，涵盖超临界 CO_2 无水染色工艺技术、装备制造、染料制备及应用，形成了完全自主知识产权，打破了国外技术垄断。

2014 年，大连工业大学与青岛即发集团有限公司签署“针织制品超临界 CO_2 无水染色工程化”技术开发合同，开启了国内超临界 CO_2流体无水染色技术工程化进程。目前，单套超临界 CO_2无水染色装置最大容积达到 2000L 以上，可满足年产 1000 吨及以上纺织印染企业需要，取得了重大的生态效益和经济社会效益。发展至今，聚酯纤维超临界 CO_2流体染色工程化技术逐渐成熟，我国超临界 CO_2 流体染色技术已由初期跟跑达到目前领跑阶段。

3. 超临界 CO_2流体专用染料

3.1 分散染料

CO_2是具有两个对称极性键的线性非极性分子，无偶极矩，极性介于正己烷和戊烷之间，独特的四极矩结构使其对于低极性、小分子染料具有较好的溶解能力，从而在聚酯纤维材料染色方面具有显著优势。同时，超临界流体染色过程中，CO_2分子易于进入纤维非晶区的自由体积，可以提高部分分子链段的移动性；CO_2的增塑性导致聚合物玻璃化转变温度降低 20 ~ 30℃，增大了自由体积，有利于染料分子向纤维内部的扩散转移，可以改善聚合物的染色性能。在各类染料中，分散染料结构简单，水溶性低，在染浴中主要以微小颗粒呈分散状态存在，是用于合成纤维超临界 CO_2流体工程化染色的主要染料。分散染料以低分子的偶氮、蒽醌及杂环类衍生物为主，其分子结构中不含—SO_3H、—COOH 等水溶性基团，而具有一定数量的—OH、—NH_2、—NHR、—CN、—CONHR 等非离子极性基团，赋予了染料对聚酯等合成纤维的染色能力。

基于超临界 CO_2流体染色技术的潜在应用价值，20 世纪 90 年代 Ciba - Geigy 公司与 DTNW 签订合作协议，开展超临界 CO_2 流体染色专用分散染料研发工作。Ciba - Geigy 利用超临界 CO_2 流体染色实验装置探索了其所有的重要分散染料，特别是 Terasil 染料对涤纶的染色适应性。研究发现，对于每种色调领域，均可得到几乎能够彻底竭染的染料；并可通过选用合适的染料，获得与传统高温法相同的染色效果。发展至今，水介质染色过程中的分散染料均已进行了超临界 CO_2 流体染色试验，并已在聚酯纤维超临界 CO_2 流体染色工程化生产上实现了部分应用。同时，世界范围内的各大染料生产企业也已逐渐认识到这一清洁化染色加工技术的巨大应用前景，纷纷展开超临界 CO_2流体染色专用分散染料的研究开发工作。其中，Huntsman 与 DyeCoo 在 2012 年签署了关于超临界 CO_2流体染色与整理产品的研发协议，以加速无水染色染料与助剂的商品化开发。

3.2 **活性分散染料**

天然纤维水介质染色过程中，主要采用直接染料、活性染料和酸性染料等强极性染料进行染色。超临界 CO_2流体的低极性导致上述亲水性染料难以溶解，难以满足天然纤维无水染色需要。研究发现，以全氟聚醚季铵盐衍生物形成的反相胶束系统，在无助剂条件下将酸性红 52 溶解在超临界 CO_2中，可实现羊毛纤维无水染色，但该工艺存在染色成本高、工艺复杂的问题，限制了其大规模工业化应用。因此，展开天然纤维超临界 CO_2流体染色专用染料研究，以拓宽该项技术的应用范围，是超临界 CO_2流体染色技术的研究重点。

为了实现纤维素纤维和蛋白质纤维超临界 CO_2流体染色，研究人员利用现有的分散染料为染料母体，并通过引入活性基团赋予染料与纤维共价结合的能力，制得了活性分散染料，使得天然纤维超临界 CO_2流体染色成为可能。研究显示，将适宜的分散染料母体用均三嗪、2－溴代丙烯酸、卤代乙酰氨等改性后合成的活性分散染料，可以不同程度地改善天然纤维染色性能。这主要是由于染色过程中，活性分散染料内的反应性基团可以与纤维大分子发生亲核取代或亲核加成反应形成共价键，获得了较好的染色牢度。在均三嗪基活性分散染料体系中，一氟均三嗪活性分散染料呈现出最好的超临界 CO_2流体染色效果，染色天然纤维 K/S 值高达 20 以上。一氯均三嗪和一氟均三嗪活性分散染料的染色性能则要优于二氯均三嗪和二氟均三嗪染料。然而，超临界 CO_2流体染色过程中，均三嗪基活性分散染料与纤维素纤维羟基发生亲核取代反应生成的氢氟酸或盐酸，易于导致设备腐蚀，影响了该种染料的进一步研究开发。采用丙烯酸胺和 SO_2X 对分散染料改性后制得的乙烯砜基活性分散染料，在 100～120℃超临界 CO_2流体状态下，可以较容易地与蛋白质纤维发生加成反应实现固色，且不会引起纤维损伤；但纤维素纤维超临界 CO_2流体染色时，生成的纤维素—乙烯砜键不稳定，会发生水解反应，从而导致棉纤维水洗牢度较差，耐光牢度也较低。此外，利用卤代乙酰氨基活性分散染料进行天然纤维超临界 CO_2流体染色，K/S 值可以达到 14 以上，并呈现较好的耐水洗沾色牢度和耐摩擦色牢度，但染色纤维耐水洗变色牢度较低，仅能达到 3 级左右。

4. 展望

《纺织行业“十四五”发展纲要》已明确将研发推广非水介质染色列为纺织绿色制造重点工程。国家工业和信息化部的“十四五”工业绿色发展规划中也已将超临界二氧化碳流体染色列入重点行业清洁生产改造工程。与传统水介质染色技术相比较，超临界 CO_2 流体染色技术无水、无废气排放，CO_2 循环回用，染料利用率趋于100%，从源头上解决了染色加工的水污染难题。该技术市场需求度高，国际市场竞争优势显著，是纺织印染技术的重大技术创新，对我国纺织印染行业的绿色可持续发展和实现纺织“碳达峰、碳中和”愿景目标具有重要意义。经过科技工作者的多年努力探索研究，我国在超临界 CO_2 流体染色研究开发上取得了巨大进步，为了继续保持我国在该项技术产业化研究与应用中的领先地位，除了多学科协同推进该技术进一步发展外，尚需在以下几个方面加速研究。

（1）涤棉混纺织物超临界 CO_2 流体无水染色技术。涤棉混纺织物兼具纤维素纤维的良好吸湿透气性和聚酯纤维的保型性，是纺织服装的主要面料。在涤纶染色基础上，展开涤棉混纺织物 CO_2 流体无水染色技术研究，可进一步拓宽该项技术的应用范围，并可为纤维素纤维超临界 CO_2 无水染色研究提供基础。

（2）高性能、高功能纤维材料超临界 CO_2 流体无水染整技术。高性能、高功能纤维材料作为关键战略新材料一直是产业关注热点，但通过水介质染整加工赋予其更为优异的颜色或功能性往往较为困难。发挥超临界 CO_2 流体的高效溶解和渗透性能，有望实现对高性能、高功能纤维材料的低碳绿色加工。

（3）超临界 CO_2 流体染色专用染料体系构建。基于相似相溶原理筛选研制适于超临界 CO_2 流体无水染色的染料结构；依此开发新型染料结构合成修饰技术，研制适于微酸超临界 CO_2 流体染色的专用分散染料和活性分散染料结构，建立专用染料数据库，对于该项技术的工程化应用具有重要意义。

参考文献

［1］郑环达，郑禹忠，岳成君，等．超临界二氧化碳流体染色工程化研究进展［J］．精细化工，2018，35（9）：1449－1456.

［2］郑环达，郑来久．超临界流体染整技术研究进展［J］．纺织学报，2015，9（36）：141－148.

［3］李胜男，赵玉萍，郑环达，等．超临界 CO_2 流体中分散染料溶解度研究进展［J］．精细化工，2020，37（8）：1－6.

［4］Yuxue Wang，Xiandong Jing，Yuping Zhao，et al. Waterless beam dyeing in supercritical CO_2：Establishment of a clean and efficient color matching system［J］. Journal of CO_2 Utilization，2021，43：101368.

［5］Daixuan Gong，Xiandong Jing，Yuping Zhao，et al. One－step supercritical CO_2 color matching of polyester with dye mixtures［J］. Journal of CO_2 Utilization，2021，44：1396.

[6] Yitong Han, Huanda Zheng, Xiandong Jing, et al. Swelling behavior of polyester in supercritical carbon dioxide [J]. Journal of CO_2 Utilization, 2018, 26: 45-51.

[7] Huanda Zheng, Yi Zhong, Zhiping Mao, et al. CO_2 utilization for the waterless dyeing: Characterization and properties of Disperse Red 167 in supercritical fluid [J]. Journal of CO_2 Utilization, 2018, 24: 266-273.

[8] Huanda Zheng, Yanyan Xu, Juan Zhang, et al. An ecofriendly dyeing of wool with supercritical carbon dioxide fluid [J]. Journal of Cleaner Production, 2017, 143: 269-277.

[9] Huanda Zheng, Juan Zhang, Jun Yan, et al. An industrial scale multiple supercritical carbon dioxide apparatus and its eco-friendly dyeing production [J]. Journal of CO_2 Utilization, 2016, 16: 272-281.

[10] Shengnan Li, Huanda Zheng, Yaohua Su, et al. Effect of fluid field on the eco-friendly utilization and recycling of CO_2 and dyes in the waterless dyeing [J]. Journal of CO_2 Utilization, 2020, 42: 101311.

[11] Guohua Liu, Yitong Han, Yuping Zhao, et al. Development of CO_2 utilized flame retardant finishing: Solubility measurements of flame retardants and application of the process to cotton [J]. Journal of CO_2 Utilization, 2020, 37: 222-229.

[12] Huanda Zheng, Yaohua Su, Laijiu Zheng, et al. Numerical simulation of CO_2 and dye separation for supercritical fluid in separator [J]. Separation and Purification Technology, 2020, 236: 116246.

[13] Fang Ye, Yuping Zhao, Zhiping Mao, et al. Prediction of Acid Red 138 solubility in supercritical CO_2 with water co-solvent [J]. RSC Advances, 2019, 9: 41511-41517.

[14] Fang Ye, Guohua Liu, Ibrahim Khalil, et al. Inspection for supercritical CO_2 dyeing of poly (*m*-phenylene isophthalamide) by kinetics and thermodynamics analysis [J]. Journal of Engineered Fibers and Fabrics, 2019, 14: 1-8.

[15] Xiandong Jing, Yitong Han, Laijiu Zheng, et al. Surface wettability of supercritical CO_2- ionic liquid processed aromatic polyamides [J]. Journal of CO_2 Utilization, 2018, 27: 289-296.

[16] Shi hui GAO, Yi tong HAN, Fei xia LI, et al. Structure and properties of polyethylene terephthalate treated by supercritical carbon dioxide [J]. Thermal Science, 2018, 22 (4): 1645-1650.

[17] Huanda Zheng, Juan Zhang, Miao Liu, et al. CO_2 Utilization for the dyeing of yak hair: Fracture behavior in supercritical state [J]. Journal of CO_2 Utiliza-

tion, 2017, 18: 117 -124.

[18] Huanda Zheng, Juan Zhang, Laijiu Zheng. Optimization of an ecofriendly dyeing process in an industrialized supercritical carbon dioxide unit for acrylic fibers [J]. Textile Research Journal, 2017, 87 (15): 1818 -1828.

[19] Huanda ZHENG, Laijiu ZHENG, Miao LIU, et al, Mass transfer of Diperse Red 153 and its crude dye in supercritical carbon dioxide fluid [J]. Thermal Science, 2017, 21 (4): 1745 -1749.

[20] Yanqin Zhang, Xiaochen Wei, Jiajie Long. Ecofriendly synthesis and application of special disperse reactive dyes in waterless coloration of wool with supercritical carbon dioxide [J]. Journal of Cleaner Production, 2016, 133: 746 -756.

[21] Jiajie Long, Chuanglong Cui, Yanqin Zhang, et al. Clean fixation of dye on cotton in supercritical carbon dioxide with a heterogeneous and phase transfer catalytic reaction [J]. Dyes and Pigments, 2015, 115: 88 -95.

[22] Jiajie Long, Hongmei Xu, Chuanglong Cui, et al. A novel plant for fabric rope dyeing in supercritical carbon dioxide and its cleaner production [J]. Journal of Cleaner Production, 2014, 65: 574 -582.

[23] Jiajie Long, Yueqi Ma, Jianping Zhao. Investigations on the level dyeing of fabrics in supercritical carbon dioxide [J]. Journal of Supercritical Fluids, 2011, 57 (1): 80 -86.

[24] Yue Fan, Yanqin Zhang, Kai Yan, et al. Synthesis of a novel disperse reactive dye involving a versatile bridge group for the sustainable coloration of natural fibers in supercritical carbon dioxide [J]. Advanced Science, 2019, 6 (1): 1801368.

[25] 龙家杰，陈锋，魏晓晨，等. 纺织品超临界 CO_2 无水染色的产业化进程 [J]. 染整技术，2015，37 (8)：1 -6.

[26] 邢彦军，黄钢，沈丽，等. 超临界 CO_2 流体染色设备的研发进展 [J]. 纺织导报，2011 (8)：79 -86.

[27] Tingting Huang, Xiangjun Kong, Hongsheng Cui, et al. Waterless dyeing of zipper tape using pilot - scale horizontal supercritical carbon dioxide equipment and its green and efficient production [J]. Journal of Cleaner Production, 2019, 233: 1097 -1105.

[28] Tingting Huang, Hongsheng Cui, Dafa Yang, et al. Continuous dyeing processes for zipper tape in supercritical carbon dioxide [J]. Journal of Cleaner Production, 2017, 158: 95 -100.

分散染料碱性染色技术现状和应用前景

王小艳　许长海

青岛大学纺织服装学院

常规分散染料在用于涤纶织物染色时一般在弱酸性（pH 值为 5 ~ 6）条件下进行，染液碱性太强会导致分散染料水解，染液酸性太强会导致分散染料离子化，均不利于分散染料对涤纶织物的染色。而涤纶及其混纺织物的前处理工艺通常是在碱性条件下进行的，前处理与染色加工条件的不同导致这些工艺必须分步分浴进行且需要大量的水洗工序，因此传统涤纶及其混纺织物染整加工过程需要消耗大量的水和能源。此外，涤纶在高温染色过程中析出的低聚物在弱酸性条件下的溶解度低，染色结束时会附着在织物上导致色点、色花等疵病。采用碱性浴染色可以在一定程度上改善上述染色问题，同时为涤纶及其混纺织物的前处理与染色一浴工艺提供可能性。在“双碳”目标以及绿色染整号召的大背景下，具有简化流程，降低水和其他能耗以及提高生产效率优势的工艺发展尤为重要。但碱性浴染色对分散染料的耐碱性要求较高，且不同的分散染料耐碱性差异较大，不能直接用于涤纶的碱性染色，因此，选择和开发合适的分散染料成为染整工作者的研究重点。根据分散染料的耐碱性不同，可将其分为以下三类：

（1）适用于弱酸至中性条件染色的常规分散染料。

（2）适用于弱酸或弱碱性条件染色的碱性染色分散染料。

（3）几乎不受 pH 值限制染色的高耐碱分散染料。

1. 分散染料概述

1.1　常规分散染料

分散染料是一类结构较为简单的小分子染料，分子结构中通常不含有—COOH、—SO_3H 等水溶性基团，几乎不溶于水，因此在使用时需要借助大量的分散剂使染料均匀地分散在水溶液中，分散染料也因而得名。

分散染料起源于 20 世纪 20 年代，是由最初的醋纤染料发展起来的。1922 年，德国 BASF 公司和 BDC 公司的 A. G. Green 和 K. H. Saunders 合成了一种醋纤染料，用于醋酸纤维的染色。到了 20 世纪 30 ~ 40 年代，随着合成纤维的出现和迅猛发展，科技工作者在醋纤染料的基础上进行结构设计和调控，引入一些新的极性基团，以得到更加适配聚酯纤维、色谱齐全、品种繁多的染料，也就是现在的分散染料。自1970年起，分散染料成为发展速度最快的一类染料。20世纪90年代起，国内分散染料也快速发展，目前分散染料在国内的品种已达120余种，分散染料年产量也稳居世界第一。

分散染料按化学结构主要分为两类，即偶氮类和蒽醌类。其中偶氮类主要为单偶氮染料，包含苯胺类和杂环类，这类分散染料具有成本较低、得色率高、牢度优良等优点，其产量最高，占全国分散染料50%以上。但为了调控偶氮类分散染料的颜色和性能，通常会在此类分散染料结构中引入酯基、酰氨基、氰基、羟基、氨基、硝基等助色基团，这些基团在碱性或强酸性条件下都不稳定，且偶氮类分散染料在高温、强酸性条件下还会发生还原分解而导致染料失效。图1为酯基、酰氨基、氰基在高温碱性条件下的水解反应及羟基的离子化；图2为氨基在高温、强酸条件下的质子化及偶氮类分散染料的还原分解过程。

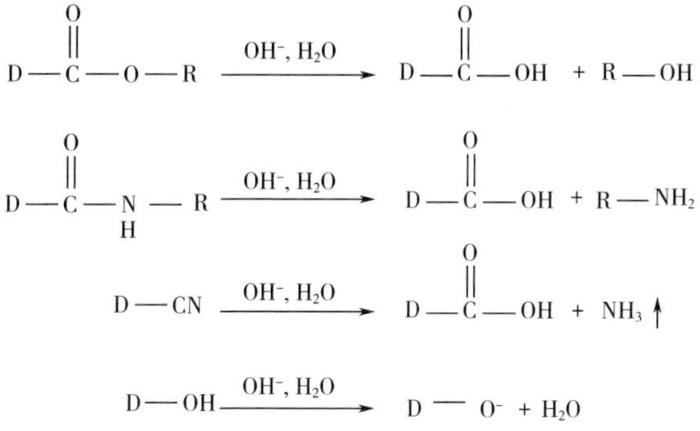

图1　各个基团在高温碱性条件下反应

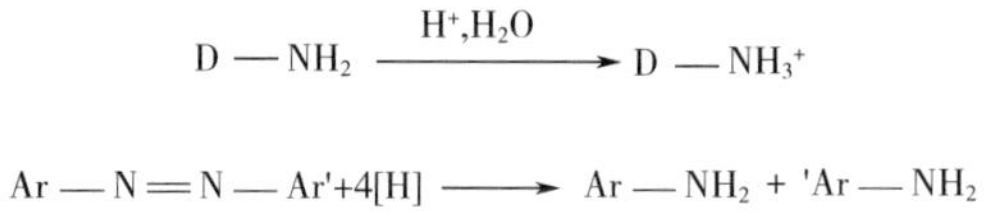

图2　偶氮类分散染料在高温强酸性条件下反应

蒽醌类分散染料约占整个分散染料的25%，与偶氮类分散染料相比，这类染料分子结构中易水解基团相对较少，染料颜色鲜艳度高，且耐碱性、耐还原性、耐日晒、耐热性等更优。

杂环分散染料是在偶氮分散染料的共轭结构中引入N、O、S等杂原子而形成的，重氮组分通常是杂环胺，偶合组分通常是杂环芳胺。杂原子的引入能赋予染料更加优异的性能，与偶氮、蒽醌类分散染料相比，杂环分散染料具有色光鲜艳、牢度优良、发色强度高等诸多优点，尤其适用于涤纶织物的拔染印花，因此成为近几年来发展较快的一类染料，常被用作其他分散染料的替代品，也是耐碱分散染料的主要研究对象。

1.2　**碱性染色分散染料**

20 世纪 80 年代，日本公司首先开发了涤纶织物碱性染色方法，早期应用于碱性染色的分散染料大部分是在原有染料的基础上筛选得到。筛选碱性染色分散染料的标准是染料对 pH 值的稳定性，例如日本化药公司提供的染料以 pH 值 4 ~ 11 稳定为基准，Kayacelon E 系列及 Kayalon Polyestir 系列染料按照此标准筛选出碱性染色分散染料品种。而德司达（DyStar）中国公司推荐染料以 pH 值 5 ~ 9.5 稳定为基准，Dianix 系列染料则时按照这一标准筛选碱性染色分散染料品种。筛选出了 Dianix 橙 UPH、Dianix 深红 UPH 和 Dianix 深蓝 UPH 系列染深色系的碱性染色分散染料。Kayacelon E、Kayalon Polyestir 及 Dianix 系列部分筛选出的碱性染色分散染料的分子结构见表 1。

表 1　Kayacelon E、Kayalon Polyestir 及 Dianix 系列耐碱分散染料

染料类型	染料分子结构	染料商品名
Kayacelon E	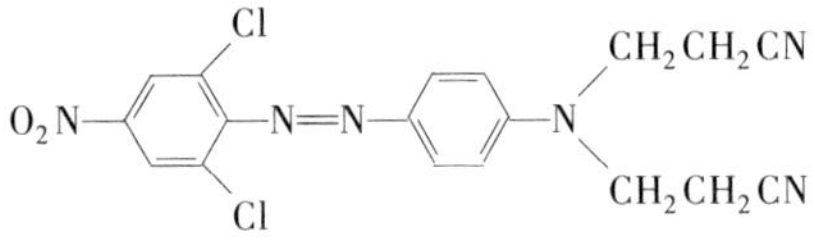	C. I. 分散黄 163
	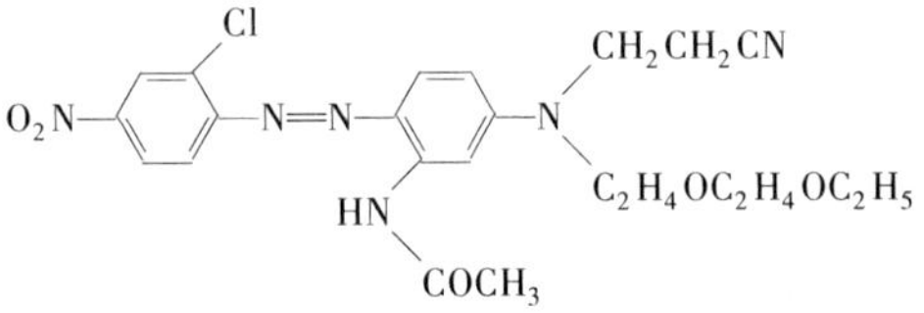	C. I. 分散红 258
	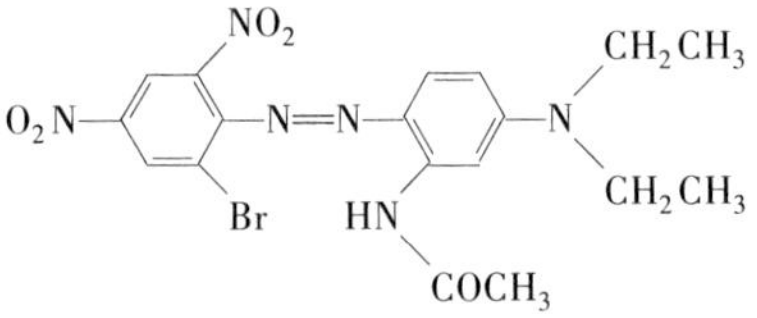	C. I. 分散蓝 291
Kayalon Polyestir	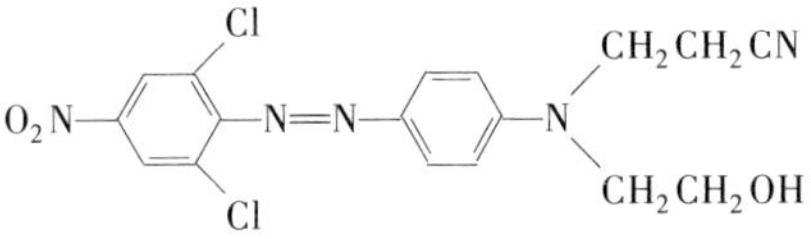	C. I. 分散橙 74

续表

染料类型	染料分子结构	染料商品名
Kayalon Polyestir	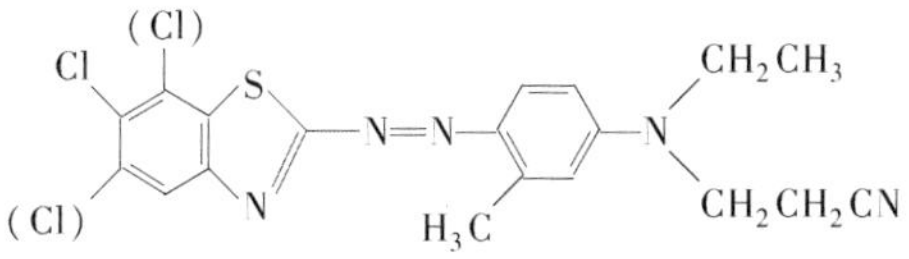	C. I. 分散红 152
	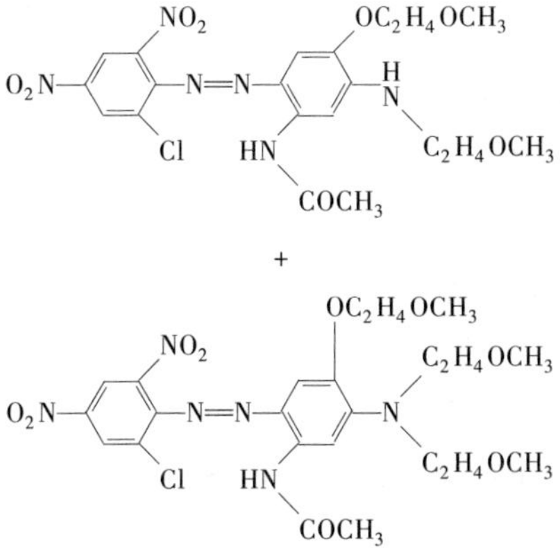	C. I. 分散蓝 170
Dianix	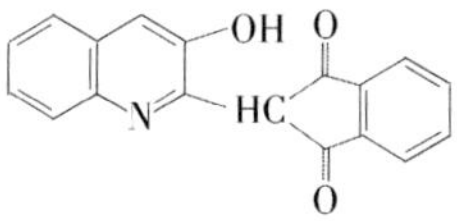	C. I. 分散黄 64
	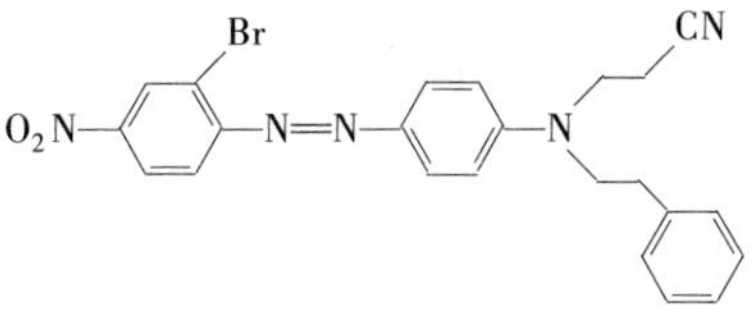	C. I. 分散红 183
	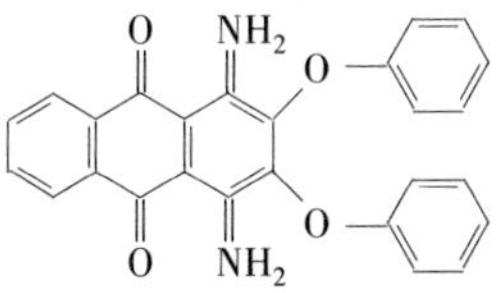	C. I. 分散紫 28

但是通过筛选出来的碱性染色分散染料色谱不够齐全，仅限于个别染料色光，应用效果不够理想。20 世纪 90 年代，在激烈的染料市场竞争下，国外几家公司开始从被动地筛选转为主动设计开发新的碱性染色分散染料。日本住友公司开发了黄 E－RPD 和蓝 E－FBL 等适合染浅色涤纶的碱性染色分散染料；瑞士汽

巴公司开发的Terasil系列，Serilene生产的ADS系列等碱性染色分散染料。国内一些公司也相继开发了几种适用于涤纶碱性染色的分散染料，行业内常见的如：上海贝通化工科技有限公司的A－B系列、浙江龙盛集团所产的ALK系列、浙江闰土的ADD系列、万丰的WF系列、常州亚邦的E－RPD系列和MF系列、吉华集团开发的浅色系列ALP和深色系列ALD碱性染色分散染料等。碱性染色分散染料最高耐受pH值在11左右，通常适用于pH值4～10之间的染色条件，这类分散染料不仅可以用于涤纶的碱性染色还可以用于涤纶及其混纺织物前处理与染色一浴工艺等，可以有效地解决弱酸性条件染色产生的焦油斑问题且能够缩短工艺流程，减少水和其他能源的消耗。

1.3 高耐碱分散染料

碱性染色分散染料虽然有一定的耐碱性，但范围不够广，应用方面存在较大的局限性。在印染行业短流程加工的热潮及绿色染整的号召下，涤纶碱减量与染色一浴处理、涤锦毛巾布开纤与染色一浴处理、涤棉混纺织物练漂染一浴处理等工艺对分散染料的耐碱性提出更高要求，要求分散染料的结构能够在高浓度（0～10g/L）NaOH的条件下保持稳定，因此，有关科技工作者开始致力于开发高耐碱分散染料。

国内蓬莱嘉信开发的HA型高耐碱分散染料、上海安诺其开发的ERD系列分散染料的耐碱性均非常优异。其中，蓬莱嘉信HA型高耐碱分散染料在高温高压以及较广的pH值范围（4～14）内保持优异的色光稳定性，且染色性能优异，已经达到甚至超过国外同类产品。使用HA型高耐碱分散染料进行涤纶织物高温高压浸染或其他湿处理时，在很大程度上不会受到pH值的限制，但此系列高耐碱分散染料存在色谱不全，尤其是浅色系品种欠缺的问题。上海安诺其ERD系列染料有较为广泛的适用场景，除了能够实现涤纶筒子纱及织物碱性染色、涤纶练漂染一浴处理等，还可以实现涤纶织物或涤锦混纺织物碱减量（开纤）与染色一浴工艺、涤棉混纺织物染色一浴工艺、同浆印花工艺等。

在高耐碱分散染料的研发中，杂环偶氮类分散染料由于其色泽鲜艳、摩尔消光系数高、上染牢度优异等优势而备受关注，其中氨基噻唑类杂环偶氮分散染料的研究颇多。俞杏英等以3－氨基－5－硝基－2，1－苯并异噻唑为重氮组分，苯胺衍生物为偶合组分合成了可在碱性条件（pH＝10～11）下使用的耐碱分散染料。Min Li等用相同的重氮组分，通过改变偶合组分苯胺衍生物中取代基团，合成几只具有优异耐碱性能的分散染料。Rufchahi等用亚硝基硫酸将杂环胺重氮化，并与*N*，*N*－二乙基苯胺和*N*－苯基－2，2'－亚氨基二乙醇进行偶合得到几只苯并噻唑类分散染料，染料色光在较广的pH值范围稳定。王喆等以氨基苯并噻唑为重氮组分，苯胺衍生物为偶合组分，发明了一类高耐碱分散染料，结构如

图3（a）所示，其中 R_1 是—H 或—CH_3，R_2 是 C_1—C_4 的烷基或—CH_2CH_2CN，R_3 是—Cl 或—CH_3。许长海等合成了一种噻唑类高耐碱性能的 HAO 型紫色分散染料［图3（b）］和一种异噻唑类高耐碱性能的 HAO 型蓝色分散染料［图3（c）］，这两种分散染料均可在 pH 值为 4～14 范围内稳定存在，具有极高耐碱性的同时兼具耐氧漂性能。

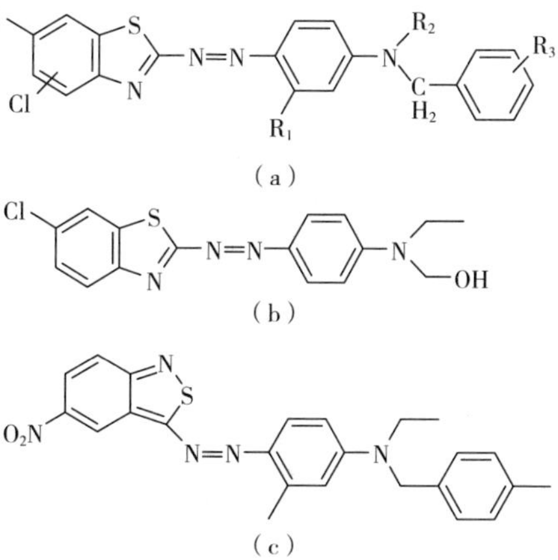

图3　高耐碱分散染料分子结构式

2. 分散染料碱性染色技术的应用

2.1　碱性染色分散染料染色技术的应用

2.1.1　碱性染色解决低聚物问题

涤纶低聚物是涤纶在缩聚过程中所形成的一些聚合度较低、分子量较小的副产物，平均含量约占 0.5%～1.5%，其主要成分是环状三聚物，结构如图4 所示。在高温环境下，环状三聚物会从纤维内部扩散至纤维表面，而分散染料会与这些低聚物结合，产生一系列难以去除的焦油斑，形成疵点。染液冷却后，剩余的低聚物会形成沉淀黏附在设备上，形成大量污垢，不仅容易沾污织物，也会影响设备的运行并给清洗造成一定困难。

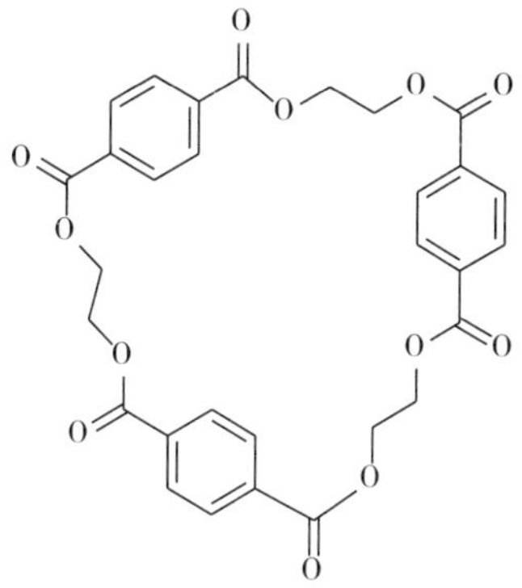

图4　环状三聚体结构式

高温碱性条件会使低聚物发生水解，因此染色后的织物表面会更加光洁，手感也更加柔软。早期发展涤纶碱性染色主要目的就是解决弱酸性高温染色过程中析出的低聚物造成的染色品质和设备损耗问题。Petra 与 Marija 研究发现在对涤纶进行碱性浴染色的过程中，二聚物和五聚物的含量大幅减少。Yiqi Yang 等研究发现碱性预处理和染色可以水解约 90% 的三聚体。涤纶碱性染色新工艺的开发，为解决低聚物问题带来了光明前景。

2.1.2 碱性染色提高染色品质

涤纶坯布上含有大量的合成浆料、纺丝油剂及其他油污等，特别是涤纶超细纤维，其在高速纺丝时加入大量的油剂，且为了得到高密和超高密织物，其在织造时也施加大量的合成浆料，这些杂质在退浆精练过程中通常不能完全处理干净，后期残留在织物上，在染色过程中易引起色斑、色花等问题。采用碱性染浴可进一步退浆精练，避免此类染色疵病的出现。毕萧平、张建国等筛选耐碱分散染料用于涤纶碱性染色，结果发现，与酸性浴染色对比，碱性浴染色织物的性能更优，尤其是匀染性能，见表 2，*S* 值越低表明染色织物匀染性越高，在碱性浴中可获得较高的匀染效果。

表 2 织物色泽均匀度 *S* 值

工艺	1	2	3	4
染浴 pH 值	4.5	8.1	8.6	9.5
分散红 3B	0.050	0.049	0.046	0.047
分散蓝 2BLN	0.054	0.055	0.051	0.050
分散黄 E－GL	0.034	0.03	0.029	0.033

除此之外，在涤纶碱减量过程中，纤维表面被烧碱刻蚀而剥落下大量杂质。减量废水的处理一般是通过酸析结晶降低废水的 COD 再达标排放。但大多工厂往往采用续浴的方法，虽节约成本但会造成减量杂质积累得越来越多，这些杂质吸附在织物上会对后期的酸性浴染色造成不小的影响。而采用碱性浴染色则可溶解减量杂质，提高染色质量。

2.1.3 碱性染色分散染料用于涤纶前处理染色一浴工艺

碱性染色分散染料的应用可实现涤纶前处理（退浆和精练）和染色的一浴工艺。如图 5 所示，涤纶前处理与染色常规工艺需要两浴两步，工艺繁杂且耗水耗能，碱性染色则可以实现一浴一步，工艺更简化、操作更简便，节能高效，降低成本。

何永锋等选用 6 只耐碱分散染料分别采用常规工艺和练漂染一浴工艺对涤纶织物进行处理，一浴工艺和常规工艺处理得到的染色织物的染色质量相近，且一浴工艺处理后的涤纶织物手感更柔软，但染色织物沾色牢度稍差。孙海建、朱亚伟、陈邦家等筛选耐碱性能优良的分散染料应用于涤纶织物的退浆与染色一浴一

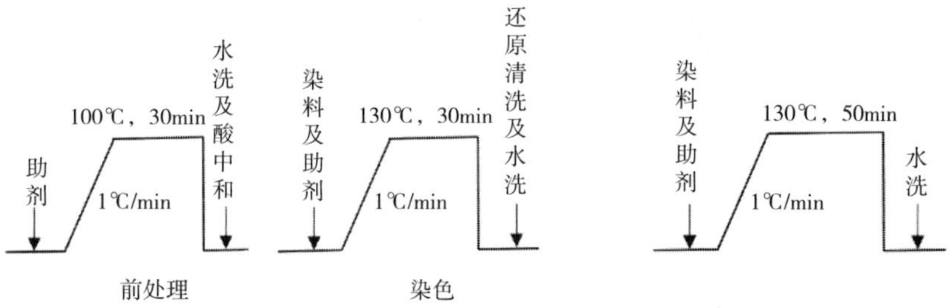

（a）涤纶前处理与染色常规工艺　　（b）涤纶前处理与染色一浴工艺

图5　常规染色工艺与碱性染色工艺流程

步染色中，发现染色后的织物柔软且富有弹性。陈垒等采用耐碱性分散染料在碱性条件下对涤纶进行退浆染色一浴处理，处理后的涤纶织物染色质量优异，从图6中可以看出，涤纶上的浆料也基本被去除。

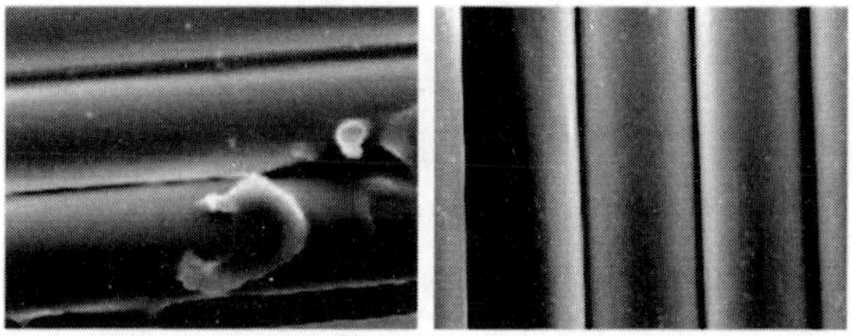

（a）未处理　　（b）处理后

图6　涤纶织物的SEM图（×5000）

2.1.4　碱性染色分散染料用于涤/棉织物活性/分散染色一浴工艺

涤棉混纺织物的染整加工工艺更为复杂，包括碱性条件下双氧水漂白棉、弱酸性条件下分散染料染涤纶以及碱性条件下活性染料套染棉组分，且每个工艺步骤结束后必须完全中和水洗和漂洗除去酸（碱）或其他助剂，否则会影响下一个工艺的生产质量。选择合适活性染料和碱性染色分散染料可实现涤棉混纺织物的活性/分散染色一浴工艺。莫林祥等通过筛选分散染料和活性染料，确定三组不同分散/活性染料组合：分散蓝2BLN/活性蓝KNR、分散红3B/活性红AES和分散黄SE-3K/活性黄AES组合可以适应120℃以下的涤棉混纺织物一浴一步法分段升温染色工艺。陈朦等选择一氯均三嗪结构的活性染料和碱性染色分散染料，确定涤/棉混纺织物分散/活性染料一浴染色工艺可行性且进行了工艺优化，在最佳工艺下，高温低碱性条件下分散/活性一浴法染涤/棉织物达到与传统二浴法相同的染色效果（表3），在生产上和经济上具有可行性。

表 3　一浴法与二浴法染色效果比较

工艺	*K/S*	摩擦牢度（级）		皂洗牢度（级）		耐汗渍牢度（级）	预破强力（N）	DE	*K/S*（%）
		干	湿	涤沾色	棉沾色				
二浴	12.86	5	4	5	5	4～5	509	—	—
一浴	12.71	5	4～5	4	4～5	4～5	516	0.51	98.8

2.2　高耐碱分散染料染色技术应用

2.2.1　涤纶碱减量和染色一浴工艺

涤纶的碱减量（开纤）是在强碱性条件下进行的，碱减量可以改善涤纶织物的手感和舒适性。涤纶仿真丝处理，涤纶麂皮绒以及涤锦毛巾布等染整加工均需要碱减量。高耐碱分散染料的开发除了几乎能够完成前述的碱性染色分散染料的所有应用场景，也为实现涤纶碱减量和染色一浴工艺提供了前提和可能。图 7 为涤纶织物碱减量与染色常规工艺与一浴工艺流程图。

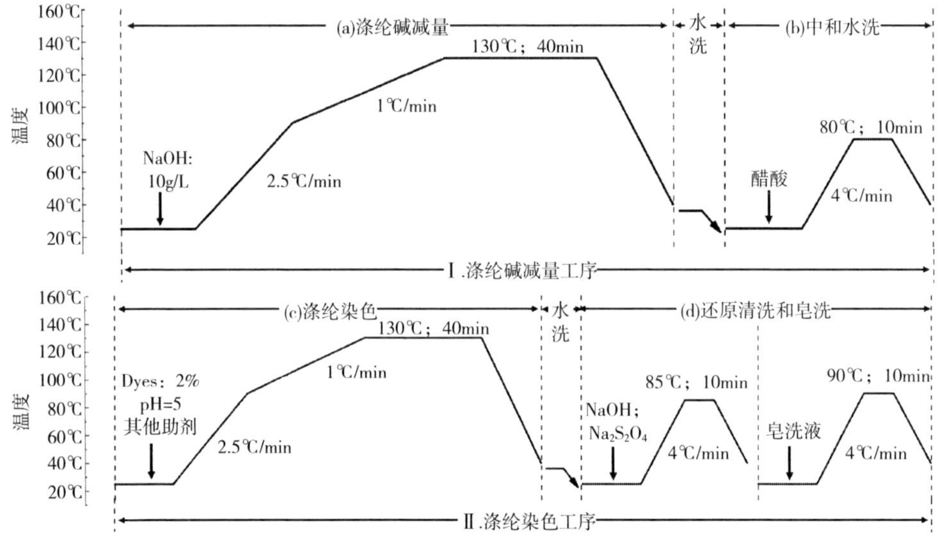

（a）涤纶织物碱减量与染色常规工艺

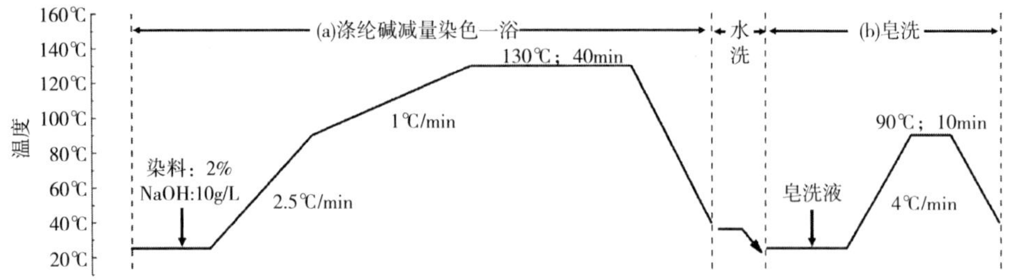

（b）涤纶织物碱减量与染色一浴工艺

图 7　常规染色工艺与一浴染色工艺流程

曹机良等研究了在 NaOH 浓度为 0～10g/L 时，涤纶织物的减量率和表观色深，确定了涤纶碱减量和染色一浴的可行性并探索工艺参数，得到了最佳的碱减量和染色一浴工艺参数。王小艳等使用高耐碱分散染料，对涤纶针织物进行碱减量和染色一浴一步法工艺处理，结果表明一浴工艺处理不仅可以简化工艺流程，还能够免还原清洗，一浴法工艺得到的染色产品色光稳定，色牢度优异。郭福林等采用蓬莱嘉信 HA 型高耐碱分散染料，使用涤/锦超细纤维碱减量（开纤）和涤纶染色一浴法工艺，实现了涤/锦超细纤维珊瑚绒产品的短流程染整加工，并以 1t/缸为例，对比一浴工艺与常规工艺，结果见表 4。此工艺也能经受大生产的考验，涤/锦超细纤维珊瑚绒的开纤/染色一浴法工艺经大生产证明，产品质量稳定，重现性好，生产效率明显提高，生产成本大幅降低。

表 4　传统工艺与一浴工艺成本对比

项目	传统工艺	一浴法新工艺	节约成本
染色时间	8h（一个班次 1 缸）	4h（一个班次 2 缸）	4h
水费	70t×4 元/t＝280 元	40t×4 元/t＝160 元	120 元
电费	22kW×8h×1 元/kW·h＝176 元	22kW×4h×1 元/kW·h＝88 元	88 元
蒸汽	$5m^3$×220 元/m^3＝1100 元	$3m^3$×220 元/m^3＝660 元	440 元
冰醋酸	20kg×7 元/kg＝140 元		140 元
高温匀染剂	10kg×8 元/kg＝80 元	10kg×10 元/kg＝100 元	－20 元
渗透剂 JFC	10kg×5 元/kg＝50 元		
去油精练剂 EPD－C		10kg×8 元/kg＝80 元	－30 元
合计	1826 元	1088 元	738 元

注　减少的污水处理费因各家成本不一，未计入上表。

2.2.2　涤/棉织物的氧漂分散染色一浴工艺

涤棉织物的氧漂分散染色一浴工艺是利用分散染料的在强碱性条件下的耐氧漂性能，把棉纤维氧漂和涤纶纤维分散染色在一浴中进行，图 8 为涤/棉织物前处理与染色常规工艺与一浴工艺流程图，一浴工艺可以有效地简化涤棉染整加工工艺，一定程度上，解决了涤棉织物常规加工工艺生产流程长、能耗水耗高、生产效率低的问题。

姚一龙发明了一种适用于涤棉混纺织物氧漂一浴的染色方法，与常规漂白染色两步两浴处理的效果相同，同时达到了节能减排的效果。宋国方等选择耐碱 ALK 系列分散染料，采用棉织物漂白与涤纶分散染色同时进行的方法，达到了常规染色的标准。刘明秋使用耐碱型分散染料 AK，探究过氧化氢用量对染料结构稳定性及染色性能的影响，结果发现，分散染料 AK 在过氧化氢浓度为 0～5g/L

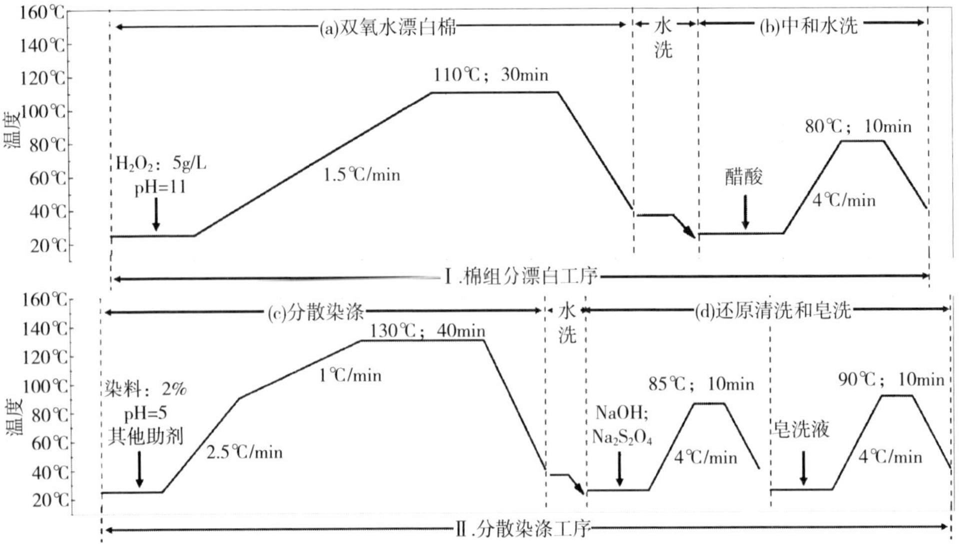

（a）涤/棉织物氧漂棉与分散染涤常规工艺

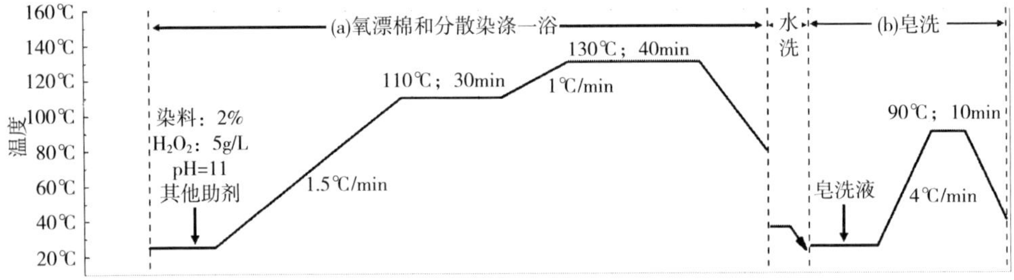

（b）涤/棉织物氧漂棉与分散染涤一浴工艺

图 8　常规工艺与一浴工艺流程

的条件下结构稳定，耐氧漂性能强。彭铃琪和刘淦生分别合成了 HAO 分散紫和 HAO 分散蓝高耐碱分散染料，并探究了碱性条件（pH = 10）下染料对双氧水的耐受性，结果如图 9 所示，在 5g/L 的 H_2O_2的染液中染料色光稳定，耐氧化性优良，可用于涤棉织物的碱性漂染一浴工艺。

3. 高耐碱分散染料应用前景

涤纶织物在使用高耐碱分散染料进行高温高压染色或其他湿处理时，在很大程度上不会受到 pH 值或烧碱浓度的限制，染料的高耐碱特性也为开发特定染色工艺提供了可能。

高耐碱分散染料的出现为涤纶及其混纺织物的短流程工艺开发提供了前提和可能，包括涤棉混纺织物的活性、分散同浴染色，涤棉混纺织物练漂染一浴，涤

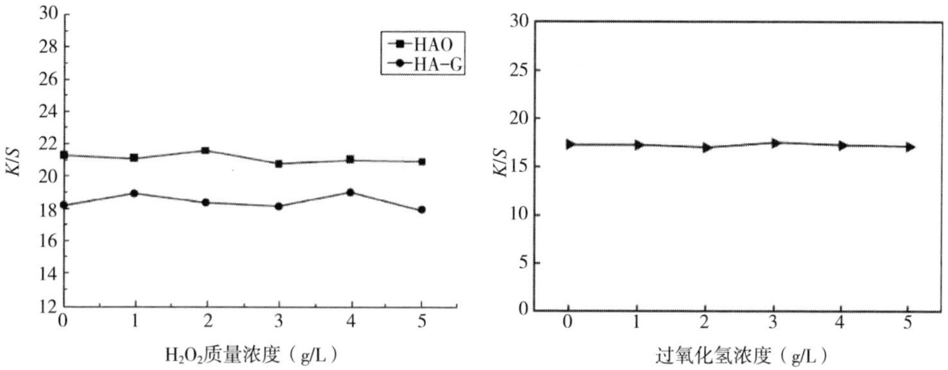

（a）HAO分散紫　　（b）HAO分散蓝

图9　染料在不同过氧化氢浓度下上染涤纶的*K/S*

纶织物碱减量或开纤与染色同浴，涤黏混纺机织物退浆染涤一浴等，这些工艺的出现能够实现超细旦涤纶织物、涤纶麂皮绒布、涤/锦毛巾布、涤/锦超细纤维珊瑚绒等特定产品的短流程生产。一浴工艺优势不仅在于缩短工艺流程，节能减排，提高效率和效益，且具有免还原清洗、提高染色品质等优势，在当前“双碳”目标和绿色染整的大趋势下，随着工艺条件的不断优化、染整设备的不断革新、高温耐碱助剂的不断出现以及高耐碱分散染料色谱的不断补充，这些短流程、低能耗、污染小、成本低、节能环保的工艺会不断地投入工业化生产。

高耐碱分散染料具有广阔的应用前景，但目前其发展仍然存在一定的局限性，主要体现在品种较少、色谱不全、牢度欠佳、生产成本高等问题，许多耐碱性分散染料的重现性也较差，另外在助剂方面也多依赖于进口，因此开发并丰富牢度优良、得色率高、重现性好的高耐碱分散染料品种以及对应适配的助剂对于我国的染整行业有着深远的意义。

参考文献

［1］ Gao A G，Zhang H J，Hou A Q，et al. Dyeing properties of the disperse dyes containing cyano group based on benzisothiazole for polyester fabrics under alkali condition［J］. Fibers & Polymers，2017，18（10）：1956 – 1961.

［2］ Gao Y，Liu Q Q，Ji Y C，et al. Development and Application of Polyester/Cotton Blended Fabric Dyes［J］. Journal of Fiber Science and Technology，2016，72（8）：179 – 183.

［3］ Li M，Lu Q X，Liu，et al. Benzyl – containing azobenzene – based disperse dyes：Relationship between molecular packing and alkali – resistant stability［J］. Journal of Molecular Liquids，2020，317：114270.

[4] 曾笑笑，邢建伟，徐成书，等. 原位矿化技术对涤纶染色过程低聚物的影响 [J]. 印染，2019，45 (4)：32-35.

[5] Hou A G，Li M，Gao F L，et al. One-step dyeing of polyethylene terephthalate fabric，combining pretreatment and dyeing using alkali-stable disperse dyes [J]. Coloration Technology，2013，129 (6)：438-442.

[6] 郝芬，荆丽丽，杜金梅，等. 分散染料耐碱性能评定方法的研究 [J]. 丝绸，2022，59 (1)：64-68.

[7] 李伟雄. 噻唑杂环分散染料的开发及应用性能研究 [D]. 上海：东华大学，2014.

[8] 何瑾馨. 染料化学 [M]. 2版. 北京：中国纺织出版社，2016.

[9] 孙海建. 耐NaOH介质的分散染料短流程碱性染色技术研究 [J]. 苏州：苏州大学，2012.

[10] 张彬浩，胡惠素，商李金. 蒽醌型分散染料的应用性能 [J]. 印染，2014，40 (21)：23-26.

[11] 仇明慧，朱亚伟. 蒽醌型分散染料氢氧化钠介质的染色技术 [J]. 丝绸，2013，50 (4)：33-36.

[12] Yazdanbakhsh M R，Mohammadi A，Abbasnia M. Some heterocyclic azo dyes derived from thiazolyl derivatives；synthesis；substituent effects and solvatochromic studies [J]. Spectrochimica Acta Part A：Molecular and Biomolecular Spectroscopy，2010，77 (5)：1084-1087.

[13] 江婷婷，侯爱芹，郑昌武，等. 涤纶织物的杂环苯并噻唑染料碱性短流程染色 [J]. 印染，2021，47 (2)：17-22.

[14] 陈荣圻. 分散染料六十年发展概述（二）[J]. 染料与染色，2015：18-30.

[15] 吴英，杨栋梁. 分散染料碱性染色体系（四）[J]. 印染，1996，22 (5)：34-37.

[16] 吴英，杨栋梁. 分散染料碱性染色体系（二）[J]. 印染，1996，22 (3)：31-34.

[17] 仇明慧. 涤纶短流程染色技术研究 [D]. 苏州：苏州大学，2013.

[18] 王娟，郭福林. 高耐碱性分散染料染色工艺探讨及应用 [J]. 染整技术，2018，40 (1)：37-40.

[19] 杜红波. 安诺可隆HA系列耐碱分散染料 [J]. 印染，2018，44 (22)：43-47.

[20] 俞杏英，姚晨华. 一种基于含苯甲酰氧基的噻唑杂环红色染料的耐碱

分散染料组合物及其应用：中国，104151866B［P］.2016－06－08.

［21］Li M，Ma W，Zhang L，et al. Investigation from synthesis to crystal structure to application of ecofriendly disperse dyes on one step dyeing of PET fabric［J］. ACS Sustainable Chemistry & Engineering，2016，5（1）：758－766.

［22］Rufchahi E O M，Yousefi H，Mohammadinia M. Synthesis and spectral properties of some azo disperse dyes containing a benzothiazole moiety［J］. Journal of Molecular Liquids，2013，188：173－177.

［23］王喆，王淑香．高耐碱的艳红色分散染料及其应用［P］. CN104262992B，2015－09－30.

［24］彭铃琪，刘淦生，张善生，等．HAO分散紫的合成及染色性能［J］．印染，2019，45（22）：1－5.

［25］刘淦生，彭铃琪，张善生，等．HAO分散蓝的制备及其染色性能［J］．应用化工，2020，49（5）：1072－1081.

［26］赵涛．染整工艺与原理：下册［M］．北京：中国纺织出版社，2012.

［27］Recelj P，Gorensek M，Zigon M. The influence of treatment conditions on the quantity and composition of oligomers extracted from polyester fabric［J］. Textile Research Journal，2002，72（5）：447－453.

［28］王小艳，杜金梅，荆丽丽，等．耐碱分散染料上染涤纶织物免还原清洗工艺［J］．丝绸，2019，56（6）：19－25.

［29］许素新，王碧佳，杨一奇．染色涤纶低聚物的控制——一些染整技术的回顾之五［J］．印染，2013（21）：45－49.

［30］郑敏，宋心远．聚酯纤维染整加工中低聚物问题的研究［J］．染料与染色，2005，42（4）：49－52.

［31］Yang Y Q，Li S Q. Removal of cyclic trimer from the surface of disperse dyed polyester［J］. Textile Chemist and Colorist & American Dyestuff Reporter，2000，32（10）：42－46.

［32］耿宁宁．纯涤海岛丝空气层麂皮绒碱性染色工艺［J］．印染，2017，43（4）：24－27.

［33］姜银银，朱亚伟．涤纶织物氧化退浆和染色一浴法工艺研究［J］．丝绸，2009（8）：23－25，44.

［34］毕潇平，张建国，钱琴芳．涤纶分散染料碱性染色工艺探讨［J］．纺织报告，2015（2）：57－60，63.

［35］吴春园．碱减量废水残渣甲酯化反应与精制研究［D］．杭州：浙江大学，2017.

[36] 姜银银．涤纶织物的短流程碱性染色技术研究［D］．苏州：苏州大学，2009.

[37] 何永锋，孙瑞聪，顾浩，等．涤纶织物的练漂染一浴短流程技术［J］．印染，2016，42（10）：24－28.

[38] 孙海建，朱亚伟，陈邦家．分散染料 NaOH 介质染色技术［J］．印染，2012，38（5）：5－8.

[39] 陈垒，杨恒，郭琦，等．涤纶高温高压一浴退浆和染色加工［J］．印染助剂，2019，36（12）：38－41.

[40] Burkinshaw S M，Salihu G. The wash－off of dyeings using interstitial water. Part 4：Disperse and reactive dyes on polyester/cotton fabric［J］. Dyes and Pigments，2013，99（3）：548－560.

[41] 莫林祥，陈丰．分散/活性染料涤棉混纺织物的一浴一步法染色探讨［J］．山东纺织经济，2018（11）：36－38.

[42] 陈朦，朱泉．涤/棉混纺织物分散/活性染料一浴染色工艺研究［J］．染料与染色，2013，50（5）：35－40.

[43] 戴杰，郭晓玲，申国栋，等．碱减量和等离子体处理对涤纶织物的影响［J］．针织工业，2015（5）：52－55.

[44] 吕思晨．涤纶仿真丝技术发展现状分析［J］．江苏丝绸，2020（3）：38－44.

[45] 段亚峰，刘庆生．小花纹麂皮绒织物的减量处理［J］．纺织学报，2006（7）：63－66.

[46] 曾志丰，高丽贤，蒋卫强．纬编涤锦复合长丝毛巾布的染整［J］．印染，2011，37（1）：27－28＋36.

[47] 曹机良，孟春丽，陈云博．涤纶碱减量和染色一浴处理工艺研究［J］．丝绸，2016，53（2）：19－25.

[48] 王小艳，杜金梅，彭铃淇，等．涤纶针织物碱减量和染色一浴一步法工艺［J］．纺织学报，2020，41（1）：80－87.

[49] 郭福林．涤锦超细纤维珊瑚绒开纤/染色一浴法新工艺［J］．染整技术，2017，39（10）：9－12，39.

[50] 钱继华，赵颖娜，陈金玲，等．涤棉混纺针织物染涤漂棉一浴新工艺［J］．针织工业，2016（9）：57－60.

[51] 王超，魏玉娟，李俊杏，等．涤棉针织物碱性漂染一步法工艺［J］．印染，2009，35（24）：22－23，25.

[52] 姚一龙，丁伟根，章建金，等．用于涤棉氧漂与分散染料染色一浴法

的生产方法：中国，104213398A［P］.2014－12－17.

［53］宋国方，王学元，韩汪华．涤棉针织物氧漂、分散染料碱性染涤一浴法工艺［J］．针织工业，2013（3）：40－43.

［54］刘明秋，陈海旭，储海龙，等．耐碱型分散染料 AK［J］．印染，2014，40（1）：36－40.

液体分散染料的应用现状及发展趋势

温卫东

浙江博澳新材料股份有限公司

1. 液体分散染料的发展过程

分散染料是染料产品中产量最大的类别，主要用于涤纶纤维的，也可用于醋酸纤维、锦纶等纤维的印染。分散染料属于非水溶性染料，通常需要研磨成细小颗粒并在分散剂作用下均匀分散在水中方可用于染色，根据产品形态可分为固体（粉状、颗粒状）和液状。普通粉状分散染料加工过程为：将分散染料滤饼、分散剂和水混合并打浆预分散，再经砂磨机研磨粉碎，最后喷雾干燥得粉状或颗粒状染料成品。这类分散染料剂型由于便于储存和运输，被广泛使用。

固体状分散染料在加工和使用中存在许多缺点：

（1）在生产和使用过程中容易产生粉尘，对操作环境影响较大。

（2）在喷雾干燥过程中要消耗大量能源，而干燥后的染料又要分散到水中使用，不利于节能减碳。

（3）除了有效成分染料之外，还要加入大量分散剂用来保障染料在干燥过程中的耐热稳定性，这些助剂在染色后全部进入废水中，增加水中的COD，增加印染企业三废处理成本。

（4）不利于自动计量和输送等智能印染过程，需要事先配成液体分散液才可自动计量和输送。

为了解决上述问题，分散染料液体化成为必然趋势。

早在20世纪60年代，国外许多染料制造公司就开始研制和生产液体分散染料，市场上有液体分散染料在销售，如英国卜内门公司的Procilene P型、瑞士山道士公司的Foron P型、西德巴斯夫公司的Palanil P型、德国拜耳公司的Resolin N型等均为液体产品，但这些染料普遍强度较低，通常只有对应粉状染料的50%左右，不利于长距离运输。染料加工助剂主要以萘磺酸甲醛缩合物、甲基萘磺酸甲醛缩合物、木质素磺酸钠等分散剂为主，商品染料中含有较多的分散剂，染色残液COD仍然较高。受加工设备限制，染料颗粒无法研磨得很细，平均粒径在1μm左右，产品储存期比较短，通常为90天，很容易发生沉淀。这些产品主要在欧洲印染厂使用，很少出口到其他地方。进入20世纪90年代，染料生产和印染向亚洲转移，欧洲的液体分散染料市场在逐渐萎缩。

为了发展我国的高浓液体分散染料，《高浓液状分散染料的研制》被列入国家“七五”重点科技攻关项目，该项目共研制开发五个品种。分别是分散黄棕S-2RFL 100%、分散红3B 100%、分散红玉S-2GFL 100%、分散蓝2BLN 100%和分散深蓝H-GL 100%，前四个染料强度超过了国外产品，分散深蓝H-GL强度与国外产品相同，各项性能指标达到了国外产品水平，稳定储存期可以达到6个月。这些产品在沈阳化工研究院进行了试生产，并在辽宁熊岳印染厂和西柳几个印染厂推广试用，当时印染企业设备都比较落后，这些工厂均用台秤称量染料，使用液体染料非常不方便，液体分散染料推广受阻。

进入21世纪初，国内市场上也有一些液体分散染料在销售，但这些都是低强度染料，只有对应粉状染料的50%左右，比如液体分散黑150%。这些染料有很多就是未经干燥的砂磨浆经强度调整而成，有较多的分散剂在商品染料中，产品质量参差不齐，很容易发生沉淀，储存稳定性很差。

随着智能印染的不断发展，使用自动计量和输送系统越来越多，自动配送系统将染料配成需要的浓度并送到每一个染色机，要求染料必须以液体形态存在，目前的做法是将粉状染料分散到水中使用，在配料时粉尘飞扬影响操作环境，配出的染料分散液浓度较低，稳定性很差，没有解决染色残液COD高的问题。为了满足印染企业的需求，许多大专院校、科研院所和染料生产企业纷纷研究和生产液体分散染料。伴随染料后处理加工技术和设备的发展，以及越来越多高分子高效分散剂出现，为液体分散染料研究和生产提供了有利条件，高浓液体分散染料成为分散染料产品的发展方向，国内各大染料生产企业纷纷开发高强度液体分散染料。

2. 液体分散染料的现状

2.1 液体分散染料的研究

近十年，受节能减碳、环境保护以及印染自动化提升改造的驱动，液体分散染料又引起了相关行业的重视，东华大学、苏州大学、浙江理工大学、浙江工业大学、天津工业大学和沈阳化工研究院均开展了液体分散染料加工工艺、加工配方、专用助剂、测试方法等相关研究。分散染料生产企业也纷纷开展液体分散染料的研究工作，研究方向主要集中在染料高浓化、新型超分散剂和不同应用工艺方面，应用方向不同对染料性能要求也有所不同。

冯欢对高含固量超细液体分散染料进行了研究，系统性研究了高浓液体分散染料的加工方法、助剂复配和应用性能，加工的6个液体分散染料的含固率在

40% 左右、扩散性能 5 级、强度在 76.5% ~184.2%、平均粒径介于 100 ~300nm 之间，具有较好的离心稳定性和储存稳定性，各项应用性能均比较好。高建波对系列分散染料进行了加工研究，制备高浓液体分散染料，研究了加工工艺、加工配方，选择了不同类型的分散剂进行复配，得出了一些有意义的结果。并将所加工的液体分散染料用于微量印花工艺进行研究，分散染料微量印花是指微量聚合印花系统，该工艺在印花浆中引入丙烯酸单体或功能预聚体，使其在织物表面发生聚合反应或交联，形成一层功能性的薄膜，分散染料通过黏合作用附着在织物表面，具有良好的手感和色牢度，可省去或减少后道的还原清洗或皂洗，达到节能减排目的。刘媛媛和钟毅等将自制的超分散剂 SPG -1 用于超细化液体分散染料加工，SPG -1 型超分散剂为聚羧酸盐阴离子型分散剂，有与染料结合的锚固基团以及溶解在水中的聚乙二醇长链，在染料表面形成稳定的空间位阻及静电斥力，对染料有很好的分散悬浮作用。该助剂用于超细液体分散染料加工可得到直径 200nm 左右的染料分散体，具有很好的离心稳定性，储存 30 天后颗粒直径不超过 400nm，不会形成沉淀。陈娟通过将微量印花系统的原理用于热熔染色，将液体分散染料与增稠剂（防泳移剂）、黏合剂、交联剂等一起配成浸轧液，两浸两轧—热熔（180 ~190℃，90s）进行热熔染色，染色后不进行还原清洗和水洗，可获得很好的干/湿摩擦牢度和耐洗牢度，并具有较好的手感，减少新鲜水用量和废水产生量，节能减排效果非常明显。崔芽芽将脂肪胺聚氧乙烯醚型非离子分散剂与脂肪醇聚氧乙烯醚硫酸钠（AES）复配用于加工分散蓝 79 液体染料，得到了分散性和稳定性俱佳的液体染料产品，粒径为 216.9nm，粒径分布指数（PDI）为 0.204，液体染料对涤纶织物的染色性能明显优于粉体染料，相同染色浓度下，液体染料染色织物 *K/S* 值均高于粉体染料染色织物，得色量最高可提高 9%。当染料浓度≥4%，液体染料染色牢度比粉体染料高半级，液体染料染色残液 COD 较粉体染料降低 41% 以上，当染料浓度为 5% 时，COD 降低可达 47%。石丽丽对 C. I. 分散黄 211、C. I. 分散黄 54、C. I. 分散红 343、C. I. 分散蓝 79 进行液体染料加工研究，选用 Clariant 公司生产的 Dispersogen PSL100、Dispersogen PCE、Dispersogen PTS、Dispersogen 2774 和 Silcona 公司生产的 Silco Sperse HLD -6、Silco Sperse HLD -6 作为分散剂，通过砂磨机研磨使染料颗粒平均直径低于 1μm，再加入增稠剂聚丙烯酸钠（PAAS）或丙烯酸乙酯/甲基丙烯酸共聚物（FATE）作为分散体的胶体保护剂，加工出储存稳定的液体分散染料，这些液体分散染料所用的分散剂用量是粉状分散染料所用分散剂 MF 的 1/6，可使染色废液中分散剂含量减少 5/6，各项染色性能与粉状染料一致。王鹏等发明了新的液体分散染料体系，该液状分散染料组合物不含常规粉状或液状分散染料中常用的阴离子或非离子分散剂，应用于疏水纤维的染色和印花，在保证高上色率、良好耐干/湿摩擦色牢度、耐升华色牢度、耐水洗色牢度的同时，不需要水洗过程，没有高色度、高 COD 废水的产生，是一种清洁环保的分散染料产品。该技术方案中由疏水染料单体和亲水染料单体共同组成液状染料，亲水染料单体为含羧甲磺酰基的水暂溶性分散染料，该类分散染料本身可溶于水，形成染料溶液，羧甲磺酰基在应用发色过程中，在高温条件下发生高温脱羧反应，进而转变成非水溶性的分散染料上染到纤维内部，同时放出 CO_2气体。但该类染料作为主发色基团在制备过程中引入羧甲磺酰基团时三废量较大，相对制造成本高于传统商品分散染料，含羧甲磺酰基的水暂溶性分散染料本身带有亲染料的有机发色基团，与分散染料分子具有类似官能团片段，可以很好地吸附于染料表面，同时羧甲磺酰基又具有亲水性，可作为分散染料在水中分散的良好媒介。这种水暂溶性染料与分散染料常规应用的萘磺酸甲醛缩合物、木质素磺酸钠和聚氧乙烯醚类分散剂比较，其与染料的亲和力更强，具有更佳的分散效率和分散稳定性。

将含羧甲磺酰基的水暂溶性染料与常规分散染料有机地结合在一起，采用常规分散染料作为主发色组分，含羧甲磺酰基的水暂溶性染料作为辅助发色组合和悬浮分散剂，无须加入其他需要水洗去除的助剂，可以兼顾环保和性能两方面的优势，同时采用含羧甲磺酰基的水暂溶性染料代替传统分散剂可以大幅降低其用量，在成本上具有明显的优势，但这种液体分散染料仅适用于热熔染色和印花，不适合用于浸染工艺。

例如，将如下结构的化合物与分散蓝 183:1 或 C. I. 分散蓝 165 混合可制得稳定的蓝色液体分散染料：

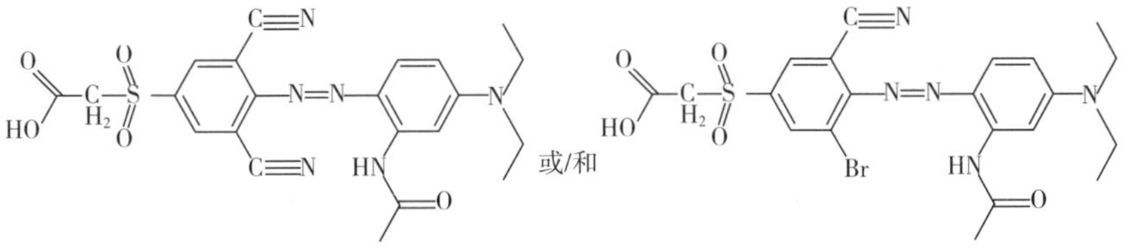

加工方法是将这些化合物与 C. I. 分散蓝 183:1 或 C. I. 分散蓝 165 按一定比例通过物理混合的方式混在一起，经过分散、研磨得到粒径 $<1\mu m$ 的均一稳定液状悬浮分散染料组合物。所得染料用于连续染色、印花可得红光蓝色。

以上研究工作为高浓液体分散染料的产业化和应用推广打下了坚实基础，也指明了方向。

2.2 液体分散染料的生产和应用

根据不同用途和性能，液体分散染料大体可以分为以下几类：

(1) 浸染和常规连续染色（热熔）用高浓液体分散染料，这类染料性能与普通粉状一致，是需求量最大的一类液体染料，对染色工艺条件没有特殊要求，可以直接替代粉状染料进行染色。同时具有色光鲜艳、上色率高、提升力好、染色残液 COD 低、可减少水洗次数等优点。博澳新材料公司于 2018 年初率先推出了与粉状染料相同强度的生态型胶状体分散染料 COD 系列产品，代表产品为生态型胶状体分散黑 3 – COD 300%，同年安诺其、吉华两个公司也将同类产品投放市场，到目前为止国内已有七家公司生产这类产品。

（2）连续无水染色用液体分散染料，这类染料是在常规染色用液体分散染料中增加了黏合剂类聚合物成分，在连续染色时可以抑制染料升华向纤维表面迁移，减少浮色，提高耐摩擦、耐皂洗、耐汗渍等色牢度，从而可以省去后面的水洗。这样的染色工艺具有节能、节水、减少污染等诸多优点，受到行业内广泛重视，许多印染企业进行了探索。但这个工艺印染的纺织品也有一些缺点，手感稍差，透染性不好，纤维有白芯现象，匀染性也差强人意。昆山凯洲环保科技有限公司于 2017 年率先推出了涤纶无水染色用液体分散染料，龙盛、闰土、沈阳化工研究院也生产了同类产品，并在一些印染企业推广使用，这些产品由于含有黏合剂类物质，只适用于连续染色和印花，用于浸染时会产生严重色花。博澳股份和一些印染企业探索了使用浸染高浓液体分散染料进行无水（少水）连续染色和印花方法，具体操作是在染色时加入牢度提升剂配成浸轧液或印花浆，用于染色、印花，取得了较好的应用效果。

（3）普通液体分散染料，在高浓液体分散染料出现之前，市场上主要是这类液体分散染料，代表性的产品是 150% 液体分散黑，这些产品强度多数为粉状的 50%，储存稳定性较差，容易析出沉淀，运输成本较高，与粉状染料相比环保性能也没有优势，只是减少了喷雾干燥工序，成本有所降低，逐渐被高浓产品取代。

不同类型液体分散染料对比见表 1。

表 1　不同类型液体分散染料对比

对比项目	高浓度液体分散染料	无水染色（印花）分散染料	普通分散染料
染料强度	高	中等	低
染料中助剂量	少	少	多
染色工艺适应性	浸染，连续染色、印花	连续染色、印花	浸染，连续染色、印花
染色残液 COD	低	无染色残液	高

3. 液体分散染料的发展趋势

目前，印染行业数字化智能提升改造正在如火如荼进行，印染行业是技术密集型产业，工艺比较复杂，参数很多，生产、管理控制要素多，实现智能化非常重要。在整个纺织行业中，印染智能化的难度最大，不仅要实现前处理、染色、后整理设备之间的连接，完成类似纺纱、化纤、针织等管理系统、生产系统和装备自动化等系统对接，更要解决涉及染化料注料系统、染料输送系统以及废水的处理、排放等环节的问题。液体染料特别适合自动化配料输送系统使用，省去了粉状染料的化料过程，避免粉状染料化料时的粉尘飞扬，改善操作环境、降低劳动强度，受到印染企业的普遍欢迎。

随着国家对降低能耗和环境保护要求不断提高，染料生产企业和印染企业节能降耗和清洁生产压力越来越大，液体分散染料生产过程中省去了喷雾干燥工序，可节省大量蒸汽和电能，并减少了 VOCs 排放，生产液体分散染料是节能降耗的有效途径。与粉状分散染料相比，每吨高浓液体分散染料可减少助剂用量 500 ~ 550 千克，这些多使用的助剂染色后全部进入废水中，使用高浓液体分散染料可降低染色残液中的 COD，减少印染企业固废产生量，降低三废处理费用。由于高浓液体分散染料纯度高，分散剂含量少，染色时可减少一道水洗，使印染废水产生量降低。

基于液体分散染料诸多优点，工信部《印染行业绿色发展技术指南（2019 版）》推荐使用“液态分散染料印染”，认为：液态分散染料中添加的分散剂量远少于粉末状染料，且易制备成纳米级颗粒，染料更易向纤维内扩散和固着，残留在纤维表面的染料少。液态分散染料的分散性较好，化料简单，计量准确，使用方便，可提高染料上染和固色率。在少水洗条件下，仍具备颜色鲜艳度好、牢度高等优点。液态分散染料用于印花时，降低了印花糊料的用量。中国印染行业协会已发布了十五批《中国印染行业节能减排先进技术推荐目录》，与液体分散染料相关的技术多次被收录其中。

由此可见，大力推广使用高浓液体分散染料，不论对染料生产企业还是印染企业都会产生较好的经济效益和环境效益，将有很好的应用前景。

参考文献

［1］冯欢．高含固量超细液状分散染料的制备及其应用研究［D］．苏州：苏州大学，2016.

［2］高建波．基于微量印花系统的液体分散染料的商品化技术研究［D］．苏州：苏州大学，2016.

［3］刘媛媛，钟毅．液体分散染料的超细化制备工艺［J］．印染，2021（1）：5 - 10.

［4］陈娟．涤纶织物的热熔染色工艺研究［D］．苏州：苏州大学，2017.

［5］崔芽芽．液体分散染料的制备及其在浸染中的应用研究［D］．杭州：浙江理工大学，2021.

［6］石丽丽．高含固率液状分散染料的制备研究［D］．上海：华东理工大学，2013.

［7］王鹏，等．一种红光蓝色液状染料组合物及于纺织品染色和印花中的应用：中国，113755030A［P］. 2021－8－1.

低尿素活性染料印花技术现状及应用前景

毛志平

东华大学

活性染料色谱齐全，色泽鲜艳，能与纤维素纤维以共价键结合，具有较高的色牢度，印花织物手感柔软，是纤维素纤维印花用主要染料。活性染料在印花色浆中的溶解度要低于水中的溶解度，同时印染行业为获得高的得色量和固色率，在印花色浆中要添加入一定量的尿素，以提高染料的溶解度。汽蒸固色时尿素有利于纤维素纤维吸湿膨胀，有利于染料向纤维内部扩散，提高染料的固色率。尿素并不参与染料与纤维的化学反应，最终被洗除排放到印染废水中，导致印花废水中的氨氮、总氮指标上升，尿素在高温条件下会发生一定的分解，生成对环境有污染的氨氮化合物，加速藻类生成，造成水质的富营养化，污染生态环境。国务院印发《“十四五”节能减排综合工作方案》中明确，到 2025 年，全国单位国内生产总值能源消耗比 2020 年下降 13.5%，氨氮、氮氧化物排放总量比 2020 年分别下降 8%、10% 以上。因此，出于保护环境的责任与义务，活性染料低尿素或无尿素绿色印花工艺是当今印花技术的发展趋势。

1. 纤维素纤维活性染料印花概述

1.1 活性染料印花方法

印花是指把循环性花纹图案施于织物、纱片、纤维网或纤维条的方法，又称局部染色。纤维素纤维织物活性染料印花常用直接印花工艺，一般根据是否直接在色浆中加入碱剂将其分为全料法印花和两相法印花。

全料法印花通常是指先将碱剂、糊料、染料及其他助剂放置在一起制成色浆印制花纹，之后经烘干、汽蒸或焙烘固色、水洗、皂洗等工艺使染料固着于纤维上完成印花的方法。这种方法对活性染料的耐碱性能要求较高。

两步法印花是指印花色浆中不含碱剂，当印花烘干完成后再将碱剂通过各种方式整理于织物上，经固色后水洗、皂洗完成印花的方法。该方法采用碱剂后处理于织物上的方式，色浆比较稳定，受环境影响较小，对活性染料的耐碱性要求不太高。但该方法工艺流程较长，操作较复杂，因此应用较少。

1.2 印花色浆的组成

活性染料全料法印花色浆通常由染料、糊料、碱剂、尿素等加水混合，视染料性能有时还需加入其他助剂来提升印花效果。

1.2.1　活性染料

活性染料是指能与纤维通过化学反应生成共价键结合的反应性染料，是纤维素纤维织物印染常用的染料，按染料母体化学结构可将活性染料分为偶氮类、蒽醌类、酞菁类，按活性基种类分为均三嗪类、嘧啶类、乙烯砜类及磷酸基等其他活性基类。纤维素纤维在碱性条件下形成纤维素负离子，与染料活性基团发生共价结合。根据活性基不同，活性染料与纤维素纤维的固色机理可分为亲核取代反应和亲核加成反应。

卤代均三嗪型、嘧啶型活性染料与纤维的反应为亲核取代反应，纤维在碱性条件离子化后与染料活性基团反应形成酯键。

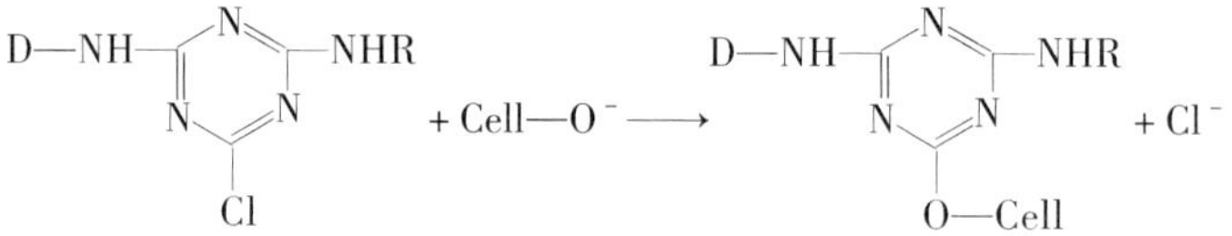

乙烯砜型活性染料与纤维发生亲核加成反应，在碱性条件下，染料生成含活泼双键的乙烯砜基，与纤维素负离子反应后形成醚键。

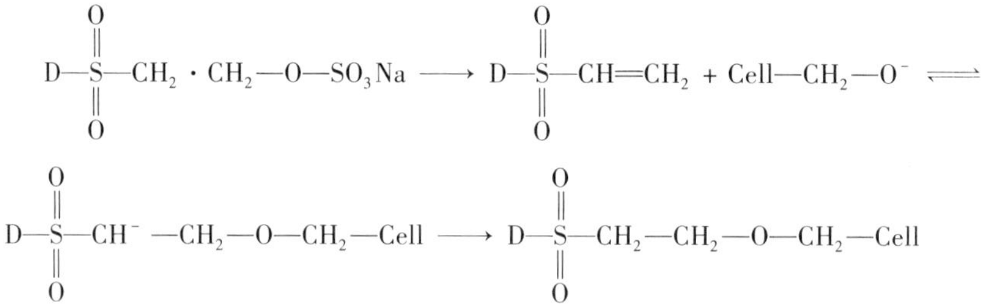

磷酸基类活性染料的反应性低，国产产品为 P 型活性染料，该类染料需在较高的温度和 pH 值条件下固色，多用于活性染料直接印花工艺，在双氰胺存在和高温条件下与纤维素纤维脱水形成酯键结合，键合稳定性高。

活性翠蓝 P－GR 染料属于铜酞菁类染料，染料水溶液呈湖蓝色，分子结构大，耐碱性较差，可用于棉织物的印染工艺。用于粘胶织物直接印花时，浅色印花工艺中，织物得色深度与丝光棉织物相近，深色印花工艺中，织物得色深度较棉织物得色浅。除此之外，活性翠蓝染料也可应用于麻、丝、锦纶等织物的染色。活性翠蓝 P－GR 染料结构为：

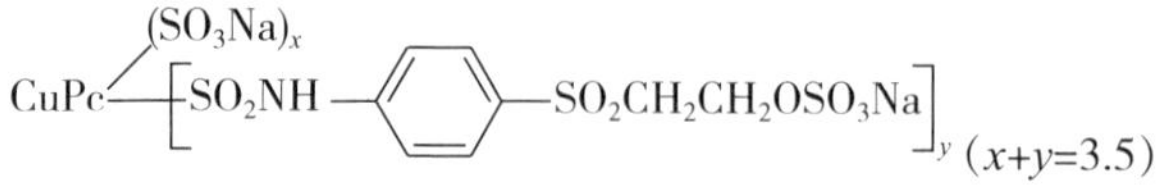

活性艳蓝 P－3R 染料属于蒽醌类染料，在浓硫酸中呈红光蓝色，在稀碱溶液

中为蓝色，耐碱性较好，染色织物为红光蓝色。染料的反应性、亲和力低，不适合中性和碱性的拔白，主要用于纤维素纤维织物的染色和印花。活性艳蓝 P－3R 染料结构为：

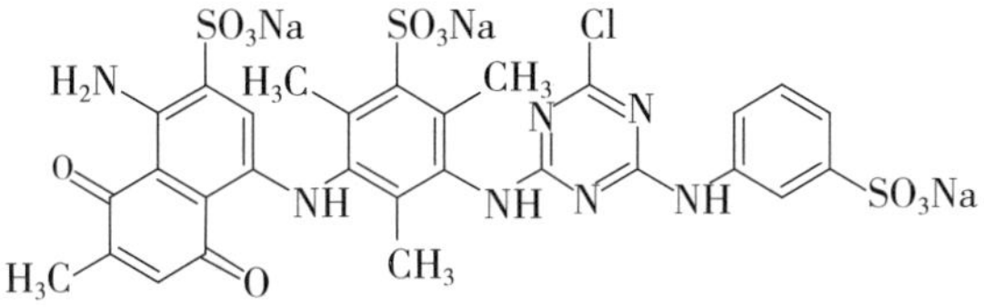

1.2.2 糊料

糊料是印花色浆的重要组分，影响着印花织物的表观色深、得色均匀性、花型轮廓清晰度及织物手感。糊料是对印花色浆具有增稠作用的一类高分子化合物。按其来源和发展可分为天然类糊料、化学类糊料和复合糊料。糊料可调节色浆的流变性能，在印花工艺中具有增稠作用，使印花色浆具有一定黏度，防止染料渗化。作为染料或助剂的分散剂和稀释剂，可使色浆中各组分均匀分散于原糊中。作为染料的载体，利于染料从色浆转移至纤维。作为黏着剂对织物有较大的黏着能力。在汽蒸过程中还可起到吸湿剂的作用，保证色浆中染料的顺利扩散。

糊料的性质对印花织物得色量、印制花纹清晰度具有决定性作用。因此，印花糊料需要满足一定的要求：

（1）成糊率高，制糊操作简单。

（2）成糊后，具有一定的物理、化学稳定性。

（3）与染料及色浆中其他助剂具有较好的相容性，对染料的性能不产生影响。

（4）色浆印制过程不起泡，不影响印花均匀性。

（5）色浆易转移，给色性能好。

（6）对纤维没有亲和力，在后续的水洗过程中易于洗脱。

目前，在活性染料印花中应用最广泛的糊料为海藻酸钠，海藻酸钠具有成糊能力强，操作简单，对纤维无亲和力，易洗除等优点。但由于其应用向食品行业的转移，致使价格上涨，导致印花成本不断增加，现今，对其替代品瓜尔豆胶、黄原胶的研究也越来越多。

1.2.3 碱剂

活性染料需要在碱性条件下才能与纤维发生化学反应生成共价键，碱剂的存在利于染料—纤维键的形成，从而获得较好的得色量。一般情况下，反应性较高的活性染料可采用碳酸氢钠作为碱剂，反应性较低的活性染料需在高温和碱性条件下固色，常选用碳酸钠、硅酸钠等作为碱剂。

1.2.4　尿素

尿素，无色或白色针状或棒状结晶体，广泛应用于农业肥料、医学、化妆品及纺织等行业。当温度达到150～160℃尿素会脱氨成缩二脲，迅速加热将生成三聚氰酸。

尿素作为活性染料传统印花工艺的主要助剂，具有极为重要的作用。首先尿素可作为吸湿剂，吸湿量可达24.4%，然后它又可作为助溶剂，帮助染料溶解、提高色浆稳定性。它对活性染料的主要作用有以下两点：

（1）活性染料分子结构中有亲水性的磺酸根或羧酸根基团，具有良好的水溶性，但由于在印花制浆时，染料用量相对较高，且浴比小，仍需用尿素助溶。尿素分子中酰二胺基团能与染料分子上的磺酸基或羧酸基形成氢键，染料分子之间的作用力遭到破坏，使染料聚集体迅速解离，从而提高染料的溶解度。

（2）织物在印花烘干之后，含湿量低，汽蒸过程中产生的水分不能使染料完全溶解，也不能使纤维溶胀充分，尿素可与水及染料以低温共溶混合物的形式存在，由于尿素分子较染料分子小，在活性染料印花后汽蒸固色时，纤维周围固定的尿素分子通过吸湿作用，促进纤维膨化，有利于染料的渗透，提高印花织物得色量。

1.2.5　其他助剂

活性染料全料法印花色浆中除糊料、染料、碱剂、尿素等，有时还需加入防染盐S来调节色光。

防染盐S又称间硝基苯磺酸钠，是一种弱氧化剂，可以在印花织物汽蒸或焙烘固色时克服还原性物质对染料中某些基团的破坏。并不是所有活性染料印花中都需加入防染盐S，对于一些结构稳定的或含有易被氧化基团结构的染料，加入防染盐S，反而会给印花后织物色光带来不利影响。所以要正确使用防染盐S才能使活性染料印花后织物在获得应有色光的同时达到环保的目的。

2. 尿素替代品/替代工艺

2.1　尿素替代品

尿素在活性染料印花工艺中具有重要的作用，因此，对于其替代品性能的要求也较为严格。作为尿素替代品至少应具备以下性能：

（1）对染料，尿素替代品不能与活性染料发生反应，影响染料本身的性能，而且能够提高染料在染液中单分子存在的可能，利于活性染料的溶解。

（2）对色浆，尿素替代品不影响浆料本身流变性能，且与色浆中其他组分均具有良好的相容性。

（3）尿素替代品需要具有和尿素相当的膨化纤维的能力，能够有足够的吸湿能力溶胀纤维，特别是粘胶纤维致密的皮层，帮助染料分子进入纤维，对纤维进行键合固着。

目前研究的纤维素纤维活性染料印花工艺中尿素的替代品主要有如下几类。

2.1.1　含氮有机物

此类活性染料印花尿素替代品有双氰胺，乙二胺四乙酸钠，己内酰胺等。其中双氰胺是研究较早的尿素替代品，它是一种与尿素具有相似的分子结构的白色结晶粉末。其分子式为（NH_2CN）$_2$，结构式如下：

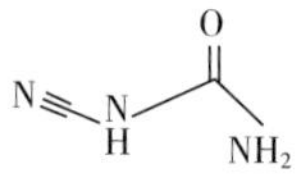

英国ICI公司的早期产品Matexil FN－T，主要成分为双氰胺，曾被作为尿素的代用品，但由于双氰胺难溶于水，难以在色浆中均匀分散开来，必须采用微分散特殊操作方法添加，使得实际操作难以进行。随后，为了解决这一技术难点，日本企嘉染化公司直接制作成了一种呈微分散状态的双氰胺（GOG－01），较易均匀混合在色浆中。根据实验结果表明，对于不同结构的活性染料印花，双氰胺取代尿素的作用效果不尽相同。当活性染料结构为一氯均三嗪类型时，色浆中单独加入50g/kg双氰胺或加入40g/kg尿素与双氰胺混合物（双氰胺用量10g/kg）时，便可达到尿素用量80g/kg时织物所获的得色量水平；当染料为乙烯砜型活性染料时，有些染料品种如红（C.I. 活性红111）、蓝（C.I. 活性蓝19）、黑（C.I. 活性黑5）等，在采用饱和蒸汽常压汽蒸或过热蒸汽汽蒸条件时，含双氰胺的色浆印制织物的发色深度不及传统尿素印花工艺效果，此时双氰胺用作尿素替代品的印花工艺的汽蒸固色条件需要根据染料品种进行选择。因此，对于某些染料品种，双氰胺能够起到部分替代尿素的作用，且其氨氮含量比尿素低，然而，仍然无法完全避免氨氮排放，且双氰胺价格昂贵，使企业生产成本大幅提高，很难投入大批量工业化生产中。

乙二胺四乙酸钠是一种白色结晶粉末，是一种低毒、可生物降解的有机盐，分子式为$C_{10}H_{14}N_2Na_2O_8$，含氮量约为7.5%，结构式如下：

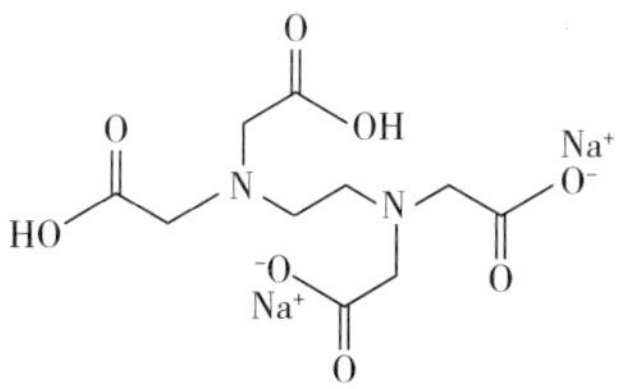

虽可替代尿素，但其分子中仍含有氮元素，仍会污染水体。Ahmed 用可生物降解的乙二胺四乙酸钠来代替色浆中的尿素/$NaHCO_3$，发现乙二胺四乙酸钠可以全部替代尿素，并且色浆中不用加碱。该化合物具有可生物降解性，有望实现活性染料的绿色环保印花加工工艺。但后续相关研究指出，即使在最佳降解条件下，乙二胺四乙酸钠的降解速度也很慢，易造成二次环境污染。

ε-己内酰胺为有薄荷香味的白色小叶片状结晶体，含氮量约为 12.4%。稳定性较好，甚至可以在不损失印花织物性能的基础上完全替代尿素，是重要的有机化工原料之一，分子式为 $NH(CH_2)_5CO$，结构式如下：

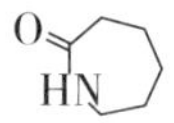

ε-己内酰胺可溶于水、乙醇、乙醚等多数有机溶剂，广泛用于制备己内酰胺树脂、聚己内酰胺纤维和人造皮革等。由于其结构中含有与尿素结构相似的酰胺基团，因此具有与尿素类似的助溶吸湿作用，且其分子中的环状结构对染料具有更好的亲和作用，因此 ε-己内酰胺应用在印花色浆中替代尿素，但 ε-己内酰胺具有一定毒性，经常接触时会出现神经衰弱等病症，不利于人体健康，因此不能直接应用到实际生产中。

高方容采用自制助剂 TM-1 与己内酰胺、丙三醇等助剂对棉织物进行活性染料直接印花，并与传统尿素印花效果对比，测定活性染料溶液的黏度变化趋势，并比较了不同助剂产生的印花废水中总氮含量，对比评价了实验选用的几种尿素替代品的应用可行性。结果表明，自制助剂 TM-1 的各项效果均优于实验选用的其他尿素替代品，且印花废水中的含氮量明显低于尿素印花废水，认为助剂 TM-1 具有代替尿素的可能性。

孟祥玲采用助剂 T 替代尿素分别对棉和粘胶织物进行活性印花，活性艳蓝 P-3R 和活性翠蓝 P-GR 对粘胶印花除外，都能实现尿素替代，对于难活性印花的活性艳蓝 P-3R 和活性翠蓝 P-GR 黏胶印花，可通过加入黏-甲基吗啉-黏-氧化物、无水氯化锂等纤维溶胀剂来增加色深，并满足色光要求。助剂 T 是一种较环保的活性染料印花助剂。与传统尿素印花工艺相比，助剂 T 活性印花，废水中的总氮含量降低 90.50%，氨氮含量降低 60%，COD_{Cr}值降低 35.60%，大幅降低了印染废水对环境的影响，具有广阔应用前景。

2.1.2 多元醇醚

多元醇醚，如三甘醇、二甘醇、甘油、1，4-丁二醇、聚乙二醇等，为无色透明黏稠状液体，结构中含有大量与烷基相连的羟基，作为一种良好的助溶剂和吸湿剂被广泛应用于纺织印染行业中，这类物质中不含 N 元素，在实际应用中能够真正做到零氨氮排放。因此，此类物质作为活性染料印花色浆中尿素替代品，引起了不少研究者的关注。

三甘醇又称为二缩三乙二醇，分子中不含氮元素，是一种无色透明的黏稠液体，分子结构中含有羟基和醚基，可防止染料聚集，促进溶解。可用作吸湿剂、助溶剂、干燥剂、润滑剂、增塑剂等。丁春燕以三甘醇作为尿素替代品对棉织物及真丝织物进行活性染料印花，通过测试染料的溶解性能、织物的毛细管效应、原浆的抱水值和 PVI 值以及色浆的铺展值和稳定性等，结果表明：对于选定的几只染料，三甘醇的助溶性优于尿素，对织物的吸湿溶胀性能劣于尿素，对原浆的影响与尿素相近，印花产品各项牢度指标达到全尿素水平，但该助剂有一定的局限性，只能部分替代尿素。杨宏林采用不同质量分数配比的三甘醇与尿素混合对棉织物上浆进行喷墨印花，得出在棉织物活性染料喷墨印花中三甘醇与尿素复配，三甘醇比例达到 70% ~80% 时，印花效果最优。

钱国坻等进行了二甘醇醚类助溶剂对酸性染料助溶作用的相关研究，比较了含不同量二甘醇醚结构的助溶剂对酸性染料助溶效果的影响，结果可知，二甘醇醚结构的助溶剂，对酸性染料的助溶效果优于尿素，且助剂中二甘醇醚类结构含量越高，其对染料的助溶效果相对更好。分析原因是二甘醇醚类助溶剂具有表面活性剂的结构特点，其亲水性基团—OH、—O—键，能够发挥同尿素相似的亲水作用，在水中与染料形成氢键并在染料离子表面形成水合离子层，有助于染料聚集体解聚；另一方面，其结构中的疏水性烷基能够使染料在水中形成胶束状态，具有较好的分散、增溶作用。

丙三醇又名甘油，是一种无色味甜澄明黏稠液体，分子式为 $C_3H_8O_3$，分子中含羟基，具有强吸湿性，可用作润滑剂、吸湿剂、扩散剂及渗透剂。根据其应用特点，认为其具有在活性染料印花中替代尿素的作用。戴桦根等发明的专利中提出了一种对于丝绸织物的活性染料无尿素印花工艺，以甘油和三甘醇为原料，代替尿素制备色浆。制备好原糊、色浆对真丝绸进行印花、烘干后，在 102 ~ 104℃的温度下汽蒸 8 ~10min，水洗至色浆全部去除，在 60℃的温度条件下烘干即可完成印花，解决了印花废水中氮含量高的问题，但其替代尿素的比例对印花效果的影响规律性不显著。针对不同品种的染料，最佳替代尿素的比例需要通过大量试验探索，故实际操作性不强。

鲜永芳的研究表明：在不同醇类助剂中，1，4 - 丁二醇对棉纤维和粘胶的膨化能力最佳，因其相对分子质量较小其吸湿性较好，有利于进入纤维内部，使纤维空隙变大，而且，1，4 - 丁二醇还提高了活性翠蓝 K - GL 的诱导结晶温度，有效防止升温染色过程中染料的聚集；另外，己内酰胺对活性翠蓝 K - GL 有高促溶作用，再复配具有强吸湿效果的丙三醇，开发出具有高湿溶膨性的活性印花专用无氨氮助剂。

聚乙二醇化学式为 HO（CH_2CH_2O）$_n$H，为聚醚性物质，不含氮元素，是一种无色透明、无毒的黏稠液体，分子两端含羟基，呈线性或支化链状结构，可生物降解。能够作为助溶剂、分散剂和吸湿剂。不同分子量的聚乙二醇具有不同的性能。Geeta N Shenth 等对分子量为 200、400、600、4000 的聚乙二醇是否能够替代尿素进行活性染料印花作了相应的研究，最终确定只有分子量为 400 和 600 的聚乙二醇可以达到替代效果。张红娟等使用 PEG－400 替代尿素，对棉织物进行活性染料印花，通过测试印花织物的 Integ 值、色光、各项色牢度及染料固色率，研究了 PEG－400 对活性染料红、黄、蓝三原色单色印花织物性能的影响，结果表明：PEG－400 对染料的助溶效果优于尿素，且对于棉织物，PEG－400 用量为 1.0%～3.0%（质量分数）时，可完全取代尿素进行活性染料印花。因此，PEG－400 作为棉织物活性染料印花中尿素的替代品有一定的研究意义。

2.1.3 表面活性剂

除上述助剂外，表面活性剂作为一种较理想的化学用品，具有洗涤、乳化、润湿和分散等多种作用，且其用量少，操作方便、无毒无腐蚀，广泛应用于纺织印染行业。目前用于活性染料印花色浆中替代尿素的表面活性剂类助溶剂，主要为阴离子表面活性剂及非离子表面活性剂。

李连举将一种阴离子表面活性剂 AES，添加到人造棉活性印花色浆中，探究了 AES 对不同活性染料印花织物 *K/S* 值的影响，结果表明：少量阴离子表面活性剂 AES 的加入，对人造棉织物活性染料印花具有良好的助染作用，能够相对降低尿素的用量，以减少氨氮排放。尿素代用剂 F－BC 为非离子表面活性剂，是以脂肪醇醚类为主的复配物，该助剂结构中含有羟基、氨基、羰基，中间部分以醚键结合，因此，助剂与染料及水分子之间可以通过氢键、范德瓦尔斯力结合，减少染料聚集，增加了染料的溶解性。方乃喜通过相关试验证明了尿素代用剂 F－BC 可用于印花色浆中，同时也可作为一些难溶解染料如湖蓝 5GM、艳蓝 G 的染色助溶剂，并且投入工厂大生产中。尽管表面活性剂类助剂在印花色浆中具有较好的助溶性，能够在一定程度上减少尿素用量，但表面活性剂的加入可能会造成色浆黏度不稳定。

吕青华采用两种具有醇醚类结构的表面活性剂，助剂 B 和助剂 N，作为尿素替代品进行粘胶织物的活性染料印花。以印花产品的表观色深、渗透率和各项色牢度为评价指标，确定了助剂的替代率，并优化了低尿素印花工艺；实验结果表明，两种助剂对织物的保水效果良好，根据元素分析知助剂 B 和助剂 N 仍含有氮元素，但在最佳工艺下氨氮浓度明显低于尿素，可应用于棉织物活性染料无尿素印花。其中，助剂 B 需与尿素复配进行使用，但对于活性宝蓝等染料无/低尿

素印花织物的 *K/S* 值低于尿素印花织物。

梁娟采用不含氮的 ST373 在棉织物和人棉织物上进行印花，活性染料的含量为 9% 及以下时，织物的印花效果可与尿素相当。

2.1.4 其他尿素替代品

其他尿素替代品还有特殊复配物、低分子聚合物等。特殊复配物是将多种有效物质通过特殊方法复配到一个尿素代用剂体系中，以求发挥与尿素作用相同的助溶、吸湿性能。现阶段，用于活性染料印花尿素替代品的复配型产品主要有霍美卡陀尔 C（以油酸为主要成分的阴离子特殊复配物）、JG－110（非离子特殊复配物）及 DN－0515/0516（多元醇、表面活性剂及透明质酸的复配物）。低分子聚合物有环糊精、聚醚等。

霍美卡陀尔 C 助剂是以油酸为基础成分的黄棕色液体，由瑞士科莱恩公司开发，安全无毒、可生物降解，可作为低泡润湿的分散剂和匀染剂。虽然霍美卡陀尔 C 价格较尿素贵，但极少量（约 0.5mL）的霍美卡陀尔 C 便可达到尿素用量为 15g 的作用效果。针对蓝色系活性染料的印花，可以将霍美卡陀尔 C 与尿素拼混使用以减少尿素用量，尤其对于活性艳蓝染料，当尿素和霍美卡陀尔 C 的质量比为 7.5：0.5 时可获得较好的颜色强度和色差。张萍萍等采用正交试验法探究对于纯棉织物活性染料印花工艺中霍美卡陀尔 C 助剂和尿素的最佳配比，通过测试织物的染色强度，耐水洗、耐摩擦色牢度，印染废水的化学需氧量和生物需氧量，与尿素组对比得出结论，霍美卡陀尔 C 助剂在黄色系、红色系、黑色系等大多数活性染料的纯棉织物印花中可完全取代尿素，可降低蓝色系活性染料纯棉织物印花中尿素的用量，从而降低废水中氮的含量。且印花织物在染色强度，耐洗色牢度、耐摩擦色牢度方面与使用尿素的印花织物没有明显差别。应用此助剂不需要对现有的设备和工艺进行大规模的改变即可减少尿素的使用量。但该助剂不能完全替代尿素进行蓝色系活性染料棉织物印花，限制了其应用。

JG－110 具有比尿素更优的助溶性，其用量为 5g/L 时，比染料在纯水中的溶解度提高 9.29%。岳仕芳采用不含氮的 JG－110（无色透明液体，非离子特殊复配物，能与水以任意比例互溶）在棉织物上进行印花，发现当染料的质量分数为 4%，JG－110 的质量分数为 6% 时，印花织物的表面得色量以及各项色牢度均能达到尿素水平。

DN－0515/0516 是通过一定的化学加工方法，使体系中的多元醇、表面活性剂以及透明质酸等化学成分充分溶合，达到吸湿、保湿及分散、扩散等特性平衡稳定的目的。同时，又具有良好的酸碱适应性和耐电解质性，在酸性染料色浆和活性染料色浆中均具有较好的适应性。李颖君采用自制助溶剂 DN－0515 替代尿素，对棉织物进行活性染料印花。该助溶剂为白色黏稠液体，不含氨氮组分，结果表明，助溶剂 DN-0515 具有与尿素相似的对染料的增溶作用，且可增强色浆流动性，降低体系的黏度对温度的敏感性，使色浆更稳定。印花织物的染色深度、色牢度等各项指标可达到传统尿素印花水平。

环糊精，属于多糖类物质，呈圆锥形疏水空腔结构，此结构能包覆染料，通过与染料分子形成超分子结构，将染料单分子固定在空腔结构中，从而阻止染料的聚集。因此，环糊精可作为一种良好的分散剂应用于染整加工中。Knittel 提出环糊精可作为尿素代用品应用于黏胶纤维活性染料印花工艺中，可获得高固色率的粘胶印花织物。此外，Ibrahim 等在羊毛与聚酯纤维混纺织物的分散印花工艺中，探究了不同浓度的反应性环糊精 MCT-βCD 的预处理工艺对印花织物 K/S 值的影响，结果表明，织物经反应性环糊精 MCT-βCD 预处理后，印制成品的 K/S 值获得明显提升。

2.2 低/无尿素印花相关工艺

2.2.1 活性两相法印花

两相法印花的含义是在印花工艺中加入第二相的化学品。与传统印花方法相比，两相法织物和印花色浆具有良好的稳定性，并且此方法采用的设备较小，场地占用面积也小，还可以减少汽蒸时间。印花后，可以同时进行汽蒸和水洗。但因为第二相化学品使用的是硅酸钠，后续污水处理有一定的困难。

2.2.2 控制印花织物的湿度

此方法无须在印花色浆中添加尿素等助溶剂。通过提高织物的湿度，可以促进染料在汽蒸过程中的二次溶解，从而达到优良的印花效果。汽蒸时，如果温度过高，即使使用大量尿素也无法达到预期的固色率和上染率。在活性染料印花过程中避免过烘燥，只有在汽蒸过程中蒸汽充分，才可以减少尿素的用量或完全不用尿素。但是想要精确控制蒸汽的温度并不是件容易的事情。通过在汽蒸机中添加给湿装置，使织物在汽蒸时的湿度增加，从而使染料达到良好的上染效果。但这种装置的给湿量有限，研制出能在汽蒸时给予织物大量水分的汽蒸机有很多技术上的困难，因而不能付诸实用。

2.2.3 改进活性染料结构

部分活性染料进行织物印花时对尿素依存性较高，主要原因如下：

（1）染料相对分子质量大，进入芯层困难，如活性深蓝 PR（络合物）等。

（2）染料大分子空间结构非线性，不易穿透皮层，如活性翠蓝 PGR。

（3）染料反应能力弱，进入芯层的染料键合概率小，如活性嫩黄 P6GS、活性翠蓝 PGR 等。

商品化活性染料的溶解度主要由染料分子结构（包括水溶性基团、空间结构）、添加剂和商品化技术决定。印花过程中，由于活性染料在印花浆中并不是以单分子状态存在，粘胶纤维吸湿膨胀后，染料分子能否顺利穿过皮层，与染料大分子结构及染料分子在溶液中的聚集态密切相关。因此，开发低尿素依赖性活性染料要从活性染料分子结构（水溶性基团位置和含量、活性基的结构与位置等）和添加剂等多方面综合考虑，主要解决染料分子结构中活性基的反应能力及染料分子在水中的分散状态等关键问题。此外，新筛选的活性染料要与原有染料颜色相同或者近似，实用性能不低于原有染料，各项色牢度指标符合要求，尿素对染料强度与色光影响小。

亨斯迈公司生产了 Printspe PF 系列新型活性染料，并对应生产了专用固色剂 Printfix FW－2。武丰才利用此系列染料和专用固色剂进行印花，发现其印制性能优于传统的 K 型染料和 KN 型染料。王玉英提出印特奇系列新型活性染料和印特牢 TW－2 新型固色剂组成的新型活性印花系统，染料固色率、得色量高，印花色浆稳定性好，色浆中不使用尿素，减少了氨氮的排放，但该法只对特定染料印花有效。江苏德美科开发出 4 只低尿素依存性活性染料，可大幅降低尿素用量，印制效果好，色牢度优异。

2.2.4　其他印花工艺改进

邵建中等发明了一种以特种矿土为糊料的无尿素活性染料印花方法，发明中的特种矿土为多孔纳米材料，具有良好的吸湿、渗透作用，因此，对棉织物的活性染料印花工艺不加尿素也可获得良好的印花效果，但该法印花织物花型清晰度不及传统印花工艺。钱红飞发明了一种含丙烯酸类增稠剂的印花浆，通过选择合适的活性染料和印花浆糊料配合，提高了活性染料印花的给色量和固着率，应用于活性染料印花工艺无须加入大量尿素，但该法对染料有选择性，应用受限。邱永华发明了一种包括调浆、印花、冷堆、水洗、整理五道工序的纺织品印花工艺，该发明可以减少天然纺织品印花的蒸汽用量，不必使用蒸汽压力容器，节约了生产成本，生产工艺中不需要加入尿素、抗还原剂，减少了对环境的污染。裴俊俊发明了一种纯棉布低尿素的活性染料印花工艺，包括糊料制备、色浆制备、印花、固色和后处理五个步骤。工艺简便，由其制备的纯棉印花布具有面料柔软、色牢度高、能耗低等优点，具有一定的市场前景。朱顺康等发明了一种活性染料印花工艺，较传统活性染料印花织物得色量提高 5%，调浆步骤：取原浆总量 50% 的水，依次加入六偏磷酸钠 1%～2%，防染盐 2%～3%，海藻酸钠 5%，碳酸氢钠 4%～6%，尿素替代品 NR 1%～2%，边加边搅拌，依据色浆总量取 50% 的原浆，加入活性染料，加水至 90%，再加入 5%～10% 的增稠剂，补水至 100%。发明中所述尿素替代品 NR 仍含有氮元素，结合实例，该印花方法可有效降低印花废水氨氮含量，但原浆中引入的磷元素仍会使导致水体化学需氧量升高。

3. 实验与测试方法

3.1 尿素及其替代品吸湿与保湿性能测定

采用称量法测定吸湿性与保湿性。

3.2 纤维膨化性能的测定

将膨化后的纤维拍照，采用统计学方法计算膨化率。

3.3 活性染料促溶性能的测定

测定染料溶液的吸光度，再通过标准工作曲线得出染料的溶解度，得知不同种类的助剂对活性染料溶解度的影响。

3.4 利用核磁、红外、UV—可见光谱

采用核磁氢谱、红外、UV—可见光谱结合 Gaussian 计算，测定染料与助剂水溶液之间的氢键作用，以及溶质自由能情况。

3.5 热重和差式扫描量热分析

采用 TG 测定尿素及其替代品的热稳定性，利用 DSC 测定染料诱导结晶温度和对应的焓变。

3.6 印花性能与色牢度测试方法

K/S 值、Integ 值、固色率、提升力、渗透性、匀染性等以及各项色牢度测试标准方法。

3.7 氨氮测定方法

纺织废水主要源于印染工艺，即纤维或织物在染色、印花、整理过程中所产生的废水。印染废水的氨氮含量高，可生化性差。而水体中的氮主要可分为有机氮（尿素、脂肪胺、有机碱等）和无机氮（氨氮、硝氮），大部分有机氮可通过氨化等作用转化成氨氮，无机氮中的亚硝酸盐态氮也可还原形成氨氮。

印染废水中的总氮主要来自两个方面，一是含氮染料，二是印花过程中大量使用的尿素。研究表明，除分子态的氮外，所有氮循环中间产物的积累均会使水体的化学需氧量升高，造成藻类繁殖和水体富营养化，影响生态环境。氮污染物的排放不仅影响水体环境还会破坏土壤结构，氮污染物硝化产生 H^+，酸化土壤，促进土壤中有害物质释放，破坏土壤中生物生长环境。

水质氨氮含量测定方法有纳氏试剂分光光度法、蒸馏—中和滴定法、水杨酸分光光度法等。

纳氏试剂分光光度法原理：以游离氨或铵离子等形式存在的氨氮与纳氏试剂反应生成淡红棕色络合物，在 420nm 处测量该络合物的吸光度与氨氮含量成正比。该法可用来测试地表水、地下水、生活污水和工业废水中的氨氮含量。主要操作步骤为：绘制校准曲线；测试预处理后水样的吸光度；用无氨水代替水样，

做空白实验；计算。其中，空白样吸光度应不高于0.030（10mm比色皿），检出限：0.025mg/L，测定范围：0.10～2.0mg/L。

蒸馏－中和滴定法原理：调节水样pH值至6.0～7.4，加入轻质氧化镁，蒸馏释出的氨用硼酸溶液吸收。将甲基红—亚甲基蓝作为盐酸标准溶液滴定氨氮的指示剂。主要操作过程：样品预蒸馏；标准盐酸滴定；空白实验；结果计算。可测定生活污水和工业废水中的氨氮，检出限为0.05mg/L。

水杨酸分光光度法测定水样氨氮含量是在亚硝基铁氰化钠存在的碱性(pH＝11.7)条件下，氨、铵离子与水杨酸盐和次氯酸离子反应生成蓝色化合物。该方法可测试地下水、地表水、生活污水和工业废水中的氨氮含量。测试步骤分为：水样预处理；测定标准曲线；样品测定；空白实验；计算。当取样体积为8.0mL，比色皿规格为10mm时，该法检出限：0.01mg/L，测定下限：0.04mg/L，测定上限：1.0mg/L；比色皿为30mm时，检出限：0.004mg/L，测定下限：0.016mg/L，测定上限：0.25mg/L。

流动注射—水杨酸分光光度法测定水中氨氮含量时，检测光程为10mm，则检出限为0.01mg/L，测定范围为0.04～5.00mg/L。流动注射分析仪的工作原理：将试样注入管路中连续流动的载液，在化学反应模块中按特定的顺序及比例混合、反应，在非完全反应时进入流动检测池进行光度检测。化学反应原理：水样中的氨、铵离子在碱性条件下与次氯酸根反应生成氯胺。氯胺与水杨酸盐在60℃且亚硝基铁氰化钾存在的条件下形成蓝绿色化合物。

连续流动—水杨酸分光光度法用来检测地下水、地表水、生活污水和工业废水中的氨氮含量。若采用直接比色模块，检测池光程30mm，测定范围：0.04～1.00mg/L，检出限：0.01mg/L；若采用在线蒸馏模块，检测池光程10mm，测定下限：0.16mg/L，测定上限：10.00mg/L，检出限：0.04mg/L。该法连续流动分析仪的工作原理：密闭管路中的气泡将流动的试样与试剂按照一定间隔或规律分开，并按一定的顺序和比例进行混合、反应，反应完全后进入流动检测池进行光度检测。化学反应原理，氨、铵离子与二氯异氰脲酸钠溶液释放出来的次氯酸根在碱性介质中反应生成氯胺，氯胺与水杨酸盐在40℃及亚硝基铁氰化钾存在的条件下反应形成蓝绿色化合物。

3.8　总氮测定方法

总氮是衡量水体富营养化程度的主要指标，目前，总氮的测定方法有很多，依据不同消解方式有碱性过硫酸钾消解紫外分光光度法、微波消解紫外分光光度法、光催化氧化紫外分光光度法、还原偶氮比色分光光度法等。根据不同检测方式有高效液相色谱法、离子色谱法、气相分子吸收光谱法等。还有一些利用总氮测定仪/分析仪测试氮含量的方法，如流动注射—盐酸萘乙二胺分光光度法、连续流动—盐酸萘乙二胺分光光度法等。

碱性过硫酸钾消解紫外分光光度法是我国目前常用的测定水质总氮的方法，原理是在120～124℃的温度条件下，过硫酸钾分解出的原子态氧可使水中含氮化合物转化成硝酸盐，于一定波长处测出消解后溶液的吸光度，从而计算出总氮的含量。具体步骤：调节试样 pH 值至5～9；绘制校准曲线；测定试样吸光度；计算。该方法的最低检出限：0.05mg/L，检出上限：4mg/L。

微波消解紫外分光光度法是利用物质分子在电场的作用下极化，并随微波产生的交变电磁场的改变而改变，极化分子本身的热运动和分子之间的相对运动使所在体系能量增高并快速升温，该方法可显著缩短消解时间。

光催化氧化紫外分光光度法是利用光生强氧化剂得到中间体羟基自由基，可将有机污染物彻底降解为二氧化碳和水等小分子。利用半导体结合光催化反应器将含氮物质降解，再运用紫外分光光度法进行测定。

还原—偶氮比色法是在测试样中加入氧化剂，经紫外线消化器使氮转为硝酸盐氮，再经还原转变为亚硝酸盐氮。当 pH＜1.7 时，亚硝酸盐与氮基苯磺酰胺发生重氮反应，再与盐酸 *N*－（1－萘）－乙二胺发生偶合反应，生成紫红色物质，经分光光度计比色，计算氮含量。

高效液相色谱法原理是用过硫酸钾在120℃密封条件下，将水样中含氮化合物消解为硝酸盐，采用紫外—高效液相色谱法进行分离检测。检出限：0.02mg/L。

离子色谱法测定水样中总氮含量，检出限为0.03mg/L。该方法是先将水样中的氮元素转化为硝酸盐，根据分离柱对离子的不同亲和度分离，以相对保留时间和峰高/峰面积定性、定量测定硝酸根离子浓度，从而计算出水样的总氮。

气相分子吸收光谱法总氮的检出限：0.01mg/L。该方法采用碱性过硫酸钾将水样中含氮化合物氧化为硝酸盐，于一定条件下将硝酸盐迅速还原分解，生成一氧化氮，利用空气将其载入气相分子吸收光谱仪的吸收管中，测定气体在特定波长下的吸光强度，利用校准曲线测得水样中氮的含量。

流动注射—盐酸萘乙二胺分光光度法可用于测定地表水、地下水、生活污水和工业污水。方法中流动分析仪工作原理与流动注射—水杨酸分光光度法中流动分析仪的工作原理相同；化学反应原理：在碱性、95℃±2℃及紫外光线照射条件下，含氮物质被过硫酸盐氧化为硝酸盐，经镉柱还原为亚硝酸盐，并在酸性条件下与磺胺发生重氮化反应后，与盐酸萘乙二胺生成紫红色化合物。该法检测光程10mm 时检出限为0.03mg/L，测定下限：0.12mg/L，测定上限：10mg/L。

连续流动—盐酸萘乙二胺分光光度法中化学反应原理：在碱性、107～110℃及紫外线照射条件下，含氮物质被过硫酸盐氧化为硝酸盐，经镉柱还原为亚硝酸盐，并在酸性条件下与磺胺发生重氮化反应后，与盐酸萘乙二胺生成紫红色化合物；连续流动仪工作原理同连续流动—水杨酸分光光度法。该法在检测光程为30mm时，检出限为0.04mg/L，测定下限：0.16mg/L，测定上限：10mg/L。

上述总氮测定方法可以归纳为两步，一是氮元素的消解过程，二是氮元素的检测过程。氮元素的消解过程通常先采用碱性过硫酸钾或其他方法将水样中含氮化合物中氮元素氧化，使有机氮、无机氮化合物转变为硝酸盐氮或亚硝酸盐氮。氮元素的检测过程一般采用紫外分光光度法、离子色谱法或气相分子吸收法等检测出硝酸盐氮/亚硝酸盐氮含量，即为水样中总氮含量。

4. 尿素/（含氮）废水处理现状

根据GB 4287—2012《纺织染整工业水污染物排放标准》，新建纺织印染企业水污染物排放氨氮含量不高于10mg/L，总氮含量不高于15mg/L，在生态环境脆弱地区，排放限值更低，直接排放氨氮量不高于8mg/L，总氮不高于12mg/L。目前企业对于含氮废水处理大多选用生物法。传统的脱氮工艺是将硝化和反硝化作为两个独立的阶段，致使系统复杂，能耗较大，现生物脱氮研究方向之一是在同一处理系统内实现硝化、反硝化过程，由于硝化与反硝化过程需氧条件不同，对硝化菌与反硝化菌的要求更为严格。另一研究方向为固定化微生物技术，选用适宜的载体包覆硝化菌与反硝化菌，从而强化生物脱氮过程。

5. 前景

5.1 目的及意义

纤维素纤维织物应用性能优良，广泛应用于服装、室内装饰领域，深受消费者喜爱。活性染料具有色彩丰富、染色性能优良等优势，被广泛应用于纤维素纤维的染色和印花。传统的纤维素纤维织物活性染料直接印花工艺中需加入较多的尿素，促进染料与纤维的反应、固着。但尿素极易分解成二氧化碳和含氮化合物，含氮化合物不仅会使水体的化学需氧量升高，还极易造成藻类繁殖和水体富营养化，影响生态环境。2019年全国废水中氨氮排放量46.3万吨，总氮排放量117.6万吨，其中工业源废水氨氮排放量3.5万吨，总氮排放量13.4万吨，分别占氨氮排放总量的7.56%和总氮排放量的11.4%。而在调查统计的41个工业行业中，纺织业的氨氮排放量为0.27万吨，位于第四，占工业行业氨氮排放总量的7.7%，总氮排放量为1.43万吨，位于第三，占工业行业氨氮排放总量的10.7%。（2016～2019年，全国废水中氨氮排放量逐年下降，由2016年56.8万吨，下降为2019年46.3万吨，下降18.5%，总氮排放量由2016年123.6万吨，下降为2019年117.6万吨，下降4.8%）。我国节能减排“十三五”规划明确提出加大工业废水治理力度，纺织印染行业的化学需氧量和氨氮被列为重要的减排指标，另外，国家标准 GB/T 4287—2012《纺织染整工业水污染物排放标准》也明确指出，总氮直接排放标准为 15mg/L（蜡染企业 25mg/L），总氮间接排放标准为 30mg/L（蜡染企业为 50mg/L）。因此，随着国家环保监管力度的进一步加大，人们对环保也愈加重视，出于保护环境的责任与义务，因此，减少活性染料印花中尿素用量具有重要的研究意义。

5.2 展望

目前，行业内研究者从尿素结构角度出发，寻找和开发了从有机小分子到低分子量聚合物等多种尿素替代用品，这些尿素替代用品在特定染料结构或特定印花工艺中，也都取得了一定的成果，部分研究成果已投入批量工业化生产，但实际使用效果和传统工艺相比还有较大差距。尿素替代品研究面临的主要问题有：

（1）应用于棉织物印花工艺的尿素替代品居多，而对粘胶纤维织物应用的进展较少。

（2）应用尿素替代品的印花织物与尿素印花织物相比，色差较大，难以达到生产要求。

（3）尿素复配类试剂，对尿素的替代率较低，仍不能满足产业化生产的需求。

针对以上问题，选用合适的助剂对纤维素纤维织物活性染料印花工艺尿素替代具有重要意义，因此，从绿色环保生产、减少活性染料印花过程中尿素用量和无尿素印花的目标来看，还有很长的路要走。

参考文献

[1] 吕青华．粘胶织物活性染料低尿素印花工艺的研究［D］．杭州：浙江理工大学，2015.

[2] 朱富荣．黄原胶的改性及其在棉织物印花中的应用［D］．上海：东华大学，2013.

[3] TURK S S，SCHNEIDER R. Printing properties of a high substituted guar gum and its mixture with alginate［J］. Dyes and Pigments，2000，47（3）：269－275.

[4] SOSTAR S，SCHNEIDER R. Guar gum as an environment－friendly alternative thickener in printing with reactive dyes［J］. Dyes and Pigments，1998，39（4）：211－221.

[5] SCHNEIDER R，SOSTAR－TURK S. Good quality printing with reactive dyes using guar gum and biodegradable additives［J］. Dyes and Pigments，2003，57（1）：7－14.

[6] 高方容．活性染料印花中尿素及其替代品应用的研究［D］．上海：东华大学，2014.

[7] OZGUNEY A T，SECIM P，DEMIR A，et al. ECOLOGICAL PRINTING OF MADDER OVER VARIOUS NATURAL FIBRES［J］. Tekstil Ve Konfeksiyon，2015，25（2）：168－173.

[8] BUDTOVA T，NAVARD P. Cellulose in NaOH－water based solvents：a review［J］. Cellulose，2016，23（1）：5－55.

[9] 丁春燕．三甘醇在天然纤维织物活性染料印花中的应用研究［D］．杭州：浙江理工大学，2011.

[10] 曾林泉．尿素在染整工艺中的应用［J］．印染，2002（2）：17－19，54.

[11] 何中琴．纤维素纤维印花减少尿素用量的配方［J］．印染译丛，1996（3）：98－101.

[12] 周宏湘．在活性染料印染中削减尿素用量的方法［J］．印染助剂，1995（4）：1－5.

[13] AHMED N S E，YOUSSEF Y A，EL－SHISHTAWY R M，et al. Urea/alkali－free printing of cotton with reactive dyes［J］. Coloration Technology，2006，122（6）：324－328.

[14] SHETH G N，MUSALE A A. Substitute products for urea in application of reactive dyes to cotton fabrics［J］. Indian Journal of Fibre & Textile Research，2004，29（4）：462－469.

[15] 孟祥玲．纤维素纤维织物活性染料无尿素印花工艺研究［D］．上海：东华大学，2018.

[16] 丁春燕，汪澜，方浩雁，等．真丝绸低尿素活性染料印花技术研究［J］．丝绸，2010（12）：7－10.

[17] 杨宏林．棉织物低尿素活性染料印花研究［J］．山东纺织经济，2015（1）：29，31.

[18] 钱国坻，范秉宪，于非．二甘醇醚类助溶剂对酸性染料助溶作用的研究［J］．染料工业，1994（4）：41－45.

[19] 戴桦根，曹颖，刘会．一种活性染料印花工艺：中国，104018365A，［P］. 2014－09－03.

[20] 鲜永芳．高得色少/无氨氮尿素替代剂及其在活性印花中的作用机制研究［D］．杭州：浙江理工大学，2021.

[21] SHETH G N，MUSALE A A. Substitute products for urea in application of

reactive dyes to cotton fabrics [J]. Indian Journal of Fibre & Textile Research, 2004, 29 (4): 462-469.

[22] 张红娟，高爱芹，谢孔良. 棉织物的 PEG-400 无尿素活性印花[J]. 印染，2015 (7): 12-16.

[23] 李连举. 减少人造棉活性印花中的尿素用量 [J]. 印染，2004, 30 (19): 28-30.

[24] 方乃喜，刘萌芽. 助溶剂 F-BC 在丝绸印染中的应用 [J]. 丝绸，1992 (9): 29.

[25] 吕青华，沈志斌，余志成. 助剂 N 在粘胶织物活性染料印花中的应用工艺研究 [J]. 现代纺织技术，2015 (3): 7-10, 15.

[26] 梁娟，胡于庆，吴晋川，等. 活性染料印花用新型无氨氮尿素替代品 ST373 [J]. 印染，2018, 44 (5): 43-46.

[27] 张萍萍. 新型印染助剂霍美卡陀尔 C 在活性染料印花中应用的研究 [D]. 上海：东华大学，2014.

[28] 岳仕芳，於琴. JG-110 尿素替代品应用于活性染料印花性能研究 [J]. 染整技术，2018, 40 (4): 24-27.

[29] 李颖君. 活性染料无尿素印花技术 [J]. 印染，2016 (6): 27-30.

[30] Knittel Dierk Thoms Gesine, Buschmann Hans-Juergen, et al. Unconventional textile finishes, Part 1: monochlorotriazinyl-β-cyclodextrin as anchoring chemical for various functional finishes [J]. Melliand Textilberichte, 2006, 87 (10), E158-E160, 729-731.

[31] Ibrahim N A, El-Zairy E M R. Union disperse printing and UV-protecting of wool/polyester blend using a reactive β-cyclodextrin, Carbohydrate Polymers, 2009, 76 (2): 244-249.

[32] 武丰才. 活性染料无尿素印花技术 [J]. 纺织导报，2012 (1): 78-80.

[33] 王玉英. 活性染料无尿素印花，中国：104562756A [P]. 2015-04-29.

[34] 邵建中，黄嘉敏，王莉莉. 一种以特种矿物土为糊料的无尿素活性染料印花方法，CN105887513A [P]. 2016-08-24.

[35] 钱红飞. 一种印花浆及其应用，中国：103233371A [P]. 2013-08-07.

[36] 邱永华. 一种纺织品印花工艺，中国：103469620A [P]. 2013-12-25.

[37] 裴俊俊. 一种纯棉布的活性染料印花工艺，中国：105040477A [P]. 2015-11-11.

[38] 朱顺康，朱铁军，卢重亮. 适用于棉纤维、粘胶纤维织物的活性染料印花工艺，中国：106283726A [P]. 2017-01-04.

［39］李永霞．印染废水处理过程中氮的形态转化及去除效果研究［D］．广州：华南理工大学，2011.

［40］郭姿珠．水体中总氮测定方法的研究［D］．长沙：中南大学，2008.

［41］中华人民共和国国家环境保护标准．HJ 535—2009 水质　氨氮的测定　纳氏试剂分光光度法［S］．北京：中国环境科学出版社，2010.

［42］中华人民共和国国家环境保护标准．HJ 537—2009 水质　氨氮的测定　蒸馏－中和滴定法［S］．北京：中国环境科学出版社，2010.

［43］中华人民共和国国家环境保护标准．HJ 536—2009 水质　氨氮的测定　水杨酸分光光度法［S］．北京：中国环境科学出版社，2010.

［44］中华人民共和国国家环境保护标准．HJ 665—2013 水质　氨氮的测定　连续流动　水扬酸分光光度法［S］．北京：中国环境科学出版社，2014.

［45］中华人民共和国国家环境保护标准．HJ 666－2013 水质　氨氮的测定　流动注射　水杨酸分光光度法［S］．北京：中国环境科学出版社，2014.

［46］中华人民共和国国家环境保护标准．HJ 636—2012 水质　总氮的测定　碱性过硫酸钾消解紫外分光光度法［S］．北京：中国环境科学出版社，2012.

［47］祝旭初，周雪莲，雷迅．对测定总氮新标准（HJ 636—2012）的探讨［J］．中国给水排水，2013（16）：94－97.

［48］胡潇涵，杨蕾，李燕，等．水中总氮测定方法研究进展［J］．新疆环境保护，2015（2）：35－37，44.

［49］中华人民共和国国家环境保护标准．HJ 668—2013 水质　总氮的测定　流动注射－盐酸萘乙二胺分光光度法［S］．北京：中国环境科学出版社，2013.

［50］中华人民共和国国家环境保护标准．HJ 667—2013 水质　总氮的测定　连续流动－盐酸萘乙二胺分光光度法［S］．北京：中国环境秒学出版社，2013.

［51］环境保护部国家质量监督检验检疫总局．GB 4287—2012 纺织染整工业水污染物排放标准［S］．北京：环境保护部，2013.

［52］杨麒，李小明，曾光明，等．同步硝化反硝化的形成机理及影响因素［J］．环境科学与技术，2004（3）：102－104，120.

［53］李平，张山，刘德立．细菌好氧反硝化研究进展［J］．微生物学杂志，2005（1）：60－64.

［54］HE D，ZHENG M，MA T，et al. Interaction of Cr（VI）reduction and denitrification by strain Pseudomonas aeruginosa PCN－2 under aerobic conditions［J］. Bioresour Technol，2015（185）：346－352.

[55] YU X, JIANG Y, HUANG H, et al. Simultaneous aerobic denitrification and Cr (VI) reduction by Pseudomonas brassicacearum LZ-4 in wastewater [J]. Bioresour Technol, 2016 (221): 121-129.

[56] 曹国民，赵庆祥，龚剑丽，等. 固定化微生物在好氧条件下同时硝化和反硝化 [J]. 环境工程，2000 (5): 17-19, 12-13.

印染行业三防整理剂的研发和应用情况

李瀚宇[1]　李　翔[2]　刘天印[1]

1. 通用技术高新材料集团有限公司　2. 北京中纺化工股份有限公司

1. 引言

15 世纪，防水纺织品主要用于海航领域。当时的纺织助剂以天然材料为主，如桐油、亚麻籽油和天然蜡等被认为是最早的天然防水整理剂。如今，许多商业用三防整理剂通常使用低表面能聚合物，通过浸轧、辊涂、喷涂等工艺，制备出的面料具有较好的防水、防油、防污特性。特别是使用了含氟碳链聚合物整理后的面料表现出非常低的表面自由能，如传统的含有全氟辛基类的有机氟防水剂（C8 防水剂）整理后的面料表面自由能仅为 18mN/m，织物表面水静态接触角超过 150°，滚动接触角远低于 10°，达到超疏水状态，可以有效地防护水、油和各类污渍。

尽管含有全氟辛基类的有机氟防水剂（C8 防水剂）能够赋予纺织品最佳的三防性能，但在其生产、使用过程中会产生全氟辛酸/全氟辛基磺酸（PFOA/PFOS）等具有生物富集性的化合物，它们会带来严重的健康和环境问题，因此 C8 防水剂正在区域性的逐步限制和禁用。自 2010 年以来采用低氟碳链和完全不含有机氟的无氟防水剂成为助剂商的重点研发产品。

但是，通过多年的研究我们也清晰地认识到，目前市场上尚无性能与 C8 防水剂相匹配、可替代的环保型三防整理剂。因此，从高性能三防要求上来看，短时间内想完全淘汰 C8 防水剂并非易事。因此，即使在欧洲涉及军用、个体防护等部分高性能指标订单中 C8 防水剂依然具有特殊豁免的使用权。

2. 国内外商业三防整理剂开发情况

谈到三防整理剂就离不开氟化工，世界氟化工行业有着九十多年的发展历程，已成为化工产业中较为成熟的行业之一。目前，国际上从事氟化工行业的跨国公司主要集中在美国、日本和欧洲，它们是：DuPont（美国杜邦公司）、Solvay（苏威苏来克斯公司）、Daikin（日本大金公司）、美国 3M 公司、AsahiGlass（日本旭硝子公司）、Arkema（阿柯玛公司）、IneosFluor（易诺斯公司）和 Honeywell（霍尼韦尔公司）上述八家公司占有世界氟材料产量的 80% 以上。氟材料从无机氟盐、含氟树脂、氟橡胶、含氟精细化学到含氟涂料都是通过萤石（CaF_2）这一氟化工的行业源头应运而生。我国已探明的萤石储存量达2.7亿吨，是氟化工基础资源最多的国家之一，国内氟化工行业生产主要是以氟化氢等初级产品为主，在三防整理剂聚合中使用的全氟丙烯酸酯近几年逐步实现商业化，包括四川西艾氟、山东中氟、巨化化工等氟化工企业。随着中国经济从高速发展到高质量发展的转变，国内氟化工行业也逐渐在高附加值、深加工以及高技术要求的产品领域中开拓进取。

国外三防整理剂的工艺技术主要被氟化工巨头掌控，包括大金、旭硝子、昂高、杜邦、3M等，其中代表性的中端产品主要为大金公司的TG－410HN、TG－581等旗舰牌号，特点是通用性好，拒水性突出；高端产品则一直以杜邦、科莱恩公司产品为主，代表产品为杜邦公司的Teflon（特氟龙）吊牌产品，其产品知名度较高，尤其被欧美广大消费者认可。我国从20世纪60～70年代开始此技术的开发工作，国内众多院校、科研院所、企业均进行了研究开发，直至2010年三防整理剂在国内的自主合成才初见雏形，包括传化化学、德美化工、泰氟化工、中纺化工等企业也是在这个时期逐步掌握了三防整理剂的产业化工艺，因此应该清晰地认识到与国外氟化工巨头企业的差距，以及我们可以提升的巨大空间。

早期较为成功的三防整理剂包括杜邦公司的Teflon（特氟龙）系列、3M公司的Scotchgard（思高洁）均采用含有全氟辛基类的有机氟单体作为聚合原料，生产出的三防整理剂市场上俗称C8防水剂。这类防水剂在生产、使用过程中随着全氟辛基侧链的脱落会形成全氟辛酸/全氟辛基磺酸（PFOA/PFOS），其结构式如图1所示。

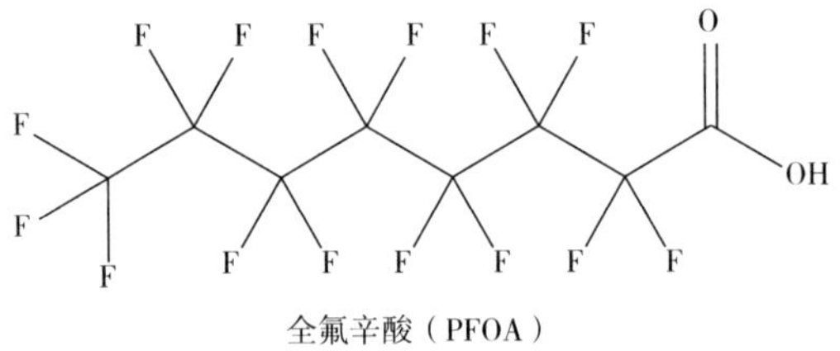

全氟辛酸（PFOA）

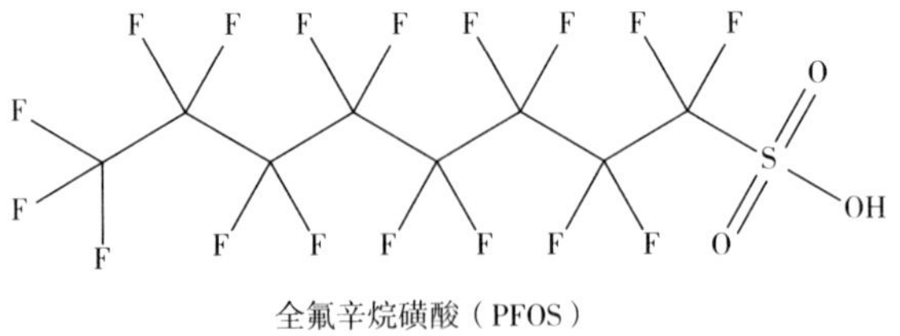

全氟辛烷磺酸（PFOS）

图1　全氟辛酸/全氟辛基磺酸（PFOA/PFOS）的结构式

虽然通过技术改进可以避免全氟辛基磺酸（PFOS）的产生，但以目前的技术而言，使用全氟辛基类的有机氟单体产生的全氟辛酸（PFOA）无法避免，而PFOA/PFOS这两类全氟化合物已经被充分证明具有生理毒性、致癌性和生物富集性，是一种持久性的污染物。2000年，3M公司率先放弃生产含有PFOA/PFOS的相关产品，将研究方向投向以全氟丁基类有机氟单体为原料的三防整理剂上，形成了自己独特的C4防水剂体系，其牌号包括Scotchgard™ PM 490/PM492、Scotchgard™ PM900/PM 930，时至今日市场上也未出现模仿品。随后，杜邦、旭硝子、昂高、大金公司纷纷转向研究不含PFOA/PFOS的相关产品，2014年，美国国家环境保护局（EPA）把PFOA/PFOS列为新兴污染物，并规定到2015年末禁止生产和使用，上述跨国氟化工企业也按照约定全线停产了含有PFOA/PFOS的相关产品。抛弃了传统的C8防水剂，全球三防整理剂进入大洗牌时期，其中性能优异的C6防水剂包括：杜邦的PHOBOL® CP系列，德国鲁道夫的RUCO－GUARD® AF系列，日本大金的UNIDYNE® TG－5601、TG－5574系列。同时，也出现了直接放弃使用氟类单体的产品，其中性能优异的无氟防水剂包括：德国鲁道夫的RUCO®－DRY ECO系列，亨斯迈纺织染化部与杜邦子公司Chemours公司联合推出的Zelan™ R3系列，日本大金的UNIDYNE® XF系列，中纺化工的CTA－Tex Chemicals® CWR系列。

聚合物的结构决定其性能的高低，C8防水剂因其结构比C6防水剂多两个氟碳链，表现出更好的成膜结晶性与更低的表面能，具有更高的防油性能、更低的极限用量和更优异的使用稳定性，同时工艺相对成熟，具有较好的成本优势，在未受到限制的国家和区域依然未被完全取代，包括国内防水剂生产厂商依然使用该类产品。另外，由于含氟化合物的表面能远低于有机硅类化合物和烷烃类化合物，截至目前还没有一款商业化的无氟防水剂可以实现防油，这也是导致无氟防水剂无法完全替代含氟防水剂的主要原因。C6防水剂和无氟防水剂虽然环保性能较好，但未出现一支产品通吃的局面，包括进口产品在内各家趋同化明显，落到具体面料订单下才能比较出细节上的差距。但总体来说C8防水剂的产品性能优于C6防水剂，远优于无氟防水剂。

3. 纺织品的“三防”与存在的问题

以上从宏观的角度回顾了国内外三防整理剂的发展情况和面临的环保问题，以下从纺织品的污染、污染物的分类与防护的基本原理和国内目前存在的问题等角度梳理印染行业中的三防整理剂。

3.1 纺织品的污染

纺织品污染方式一般包括三大类：直接污染、洗涤过程中的二次污染和静电吸附污染。直接污染是指面料直接接触到污渍的表面，如服装与皮肤接触过程中吸收汗液油脂、织物黏附到空气或者液体中的污渍等。另外，一些磨毛织物和具有中空结构的织物也会有助于污渍的黏附过程，污渍可以进入纤维之间，并扩散到纤维中，牢固地沉积在这些区域；洗涤过程中的二次污染是指，对于涤纶和尼龙等本身具有一定亲油性的合成纤维，洗涤过程中油性污渍容易在这些纤维上形成二次沉积。同理，当清洁剂添加量不足时，水性污渍会倾向于在具有亲水基团的纤维素纤维上形成二次沉淀。被污染织物的污渍难以被洗涤掉的另一原因是污染和洗涤两个步骤之间的时间滞后效应，当脏织物长时间不洗时，污渍会随时间的延长扩散到纤维内部，这时纤维内的污渍将很难去除；静电吸附污染是指，在天气干燥的情况下，摩擦容易导致纤维表面带静电，会从空气中吸引小颗粒灰尘，这种现象更容易发生在回潮率较低的合成纤维上。另外，同种材质的面料磨毛织物比光滑织物更容易携带电荷，表面更易吸附灰尘。

面料的种类和结构是决定织物污染情况的重要因素。纤维素纤维具有较高的回潮率，不易积聚静电，即使产生静电，也会快速消散到环境中。因此，对于具有较高回潮率的纤维素纤维，污染和去污问题不是很严重。但合成纤维的回潮率较低，容易积聚静电，易吸收空气中的污垢和灰尘。因此，合成纤维的回潮率越低，纤维对污渍的吸附越严重。当纤维的回潮率下降到4%以下时，静电聚集效应较为明显，其中涤纶的回潮率在合成纤维中最低，未经特殊处理的涤纶面料极易被污渍污染。由于合成纤维亲油疏水，它们在水中不会膨胀，洗涤过程污渍也很难从纤维中去除。即使是合成纤维与纤维素纤维混纺的织物，在洗涤过程中从纤维素纤维组分中脱除的污垢也会二次沉积在合成纤维上；另外，织物结构、纱线支数、捻度和纤维横截面都会影响织物被污渍污染的程度。纤维的纤度越小，越容易被污染。不规则横截面的纤维比圆形横截面的纤维更容易残留污垢。纱线的捻度越高，污垢残留越多。织物纤维具有原纤化结构更易脏。松散的梭织和针织织物比紧密的梭织物更容易污染，但从松散的梭织物上去除污垢更容易。细纱织成的织物与长丝纱线织成的织物相比，细纱织物被污染后污渍更容易扩散。

3.2 污染物的分类与防护的基本原理

印染行业中的“三防”通常是指水、油、污渍这些物质不能够穿透或浸润织物。根据浸润方程简单来说就是：面料（基材）和空气的自由能小于液体（水、油、污渍）和空气的自由能时，固气自由能减去固液自由能才能小于0，从而达到液体无法浸润固体的效果。但实际应用中我们往往发现“三防”并不是防护三种物质，而是三类物质。最简单的防水，也分为水温为（20±2）℃或（27±2）℃标准防水，防40℃、60℃、90℃热水，防含显色剂（如含0.12‰荧光素钠）测试液等；防油又包括防标准的等级油（如GB/T 19977—2014中的标准油），防高温辣椒油，防玉米油、花生油、菜籽油、机油等；防污方面就更复杂，包括 FZ/T 01118—2012 标准中的工业污染物（标准脏机油）和非工业污染物（标准花生油）、AATCC 130 中的标准玉米油，除此之外根据纺织品的使用场景不同还分为防水性污渍和油性污渍，根据污渍物理状态不同也可分为防固体污渍和液体污渍，根据测试方式不同，防污还可分为侧重擦拭法检测的直接防污和侧重洗涤法测试的防污易去污。

商业化纺织品用“三防”整理剂，其聚合物结构上最大的特点是聚合物侧链上含有长氟碳链，如图 2 所示。根据长氟碳链的链长又分为 C8 防水剂（氟碳链长为 8）和 C6 防水剂（氟碳链长为 6），也存在少量的 C4 防水剂。由于环保等原因目前市场上也存在“两防”的无氟防水剂，其结构中长烷基链链长为 16～22，以 18 烷基链为主。

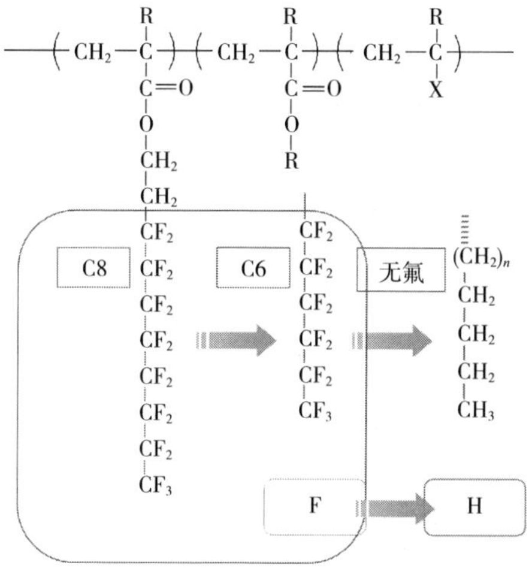

图 2　商业化纺织品用“三防”整理剂聚合物结构通式

防水、防油、防污的基本原理类似，是通过后整理等方式在单根纤维周围形成皮芯结构的分子屏障，以降低其表面能，从而使织物能够排斥污渍。当面料具有防污功能后，滴下的液体无法浸润织物，只能在织物表面形成液滴或滚落，在织物表面残留的液滴可以用干燥吸水的纸巾或抹布轻易擦拭掉。经三防整理的织物对水、油、污渍均有良好的排斥效果。常见的纺织品及测试物质固—气/液—气表面能关系如图 3 所示，长链烷基的理论表面能低于 40mN/m，但也无法防橄榄油和液体石蜡，主要原因是在整理时，长链烷基在纤维表面结晶过程中会存在缺陷，导致实际表面能比理论值高，所以即使是防酒精也需要无氟防水剂达到较好的成膜结晶才能实现。C8 防水剂和 C6 防水剂也存在类似情况，防正庚烷

（8级油）需要面料、防水剂、加工条件共同协效作用才能实现。

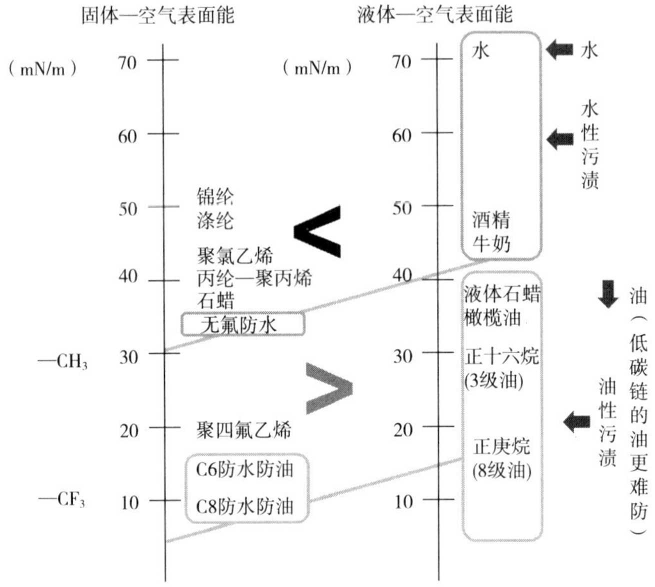

图3　常见纺织品及测试物质固—气/液—气表面能关系图

防污易去污作为防污的分支领域，与前面介绍的直接防污有所区别。可以用触发机制（Flip－Flop）来解释，即纤维表面自由能可以随环境发生变化。在空气中，全氟烷基长链在纤维表面密集排列，形成具有防护作用的低表面能结构；在水环境中，全氟烷基长链翻转到织物内侧，亲水侧链在纤维表面排列，形成高表面能结构以使织物亲水化，通过侧链翻转污渍能够较容易地从织物上洗掉，在织物内侧的低表面能全氟烷基长链还能防止污渍再次污染。因此，经易去污整理剂整理后的面料在家用洗涤过程中更容易被洗净。

3.3　现阶段纺织品“三防”存在的问题

目前国内纺织行业依然在生产、使用C8防水剂，对传统C8防水剂仅在GB/T 18885—2020《生态纺织品技术要求》中有相关建议要求。但早在2009年中国石油和化学工业协会发布的《石油和化工产业结构调整指导意见》就提出了关于限制PFOS产业的结构调整政策，2015年PFOA被纳入《危险化学品目录（2015版）》，2016年PFOA被列入《国家鼓励的有毒有害原料（产品）替代品目录》、2017年PFOS/PFOA被列入《优先控制化学品名录（第一批）》和《环境保护综合名录（2017版）》，2019年PFOA/PFOS被列入《产业结构调整指导目录（2019年本）》，2020年PFOA/PFOS被纳入《中国严格限制进出口的有毒化学品目录》。从国家出台的各项政策中不难看出，目前国内纺织品三防整理剂已经走到需要抉择的十字路口，国内是否要完全放弃 C8 防水剂，何时放弃 C8 防水剂，都成为该领域从业人员时刻关注的话题。

面对 C8 防水剂要保持清醒的认识，防止一刀切的决策。首先要看到国内 C6 防水剂与国际氟化工巨头之间的差距，其次需要清楚地认识到目前全世界法律层面上限制的是 C8 防水剂中的副产物 PFOA/PFOS 这类全氟化合物，而不是 C8 防水剂本身，最后还要认识到即使是国际氟化工巨头现阶段也未能成功地将 C6 防水剂做到 C8 防水剂的性能。因此，如何调和“高性能”与“绿色环保”是今后一段时期国内纺织品用三防整理剂领域的研发人员必须直面的问题和急需打破的僵局。

面对 2020 年突如其来的新冠肺炎疫情，三防整理剂在可复用手术衣面料、可复用隔离服面料的制备中大放异彩，一定程度上缓解了防疫物资的匮乏和一次性医疗用品对环境的污染。是要高性能的防护还是环保的降指标防护，同样是一个值得深思的话题。因此，即使国内限制 C8 防水剂的生产和使用，在个体防护和军用领域应该也会参考欧洲执行特殊豁免政策。

4. 展望

纺织印染的总体趋势是无水、少水的工艺和不用、少用有毒有害的化学物质。然而，传统的经典工艺也是无数前辈通过实践总结传承下来的。未来，对于三防整理剂中 C8 防水剂的争论还会持续一段时间，鉴于目前国内的现状，应当从以下三个方向着手化解：

（1）研究和探讨全氟辛基类单体合成的全新工艺，避免生产、聚合时由于全氟辛基脱落而产生全氟辛酸（PFOA），另外，也可以优化 C8 防水剂乳液聚合工艺，完成消除副产物 PFOA，实现不含限用物质的 C8 防水剂。当然这条道路注定十分艰难，20 多年前 3M 公司在全面放弃生产含有 PFOA/PFOS 的相关产品之前，就在这条路上做过大量探索，之后国外氟化工巨头企业也在这条道路上有过探索。如能走通这条道路一定可以收获一项具有颠覆性的全新的技术。

（2）发挥 C6 防水剂的极限，C6 防水剂采用的是全氟已基类单体合成，与含有八个氟碳的全氟辛基对比具有天然劣势。如何提高全氟已基结构的成膜结晶度也是一个重要的研究方向，跳出以全氟已基丙烯酸酯为核心原料的 C6 防水剂的固有工艺路线，与氟化工上游企业共同研发具有独特结构的新 C6 防水剂单体，如研究含氯、含有机硅等结构的全氟已基类单体对成膜结晶度的影响。这一研究方向目前国内外从业者已经取得了初步的成效，但与传统 C8 防水剂性能相比还有一定差距。

（3）具有规整荷叶仿生微纳米结构的无氟防水剂的开发，完全放弃使用全氟类单体的无氟防水剂开发目前也是一项热门的研究领域，能够杜绝氟类化合物的生物富集性。这一研究领域思路较为开阔，可用的单体烦杂，但目前商业化产品中依然存在无法稳定实现超疏水性能，在防油类、醇类污渍上较含氟类防水剂差距较大，防油性能上几乎没有突破等难题。因此，在这个研究方向上需要着手仿生学和纳米自组装工艺，但要达到操作条件利于产业化连续生产的要求还有很长的路要走。

参考文献

[1] 陈荣圻. 关于全氟辛烷基磺酸的限制销售与使用 [J]. 印染助剂，2007，24 (4)：44 -45.

[2] 马晓华. 绿色和平呼吁时尚品牌“去毒” [J]. 西部皮革，2015 (8)：48 -48.

[3] Pflaumbaum W . Adapting to Annex XVII of Regulation (EC) No. 1907/2006 (REACH) [J] . Gefahrstoffe Reinhaltung der Luft，2013，73 (5)：202 -202.

[4] Johnson，Nigel AG，Ian Russell，et al. Advances in Wool Technology [M] . Cambrige：Woodhead Publishing in Textiles，2009：177 -179.

纺织品无氟防水剂的现状及应用前景

涂伟文

福可新材料（上海）有限公司

从20世纪30年代开始传统防水剂在纺织品上得到应用，到20世纪50年代含氟防水防油剂因其优异的综合性能，迅速占据主导地位，并且独领风骚70多年。再到21世纪30年代，可能实行全面去PFCs（Per－and Polyfluorinated Compounds，PFCs）化。近100年的历史跨度，防水剂在纺织上的应用经历了无氟到含氟再到无氟的有趣现象，应用范围也从单一防水、单一品类延伸到防水防油、易去污、耐水压要求的服装、纺织资材、鞋材、家居、非织造布等众多要求和众多品类，见表1。

表1　防水防油剂按用途分类及性能要求

分类	类型	性能要求
服装	羽绒服/滑雪服	防水、防油、DWR
	冲锋衣	DWR、耐水压、防雨淋
	皮肤衣	防水
	风衣	防水、防油、防污
	衬衫	防水、防油、易去污
	工作服/制服	防水、防油、易去污
	牛仔	防水、防油、防污
	西服	防水、防油、防污
	沙滩裤	防水，耐水压
	抓绒衣/卫衣	DWR
	T恤	防水、防油、防污
纺织资材	箱包/背包	防水
	雨伞	防水
	浴帘	防水，耐水压
	帐篷	防水，耐水压
	植绒布	防水

续表

分类	类型	性能要求
纺织资材	衬布	防水
	羽绒	防水
	帆布	防水，耐水压
	织带	防水、防虹吸
	拉链	防水
	手套	防水
鞋材	真皮	防水、防虹吸
	超纤革	防水、防虹吸
	纺织布	防水、防虹吸
家居	桌布	防水、防油、防污
	被套/床单	防水、防油、易去污
	沙发	防水、防油、防污
	墙布	防水、防油、防污
非织造	手术衣/防护服	防水、防油、防血液、抗酒精
	袋式除尘	防水、防油、防污
	空气过滤	防水、防油、防污
	汽车内饰	防水、防油、防污

1. “防水”和“拒水”的定义

“防水”（waterproof）和“拒水”（water repellent）的概念不同。防水整理是将不透气的连续成膜的化合物涂布在织物表面，且使织物上的微孔全部被堵塞，一般通过涂层（coating）或者复合（laminated）来实现。拒水（疏水）整理则是将具有疏水性基团的化合物沉积在纤维表面，或使疏水基与反应性基并存的化合物与纤维表面反应，使织物仍保留微细孔隙（保持透气性能），即仅仅降低织物表面（自由）能。本文阐述的“防水防油剂”，学术术语其实应该是“拒水拒油剂”，因为行业内特别是使用此产品最多的印染工厂，几十年都习惯了“防水防油剂”的叫法，固本文沿用了这一通俗叫法。

2. 纺织品防水防油剂的发展历程

按照防水防油剂各个阶段的特点，可将防水防油剂的发展分为 4 个阶段。见表 2。

表2　纺织品防水防油剂的发展历程

阶段	时间	特点	环保规划	主要事件及历程
第一阶段	20世纪30～50年代	防水剂初步发展期 （1）以普通防水为主 （2）出现半耐久，不防油	甲醛	改进石蜡—铝皂类型水剂 20世纪30年代，英国ICI公司开发出吡啶季铵盐类防水剂，商品名为Velan PF 20世纪40年代，Dupont提出配价络合型防水剂，商品为Quilon 20世纪40年代，美国道康宁最早提出有机硅防水剂 20世纪50年代，原Ciba－Geigy商品化羟甲基类防水剂，如Phobotex FT、FTS、FTG
第二阶段	20世纪50年代～20世纪末	防水剂快速发展期 （1）含氟防水防油剂异军突起，占据主导地位 （2）以C8防水防油剂为主	APEO VOC AOX	1950年Dupont开发PTFE乳液处理纺织品 1951年3M公司合成了全氟辛烷与三氯化铬的络合物 1951～1953年3M公司合成了丙烯酸全氟烷基酯乳液 1956年3M公司推出Scotchgard品牌，首先把含氟共聚物作为织物整理剂商品投放市场 1968年日本大金推出了UNIDYNE 1971年日本旭硝子推出Asahiguard同类产品，德国Hoechst公司的Nuva，法国Atochem公司的FC 1995年大金与传化共同开发国内市场，一直占据主导地位
第三阶段	2001～2025年	PFOA替代为目标的转换期 国外：C8向C6转换的关键期；部分品牌转向无氟 国产：C8防水剂的鼎盛期	PFOS PFOA	2000年3M宣布退出PFOS/PFOA商业活动，生产C4防水防油剂 2006年U. S. EPA PFOA Stewardship Program启动，大金、杜邦等8社承诺削减PFOA 2009年山东中氟C8单体实现国产化 2011年7月，NGO绿色和平发布《时尚之毒—全球服装品牌的中水污染调查》，开启了品牌无氟 2016年1月1日开始全球主要含氟防水防油剂制造商停止C8的生产和销售 2017年四川西艾氟C6单位实现国产化 2020年国产C8单体生产厂家达4家，产能4000*T/A*，趋于过剩 2021年3M停止生产和销售C4防水防油剂

续表

阶段	时间	特点	环保规划	主要事件及历程
第四阶段	2025年以后（预计）	PFCs Free的彻底化 国外：C6向无氟转换 国产：C8 → C6（2030）	PFCs	预计2025年欧洲将开始禁止生产C6防水剂，彻底无氟化 预计2025年底国内将禁止生产C8（PFOA）防水防油剂

20世纪30～50年代，是防水剂初步发展期。这个时候欧美改良了传统防水剂，开发了一些无氟类的新结构，用于普通或者半耐久防水，但不具备防油性。

20世纪50年代至20世纪末，防水防油剂进入快速发展期。伴随着含氟防水防油剂的问世，因其优异的综合性能，迅速占据主导地位，独领风骚至今。同时随着对服装服用性能要求的提升，拓展到三防、易去污、DWR、高耐水压、防血液、抗酒精、防虹吸等高性能要求，还和免烫、抗菌、防紫外等功能进行复合成为更高级的功能整理。

21世纪初开始，因为对PFOS和PFOA的关注，进入以PFOA为替代目标的转换期，同时去PFCs的声音也越来越响亮。当然在这个阶段，随着2016年国外公司停止生产和销售C8防水防油剂，国产C8防水剂进入鼎盛时期，目前国内市场还是以C8为主。

预计2025年以后，欧洲将率先实现防水防油剂PFCs Free。历经100多年，又回归到无氟的时代。国产C8预计2025年停止使用，后续开始使用C6和无氟，至于后面的发展，现在也难以预料。

3. 无氟防水剂的发展

3.1 品牌动向

ZDHC于2011年发布的联合路线图中，明确以下11种为优先去除的化学物质：邻苯二甲酸酯、溴化和氯化阻燃剂、（禁用）偶氮染料、有机锡化合物（如TBT）、氯苯、氯化溶剂、含氯酚、短链氯化石蜡（SCCPs）、重金属（镉、铅、汞、六价铬）、烷基酚聚氧乙烯醚/壬基酚聚氧乙烯醚（APEOs/NPEs）和全氟化合物（PFCs）。

ZDHC的最终目标之一是去PFCs，即停止使用所有含氟防水防油剂，转而使用无氟防水剂。

部分休闲品牌本身防水要求不高，已经完全使用无氟防水剂。部分运动品牌中，要求不高的普通防水已经转换成无氟防水剂。对防水、防雨淋要求较高的部分运动品类特别是户外装备，受限于无氟防水剂自身的水平，替换进度较慢，也一直被绿色和平所诟病，详情可见绿色和平发布的所谓“去毒时尚榜”。

3.2 无氟防水剂现状

3.2.1 无氟防水剂的类别

目前无氟防水剂主要有如下几类。

（1）石蜡类。石蜡作为最传统的防水剂使用历史已经很久。其特点是防水效果一般，滑移较大。纺织上很少单独使用，一般和丙烯酸或者三聚氰胺树脂进行复配，改善其性能。如亨斯迈的 PhobotexRSH、RHP，拓纳的 BAYGARD 40178，主要成分为石蜡和三聚氰胺；还有上海佳和（CHT）的 ECOPERL 系列为石蜡和多聚物，拓纳的 BAYGARDWRS 为聚乙烯蜡乳液。

（2）有机硅类。有机硅防水剂在 20 世纪 50 年代曾被使用，但后来被含氟防水占据主导。反应性聚（甲基含氢）硅氧烷（PMS，简称含氢硅油）是有机硅拒水剂的主体，与 PDMS 或 $\alpha-\omega-$二羟基聚二甲基硅氧烷（简称羟基硅油）合理混拼，可获得良好的综合效果。有机硅防水剂防水效果一般，手感柔软，滑移较大，适用于棉织物。近期开发的有机硅应该是进行了新的改性。代表性产品如迈图的 MagnasoftNFR－A、NFR－B；陶氏的 DOWSIL IE－8749 Emulsion。

（3）丙烯酸类。改性的长链丙烯酸树脂，因其优异的加工性能、耐洗性能，低廉的成本，目前成为无氟防水剂的主流。其缺点是：手感较硬，手抓痕较多。代表性产品如大金 XF5003、5007，上海福可的 X－2Pro、301Pro，日华的 NEOSEED NR－7080。丙烯酸类一般会复配石蜡来提升耐水压，或者复配有机硅来改善手感。

（4）聚氨酯类。聚氨酯类特点是：防水效果佳，面料通用性好，耐水洗性能佳，手抓痕尚可。目前在所有无氟防水剂里面是综合性能最好的，当然成本也比较高。代表性产品是科慕的 ZelanR3，通过 Huntsman 来进行销售。其另一卖点是原料的 63% 源自可再生资源；其他如 3M 的 3705，鲁道夫的 RUCO－DRY ECO，国产如上海福可的 X－9，都是聚氨酯类经典产品。特别是鲁道夫的 RUCO－DRY ECO 号称是树状大分子结构（Dendrimer），在欧系品牌拥有很高的知名度。

（5）纳米 SiO_2 改性。纳米 SiO_2 改性用作超疏水的研究很多，但在纺织上商品化较少。近期北京中纺创新研制了含有双键的阳离子改性纳米 SiO_2 粒子；形成牢固的有机—无机微纳米结构；实现在各类常见织物上防水等级≥95 分（4～5 级）。解决了无氟防水剂成膜后与织物纤维附力差，多次洗涤后防水性能下降的技术瓶颈，实现了 10 次洗涤后防水等级 4～5 级的高效拒水织物。

目前市场上主要的无氟防水剂都脱离不了以上类型，或者是以上类型复配的产品。

3.2.2 无氟防水剂原理

与水及各种有机液体表面张力相比，被含氟聚合物覆盖的表面，具有很低的临界表面张力，具有很好的防水防油性。然而大部分无氟防水剂结构中主键上接有甲基（$—CH_3$），仅能够防水，但不具备防油性，见表 3 和图 1。

表 3　各种化合物的临界表面张力

表面化学组分		γ_c（dyn❶/cm，20℃）
含氟烃类表面	$—CF_3$	6
	$—CF_2H$	15
	$—CH_3$ 和$—CF_2—$	17
	$—CF_2—$	18
	$—CH_2—CF_3$	20
	$—CF_2—CFH—$	22
	$—CF_2—CH_2—$	25
	$—CFH—CH_2—$	28
烃类表面	$—CH_3$（结晶）	22
	$—CH_3$（单层）	24
	$—CH_2—$	31
	$—CH_2—$和$—CH—$	33
	$—CH—$（苯环）	35
氯代烃表面	$CClH—CH_2—$	39
	$CCl_2—CH_2—$	40
	$—CCl_2$	43

图 2 清晰地展示了防水防油剂通过降低纤维表面的表面张力，达到优异的防水防油效果。比如棉的临界表面张力为 $\gamma_c \approx 200$dyn/cm，而常温时水、果汁、油的表面张力分别为 72dyn/cm、50dyn/cm、30dyn/cm，所以棉很容易被以上液体润湿。经过含氟整理剂处理后，棉纤维表面张力下降至约 10dyn/cm，呈现很好的防水防油性。而经过无氟防水剂处理过后的棉纤维表面张力下降至约 30dyn/cm，只能防水或者防部分水溶性液体（如牛奶、果汁等），达不到防油的效果。如图 2 所示。

3.2.3　无氟防水剂主要生产厂家

无氟防水剂相较含氟防水剂门槛较低，所以国产无氟防水剂目前也发展很快。但国外大公司在品牌运作方面有很大的优势，很多国外服装品牌都是指定使用其无氟防水剂。表 4 是无氟防水剂主要生产厂家（国内/国外）汇总。

❶ 1 牛顿（N）$=10^5$ 达因（dyn）。

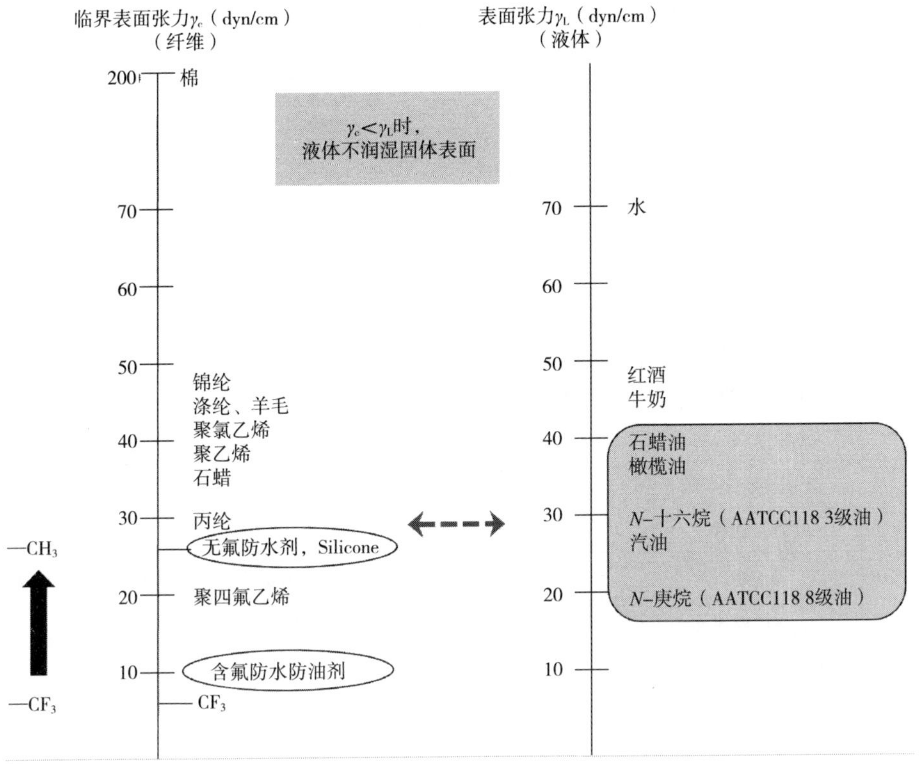

图1 主要固体的临界表面张力和液体的表面张力

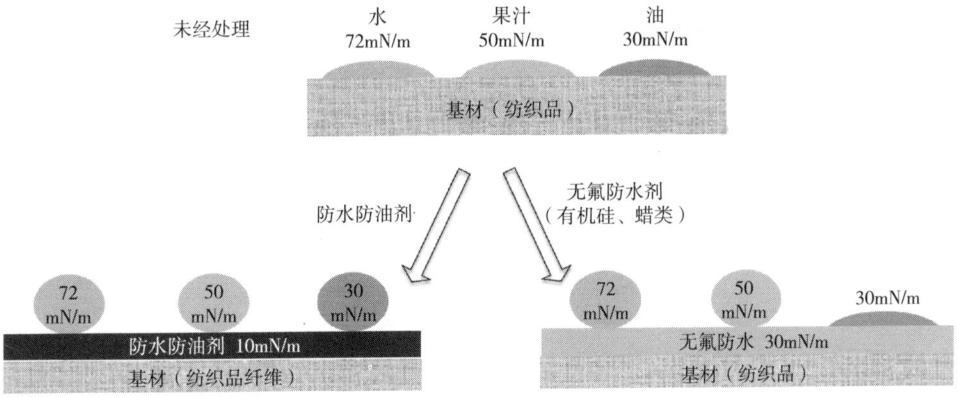

图2 防水防油表面示意图（单位换算：1mN/m＝1dyn/cm）

表 4　无氟防水剂主要生产厂家

	公司	品牌	结构	典型产品
国外	科慕/Chemours	Zelan	聚氨酯	R3
	3M	Scotchgard	聚氨酯	2688、3705
	鲁道夫/Rudolf	RUCO – DRY	聚氨酯	ECO、ECO PLUS
	海屹科/HEIQ	Barrier	石蜡	ECO – DRY
	亨斯迈/Huntsman	Phobotex	石蜡	RSH、RHP
	拓纳/Tanatex	BAYGARD	石蜡、聚乙烯蜡	40178、WRS
	大金/DAIKIN	Unidyne	丙烯酸	XF5003、5007
	日华/NICCA	NEOSEED	丙烯酸	NEOSEED NR – 7080
	昂高/Archroma	Smartrepel	丙烯酸	Hydro CMD、PM
	迈图/Momentive	Magnasoft	有机硅	NFR – A、NFR – B
	陶氏/DOW	DOWSIL	有机硅	E – 8749
国内	广东德美		丙烯酸、聚氨酯	DM – 3696，3698
	浙江传化		丙烯酸	TF – 5016F，501C
	上海福可	ECO – BARRIER	丙烯酸、聚氨酯	X – 2 Pro，X – 301Pro，X – 9
	珠海华大	REPEL	丙烯酸	KW – 80，70N，701
	北京中纺		纳米 SiO_2 改性	CWR – 8DC，8DY
	苏州联胜		丙烯酸	WF – 1，2

3.3　无氟防水剂的检测

表 5 为无氟防水剂检测项目，主要是参考 ECOPASSPORT by OEKO – TEX，检出限量值是目前天祥检测集团（ITS）能够检测的能力。

表 5　无氟防水剂检测项目

	名称		简称	ITS 检出限（mg/kg）
全氟辛烷磺酸及其衍生物	1	Perfluorooctane sulfonic acid and sulfonates/全氟辛烷磺酸和磺酸盐	PFOS	0.025
	2	Perfluorooctane sulfonamide/全氟辛烷磺酰胺	PFOSA	0.025
	3	Perfluorooctanesulfonfluoride/全氟辛烷磺酰氟	PFOSF/POSF	0.025
	4	N – Methyl perfluorooctane sulfonamide/*N* – 甲基全氟辛烷磺酰胺	N – Me – FOSA	0.025

续表

		名称	简称	ITS 检出限（mg/kg）
全氟辛烷磺酸及其衍生物	5	*N* - Ethyl perfluorooctane sulfonamide/*N* - 乙基全氟辛烷磺酰胺	N - Et - FOSA	0. 025
	6	*N* - Methyl perfluorooctane sulfonamide ethanol/*N* - 甲基全氟辛烷磺酰胺乙醇	*N* - Me - FOSE	0. 025
	7	*N* - Ethyl perfluorooctane sulfonamide ethanol/*N* - 乙基全氟辛烷磺酰胺乙醇	N - Et - FOSE	0. 025
全氟烷基羧酸	8	Perfluoroheptanoic acid and salts/全氟庚酸及其盐	PFHpA	0. 025
	9	Perfluorooctanoic acid and salts/全氟辛酸及其盐	PFOA	0. 025
	10	Perfluorononanoic acid and salts/全氟壬酸及其盐	PFNA	0. 025
	11	Perfluorodecanoic acid and salts/全氟癸酸及其盐	PFDA	0. 025
	12	Henicosafluoroundecanoic acid and salts/全氟十一烷酸及其盐	PFUdA	0. 025
	13	Tricosafluorododecanoic acid and salts/全氟十二烷酸及其盐	PFDoA	0. 025
	14	Pentacosafluorotridecanoic acid and salts/全氟十三烷酸及其盐	PFTrDA	0. 025
	15	Heptacosafluorotetradecanoic acid and salts/全氟十四烷酸及其盐	PFTeDA	0. 025
	16	Perfluorobutanoic acid and salts/全氟丁酸及其盐	PFBA	0. 025
	17	Perfluoropentanoic acid and salts/全氟戊酸及其盐	PFPeA	0. 025
	18	Perfluorohexanoic acid and salts/全氟己酸及其盐	PFHxA	0. 025
	19	Perfluoro（3，7 - dimethyloctanoic acid） and salts/全氟 -3，7 - 二甲基辛酸及其盐	PF -3，7 - DMOA	0. 025

续表

		名称	简称	ITS 检出限（mg/kg）
全氟烷基磺酸	20	Perfluorobutane sulfonic acid and salts/全氟丁烷磺酸及其盐	PFBS	0.025
	21	Perfluorohexane sulfonic acid and salts/全氟己烷磺酸及其盐	PFHxS	0.025
	22	Perfluoroheptane sulfonic acid and salts/全氟庚烷磺酸及其盐	PFHpS	0.025
	23	Henicosafluorodecane sulfonic acid and salts/二十一氟癸烷磺酸及其盐	PFDS	0.025
部分氟化烷基羧酸/烷基磺酸	24	7H－Perfluoroheptanoic acid and salts/7H－全氟庚酸及其盐	7HPFHpA	0.025
	25	2H，2H，3H，3H－Perfluoroundecanoic acid and salts/2H，2H，3H，3H－全氟十一烷酸及其盐	4HPFUnA	0.025
	26	1H，1H，2H，2H－Perfluorooctane sulfonic acid and salts/1H，1H，2H，2H－全氟辛烷磺酸及其盐	6:2 FTS	0.025
	27	1H，1H，2H，2H－Perfluorodecane sulphonic acid and ist salts/1H，1H，2H，2H－全氟癸烷磺酸及其盐	8:2 FTS	0.025
部分氟化线性醇	28	1H，1H，2H，2H－Perfluoro－1－hexanol/1H，1H，2H，2H－全氟－1－己醇	4:2 FTOH	0.2
	29	1H，1H，2Ht2H－Perfluoro－1－octanol/1H，1H，2H，2H－全氟－1－辛醇	6:2 FTOH	0.2
	30	1H，1H，2H，2H－Perfluoro－1－decanol/1H，1H，2H，2H－全氟－1－癸醇	8:2 FTOH	0.2
	31	1H，1H，2H，2H－Perfluoro－1－dodecanol/1H，1H，2H，2H－全氟－1－十二烷醇	10:2 FTOH	0.2

续表

	名称		简称	ITS 检出限（mg/kg）
氟化醇与丙烯酸的酯	32	1H，1H，2H，2H－Perfluorooctyl acrylate/1H，1H，2H，2H－全氟辛基丙烯酸酯	6:2 FTA	0.2
	33	1H，1H，2H，2H－Perfluorodecyl acrylate/1H，1H，2H，2H－全氟癸基丙烯酸酯	8:2 FTA	0.2
	34	1H，1H，2H，2H－Perfluorododecyl acrylate/1H，1H，2H，2H－全氟十二烷基丙烯酸酯	10:2 FTA	0.2

4. 无氟防水剂未来的发展方向

4.1 解决现有无氟防水剂加工过程中的通用问题

目前的无氟防水剂概念炒作元素较多，加工过程存在诸多问题，见表6。

表6 无氟防水剂目前加工的主要问题和原因分析

过程	问题点	原因
后整理过程	（1）低浓度防水差	表面张力高
	（2）无氟涂层、轧光、复合加工后防水性能下降大	不耐溶剂
	（3）剥离牢度差	不耐溶剂
	（4）Logo 难印，牢度差，易剥落	不耐溶剂
	（5）接缝滑移大	使用量大
	（6）手抓白痕大	使用量大
	（7）色变大	使用量大
	（8）容易出防水斑	乳液稳定性差
	（9）低温防水性差	表面张力高
	（10）面料适用性差	表面张力高
	（11）耐受染色布不干净或者回用水差	表面张力高
	（12）助剂并用性差	表面张力高
	（13）加工持续性差	表面张力高
	（14）乳液稳定性差	表面张力高
	（15）无法做到防油防污和易去污	不防油

续表

过程	问题点	原因
制衣过程	（1）运输打卷性能下降	表面张力高
	（2）摩擦导致防水下降	不耐磨
	（3）缝纫时不耐针油，服装易被污染	不防油
	（4）如需成衣水洗，性能下降大	表面张力高
使用过程	（1）回潮后性能容易下降	表面张力高
	（2）耐磨性差	不耐磨
	（3）防水下降过快，影响涂层等剥离	表面张力高
	（4）只能防小雨，雨滴滚落效果差	表面张力高
	（5）洗涤后性能下降大	耐洗差

其根源还是在于目前无氟防水剂的结构，表面张力比较大，迄今为止还没有找到能够替代氟碳化合物的新型无氟防水剂。目前无氟防水剂还达不到含氟防水防油剂的性能，无氟防水剂用量过高会带来滑移、手抓痕、剥离牢度等物理问题，影响服装的外观和关键指标。因此着手解决这些通用问题，是目前各大公司的攻关方向，主要侧重于聚氨酯和有机硅改性、聚氨酯和丙烯酸改性、丙烯酸和有机硅改性、纳米 SiO_2 修饰、各种超疏水结构的改性等。

4.2 开发功能更全、更高性能的无氟防水剂

目前的含氟防水剂还具备防油防污性、耐水压性、抗血液性、抗酒精性、抗酸碱性、易去污性等高性能，这些也是未来需要去开发完善的功能，难度非常大。因此开发功能更全、性能更高的无氟防水剂，特别是表面张力更低的新型聚合物，是未来的主要方向，希望在这一领域能有大的技术突破。

参考文献

[1] 杨栋樑. 纺织品疏水化技术的进展（一）[J]. 印染，2011（24）：46.
[2] 杨栋樑. 纺织品疏水化技术的进展（三）[J]. 印染，2012（2）：46-48.
[3] ZDHC 官网

污染物治理与资源综合利用技术部分

印染废水处理技术现状及发展趋势

唐政坤[1]　张怡立[1]　王绍贤[1]　张　钊[1]　陈彦睿[1]　李　方[1,2,3]

1. 东华大学环境科学与工程学院
2. 国家环境保护纺织工业污染防治工程技术中心
3. 上海市污染控制与生态安全研究院

1. 前言

1.1　印染废水的产生与特点

印染生产过程主要包括前处理、染色、印花和整理四个工段，不同原材料纺织品的生产工序及废水产生环节和水质有所不同。

前处理是染整加工的准备工段，前处理的目的是在坯布受损很小的条件下，除去织物上的各类杂质，使坯布成为洁白、柔软、润湿性能良好的染整半制品。不同品种织物的前处理过程、加工工序和工艺条件不同。棉纺织物、麻纺织物以及它们与化学纤维混纺织物染整加工过程中退浆、煮练、漂白和丝光等前处理工序产生的废水具有污染物浓度高、碱度大的特点，废水中含有浆料、纤维、各类助剂、油剂、碱等产生的污染物。例如，碱退浆废水 pH > 11，COD_{Cr}浓度一般为 10000 ~ 30000 mg/L。退浆废水的可生化性与织物上浆料的组成有关。涤纶化纤织物主要有碱减量和精练等工序，碱减量废水 COD_{Cr}浓度一般为 10000 ~ 30000mg/L，pH > 12。

染色是将纤维材料染上颜色的加工过程，一般包括上染、固色、水洗和皂洗等工序。印花是局部着色，是使纺织品获得各色花纹图案的加工过程。棉、麻机织物及含棉、麻混纺机织物的染色废水污染物包括染料和助剂等，染色工段废水 COD_{Cr}浓度一般为 500 ~ 2500mg/L，色度 300 ~ 500 倍，pH 值 8 ~ 10。化学纤维织物染色工段废水 COD_{Cr}浓度一般为 500 ~ 800mg/L，色度 100 ~ 400 倍，pH 值在 5 ~ 10。

整理是通过化学或物理手段改善纺织品的服用性能或赋予纺织品某些特殊功能的加工过程，常见的整理包括上浆、定形、轧光和增白等处理。除常用的整理外，还有功能性整理，如抗静电、防水和阻燃等，主要是根据产品要求，加入相应助剂。整理工段由于废整理液和设备清洗产生少量废水，污染物主要包括整理剂和有机硅等，均属于难生物降解有机物，COD_{Cr}浓度一般为200~500mg/L。化学纤维织物整理过程加入各类功能性整理助剂，废水水量较小，水质差异大，COD_{Cr}浓度为2000~5000mg/L。

1.2 废水处理工艺选择

基于工业废水处理的全过程控制理念，废水处理工艺结合工业生产切入生产链，可以分为源头减排、过程控制和末端治理。“清污分流处理、分质定向回用”是目前印染废水处理的主流理念，不同工艺阶段产生的废水根据污染物成分和浓度不同，采用不同的技术达到不同程度的处理，再根据每个生产工序的用水水质要求进行回用。

印染企业废水末端治理可分为分质综合处理和直接综合处理。其中，分质综合处理是对要求车间或生产设施排放口达标排放的生产废水（如含铬废水），或者对污染物浓度高或具有资源回用价值的工艺废水（退浆废水、碱减量废水等）进行分类收集、单独处理后，排入厂区综合废水处理设施进行混合处理的方式。直接综合处理是排污单位生产废水直接排入厂区综合废水处理设施进行混合处理的方式。印染企业综合污水处理设施分为一级、二级及深度处理。根据废水水质选择废水处理技术，废水排放水质应满足GB 4287—2012、GB 28936—2012、GB 28937—2012、GB 28938—2012和HJ861—2017等相关标准及其修改单、规范要求。根据印染不同工艺段用水水质要求选择尾水回用工艺，在经济技术可行前提下，最大限度地提高水回用率。印染废水处理通常采用生物与物化处理结合的工艺路线。以下介绍几种国内技术相对比较先进、成熟度较高的废水处理工艺。

2. 废水处理先进技术

2.1 高浓废水预处理技术

2.1.1 退浆废水交联盐析工艺

聚乙烯醇（PVA）具有良好的成膜性及黏附性，作为织物上浆的主要原料应用于经纱上浆。在印染加工前，为去除棉布上的浆料及棉纤维上的部分天然杂质，必须进行退浆。退浆废水虽然水量不高，但有机物含量大且碱性强，除PVA外还含有润滑剂、柔软剂、增稠剂、防腐剂等助剂，是典型的难降解高浓度有机废水。一般的PVA退浆废水中PVA含量在1%~3%（质量分数），COD_{Cr}值可达20000~50000mg/L，占印染废水COD_{Cr}总量的一半以上，而其BOD5/COD_{Cr}仅为0.1左右，可生化性差，传统的生化法和单项技术均难以奏效，需进行预处理，废水达标处理的成本压力较大。

化学凝结法是目前印染企业较为常用的退浆废水PVA回收技术。PVA属于非离子型聚合物，电荷对其吸附作用很弱，不能用一般所采用的产电荷的聚凝剂进行凝聚沉淀，但可以与硼酸盐络合，形成二醇型的立体交联结构，加入高浓度的盐类后可盐析回收。

（1）技术原理。盐析法处理回收退浆废水中 PVA，主要是通过投加盐析剂硫酸钠后，其水溶液会由于受到盐析作用而增稠变浓，当盐离子浓度足够大时，可以产生很强的水合能力借助自身的极性作用，将大量水分吸附到自己周围，从而使 PVA 凝聚而析出。

（2）关键技术。常用的盐析剂为硫酸钠，若只通过硫酸钠回收 PVA，其用量大，经济成本较高。因此，投加硼砂，将分子 PVA 与硼酸根离子形成二醇型的立体交联结构，再使用一定量的硫酸钠和助凝剂，可以大幅降低硫酸钠的用量。东华大学研究团队还开发了的一种利用含 PVA 退浆废水资源化制备抑尘剂的资源化技术。

2.1.2　碱减量废水盐析工艺

涤纶化纤机织物前处理中的碱减量等工段废水含有大量聚酯聚合物，COD_{Cr}浓度高、碱性大、可生化性差，总锑浓度较高。碱减量废水可采用加酸调节 pH 值，将聚酯聚合物析出，通过混凝沉淀或气浮去除，降低总锑的浓度。

（1）技术原理。

碱减量废水的主要污染物为对苯二甲酸，它是聚酯树脂、增塑剂和合成纤维的重要生产原料。采用酸析法，将 pH 值降至 3 时，对苯二甲酸溶解率大幅下降从而析出，酸化析出的分子较大，使用絮凝剂后易沉淀。

（2）关键技术。为了提高对苯二甲酸的回收率，碱减量废水首先通过过滤装置去除悬浮物质，再加入硫酸，降低 pH 值，使对苯二甲酸析出，酸析反应结束后，混合液进入板框压滤机进一步回收对苯二甲酸。

（3）应用案例。江苏吴江某印染企业针对 2000t/d 碱减量废水进行预处理，经过酸析预处理后废水 COD_{Cr}浓度降低至 2000mg/L 以下，接入综合废水处理站，企业综合废水采用组合工艺见图 1。碱减量废水单独收集并预处理，有效降低了后续污水处理难度和处理费用，实现排污企业节能降耗的目标。

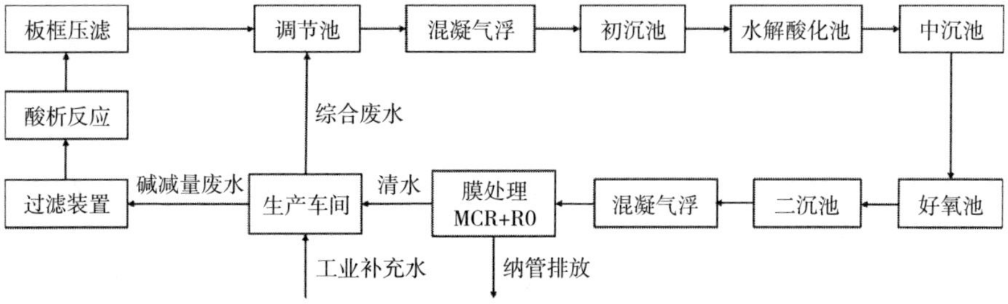

图 1　含碱减量印染废水处理工艺流程

2.1.3 含铬废水还原沉淀工艺

纺织工业企业可能涉及六价铬排放的工艺有感光制网工艺和毛纺染整。含铬废水必须单独处理并且在车间排放口达标排放。含铬废水可采用还原沉淀法处理。在酸性条件下通过投加亚硫酸氢钠等还原剂将 Cr^{6+} 还原成 Cr^{3+}，然后调节 pH 值至碱性形成氢氧化铬沉淀去除。

（1）技术原理。在 pH 为 2 ~ 4 时，向含铬废水中加入还原剂，如亚铁盐、亚硫酸盐、二氧化硫等，将 Cr^{6+} 还原成 Cr^{3+}，再加入石灰或氢氧化钠等碱类，调节 pH 值至 8 ~ 9，形成氢氧化铬沉淀从而去除铬离子。

（2）关键技术。在化学还原沉淀法中，Cr^{6+} 的反应速度与酸度有关，要保证还原反应迅速完成，必须在较低的 pH 值条件下进行反应，当 pH 值控制在 2 ~ 3，反应迅速且彻底。但 $Cr(OH)_3$ 为两性物质，在沉淀过程中 pH 值太高时会溶解，pH 值太低时又不能沉淀完全，所以最佳的沉淀 pH 值控制在 8 ~ 9。为保证 Cr^{6+} 去除效率，在采用还原沉淀法处理 Cr^{6+} 废水时，最好采用氧化还原电位仪进行自动控制，在酸性条件下氧化还原电位在 230 ~ 270mV，Cr^{6+} 完全转化为 Cr^{3+}。

（3）应用案例。江阴某毛纺印染厂在含铬漂洗液中，金属铬主要是以 Cr^{3+} 和 Cr^{6+} 两种形式存在。为了去除重金属铬离子，除铬工艺首先采用 pH/ORP 控制器使 pH 值控制在 2.5 ~ 3.0，氧化还原电位控制在 230 ~ 270mV 的酸性条件下，利用 $NaHSO_3$ 将 Cr^{6+} 还原成 Cr^{3+}，然后通过投加 NaOH 和絮凝剂，控制 pH 值在 10 ~ 11，使 Cr^{3+} 生成沉淀而将其除去。产生的污泥脱水后外运资源化处理。

2.2 生物增效处理技术

2.2.1 强化内循环厌氧反应器（SCAR）

强化内循环厌氧反应器是在内循环厌氧反应器（IC 反应器）的基础上发展得来的，同时也是在 UASB 反应器基础上发展起来的第三代厌氧反应器的技术改进。

（1）技术原理。强化内循环厌氧反应器由九个部分组成，包括布水区、第一厌氧反应室、一级三相分离器、第二厌氧反应室、二级三相分离器、内循环系统、外循环系统、集气罐和出水区（图 2）。进水经布水区进入反应器后，与颗粒污泥均匀混合，依次经过第一反应室和第二反应室厌氧处理。两个厌氧反应室均设置三相分离器，系统产生的沼气携带泥水混合液沿提升管上升至集气罐，沼气由集气罐顶部排出，分离出来的泥水混合液沿回流管返回至第一厌氧反应室的底部，实现混合液的内循环。在出水区的下侧位置设置外循环出水口，在反应器的布水区设置外循环的进水口，通过外循环泵实现反应器的外循环。内循环和外循环的结合，实现了对反应器的强化循环，使厌氧反应器获得良好的传质效果。强化内循环厌氧反应器针对印染废水可生化性相对较低的特性，在 IC 反应器的基础上增加了强化外循环系统，使反应器兼具IC内循环和EGSB外循环的特征。该反应器的外循环增加了废水在反应器中的上升流速，一方面会增强系统内废水与颗粒污泥间的传质作用，对系统稳定运行具有促进作用；另一方面过大的上升流速又会对颗粒污泥产生冲击作用，进而影响到系统对污染物的去除能力。

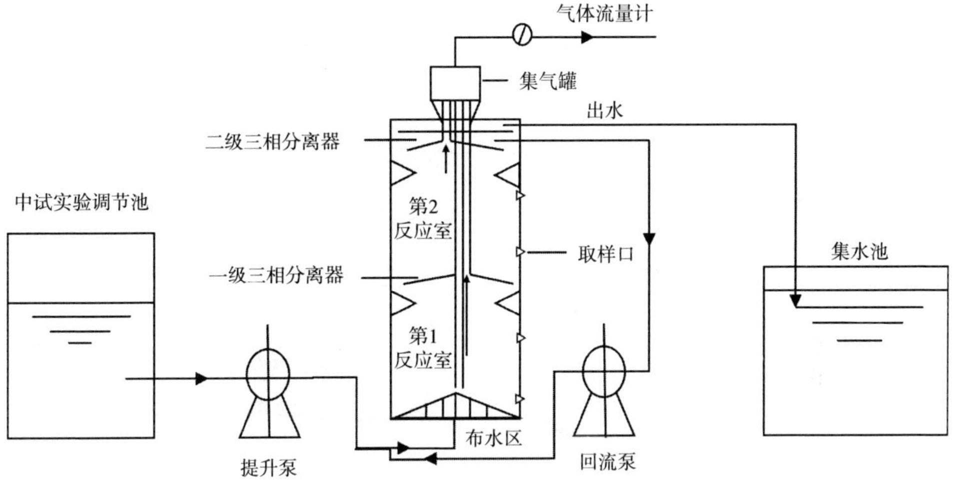

图2　强化内循环厌氧反应器（SCAR）示意图

（2）关键技术。SCAR反应器是在IC反应器基础上针对印染废水特点开发的，其中关键在于增强了外循环。因此，通过控制回流比进而控制废水在厌氧反应器中的上升流速和水力负荷是强化内循环厌氧反应器的关键之处。在回流比R达到3或4时反应器对COD_{Cr}均具有较高去除效率。印染废水可生化性相对较差，在没有外回流条件下，反应器内回流强度弱，难以在系统内部对颗粒污泥形成有效搅动，系统内部传质作用差。而随着外回流的启动和外回流强度的逐渐增加，反应器的传质条件逐渐改善，COD_{Cr}去除效率也开始逐渐增加。

（3）应用案例。强化循环厌氧反应器（SCAR）处理绍兴某印染企业的前处理废水，在进水COD浓度1000～3650mg/L、系统容积负荷0.7～64kg/（m^3·d）的条件下，废水COD和色度平均去除率分别达到55%和73%。反应器内较高浓度的NH_4^+—N保证了系统pH值的稳定性，350～600mg/L的NH_4^+—N浓度没有对强化循环厌氧反应器产生抑制作用，系统内也没有出现VFA积累。启动过程中，厌氧颗粒污泥的粒径增大、沉降性能改善。

2.2.2　微氧循环流高效脱氮（EBIS）工艺

（1）技术原理。EBIS工艺是传统AO工艺的技术改良，它是基于先进的同步硝化反硝化脱氮理论研发的高效一体化生物处理系统，并同时兼顾了传统

AAO 除磷脱氮的优点。EBIS 工艺主要由厌氧区、低氧曝气区和沉淀区三个区域组成（图 3），废水首先流过厌氧区，进行厌氧释磷。随后废水在鼓风机推动下，在低氧曝气区进行大幅度的循环流动，实现硝化反硝化的同步进行，且短程硝化反硝化占有相当比例。EBIS 系统不仅简化了系统脱氮的运行流程，节约了能耗，降低了对碳源的需求，提高了脱氮效率，也避免了由于硝态氮积累带来的不利影响。

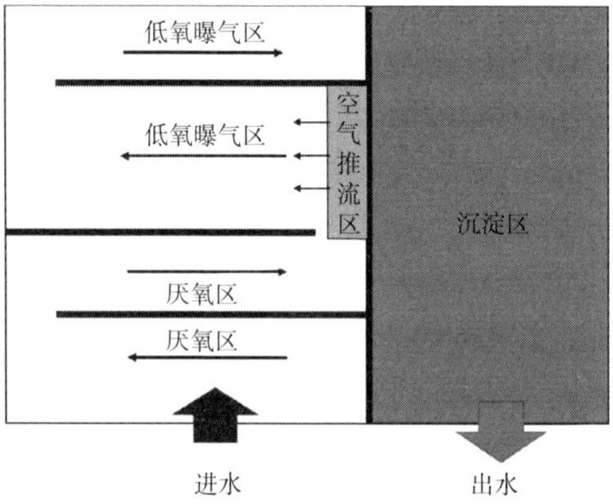

图 3　EBIS 工艺内部构造示意图

（2）关键技术。EBIS 工艺将溶解氧浓度稳定的控制在 0.5mg/L 左右，溶解氧浓度的控制是通过溶解氧监测仪自控回路控制鼓风机风量来实现（智能溶解氧控制系统，DOCS）。在低溶解氧环境下，微生物生长速度较慢，吸附能力较强，微生物种群多样化，硝化菌与反硝化菌同时共存，同步进行硝化反硝化。同时 EBIS 工艺的大面积曝气技术，曝气效果非常均匀，采用可提升微孔曝气软管，微孔直径仅为 1 ~ 1.2mm，曝气通气量非常小，通过低通气量可以延长气泡在水中的停留时间，提高效率。此外，区别于传统的曝气器复杂的更换过程，EBIS 工艺的曝气器更换过程简单便捷，可在线不停车更换，不影响生产。最后 EBIS 工艺的一体式结构，将不同单元有机结合，因而总池容小于传统工艺的生化池池容，特别适合既需要提标改造又难以新增用地的污水厂，如图 4 所示。

（3）应用案例。在太仓市某漂染有限公司 3000 吨/日漂染废水处理工程中，COD、TN、TP 去除率分别达到 90%、21% 和 96%，悬浮物、氨氮及色度的去除率为 88%、73% 和 50%。排放口 COD、TN、TP、悬浮物、氨氮及色度分别为 36mg/L、5.10mg/L、0.16mg/L、5mg/L、0.38mg/L 和 4 倍，电耗成本比原来下降 40%。

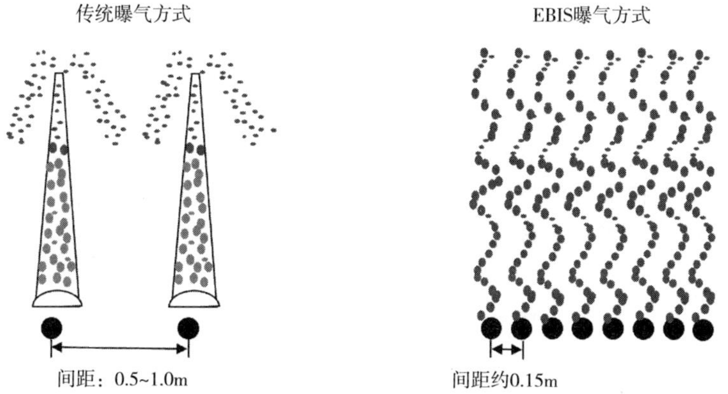

图4　传统曝气和 EBIS 曝气对比

2.3　高级氧化技术（AOP）

高级氧化技术是近年来新兴起的水处理技术。由于该技术处理过程中，可产生具有强氧化性的自由基（如羟基自由基·OH），能使许多结构稳定、很难被微生物分解的有机分子，转化为无毒无害的可生物降解的低分子物质，反应最终产物大部分为二氧化碳、水和无机离子等，并且无剩余污泥和浓缩物产生，因此，AOP 工艺近年来成为处理印染废水的研究热点。

2.3.1　臭氧催化脱色工艺

印染废水中一般含有悬浮物、油脂、纤维屑、表面活性剂和各种染料等，其成分复杂且较难处理。作为一种强氧化剂，臭氧因具有快速脱色、有效破坏不饱和结构和显著提高废水可生化性、无污泥产生等特点而受到青睐，但它的推广仍受制于能耗高、矿化能力弱等问题。在实际工程应用中，常选择臭氧催化剂进行辅助，提高臭氧的利用效率，强化臭氧的氧化能力。

（1）技术原理。臭氧具有强氧化性，臭氧分子中的氧原子具有强烈的亲电子或亲质子性，在碱性溶液中拥有 2.07V 的氧化电位，可以氧化分解水中污染物，但对污染物具有选择性且速度慢。臭氧在中性环境下，在催化铁的催化作用下，在水中形成具有强氧化作用的羟基自由基（·OH），·HO（$E_0=2.8$V）电位高，针对污染物反应能力强、速度快、可引发链反应，使许多有机物彻底降解。

（2）关键技术。催化剂是臭氧催化的关键。以铁屑制备的铁基催化剂，表面存在多种过渡金属（氢）氧化物，具备良好的催化臭氧功能，其中 $\gamma-FeOOH$ 是主要的催化成分，同时各种成分起到催化叠加效果；且蜂窝状催化剂，巨大的比表面积和空隙率、很小的孔径，满足了·OH 作用域极窄的特点要求，臭氧有效分解率高，氧化有机物效果好，如图 5（a）所示。因此，利用废钢材刨花状铁屑作为催化剂原料十分理想，不仅铁屑具备表面改性的条件，影响有效的催化成分，其中的掺杂元素，也对催化效果影响较大，更为关键的是满足了·OH的作用域。此外，臭氧催化反应器的设计也是关键，需要臭氧、催化剂以及污染物能够充分混合接触，才能起到良好的催化效果。臭氧微气泡射流器专为高效混合设计，射流器出口混合液经特殊设计的增效喷嘴射入投加池，吸引周围4~5倍的流量与之混合，提高主体流体的混合效率，如图5（b）所示。

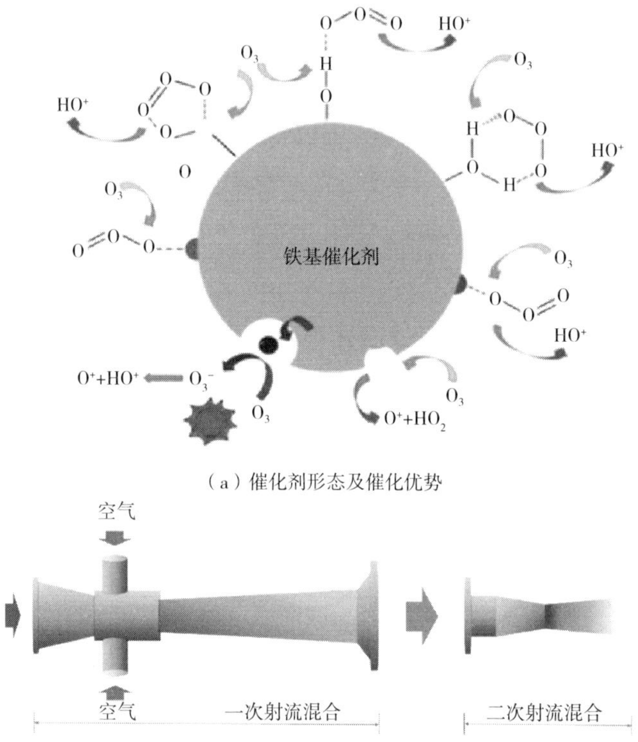

（a）催化剂形态及催化优势

（b）臭氧微气泡发生过程示意图

图5 催化技术及臭氧微气泡发生过程

（3）应用案例。浙江省某大型纺织印染工业园区内$20\times10^4m^3/d$污水处理工程中，处理的废水由81%印染废水、10%化工废水、9%生活污水及其他废水组成。同济大学团队在现有的工艺基础上增加了臭氧催化氧化工艺进行中试生产，采用铁基催化剂进行深度处理，处理效果和经济指标非常理想。该污水厂采用该技术进行了工程提标改造，项目多年稳定运行情况，臭氧催化装置出水COD、色度稳定达到了GB 18918—2002的一级A标准要求。采用臭氧催化工艺的印染废水处理流程图如图6所示。

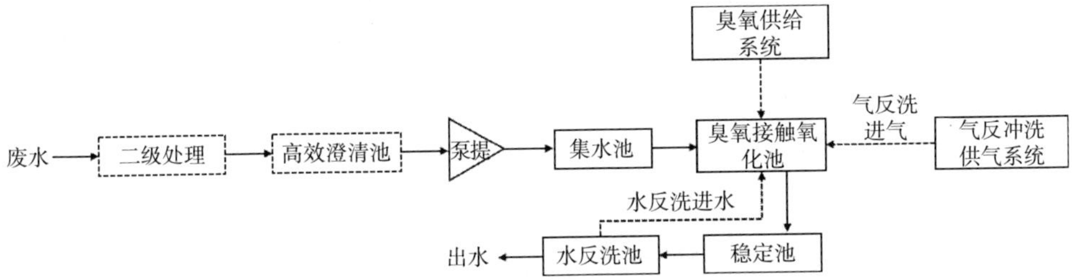

图 6　采用臭氧催化工艺的印染废水处理流程图

2.3.2　类芬顿高级氧化工艺

类芬顿反应是除 Fe（Ⅱ）以外，Fe（Ⅲ）、含铁矿物以及其他一些过渡金属，如 Co、Cd、Cu、Ag、Mn、Ni 等可以加速或者替代 Fe（Ⅱ）而对 H_2O_2 起催化作用的一类反应。与传统芬顿反应相比，类芬顿氧化工艺具有较宽的 pH 值范围、产泥量少的特点。因此，类芬顿氧化工艺被广泛应用于纺织印染废水处理系统。

（1）技术原理。在非均相 Fenton 系统中，nZVI 可以作为铁的持续溶解的来源，尤其是在酸性 pH 值下，这有助于形成均相 Fenton 反应主导的机制。以 Fe@ Fe_2O_3 为例（图 7），来自 Fe^0 的两个电子可以转移到 O_2 以生成 H_2O_2，H_2O_2 进一步与生成的 Fe（Ⅱ）反应，在酸性至中性 pH 值条件下生成 HO·。此外 Fe@ Fe_2O_3 通过单电子还原途径能激活分子氧产生 $\cdot O_2$。

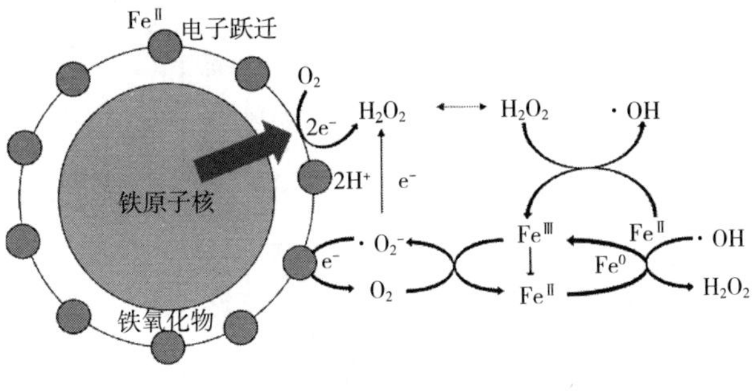

图 7　Fe@ Fe_2O_3 非均相 Fenton 氧化的示意图

（2）关键技术。类芬顿催化剂的制备，类芬顿工艺最佳工况的选择，它们都是影响污水处理效果的关键因素。在催化剂的制备中，以 Fe（Ⅲ）被“固定”在催化剂结构中的材料被广泛研究，目的是制备出高效、稳定、可多次回收利用的催化剂。

（3）应用案例。东华大学团队利用黄铁矿催化类芬顿氧化对象山印染厂实际印染废水进行深度处理，处理对象为退浆、煮练、漂白、染色、洗涤等混合废水生物处理后的出水，出水主要污染物为聚乙烯醇、活性染料、分散染料和无机盐等添加剂。该工艺可在180min内有效处理pH值3~6的废水。COD和脱色率分别达到78.59%和98.08%。相比之下，经典芬顿系统在最佳反应条件下仅可实现65%的COD去除率。

2.4 低碳目标下新技术发展趋势

在未来的减污减碳要求下，具有能耗低、物耗少、不产生二次污染等优点的废水处理技术被认为更具有应用前景。同时，这些技术能够满足废水再生、资源回收的要求。以下介绍两个典型技术。

2.4.1 棉染染液络合萃取—盐水回用工艺

棉染染液废水具有高盐高色度的特性，为了解决活性染料染棉过程所造成的盐污染问题，同时克服高含盐染色废水回用和达标排放的困难，研究人员开发了棉染染液络合萃取—盐水回用工艺。

（1）技术原理。在棉染染液络合萃取—盐水回用工艺中，三相旋流混合分离技术是一种基于可逆反应的极性有机物化学分离方法，在对染色残浴的处理过程中形成了水+盐和复合分离药剂两个体系的闭环循环，在三相旋流混合分离装置中相互作用，连续性地将染色残浴中的水解染料提取出来，从而使含高盐度的残浴得以循环使用（图8）。

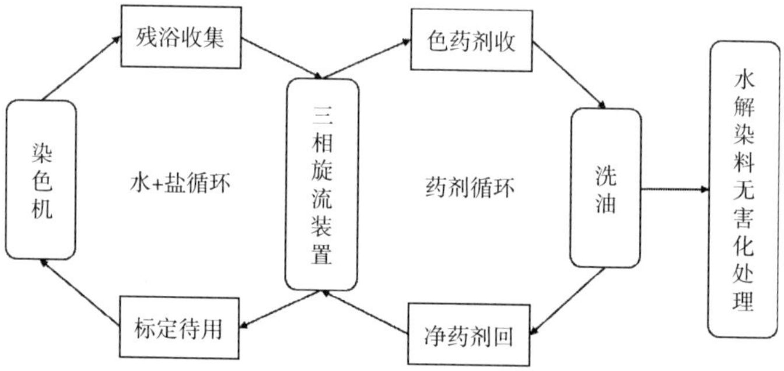

图8 染色残液盐水回收工艺流程

（2）关键技术。该技术是将收集高盐高色度的染色残液，采用络合萃取——膜耦合分离技术，将水解染料等污染物高效快速地分离出来，分离率达到99%以上，这样剩下的盐液就可回用到染色过程循环利用。该技术可实现80%~90%的盐回用、80%~90%的难降解的水解染料在源头被分离出来。

（3）应用案例。新疆神邦采用“染色残液三相旋流快速脱色和再生盐液循环使用技术”在新疆地区棉染色、毛巾染色生产上分别实现了产业化实施，阿克苏华孚色纺已经产业化连续运行，效果良好达到设计要求。技术优势在于，一是对染色残液的染料分离率达到99%以上，盐液可回用到染色过程循环利用，可实现90%以上的盐回用，成本约2元/吨染液，二是难降解的水解染料在源头被分离出来，通过高级氧化技术进行独立处理后进入污水厂，采用常规生化处理就可确保色度和苯胺类指标达标排放，减少深度处理步骤，总体上减少了综合处理成本。

2.4.2　染盐精准膜分离技术

膜分离技术处理印染废水主要是通过对废水中污染物的分离而达到废水处理的目的，与传统分离技术相比，膜分离过程被分离物不发生相变，耗能相对较低，具有节能、环保、高效的特点，且分离装置简单，易于放大，并可实现自动化控制，可以有效改善出水水质。

纳滤膜可以完全满足这一要求，在染料废水处理中同时截留染料和盐分。然而，染料/盐的混合物不能作为资源重复使用，导致染料和盐的损失。此外，还会导致资源浪费和环境污染。松散的纳滤膜，孔径大，无机盐渗透率高，足够尺寸的染料保留率高，适用于染料和无机盐的分级分离。因此，在用松散的纳滤膜处理后，染料和无机盐从染料废水中分离出来。染料被回收利用，含有无机盐的废水可以再用于染料生产或着色。

（1）技术原理。纳滤膜的孔径通常为0.5～2.0nm，可以去除多价盐或分子量为200～1000Da的有机物。大分子染料或有机污染物被截留，无机盐经膜孔渗透，从而实现染料和无机盐的分级分离（图9）。

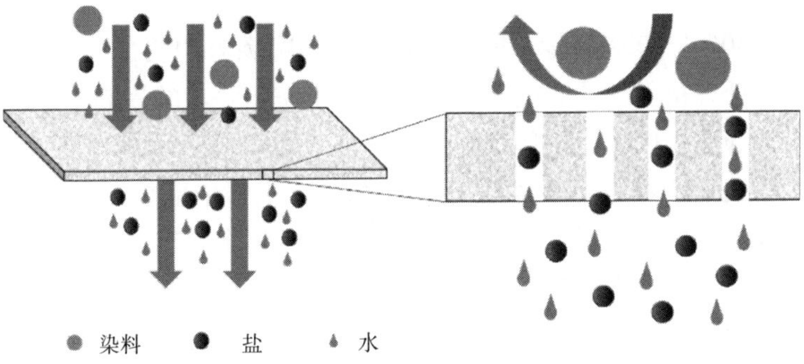

图9　纳滤膜技术处理高盐染料废水机制

（2）关键技术。纳滤是一种典型的膜技术，在废水处理、水质净化方面发挥了重要作用。纳滤膜通常具有0.5～2.0nm的孔径，这允许膜去除多价盐或分子量为200～1000Da的有机物。在实现染盐精准分离过程中，设计和制备高选择性膜材料是实现这一途径的关键所在。目前，对于膜材料的选择多聚焦在二维纳米颗粒材料、离子液体、两性离子化合物、生物材料（如多巴胺、单宁等）以及先进的多孔材料，如金属有机框架和共价有机框架等。

（3）应用案例。某印染厂经常规处理后的废水，含盐量约为6000mg/L，采用MBR＋纳滤＋DTRO＋四效蒸发的处理工艺，对印染废水进行脱盐处理。一级纳滤主要去除MBR出水的全盐量以及其他污染物，产水中全盐量浓度在1600mg/L以下。产水作为再生水回用于生产，回用率可达到72%～75%。而产生的浓水进入二级纳滤系统进行处理。经过二级纳滤处理的出水，可用于绿化、冲厕等，二级纳滤浓水经过软化系统去除部分硬度后进入DTRO系统，经DTRO系统处理后的产水回用于生产，浓水则进入四效蒸发进行盐的分离，在脱盐过程中产生的再生水继续可回用于生产，固化后的盐块则按环保要求进行处置（图10）。

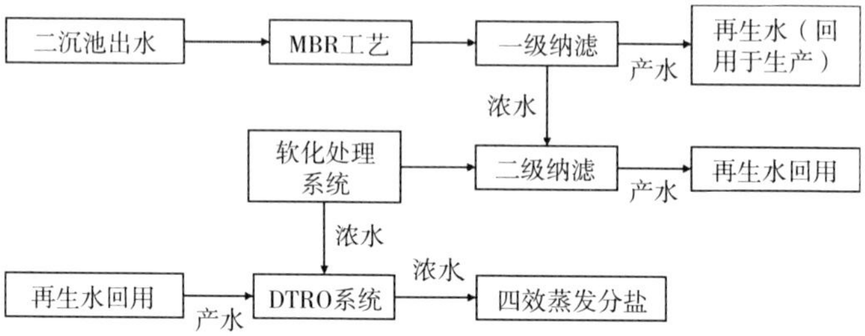

图10 纳滤＋DTRO＋蒸发组合零排放工艺流程

3. 结束语

为实现“3060”双碳目标，印染行业在减污降碳方面仍需要深入挖掘潜力，印染行业废水处理技术工艺必然会随着生态环境质量要求的提高不断提升。但在实际工程设计和运行中，由于印染行业生产工艺的多样化和排放标准的差异化，工艺路线、工程投资和运行成本也有较大差异，工程中应根据具体情况合理分析。系统处理出水要求决定了该工艺的处理成本，出水要求回用于生产，处理成本高。随着清洁生产要求的提高，处理程度的要求和回用比例将进一步提高，运行成本也会相应增加。环境效益、社会效益是经济效益的基础，经济效益则是环境效益、社会效益的结果，印染废水处理技术只能在实践中才能不断优化，为行业绿色和高质量发展保驾护航。

参考文献

[1] Li F, Ma H, Shen C, et al. From the accelerated production of OH radicals to the crosslinking of polyvinyl alcohol: The role of free radicals initiated by persulfates

[J] . Applied Catalysis B: Environmental, 2021, 285: 119763.

[2] 郭丽，奚旦立，马春燕，等．退浆废水中聚乙烯醇回收技术的研究[J]．净水技术，2008，27（1）：3.

[3] 李方，沈忱思，陈洪腾，等．一种利用含聚乙烯醇退浆废水资源化制备抑尘剂的方法：中国，108084968A [P] . 2018 - 05 - 29.

[4] 金艳．碱减量废水处理工程实例 [J]．工业用水与废水，2017，48（4）：68 - 71.

[5] 来东奇，吕志园，杨敏．碱减量印染废水处理及回用工程 [J]．印染，2017，43（3）：41 - 45.

[6] 邱明亮，罗丹，丁晓静，等．化学沉淀法处理含铬废水的成本比较[J]．环境保护与循环经济，2012，3：61 - 64.

[7] 杨波，王大鹏，李方，等．出水回流对强化循环高效厌氧反应器（SCAR）处理印染废水的影响 [J]．环境工程学报，2016，10（2）：717 - 722.

[8] 王赫，王红武，马鲁铭．铁基催化剂中催化臭氧氧化的有效成分分析[J]．工业用水与废水，2020，51（1）：50 - 54.

[9] 马鲁铭，马捷汀，陈林，等．一种催化臭氧形成高级氧化的微通道整砌填料：中国，112427005 B [P] . 2020 - 09 - 03.

[10] 马捷汀，刘新亚，马鲁铭，等．铁基催化剂整砌填料催化臭氧的运行工况研究．中国给水排水，2022，38（5）：33 - 39.

[11] Zhu Y, Zhu R, Xi Y, et al. Strategies for Enhancing the Heterogeneous Fenton Catalytic Reactivity: A review [J] . Applied Catalysis B: Environmental, 2019, 255: 117739.

[12] 吕来，胡春．多相芬顿催化水处理技术与原理 [J]．化学进展，2017，29（9）：981 - 999.

[13] Chen Q, Yao Y, Chen Y, et al. Long term catalytic activity of pyrite in Heterogeneous Fenton - like oxidation for the tertiary treatment of dyeing wastewater [J] . Journal of Environmental Chemical Engineering, 2021, 9: 105730.

[14] 丁彩玲，韦节斌，尹晓品，等．一种活性染料染色残液的循环利用系统：中国，207108641U [P] . 2018 - 03 - 16.

[15] 刘奎东，李世琪．一种活性染料染色残液的高效萃取脱色系统：中国，107021538B [P] . 2020.

[16] 陈明星，李荣健，胡雪敏．纳滤膜制备及其在染料分离领域的应用[J]．针织工业，2021，7：84 - 89.

[17] Feng X, Peng D, Zhu J, et al. Recent advances of loose nanofiltration

membranes for dye/salt separation [J]. Separation and Purification Technology, 2022, 285: 120228.

[18] 李体康. 印染工业高盐废水污染控制技术研究 [D]. 济南: 山东建筑大学, 2018.

印染行业废气处理技术现状及发展趋势

叶代启　范丽雅　黄皓旻

华南理工大学

印染行业是纺织产业链中环境保护的关键行业之一。挥发性有机物（VOCs）是臭氧生成的重要前体物，臭氧污染形势严峻主要原因是 VOCs 污染仍未得到有效控制。在印染行业废气治理政策方面，我国已于 2013 年开始着手《纺织印染工业大气污染物排放标准》的制订工作，但至今未颁布实施，仍参照《大气污染物综合排放标准》（GB 16297—1996），该标准控制污染物种类为 33 种，恶臭排放标准控制污染物种类有 8 种，并非均适用于印染行业，针对性不强，且颁布时间较早，与印染行业废气实际情况存在一定差异。

1. 印染行业排放特征

1.1　环节排放特征

印染生产工艺流程分为坯布准备、前处理、染色/印花、后整理及成品包装阶段。前处理包括烧毛、煮练、漂白、丝光等过程。烧毛指将织物通过火焰或在炙热的金属表面擦过，烧去表面绒毛的工艺过程，以保证后续对织物进行染整的工艺效果。此过程会因纤维燃烧产生一定的颗粒物。煮练、漂白、丝光、染色、固色等工艺过程为湿过程，操作温度也不高，一般不会产生废气，但会因水蒸发携带少量的污染物质，形成无组织排放源。此外，为了达到织物整理要求，还会有皂洗、水洗、烘干等过程。在烘干过程中，织物上附带的织物油、纺纱油、染料、精练清洁用剂等会挥发，产生大气污染。此后，织物进入后整理工序，一般通过热定形机进行整理。因定形机的高温作用（180～210℃），织布中的油脂类、蜡质类、溶剂类、助剂类等受热大量挥发，随定形机废热空气排出，形成油烟、颗粒物等有机废气，此工段为印染过程工艺废气主要来源。涂层整理过程中会使用到大量的有机溶剂，特别是溶剂型涂层，对大气污染较为严重。涂层工艺按照涂层的方式可以分为直接涂层法、热熔涂层法、黏合涂层法和转移涂层法，不同的涂层方式的流程也不相同。最后的成品包装、入库过程很少有废气释放。

典型的化纤、混纺布、麻棉、涤棉布印染工艺流程和产污节点分别如图 1 和图 2 所示。

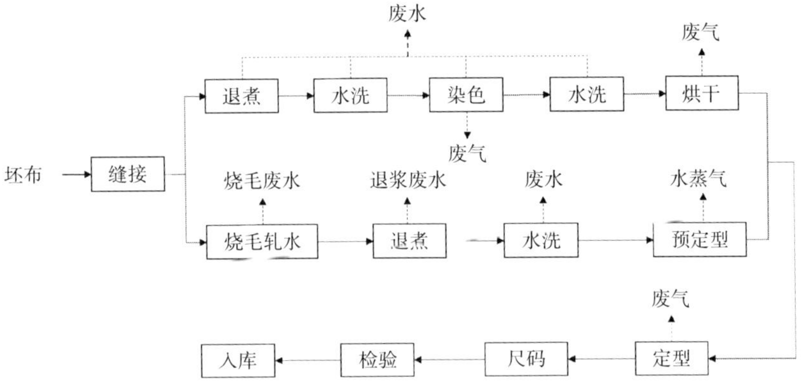

图1 典型涤棉布印染工艺流程及主要产污环节

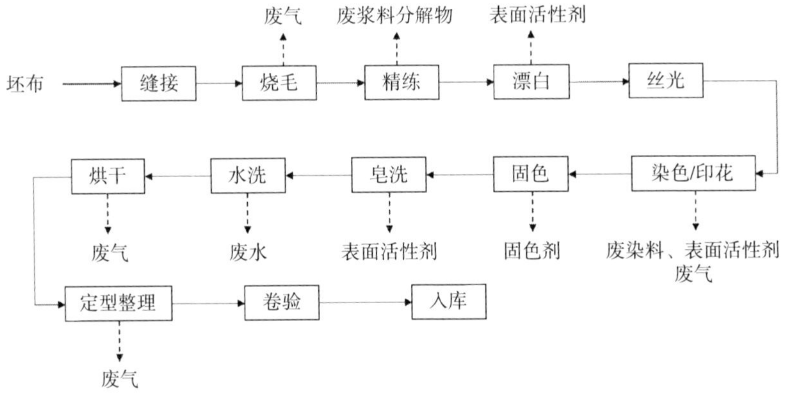

图2 典型化纤、混纺布工艺流程及主要产污环节

1.1.1 烧毛工序

烧毛工序中织物表面绒毛在通过火焰或与高温金属表面接触的过程中被去除，在此过程中会因织物纤维的燃烧而产生一定的颗粒物，烧毛废气稳定性较高，温度在110～130℃，排放通常是有组织排放，基本上没有进行处理。

1.1.2 印花工序

印花工序是用染料或颜料在纺织物上施印花纹的工艺过程。常用的有直接印花、防染印花和拔染印花三种。印花制版过程中常涉及固化胶、感光胶的使用，在制版涂胶和烘干过程中固化胶和感光胶的有机物成分易挥发而产生有机废气，此外在印花调浆车间由于染料及其助剂中有机成分的挥发也会产生部分有机废气。

1.1.3 脱水烘干工序

脱水烘干工序包括脱水工序和烘干工序。烘干工序是指将脱水去除大部分水分的布料通过烘干机进行干燥的过程。脱水烘干工序一般设置在敞开的车间内，烘干设备旁设有车间换气管道，烘干废气大多没有相应的收集设施，产生 VOCs 少量通过换气管道有组织排放，大部分的 VOCs 无组织排放。

1.1.4 定形工序

定形工序常通过热定形机进行整理，在高温（180 ~ 210℃）条件下，吸附在织物表面的污染物受热大量挥发，产生有机废气、粒状污染物（油烟和气溶胶）等，从而造成大气污染。该工序废气具有以下特点：

（1）废气排放温度高，一般介于 100 ~ 155℃。

（2）废气含油颗粒物高，黏稠性强，且以冷凝性粒子为主。

（3）废气无机污染物（CO、CO_2、HCl 等）浓度低，部分可低于检出限。

（4）废气中颗粒物粒径小，多数为不足 1μm 的油烟颗粒物。

（5）废气有机污染成分复杂多变（醛、酮、杂环化合物等），浓度偏低。

1.1.5 涂层整理

涂层整理是指将合成树脂或其他物质涂布于织物外表形成的紧贴织物的薄膜层的加工过程。涂层整理可赋予织物各种特殊功能（如阻燃性能、防水透湿性等），常用工艺可分为三种：转移涂层、干法直接涂层和湿法涂层。转移涂层需加入涂层剂（常用的涂层剂有聚氨酯、聚丙烯酸酯、聚氯乙烯、天然橡胶等几大类，但以聚氨酯和聚丙烯酸酯应用最为广泛）、二甲基甲酰胺 DMF 及其他助剂。在熟化和剥离两道工序中需要高温，因此这两道工序也是废气的主要产生节点。干法直接涂层则不会用到 DMF，但也包括预烘、焙烘过程，会产生一定量的含涂层剂和其他助剂的废气。湿法涂层若采用 DMF 溶剂型涂层浆，在涂层车间中也会由于 DMF 溶剂的挥发而产生部分有机废气。

1.2 废气污染物排放特征

印染助剂是指在纤维纺织加工过程中，纺织品前处理、染色、印花、后整理过程中使用的除染料和通用化学品（如无机或有机的酸、碱和盐）以外的物质的总称。印染行业各生产环节产生的废气中物种不完全相同，取决于各生产环节中使用的助剂种类。主要可划分为前处理助剂、染色助剂、印花助剂和后整理助剂。不同工艺阶段所需的各类助剂见表 1。常见几类助剂所含的化学物质见表 2。

表 1 印染过程中所使用的各类助剂

工艺阶段	助剂名称
前处理	净洗剂（洗涤剂）、助洗剂、干洗剂、抗再沉积剂、湿润剂、再湿润剂、渗透剂、退浆剂、精练剂、精练助剂、脱胶剂、脱脂剂、漂白剂、漂白助剂、漂白稳定剂、漂白催化剂、上蓝剂、丝光剂、丝光助剂、整合（分散）剂、酶制剂、脱氯剂、双氧水去除剂、碱减量促进剂

续表

工艺阶段	助剂名称
染色	乳化剂、消泡剂、发泡剂、泡沫增效剂、泡沫稳定剂、稳定剂、均染剂、促染剂、缓染剂、防泳移剂、膨化剂、媒染剂、氧化剂、防氧化剂、还原剂、防还原剂、固色剂、剥色剂、增效剂、增艳剂、增深剂、缚酸剂、稀酸剂、缚碱剂、胶溶剂
印花	黏合剂、增稠剂、交联剂、黏度改进剂、黏度稳定剂、乳化稀释剂、拔染剂、防染剂（防印剂）、保护性氧化剂、皂洗剂、稀释剂、辅助剂
后整理	柔软（整理）剂、涂层整理剂、树脂整理剂、防缩整理剂、防皱（整理）剂、免烫整理剂、耐久压烫整理剂、硬挺剂、吸湿排汗整理剂、亲水整理剂、抗静电整理剂、阻燃剂、防水剂、拒水剂、拒油剂、易去污整理剂、抗菌防臭整理剂、防腐剂、防霉整理剂、防螨整理剂、防蛀剂、防虫剂、防紫外线整理剂、防滑移整理剂、防烟熏褪色整理剂、防起毛整理剂、防起球整理剂、抗起毛起球剂、防毡缩整理剂、缩绒剂、丝鸣增效剂、增亮剂、消光剂、遮光剂、增重剂、增溶剂

表2 常见几类助剂所含的化学物质

助剂名称	化学物质
渗透剂	蓖麻油酸丁硫酸酯、丁基萘磺酸钠盐、琥珀酸二辛酯磺酸钠、脂肪醇聚氧乙烯醚、烷基酚聚氧乙烯醚、辛醇硫酸酯等
乳化剂	非离子表面活性剂
还原剂	保险粉（连二亚硫酸钠）、吊白块（甲醛次硫酸氢钠）、二氧化硫脲等
氧化剂	间硝基苯磺酸钠等
固色剂	胺盐和高分子季铵盐等
分散剂	磺化油（太古油、土耳其油）、烷基或长链酰胺基苯磺酸钠、烷基聚氧乙烯醚、木质素磺酸钠、萘磺酸甲醛缩合物、油酰基聚氨基羧酸盐等
均染剂	聚氧乙烯醚类表面活性剂
增稠剂	高分子聚乙二醇双醚或双酯或由丙烯酸酯共聚的聚丙烯酸酯
黏合剂	合成胶乳如丁二烯、苯乙烯、丙烯腈、醋酸乙烯酯、氯乙烯及丙烯酸酯等的共聚物；自交链基团的聚丙烯酸酯共聚物以及聚氨酯类
树脂整理剂	脲醛树脂、三聚氰胺甲醛树脂、二羟甲基次乙烯脲树脂、二羟甲基二羟基乙烯脲树脂及双羟乙基砜

续表

助剂名称	化学物质
抗静电剂	聚丙烯酸、聚乙二醇酯及高分子两性化合物
防霉蛀剂	各种铜盐，以及有机酚的衍生物，如五氯酚铜、环烷酸铜、8－羟基喹啉铜以及二羟基二氯二苯基甲烷、水杨酰苯胺等
消泡剂	磷酸三丁酯、辛醇、有机硅的复配物等

根据美国 EPA 的相关资料统计，染整过程中会产生 30 余种的 VOCs，如苯、甲苯、二甲苯、甲醛、甲醇等物质，且大多数为有毒有害气体。

1.2.1　烧毛废气

烧毛工序中所产生废气的主要污染物为织物表面绒毛纤维燃烧而产生的细小颗粒物，若以柴油等作为燃料，污染物还有二氧化硫和氮氧化物。

1.2.2　印花废气

在印花工序中产生的废气主要包括印花制版烘干过程中固化胶、感光胶中的有机溶剂成分在高温作用下挥发以及在调浆和印花车间染料及其助剂的挥发所产生的有机废气，此有机废气种类主要为苯、甲苯、二甲苯、C_1 ~ C_{10} 的脂肪烃、苯基环乙烯、丙烯酸、氨等。

1.2.3　脱水烘干废气

脱水烘干工序中产生的废气主要为染色过程中使用的各类助剂挥发形成，废气量较少，各类助剂挥发产生的废气种类主要为烷烃、烯烃、芳香烃、醛类、醚类等。

1.2.4　定形废气

各种助剂在定形工序中均有不同程度的气体挥发，其中低沸点溶剂（如乙酸乙酯、异丙醛、乙酸丁酯、2－丁酮等）和聚合用单体（如氯乙烯）是 VOCs 的主要来源。另外，由于助剂成分的差别，会有不同成分的废气释放。常用柔软剂种类为有机硅类柔软剂，在热定形环节，挥发出的废气种类主要为醛类、酯类、醇类、醇醚类、硅氧烷类。常用树脂整理剂已由传统的含甲醛逐步转向了低甲醛/无甲醛树脂，在热定形环节，挥发出的废气种类主要为酯类、醇类、酸类。常用防水整理剂由于整理效果的要求，主要为氟系防水剂，其中 C_8 防水剂挥发出的废气成分最多，C_6 和无氟防水剂挥发出的成分较少一些，废气种类主要为卤代烃类、醇类、酮类、醇醚类、酸类、全氟类。

1.2.5　涂层整理废气

在涂层整理工序通常涉及对涂层织物的加热烘干过程，在此过程中涂层剂和其他助剂容易在高温作用下挥发裂解从而产生有机废气，该有机废气中所包含的种类主要有氨、甲醛、二甲基甲酰胺（DMF）、甲苯、丁酮、乙酸乙酯以及苯系物等。

2. 印染行业废气治理技术现状

2.1 源头替代

目前印染工业企业在 VOCs 源头替代方面两极分化大，少数企业源头替代情况较好，环保染料使用量占总染料使用量的 20%，低挥发性溶剂含量的印染助剂使用量占总印染助剂使用量的 50%；而大部分企业源头替代情况较差，仍使用传统的原辅材料，但也有少数企业开展相关的尝试。在运营管理方面，含 VOCs 的原辅材料采购时，多数企业未将原辅材料 VOCs 含量等指标记录台账，并纳入原料质量监控体系。

2.2 过程控制

在热定形时，纺织品上的各种染料助剂、涂层助剂都会以气体形式释放出来，主要为甲醛、多苯类、芳香烃类等有机气体。目前印染行业采用定形机多为加盖式，仅留有布料进出口。定形机的加热定形工序是由密闭的机械设备完成，减少了 VOCs 的无组织排放；定形机冷却区部分由管道进行收集，部分由集气罩进行收集。通过金属密闭管道形成的废气收集管，连接定形机所有排气口与净化器废气收集口，并加装耐高温、耐酸碱、耐油的改性硅橡胶密封圈使其气密性良好，定形机废气收集率一般高于 95%。对于涂层、复合产生的废气，印染行业一般在涂层机或者复合机上胶区域上方通过配备密闭或者半密闭集气罩，进行废气的收集，废气收集率为 90% ~95%。印染行业污水处理过程中散发出来的恶臭类气味，一般通过加盖封闭措施收集，也存在少量的 VOCs 无组织排放现象。

2.3 末端治理

印染行业废气治理技术主要包括水喷淋、静电处理、活性炭吸附和催化氧化技术等，其中，水喷淋吸收和静电处理是纺织印染工业企业常用废气治理方法。有学者采用“过滤—水喷淋—冷却—电场处理”集成系统对纺织印染定形机含油废气进行收集治理，废气颗粒物、非甲烷总烃和 VOCs 平均去除率分别可达 56.9%、66.5% 和 60.0%。浙江某企业通过对热定形机废气湿式静电处理系统进行技术改造，同时增加活性炭吸附再生和催化氧化装置系统，实现对 VOCs 去除效果达到 95% 以上。我国纺织印染工业主要集聚区，如浙江、江苏、福建和广东等地区已开始要求热定形机废气处理及余热回收技术，通过冷凝、过滤、吸收分离等技术手段先将热定形机废气中的有机组分进行分离和回收，同时兼顾余热回收再利用。例如，广东某纺织印染企业设计采用“热交换—喷淋洗涤—静电除尘—活性炭吸附”四级组合技术对定形机废气进行处理并回收热量，净化效果显著，粉尘、油烟和 VOCs 去除率均达 90% 以上，可回收余热折合标煤约 129.6 吨/年，回收废油 8.95 吨/年，取得了较好的经济效益和环境效益。

对于印染行业污水站调节池、沉淀池、酸化池、好氧池、污泥池、污泥脱水机房等产生恶臭气体，一般通过加盖封闭措施收集后，采用“水喷淋 + 碱喷淋”或者“生物除臭”装置进行处理，目前印染行业多采用“水喷淋 + 碱喷淋”装置。污水处理站产生的废气主要以硫化氢、氨为主，均易溶于水，采用碱液喷淋系统，投资小，运行方便，不仅可以去除酸性气体硫化氢，同时对部分水溶性好的氨有较好的去除效果。根据多家印染企业实际运行情况，污水处理站恶臭治理采用碱液喷淋装置处理后，处理效率在 60% 以上，硫化氢、氨排放浓度、排放速率均满足《恶臭污染物排放标准》（GB 14554—1993）要求。

3. 印染行业废气治理问题

3.1 缺乏针对印染行业排放标准和排放清单

目前我国印染行业大气污染物排放标准正在制定，国内只有浙江省颁布了《浙江省纺织染整工业大气污染物排放标准》（DB 33/962—2015），其他省份地区目前仍在执行《大气污染物综合排放标准》或当地的大气污染综合排放标准。此外，我国尚未有针对印染行业的大气污染物排放清单，并且目前执行的标准中，对产生污染物的工序、设备没有提出防治措施，过程污染物控制薄弱。

3.2 全过程控制精细化不足

（1）源头替代难度大。由于印染行业产品特点限制、政策激励不足、投入成本高等原因，目前低 VOCs 含量原辅材料源头替代措施明显不足，仅从过程控制和末端治理的减排空间有限。

（2）无组织排放治理难。目前印染行业量大面广的印染企业未采取有效管控措施，存在收集效率低、治理成本高等问题。

3.3 监测监管体系不完善

我国 VOCs 监测工作尚处于起步阶段，而印染行业自行监测质量普遍不高，点位设置不合理、采样方式不规范、监测时段代表性不强等问题突出，产污严重企业未按要求配备自动监控设施，缺乏现场快速检测等有效手段，走航监测、网格化监测等应用不足。

4. 印染行业废气治理发展趋势

4.1 推广使用先进生产技术

加大对清洁生产工艺、先进生产装备等的研发和应用力度，减少印染加工过程中有机溶剂和染料助剂等的使用量，并尽量采用上染率和化学稳定性高、色牢度等产品指标达到国际标准的原料，工艺上可采用装备有能够在线检测自动控制温度和湿度的染色工艺等，减少废气的产生和排放。除从源头控制外，针对先进废气治理技术的研发和推广应用，也是控制纺织印染工业废气污染的重要途径，如催化燃烧、微生物降解以及组合技术等。

4.2 加快出台印染行业污染物的排放标准，明确排放环节和物种限值

结合我国印染行业目前遵循的《大气污染物综合排放标准》《恶臭污染物排放标准》及该行业地区分布、产生大气污染物种类、浓度、工艺技术等情况，参考国外相关标准及政策，划出我国印染行业标准包括的行业范围，根据不同工序制定出相应污染物清单，并针对不同工艺产生的不同污染物分别制定相应的排放限值。

4.3 健全监管制度，加强全行业监管

基于印染行业以离散型为主的生产特征，可采取以下措施加强监管。一是考虑到企业 VOCs 无组织排放问题突出的特点，可要求企业在关键节点安装视频监控等系统，以加强对平时操作监管；二是采取“不提前通知”等方式，加大对企业随机抽查力度，结合相关奖惩政策，鼓励和督促印染企业重视废气污染治理，结合源头减排、过程控制和末端治理，减少废气排放和污染程度；三是积极推动涉 VOCs 排放的重点企业安装在线监测装置，在监控系统引入并保留关键参数数据，加强对历史数据检查；四是有效利用走航监测等工具，发现热点区域，加大监管力度；五是督促指导企业建立系统管理台账，包括原辅材料使用、废料产生、治污设施材料更换等，便于日常检查。

4.4 开展宣贯培训，强化减排理念

企业是污染治理的责任主体，要切实履行社会责任，确保治污设施的正常、稳定运行。印染企业应进一步树立加强管理就是降低成本，减少废气排放就是增加企业利润的理念。有针对性地开展清洁生产、职业卫生、安全教育等方面的培训，使生产人员认识到废气排放对空气环境质量造成的影响，以及对自身健康安全造成的影响。

参考文献

［1］朱惠惠，吴兴乐，李戎，等．纺织业非常规大气污染物排放的量化［J］．印染，2016，42（8）：49－53，55.

［2］韩啸天．纺织印染工业油烟和废气的分析研究［D］．北京：北京服装学院，2017.

［3］沈中增．纺织印染工业大气污染物分析与治理［J］．纺织报告，2019（9）：20－22.

［4］章欢．化纤布印花工艺废气污染源调查分析［J］．江西化工，2015（2）：24－28.

［5］李大梅，吴波．印染行业废气污染物源强估算及治理方法探讨［J］．资源节约与环保，2019（10）：90－91.

［6］谢开光，付智明，吴杰，等．纺织印染定型有机废气净化处理工艺及应用［J］．中国新技术新产品，2019（12）：120－122.

［7］季晔鑫．纺织印染工业废气污染现状及治理发展趋势［J］．当代化工研究，2021（8）：99－100.

［8］刘晓盛，钟少涛，陈定盛，等．印染定形机废气治理技术［J］．印染，2020，46（6）：49－53.

印染高温废水热能回收利用现状及应用前景

袁　东[1]　邢小勇[2]　范全城[3]　高洪国[3]

1. 滨州市生态环境服务中心　2. 滨州经济开发区生态环境服务中心
3. 愉悦家纺有限公司

我国印染废水水量大，余热资源丰富，但是行业内针对高温废水的热量回收，主要是依靠热传递和热泵技术。印染企业缺少对工艺全流程热品质、水质、热需求的系统分析，导致余热回收系统设计不合理，高温废水的余热回收效果不理想，热量浪费严重。本文通过分析我国印染行企业余热现状，梳理印染企业主要的高温废水热源，简要介绍了当前余热回收的主要技术方向，展望了印染高温废水余热回收的前景。

1. 印染高温废水回收的现状及前景

1.1　印染余热回收的现状

我国纺织印染规模大，产品种类齐全，在创造经济效益的同时，也带来了环境污染问题。印染行业生产加工过程中的能耗构成以热能为主，其中30%～40%用于烘燥，25%～35%用于洗涤，10%～15%用于蒸煮，8%～12%用于高温热处理，5%～10%用于其他。能量损耗主要是排液、排汽的热损失和管道设备的表面散热损失。目前，我国印染设备的热效率低，如热定形机、烘燥机的热损失为40%，蒸煮设备的热损失高达80%，热定形机的热效率只有18%～26%，大部分排放的热量没有得到回收利用，综合热能利用率只有35%左右。印染生产过程中的耗能构成以热能为主，而这些热能又以蒸汽和液体水为载体。印染工艺废水排放温度为30～95℃不等，由于高温废水的大量排放，造成热能浪费，其中废水余热资源占企业总能源量的15%～20%。

印染行业高温废水的余热回收，虽然起步较晚但发展迅速，同时也存在一系列问题，比如由于排放高温的废液中成分复杂、杂质多、不稳定，存在腐蚀系统装置的风险，导致余热回收系统无法长期连续运行，总体效率下降，仅通过频繁清洗和更换元件进行人工维护运行，但频繁清洗会使设备寿命大打折扣，增加了企业额外的运行成本。所以，针对印染余热回收系统的设计有待进一步加快研究。

1.2 印染高温废水余热回收的现状

针对印染废水余热回收技术方面的研究时间较短，目前依旧处于较低水平，主要受限于高温废水的水量较大、温度高、水质复杂，并且钙、镁、硅等含量较高，易结垢，影响高温废水的余热回收效率。印染厂的热源是以蒸汽为主，其中饱和蒸汽占比为50%，具有较高的高温排液量，热能利用率仅在35%左右。大约有65%的热能通过不同形式散失到环境中，难以获得有效回收利用，造成资源浪费，同时高温印染废水直接排放会造成水中溶解氧的利用情况恶化，对水中的生物及环境有着极大的影响。热能回收不仅可以保护环境，还能节约能源。目前，国内少部分印染企业仅简单利用换热器或者是热泵进行回收利用余热，没有做到结合企业实际情况设计废水余热回收系统。

1.3 印染高温废水的利用与发展方向

虽然印染企业在前处理、染色、印花等生产单元配置的热回收装置，已经取得了一定的节能效果，但是由于余热回收系统的设计与设备装置的问题，车间产生的高温废水进入系统的温度往往在80～95℃，排出系统时，废水温度也达到40～50℃，依旧存在较多热能未完全回收利用。因此，充分合理地利用印染高温废水的热能，变废为宝，成为印染企业追求效益目标的重要举措之一。结合企业实际情况，围绕印染高温废水产生的单元装置回收热量，整体设计热能回收系统，将单台的热回收装置与大换热面积的余热回收装置合理搭配，最大限度地利用废水中的热量是印染行业高温热水回收利用的发展方向。

2. 印染高温废水的来源及回收利用技术方向

2.1 印染高温废水的来源

在印染生产过程中，织物经过烧毛、退浆（冷轧堆）煮练、漂白、丝光、染色、印花、蒸化、水洗等工艺流程，其中前处理废水、水洗废水、丝光废水、染色废水及印花废水的排放均含有大量的余热未被完全回收利用，造成大量热能的损失，见表1。

表1 废水类型及指标

废水分类	水量（m^3）	温度（℃）	COD（mg/L）	pH值	硬度（ppm）
退浆废水	100～300	87～90	18000～40000	7～8	400～800
煮练废水	120～200	90～95	20000～26000	13～14	200～300
印花废水	300～400	30～40	2000～2500	8～9.5	150～350
丝光废水	700～900	40～60	1433～1800	13～14	150～200
水洗废水	400～600	30～85	2000～4000	10～11	200～300
染色废水	300～500	55～65	1500～3000	10～11	100～150

在印染前处理环节中，部分排放的废水温度在60～95℃，含有大量的余热。以酶退浆为例，退浆液温度高达100℃左右；煮练常在高温碱性条件下进行，水量大，水温高，J型箱煮练的温度为90～95℃；漂白工艺中，棉织物的过氧化氢漂白工艺水温可高达93～96℃。丝光废水中含碱量高，多次重复使用后排出温度为40～60℃。染色废水，由于不同染料的要求不同，染色废水温度可高达60～65℃；印花废水因蒸化工艺要求，废水温度多在35℃以上。冷却水与冷凝水分别是在织物降温冷却与烘干过程中收集的废水，其水质条件较好，并具有一定的余热，可以直接回用于生产，因此，十分有必要回收这部分洁净高温热水。

2.2 印染高温废水余热回收的技术方向

国外大型印染企业相对国内较少，针对印染高温废水的余热回收主要采用单机台独立热量回收，也有部分企业采用热交换的方式回收余热。例如：德国克列威夫公司的平幅退浆机装有水—水热交换装置和巴布考克公司的热熔染色机装有气—水—水热交换装置；R Tugrul Ogulata 指出印染行业烘干用的高温蒸汽可以回收利用，Khalil Elahee 提出可利用板式换热器对染色过程的废水余热进行回收。

目前国内成熟的废水余热回收利用技术主要有：

（1）热泵技术。

（2）利用板式换热器进行热能转换。

（3）利用筒染连续套染回收利用废水余热。

（4）利用新型多级串联热交换器回收废水中的余热。

2.2.1 传统热交换技术

传统热交换技术是利用换热器将高温水与常温水进行热能转换，使污水温度逐步降低，清水温度相应提高，然后把该清水应用到所需之处。其又分为单机热交换与集中热交换，国内企业采用集中热交换的形式较多。经过该技术换热，可使温度为90～95℃废水与清水热传递，经热交换器交换后的清水温度能达到70～80℃，热效率在90%以上。

在目前使用的各种热交换器中，板式热交换器的效果最好，热回收效率最高。但是对于场地狭窄、安装不便的地方，分离式热管换热器和全系统“热管供热系统”装置，更显出了它的优越性，分离式热管换热器主要是热管的冷热端分离，中间用冷凝管和蒸发管连接，这样就使换热器的布置更为灵活，可以根据现场的具体条件进行设计。

2.2.2 热泵技术

热泵是利用高品位能源（电、蒸汽等）使热量从低温热源流向高温热源的装置。热泵的工作原理是通过消耗一部分高品位能源进行补偿，通过蒸发器、冷凝器等设备，对环境中的低品位能源进行挖掘，使其转换为高品位能源。普通热泵对冷凝压力有所限制，一般压缩机能承受的最高冷凝压力在2.4MPa（24bar）。而普通热泵在中高温运行时，冷凝压力在2MPa（20bar）左右。所以普通热泵在正常工作情况下，或者压缩机不能在2.4MPa（24bar）长时间工作，或者能长时间运行但达不到所需温度，这严重影响热泵在印染企业的推广应用。

2.2.3 筒染连续套染创新技术

筒染连续套染创新技术，通过废水分质收集，选择性处理废水中的固体和表面活性剂，在COD存在的前提下，废水可直接回用。该技术不仅提高了废水余热综合利用能力，也减少了染色工序的用水量，间接降低了污水处理的运行费用。

2.2.4 新型多级串联热交换技术

新型多级串联热交换技术“联通式热管余热回收器”回收所产生的热水，可做生产工艺使用，也可以供生活使用。还可以加热其他物料，通过回收高温废热水，使锅炉节省燃煤，为企业节约能源、减少排放、提高经济效益。

“热管”作为高效换热元件，已经被广泛应用于各个领域。“联通式热管换热器”和“热管余热回收装置”以及全系统“热管供热系统”装置，已被广泛地应用于企业的高、中、低温废水余热回收再利用和工艺生产的供热系统中。热管换热器及全系统“热管供热系统”装置，作为高效的换热（供热）装置，得到广泛应用。

2.3 **余热回收系统的主要设备**

废水余热回收系统主要设备包括过滤器、废水换热器、废水循环泵、热泵机组等。直接与废水接触的换热器是废水余热回收系统中重要的设备之一，解决好换热器的问题是废水余热回收系统成功的关键。

针对生产机台排列紧凑、无闲置空间的情况，可采用分散收集、集中换热的方式；针对污水温度变化大的问题，可采用区分温度收集、过滤长纤维杂质、保温输送、沉淀杂质、调节水量、分温度区域输入热交换系统的方式；针对不同的用水机台、不同的加工织物和不同的工艺使用不同的水温问题，可采用输入常温自来水吸收污水释放的热能后，区分水温输出各所需的热自来水供应到生产机台；针对废弃的蒸汽热能和污水热能分别采用了废弃蒸汽热能回收和热污水热能交换两大部分。

3. 结语

目前国内印染企业针对高温废水的余热回收利用，还处于发展阶段，仍有大量的热量未被回收，造成资源的浪费。仅少部分印染企业采用热泵系统回收热量或采用板式换热器换热，但是整体经济收益不明显，并且针对系统进水水质的预处理环节不够重视，致使热回收效率低、设备故障、运维成本高等问题。结合当前“3060”政策的提出，国家对余热资源更加重视，印染企业更应根据企业实际情况，摸清内部余热资源，搭建热量回收系统，实现资源循环利用。

参考文献

［1］宁方华，王坤，张怀全，等．锅炉烟气余热回收系统设计计算方法及应用［J］．热能动力工程，2015，30（5）：745－749.

［2］朱华伟．印染废水余热回收系统设计及节能环保性分析［J］．城市环保，2021，42：13－20.

［3］王建庆，毛志平，李戎．印染行业节能减排技术现状及展望［J］．印染，2009，1：47－54.

［4］陈臻，戴达鹏，朱晓娟．我国染整行业能源损失概况［J］．价值工程，2011，1：36－37.

［5］邵楠，李艳华．印染废水余热回收系统，中国：102353181A［P］．2012－02－01.

［6］杨小鹏．造纸废水余热应用研究［D］．泰安：山东农业大学，2017.

［7］R. Tugrul Ogulta. Utilization of waste－heat recovery in textile drying［J］. Applied Energy，2004，79：41－49.

［8］Khalil，Elahee. Heat recovery in the textile dyeing and finishing industry：lessns from developing economies［J］. Journalof Energy in Southern Africa，2010，21（3）：32－35.

［9］王福强．印染废水余热回用热泵系统研究［D］．北京：清华大学，2013.

［10］史琳，王福强，吴静．基于典型印染废水余热热泵回收的热力学分析［J］．热科学与技术，2014（4）：300－303.

［11］靳行，狄育慧，郝振东．印染废水余热回收分析［J］．制冷与空调．2021.35（6）：919－923.

［12］史琳，王福强，吴静．基于典型印染废水余热热泵回收的热力学分析，热科学与技术，2013，10：12－16.

［13］杨倩鹏，吴静，王福强．热泵回收印染余热系统的设计及维护管理，印染，2013，11：30－32.

定形机废气处理及余热回用现状及发展趋势

马建华

互太（番禺）纺织印染有限公司

1. 前言

纺织业在我国发展历史悠久，是国家重要的产业部门，目前中国已成为世界上最大的纺织品制造和出口国，其稳定和发展对于保证国家财政平衡、外汇储备和汇率稳定及缓解社会就业压力，保证社会和谐与稳定，具有至关重要的作用。但是随着纺织行业的快速发展，由定形机造成的废气排放对自然环境和纺织工业周边的人文环境造成影响，导致投诉纠纷不断，影响纺织业的稳定和可持续发展。

早在1992年，我国就发布并实行《纺织染整工业水污染物排放标准》，严格控制纺织印染工业废水的排放。2012年，国家环保部完成了对该标准的第一次修订，修订后的标准比之前更为严格，同时新增了一些污染物排放限值。

与日趋严格的废水排放标准形成对比的是，纺织印染废气至今没有专门的排放标准。相对于纺织印染行业的特殊性而言，现有的《大气污染物综合排放标准》《恶臭污染物排放标准》所设定的指标有限，不能完全涵盖纺织废气污染物种类。在业内专家的呼吁下，经中华环保联合会环保技术标准研究专业委员会申请，《纺织印染业工业大气污染物排放标准》被纳入2013年国家环境保护标准制修订项目中。但由于印染环节、特别是定形机排放的废气种类繁多、成分复杂，加之各印染企业处理印染废气的技术和成本因素，直至目前，《纺织印染业工业大气污染物排放标准》经过编制草案、实地调研、专家几轮讨论尚未出台。

随着可持续发展观念的提出，生态环境保护已成为社会乃至国际关注的焦点，定形机因其污染性大，被列为环保专项整治的重点项目之一，自2006年以来，各省将定形机烟气列为环保专项整治的重点内容之一，一些市县开展了定形机烟气限期治理工作，不少企业实施了定形机废气治理工程。浙江省更是于2015年颁布了《纺织染整工业大气污染物排放标准》地方标准（DB 33/962—2015），这是针对纺织染整业大气污染物排放限值制定的标准。

随着企业环保意识的增强和科学技术的不断突破，我国在定形机废气处理问题上已收获不少成效，同时，定形机内干热空气的温度通常控制在120～210℃范围内，定形机排放废气的过程中，也会有大量的热能随之排放掉，又造成了热能的散失浪费。在定形机废气处理的同时，进行尾气热能回收，是定形机废气处理的重要工程。

2. 定形机废气的特点与危害

印染面料功能要求繁多及复杂，为达到面料的要求以及改善产品的外观、表面特性和染色质量，需要添加多种纺织助剂和溶剂。纺织品在通过染色和漂洗后，需要经过热定形工序，利用化纤织物具有热塑性的特点，在定形机内进行烘干拉幅和热处理，达到定形的目的。

根据工艺要求，定形机内干热空气的温度通常控制在120～210℃范围内。在定形过程中，织物携带的水分、溶剂、油脂和蜡质等有机化合物一起受热挥发，随废热空气一同从排气筒排出，成为定形机废气。废气进入大气后，过饱和的水蒸气和高沸点的有机蒸气因温度下降而凝聚，分别形成大量白色水雾和淡蓝色烟雾，后者由粒径极小的、具黏稠性的颗粒物构成；废气中的低沸点有机物，仍以蒸气的形态存在。

染整定形机废气中含有水蒸气、印染助剂和溶剂的挥发物与冷凝物，以及织物携带的纤维和尘埃，是一种包含气、液、固三态污染物的混合流体。定形机废气的比重略大于清洁空气，具有温度高、湿度高、含油脂和成分复杂等特点，其危害表现在对员工及周边居民身体健康的影响、对企业的安全生产和经济效益的影响和环境空气质量的影响。

2.1 对员工及周边居民身体健康的影响

定形机废气含有多种持久性污染物质，吸附在细小的液态和固态颗粒上，长期吸入含油烟气的定形机废气，容易导致人体的呼吸道疾病。此外，挥发性有机废气（VOCs）作为定形机废气的成分之一，对人体的危害也不容小觑。最常见的如苯、甲苯、苯乙烯等，这类有机物会损害人的中枢神经，造成神经系统障碍。

2.2 对企业的安全生产和经济效益的影响

定形机废气在输送和排放过程中，因温度降低而导致油烟颗粒的凝结和黏附现象。水汽和油气冷却后成为水雾和油雾，与废气中携带的织物纤维等固体颗粒一起，在设备和管道的内壁上沉积为黏稠性的油垢。

高温废气中的油雾与沉积在管道中的油垢都具有易燃的性质；废气中的织物纤维日积月累容易使填料或滤网堵塞，导致管道设备的流通阻力增大；织物纤维在高温的气流扰动状态下相互摩擦产生的静电，也是导致定形机经常发生火灾事故的重要因素，影响企业的安全生产和经济效益。在印染企业，定形机箱体、定形机尾气排放管道以及定形机尾气处理装置发生的火灾相对较常见。

2.3 对环境空气质量的影响

定形机排放的大量持久、稳定的白色或淡蓝色烟气，导致厂区周围空气的透明度和能见度降低，显著影响大气环境的感观指标。废气所含的油烟颗粒性质稳定、难溶于水，粒径通常不足 1μm，是大气中 PM2.5 的重要来源，长时间漂浮在空中，容易对区域大气环境造成持续性的污染。

废气中大量亚微米的颗粒污染物成分复杂，具有较强的吸附能力，是多种高沸点有机污染物的载体；废气中低沸点的挥发性有机物，是破坏大气臭氧层和导致空气中光化学烟雾的主要原因。

3. 治理现状

3.1 取得的成效

定形机废气导致的环境污染问题已经引起人们的高度关注。近 10 多年来，我国的主要纺织大省江浙鲁闽粤等地，针对印染定形机烟气的专项治理工作已经取得一定成效。特别是浙江，于 2015 年颁布了《纺织染整工业大气污染物排放标准》地方标准（DB 33/962—2015），染整企业针对定形机废气处理，安装废气净化装置，对净化处理后的废水和废油采取防治二次污染的措施，区域大气环境质量得到明显改善。

3.2 存在的问题

定形机废气的专项治理取得一定的成效，目前国内外也有比较成熟的定形机废气处理及余热回收的技术和装备。但由于这些设备价格普遍比较昂贵，多数企业采用单一工艺的治理方法，如机械净化、湿式洗涤、静电捕获和焚烧净化等，这些单一工艺设备难以达到有效治理废气的目标，不同程度地存在烟气净化效果不高、热回收不足、存在火灾事故隐患等问题。例如，采用湿式洗涤法时，出口烟气不但有大量油烟，而且有更多的白色水汽，仍然会影响到员工的身体健康和周围居民的正常生活。此外，由于我国没有相关的排放标准和相应的检测方法，难以有效实施对定形机烟气排放的环境监管。

那些复合工艺的深度净化处理设备对油烟虽然具有很高的去除效率，但考虑到运行成本和操作简便性和安全可靠性，在实际中印染企业却很少采用。

染整定形机在高温条件下，对易燃的纺织品进行加工，本身就存在一定的火灾事故隐患。废气含有大量易燃的油雾颗粒和纤维颗粒，容易在输送管道和净化设备中沉积，堵塞气流流通。采用静电除尘技术进行废气净化时，油烟颗粒在电极上沉积成为油垢，可能因静电场不均匀而导致“打火”现象，造成火灾事故。

定形机废气净化设备也不同程度地存在安全隐患，由于滤网清洗不及时、油垢凝结管道受阻、静电打火等原因，定形机过热发生火灾甚至燃爆事故时有发生。此外，定形机废气含有很高的湿度，水分在高压绝缘子上冷凝，导致静电场因“爬电”现象而失效，也影响设备的正常运行。

设备制作和安装不规范、维护保养不及时，操作人员未严格培训、安全意识不到位和企业运行管理责任未落实等因素，都影响废气治理设备的运行效果。

另外，由于目前我国还没有针对染整企业废气排放制定相应的标准，还没有相关的排放标准和相应的检测方法。有些地区会依照相应的地方标准，如广州市依照广东省的地方标准 DB 44/27—2001《大气污染物排放限值》对定形机及其他染整设备所排放的烟气进行监测及评定。而定形机废气温度高、湿度大、油脂含量高且成分复杂，这又使环境监测部门和管理部门还难以有效实施对定形机烟气排放的环境监管，同时也会使印染企业因环境部门所采用的标准与印染企业排放烟气的实际差异而又造成企业的困惑。但各地对印染企业染整设备所排放烟气的监管越来越关注也越加严格。

4. 发展趋势

近几年的定形机烟气专项治理工作取得一定成效，但还存在废热回收潜力大、废气净化效率不高、设备存在火灾事故隐患和废气检测与评价方法不完善等问题。废气治理的技术方向是，提倡能源与资源回收利用，改善大气污染物净化效果，保障设备的安全稳定运行，建立环境监管和评价方法。特别是在政府的政策引导和大力支持下，定形机废气治理一定会取得很大的进步。

4.1 热能利用

定形机是染整企业的重点耗能设备，不同的企业所生产的产品不同及工艺的差异，定形机的能量消耗通常占染整企业总能耗的40% ~60%，是染整企业节能减排的重要环节。定形机废气温度高、气量大，直接排放造成大量能源浪费。废气温度高也不利于后续净化单元的高效运行，进行热能回收是废气治理必不可少的预处理单元。

采用热交换方式回收废气所含的部分热量，能产生良好的经济效益。用水/气换热器回收的热量，多是以热水形式贮存，可用于煮练工艺或其他的辅助生产如空调制冷（图 1）。该套余热回收利用系统采用了二级热交换体系，一级热交换由气热交换器完成，利用热尾气对进入定形机实行工艺作用的新鲜风进行预热，降低升温成本，二级气水热交换机则用于进一步回收尾气热能，冷水作为热水型溴化锂吸收式空调的制冷剂，在此过程中吸收热量，并在溴化锂机组内实现制冷循环，达到余热制冷的效果。

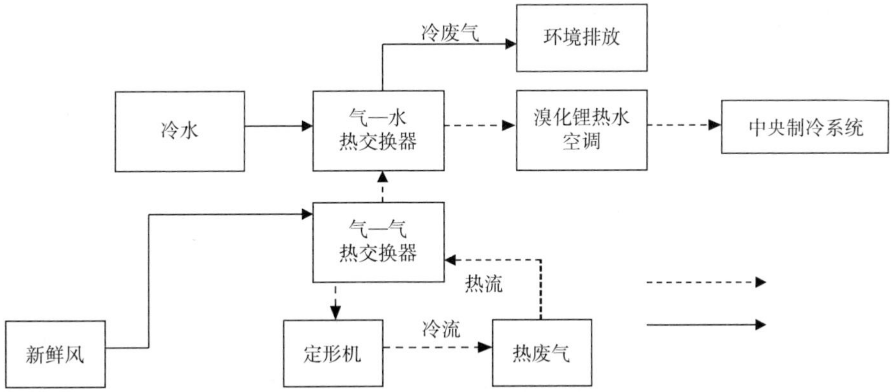

图1　某企业定形机尾气热能回收系统流程

4.2　组合工艺与深度净化

4.2.1　组合工艺

定形机废气成分复杂，常含有大量亚微米级的黏稠性颗粒，单一的常规工艺的处理效率不高，需采用包括高压静电除尘技术在内的组合工艺，对烟气进行深度处理，才能达到良好的净化效果。组合工艺可使部分有机化合物从气态分子冷凝、集聚成为液态颗粒，有助于提高后续净化单元的效率。采用过滤吸附和湿式洗涤等净化方法，对油烟的净化效率可达60%～75%，而采用静电捕获和焚烧净化等几种方法可获得95%以上的净化效率。

4.2.2　深度净化

焚化燃烧对油烟虽然具有很高的去除效率，但考虑到运行成本和操作简便性和安全可靠性，在实际中很少被采用。在各种定形机含油烟气治理技术中，高压静电除尘法的净化处理效果为显著，具有除尘效率高和设备结构紧凑等优点。正确维护、消除火灾事故隐患，及时清理、减缓高压电极污染，是确保高压静电除尘设备正常使用和稳定运行的关键。

4.3　挥发性有机废气处理

定形机废气处理中最难处理的就是挥发性有机废气，在现有的定形机废气处理中，VOCs往往都是企业及环保部门“漏掉的一块”，在印染行业也没有相应的政策法规对有机废气的排放做出限定。随着社会经济的发展和人们环保意识的增强，人们对环境质量提出了更高的要求，所以对有机废气的处理和净化势在必行。而目前多地环保部门对印染企业所排放的有机废气的关注和监管也已提上了议事日程，甚至已经开始按照其他相应的污染物排放限值（标准）来实施监管了。

有机废气的治理方法主要有两类：一类是回收法。回收法是通过物理方法，在一定的温度、压力下，用选择性吸附剂和选择性渗透膜等方法来分离挥发性有机化合物（VOCs），主要包括活性炭吸附、变压吸附、冷凝法和生物膜法等。另一类是消除法。消除法是通过化学或生物反应，用光、热、催化剂和微生物等将有机物转化为水和二氧化碳，主要包括热氧化、催化燃烧、生物氧化、电晕法、等离子体分解法、光分解法等。某企业定形机油烟净化及余热回收工艺流程如图2所示。

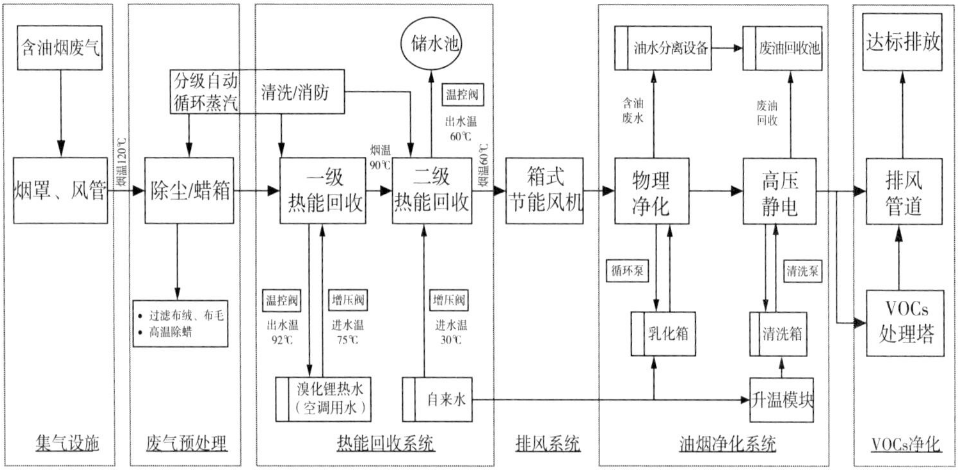

图2　某企业定形机油烟净化及余热回收工艺流程图

目前对有机废气处理比较成熟的技术是活性炭吸附法+催化燃烧法，但采用活性炭吸附空气中的有毒污染物，但污染物本身的处理仍然是一个问题。而采用以锐钛矿型纳米TiO_2催化剂为代表的光催化空气净化技术，具有室温深度氧化、二次污染小、运行成本低和可利用太阳光为反应光源等优点，再加上纳米TiO_2制备成本低、化学稳定性和抗磨损性能良好等优点，在工业废气光催化氧化深度净化方面显示出巨大的应用潜力。

烧碱回收利用技术发展现状

柴致东　马学亚　赵增全　张伯勋　柴沛东　冯　森

山西彩佳印染有限公司

烧碱（NaOH）是印染加工过程中必不可少的化工原料，也是印染行业消耗较大的主要助剂之一。由于烧碱是对环境有严重影响的强碱，所以，减少烧碱的使用量、提高烧碱的回收利用率是印染行业永久的课题，是印染行业绿色可持续发展的重要一环。

1. 烧碱在印染加工过程中的主要作用

1.1　烧碱在前处理工艺中的应用

1.1.1　烧碱在退浆、煮练、漂白中的应用

退浆是织物前处理工艺的一个重要工序，它不仅可以去除织物上的浆料，而且可以去除棉纤维上的部分杂质。织物经过退浆以后，残留的天然杂质、浆料和棉籽壳碎屑等，还会影响织物的渗透性能，有碍于后加工的顺利进行，所以退浆之后的织物还需要进行煮练。煮练可以去除棉纤维的果胶质、含氮物质。煮练后的织物为了去除色素，使织物外观纯正、洁白，提高成品的白度和后加工染色、印花的鲜艳度，还需要进行漂白，经漂白处理的织物除白度有较大提高外，纤维上的油脂、灰分、蜡质及棉籽壳等杂质的去除情况均有不同程度的改善。

由于烧碱的复分解作用、皂化作用、水解作用、乳化作用、溶解作用，所以在退浆和煮练工序中被广泛应用。

以纯棉织物平幅连续汽蒸工艺处方为例，烧碱在退浆、煮练、漂白工序中用量一般可达到40～60g/L，轧余率80%～90%。一般退浆、煮练工艺使用的烧碱是丝光工序产生的淡碱。

1.1.2　烧碱在丝光工艺中的应用

丝光是将棉、麻或其他混纺织物的经纬向施加一定张力的状态下，浸轧浓碱的加工工序。棉织物经丝光后能获得耐久性的光泽以及较好的尺寸稳定性，提高了强力，同时也提高了织物对染料的吸收能力，节约了染料。通常棉织物、麻织物、麻棉混纺交织物、麻棉与化纤的混纺织物均需进行丝光。根据丝光原理，织物丝光的工艺过程可分解为：浸轧浓碱、在经纬向张力下去碱、蒸洗与水洗去碱

三个过程。不同的织物采用不同的丝光工艺，烧碱的用量都不相同，浓度从160g/L至300g/L。

1.2 烧碱在染色生产中的应用

活性染料连续轧染汽固染色工艺中，固色液中碱剂是烧碱和纯碱的混合碱剂，其中烧碱的使用浓度根据染料数量的多少决定，一般在0.5~8g/L；还原染料染色时，还原剂需在碱性介质中，使染料还原溶解成隐色体钠盐与纤维反应，还原液中烧碱的使用浓度根据染料用量的多少决定，一般在15~60g/L。

活性染料固色液中烧碱和还原染料还原液中烧碱的使用量，与还原蒸箱的封口形式关系较大，汽封生产固色液和还原液带液量由轧车控制，一般带液率为80%~90%；液封生产固色液和还原液带液量不能做到精确控制，与生产的品种规格和生产车速都有关系，一般带液率≥120%。

1.3 烧碱在涤纶织物碱减量中的应用

涤纶仿真丝产品“涤纶碱减量”过程的化学本质是利用涤纶分子结构中的酯键易被水解的特性，在一定温度下，用高浓度的烧碱溶液，对涤纶织物进行减量反应，使纤维表面层（聚对苯二甲酸乙二酯）水解，产生不同程度的凹坑。经烧碱处理的织物手感柔软滑爽、富有弹性，改善了织物的悬垂性和透气性，形成类似真丝飘逸的质感，由此达到满足服用性、提高品质的目的。

2. 印染行业烧碱的回收利用技术发展现状及趋势

2.1 利用技术

2.1.1 退浆、煮练、漂白工序

近年来，随着各种新助剂、新技术的出现，节能、减排、高效、环保型的前处理工艺日渐增多。其中以各种退浆酶和煮练酶作为助剂进行退浆的无碱工艺较多，列入《中国印染行业节能减排先进技术推荐目录》的有：生物酶精练技术在纺织印染前处理中的应用、精练酶KDN-301绿色节能前处理、新型生物除氧酶、棉纤维高温低碱免中和快速练漂技术、棉麻织物生物酶精练技术开发及产业化等技术都是无碱工艺在前处理的尝试，也都取得了不错的效果。但其主要是适用于上淀粉浆棉织物的退浆煮练工艺。而对化学浆料的处理效果与烧碱有明显差距。

在前处理工艺设计上，目前有退煮、漂白二浴法，退浆、煮漂二浴法，退煮漂一浴法，冷堆退浆后煮练、漂白的二浴半法，冷堆退浆后煮漂的一浴半法。

入选中国印染行业节能减排先进技术推荐目录第六批的由山西彩佳印染研发的“棉织物低温连续快速练漂工艺”则实现了低碱、低温、连续一浴法。该技术获得了中国纺织工业联合会的科技进步一等奖。概述如下：基本流程为进

布—刷毛吸尘—高给液浸轧工作液—低温堆置—高效热洗—烘干—烧毛—进入丝光。

该技术是在理论研究和大量实验的基础上，自主创新研发了高效分散、乳化、渗透、稳定的快速低温练漂助剂；在现有常规连续氧漂生产线上研究采用高给液等工艺技术，集退浆、煮练、漂白一浴、短流程、低温、低碱等优点于一体，实现了棉织物的高效低温连续一浴一步法退煮漂工艺。

该工艺与常规的退煮、漂白两段汽蒸工艺主要参数对比如下：

（1）烧碱。烧碱浓度从原来的 40 ~ 60g/L 降至 7.5 ~ 8.5g/L，用量减少 80%左右。

（2）蒸箱温度。堆置温度从 100℃降至 40 ~ 70℃。

（3）蒸汽。蒸汽的耗用量由 3 ~ 3.5t/h 降至 1.5t/h，减少 50%以上。

（4）练漂污水 pH 值。由 12 以上降至 8 ~ 9，污水 COD 总量降低 60%以上。

（5）由于采用了一个蒸箱、一段水洗，所以用水、用电量减少 50%以上。

该技术自 2015 年研发成功以来经过部分企业的使用，节碱、节能效果明显。

前处理生产退浆、煮练、漂白工艺过程产生的污水中烧碱浓度不高，加之其他化学助剂较多，不具备回收价值。

2.1.2　烧碱在染色过程中的使用

烧碱主要用于活性染料的固色过程和还原染料的还原过程，烧碱在还原染料染色过程中使用的浓度和用量较大。丝光机淡碱经过净化处理后可用于还原染料还原液的配制。

近年来，在活性染料固色过程中推出了不少低碱、代用碱技术。列入推广目录中的有：活性染料新型染色碱 SN（第一批）、新型碱剂 E 的开发及应用（第一批）、含氟三嗪染料及低盐低碱染色技术（第六批）等技术。

染色生产过程产生的污水中烧碱浓度不高，又有色度，一般不做回收。

2.1.3　丝光工序

丝光工序是整个印染过程中用碱最集中、用量最大的工序之一。所以，在丝光加工过程中利用好烧碱尤为重要。

入选第十四批《中国印染行业节能减排先进技术推荐目录》由山西彩佳印染研发的丝光机封闭淋吸碱系统及淡碱浓度自动控制技术解决了丝光机多年来存在的淡碱回收浓度不稳定、淡碱淋吸回收及循环过程的溢流浪费和环境污染问题，对丝光机节能减排，绿色生产及工艺控制自动化意义重大。

（1）具体技术要点如下。

①极大地改善了丝光机周边的工作环境，减少了车间的散热源，基本消除了刺鼻的碱味。

②淋吸淡碱70%以上在封闭的淡碱储存管中进行，布铗下存淡碱量少，热能浪费少，用小功率的离心泵淋碱，减少了蒸汽用量。

③一次性使用从水洗段溢流来的淡碱对布面进行淋洗，形成的瀑布清澈透亮，确保了布面不受污染，使淡碱浓度保持一致，布面的pH值和门幅稳定，为染色提供了稳定的半制品，达到了项目的工艺目标。

④按供碱量通过PLC，自动控制水洗段的用水量，使工艺要求与能耗达到最佳平衡，降低丝光机用水用汽量，确保了半制品的布面一致性，可获得稳定的淡碱浓度。

⑤提高了淡碱浓度，减少了扩容蒸发器运行时间，节约了能源。

⑥丝光淡碱回收率在95%以上，既减少了烧碱的用量，又减小了污水处理的压力。

（2）具体方案：在布铗传动侧设置一根直径200mm的淡碱储碱管，水洗箱逐格溢流的淡碱液经80目过滤器过滤后进入储碱管。储碱管为U形，出口高度比最后一个水洗箱溢流口低150mm；在储碱管出口安装液位自控，当液位低时，通过淡碱回收系统自动进行淡碱补充；淋碱槽宽于布面部分，通过淡碱回收槽，自动流入储碱管，在丝光机布铗下暗埋下水管道，作为布铗后水洗箱烘燥机擦车排水管道；在布铗进口传动面做一个收集淡碱的集液箱。在供碱和供水管道上安装电动调节阀和电磁流量计，将瞬时用碱量作为水洗用水量的控制基准，通过PLC运算控制水洗供水量，可保证回收淡碱浓度稳定，如图1所示。

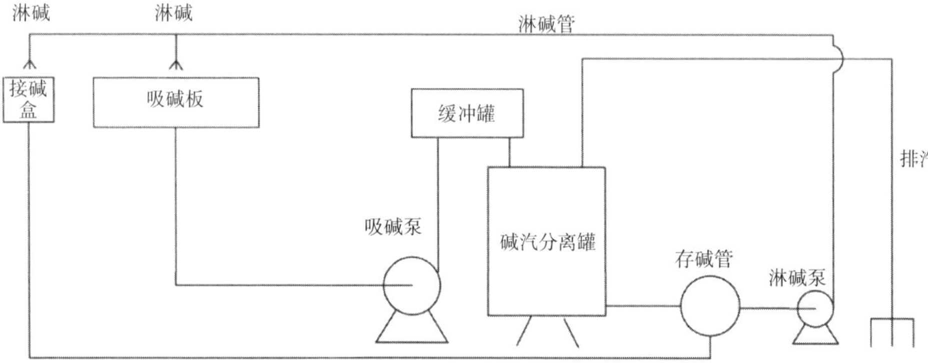

图1　淡碱回收利用工艺

2.2　回收技术

图2是一个印染厂烧碱供配站的全图，其涵盖了整个印染厂从烧碱原料到配制溶液、淡碱收集、存储、净化、浓缩以及在此过程中使用蒸汽、产生的冷凝水、冷却水等一张较为完整的示意图。

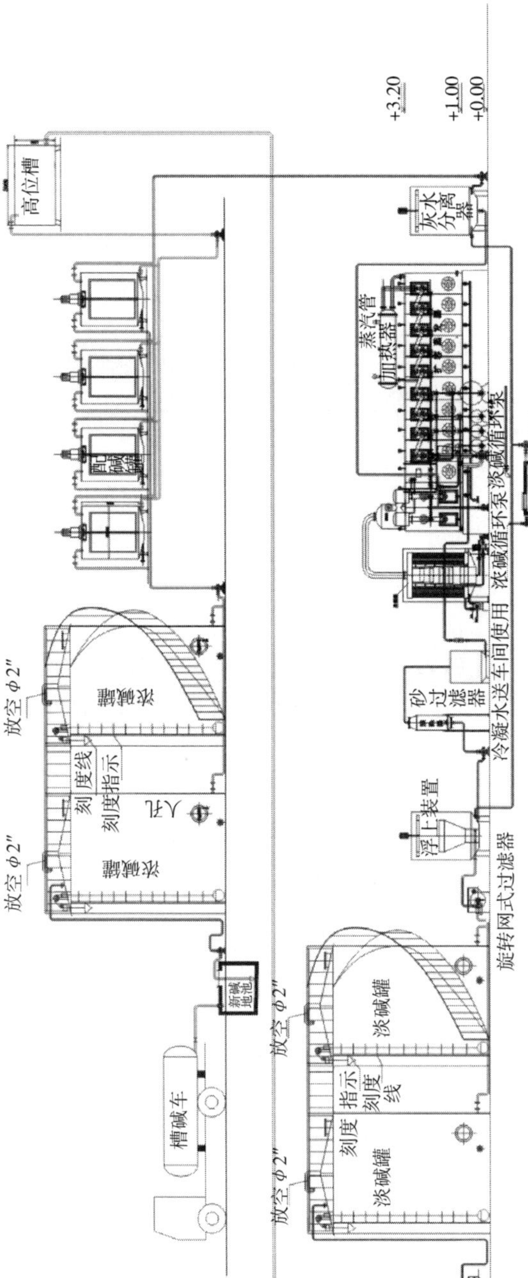

图 2　印染厂烧碱供配站全图

回收经济效益的论证：在印染加工过程中，使用烧碱的工序很多，但是使用量大、使用后浓度高（≥50g/L）、回收经济效益好的只有丝光工序产生的淡碱液。

2.2.1 丝光机的淡碱收集

丝光机淡碱液要做到全部回收需要按照以下步骤设置（图3）。

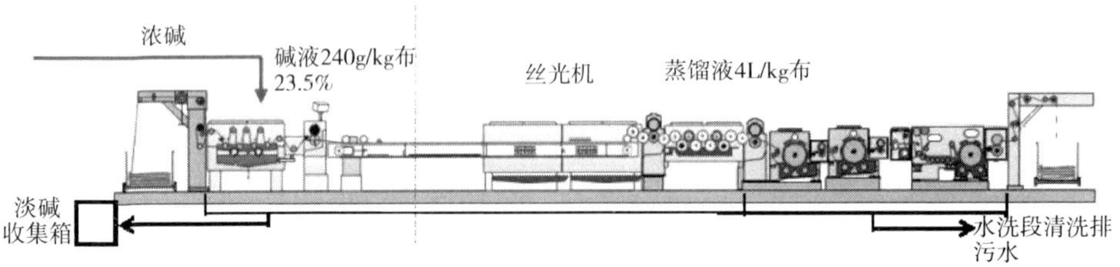

图3 丝光机的淡碱液回收

（1）丝光机水洗段的所有水洗箱必须是从后到前逐格逆流，把水洗后热碱水用于布铗段的淋碱。

（2）在丝光机前部（轧碱段和布铗淋洗段）的地面上铺设一层不锈钢板，用于收集整个丝光过程中遗落在地面上的淡碱，自流进入淡碱收集箱与喷淋后的淡碱一起送到淡碱储罐。

2.2.2 存储

丝光产生淡碱的储存与过滤是回收利用烧碱十分重要的一环，足够的淡碱存储容器必不可少。淡碱溶液中的杂质主要是棉花毛、棉杂、涤纶单体、聚合物、浆料、尘埃以及其他助剂残留物等固体物质。原则上淡碱在存储容器中的停留时间越长，越有利于淡碱中悬浮的杂质沉淀、分离。

2.2.3 净化

行业中去除淡碱中杂质的方式分为化学法和物理法。

2.2.3.1 化学法

（1）苛化法。在淡碱液中加入石灰水 $Ca(OH)_2$，使其与淡碱溶液中的碳酸钠进行反应，从而除去淡碱中的碳酸钠等杂质，提高氢氧化钠的比例。其反应式如下：

$$Na_2CO_3 + Ca(OH)_2 = 2NaOH + CaCO_3 \downarrow$$

（2）双氧水法。淡碱液中除了氢氧化钠以外，淀粉、残胶和其他杂质还留在液碱中，这样就需对浓缩的液碱进行再脱色及净化处理，利用喷射泵技术，对液碱进行脱色净化，按比例将双氧水加入浓缩液碱中，经充分混合后流入沉降罐。

设计的混合加料喷射器，将强烈混合双氧水和碱液，以产生传质和氧化用的最大可能相界面。从喷射器进入沉降罐，经过过氧化物处理的强碱液立刻释放出微小气泡。它们来源于过氧化物的热分解和反应污物表面的化学反应，如图4所示。

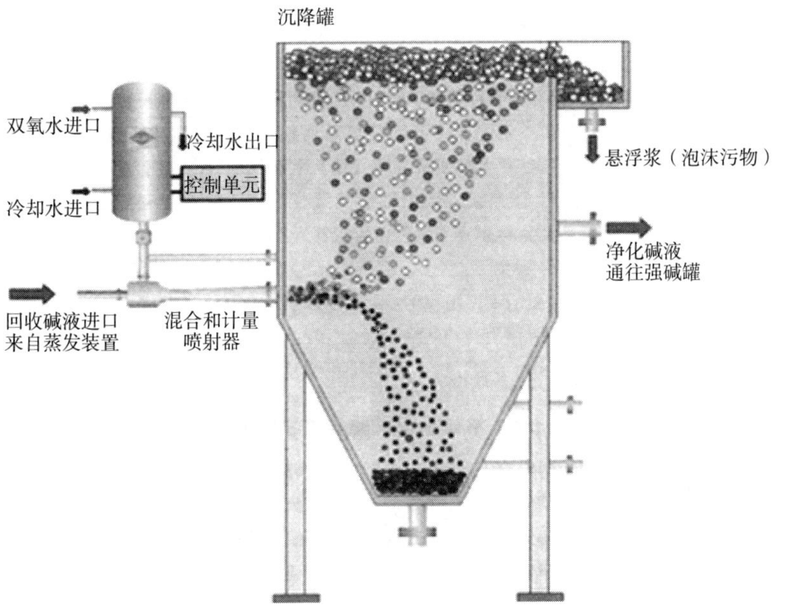

图4　双氧水强碱液净化系统

2.2.3.2　物理法

通过物理的方法把杂质从溶液中分离出来。主要有沉淀、转鼓过滤、气浮、膜过滤等几种方式。

（1）沉淀和转鼓过滤是传统去除杂质的手段，也是应用最广泛的净化手段之一。气浮和膜过滤的方式是近年来新兴的过滤手段。

（2）气浮技术是近年来从污水处理行业引进的，其具有分离效率高、速度快、成本低等优点，但是对各个企业不同生产工艺产生的成分不同的淡碱液需要有较高的技术支持。所以，目前行业内不少气浮设备正常运行率不高，有待于与其他行业进行技术交流提高运行技术，提高设备的利用率。

（3）膜过滤技术。入选第九批《中国印染行业节能减排先进技术推荐目录》由宜兴乐祺纺织研发的：耐强碱超滤膜回收丝光淡碱技术，超滤系统流程如下：

丝光淡碱回收→进入过滤精度为40目粗转笼式过滤器→动力泵→择优淡碱→进入预处理沉淀冷却存放箱→存放12h→动力泵→进入调配桶配置标准浓

度→进入过滤精度为 50μm 中细叠片过滤器→进入过滤为精度为 30 纳米膜超滤组件→清洁过滤产碱（浊度小于 0.1NTU）→进入清洁碱存放桶→恒压输送至染色冷堆使用点→膜组件定时正向反洗→膜组件定时反向冲洗→截留细小纤维杂质排放丝光工艺碱膜超滤流程图如图 5 所示：

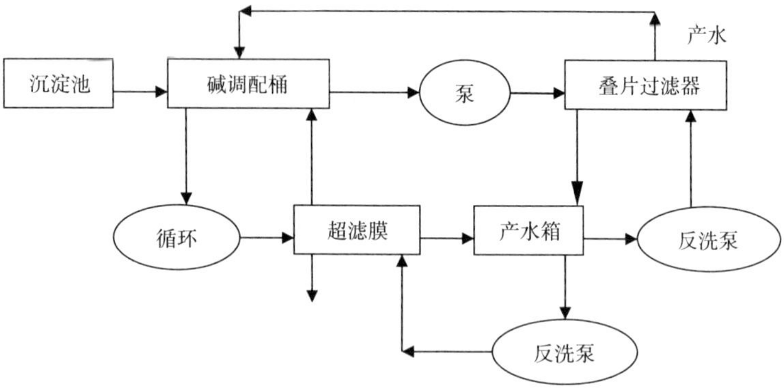

图 5　丝光工艺碱膜超滤流程图

膜过滤会去除掉 99% 以上的杂质。经过膜过滤的淡碱溶液十分洁净，清澈透亮，非常有利于后续的蒸发浓缩，会大幅提高热交换效率；同时也减少了碱系统中的杂质，生产过程中的产品质量有了保障，但一次性投资和运行成本较高。

2.2.4　浓缩技术

烧碱在经过使用后，其浓度都会降低，除了丝光用碱之外，其余的浓度都非常低，没有回收利用价值。而对丝光机使用过后的淡碱溶液（一般会在 45 ~ 70g/L）进行回用就必须对其进行浓缩，使其浓度达到生产所需的碱浓度，然后进入下一个循环进行使用。

碱的浓度因蒸发而增加，简单来说就是将碱液里的水汽化排出。为了节能，应采用多级蒸发方式。淡碱的浓缩目前行业内主要使用多效连续扩容蒸发器和多级蒸发两种技术。

2.2.4.1　多效连续扩容蒸发器

扩容蒸发器是利用过热碱液闪急蒸发来浓缩碱液，要实现这一过程，循环碱液先在加热器中加热，然后导入压力较低的第一级蒸发室，此时过热碱液闪急蒸发一部分水分，使自身温度降到与该级蒸发室压力相对应的饱和温度。水蒸气被位于上部的冷凝器冷凝，其热量被冷凝管内循环碱液吸收，初步浓缩的碱液经循环液节流阀导入下一级压力更低的蒸发室再次闪蒸。多个压力逐渐降低的蒸发室、冷凝室串联起来便组成本扩容蒸发器，如图 6 所示。

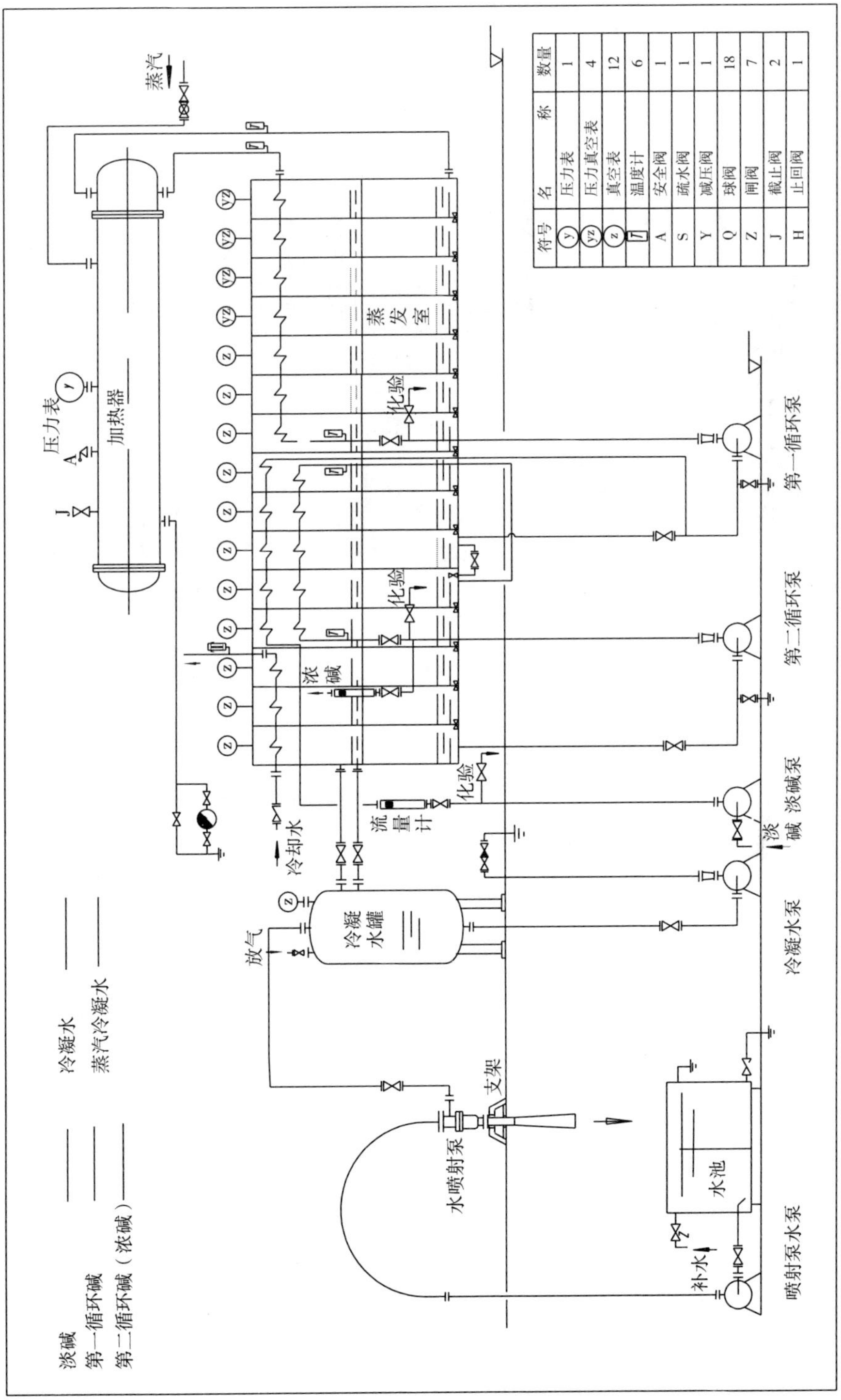

图6　蒸发室和冷凝室串联

2.2.4.2　多级蒸发

蒸气用于加热蒸发装置第一级。水从溶液中蒸发出来。在第一级产生的水蒸气用于加热第二级，依此类推用于后续阶段。系统的级数越多，热量再利用的次数越多，蒸汽消耗量越低，运行成本越低，如图7所示。

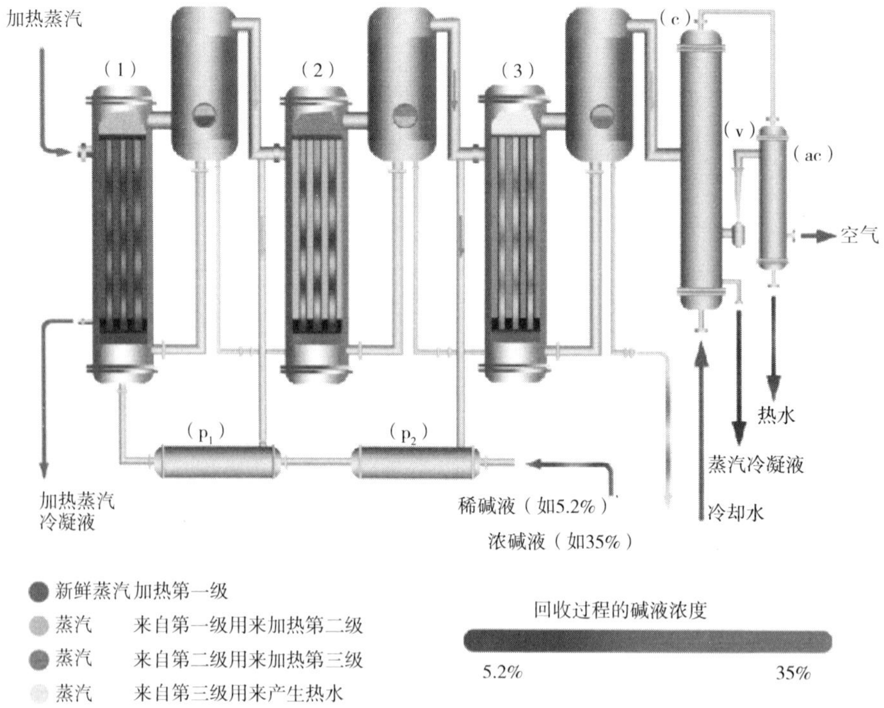

图7　带有两个预热器（p_1 和 p_2）的三级碱液回收装置和带有后续冷凝器（ac）的蒸汽喷射真空泵（v）

2.2.5　烧碱溶液的制备与供给

烧碱溶液的制备是印染企业非常重要的一个部分，在印染生产过程中，不同的用碱部位需要供给不同浓度的烧碱。所以，每个企业都会有自己的系统来配制不同浓度的烧碱，供给各个工序。该系统包括：

（1）原料：目前行业内使用的氢氧化钠主要分为固态（片碱）和液态溶液。氢氧化钠目前市场上根据生产工艺分为：离子膜和非离子膜工艺。离子膜技术的出现极大地提高了烧碱的品质，其产品中氢氧化钠的含量可以达到99%；而非离子膜的产品中杂质则较高。液态的烧碱溶液一般是以氢氧化钠的过饱和溶液进行交易、使用。

（2）配碱所需的容器：化碱槽、浓碱储罐、淡碱储罐、配碱槽、供碱槽

（高位槽）。

（3）系统所需的输送设备：水泵、管道、阀门、管件、仪器仪表等。

（4）配碱系统：烧碱溶液配制的发展方向逐渐向自动化、智能化方向发展。以常州宏大科技研发的浓碱浓度在线监测及自动加碱控制系统技术为代表的烧碱浓度自动检测、控制技术的出现，加快了行业内配碱自动化的步伐。

该系统主要用于丝光机碱浓度的在线连续监测与控制，系统采用差压法对碱浓度进行精确测量，并通过对碱密度和温度的测量，自动进行参数精确补偿，确保高精度的检测结果。通过数字化设定参数，实现自动配碱、加补碱，还具有自动清洗、流速检测及保护功能，大幅提高了可靠性、稳定性。能较好地实现淡碱循环利用和浓、淡碱双变量自动调配检测，达到了降本增效、减少污水碱浓度的目的，如图 8 所示。

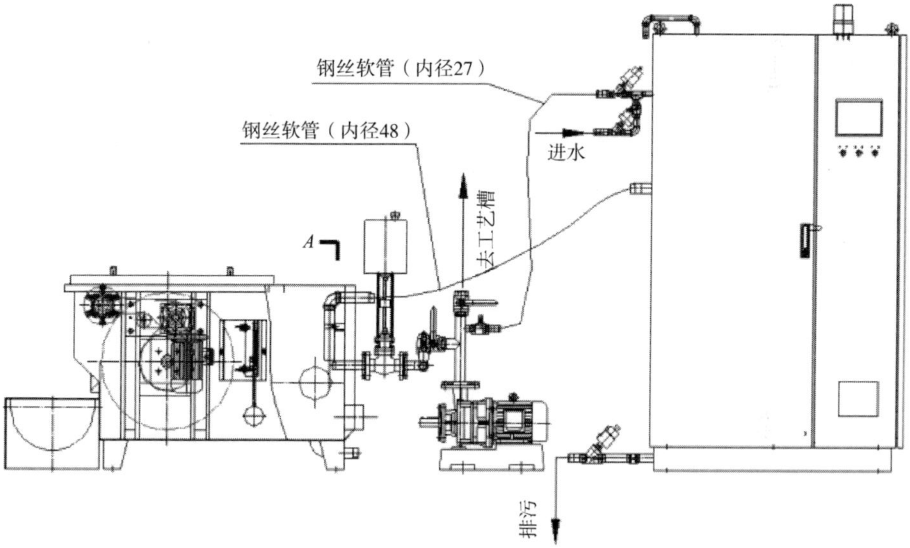

图 8　浓碱浓度在线监测及自动加碱控制系统

3. 结束语

本文内容主要引用了中国印染行业协会自 2007 年以来先后发布的 15 批《中国印染行业节能减排先进技术推荐目录》中与碱的回收、利用相关的先进技术，对行业内在烧碱使用、回收、利用过程中有利于节能减排方面进行了大体的叙述，希望这些技术能够在行业内得到进一步的广泛应用，使印染行业能够绿色持续发展。

随着社会发展和科技的进步，将会有更多的先进技术涌现出来，让我们共同努力，为实现“碳达峰”“碳中和”目标做出更大的贡献。

参考文献

［1］柴致东，张伯勋，柴沛东. 丝光机淋吸碱系统新方案［J］. 染整技术，2020，42（11）：37－38，44.

［2］张伯勋. 扩容蒸发器输出能源的二次利用［J］. 染整技术，2021，43（5）：51－53.